译文纪实

CHANEL
A Woman of Her Own

Axel Madsen

[美] 阿克塞尔·马德森 著
沈占春、龙耀林（加拿大） 译

香奈儿

举世无双的传奇女性

上海译文出版社

>>23岁的可可·香奈儿

>>欧巴济讷教堂及女隐修院

>>格朗佩尔时装公司，加布丽埃勒曾担任店员的女性内衣及女裤店

>> 1906 年，维希，加布丽埃勒与阿德里安娜摄于公园

>> 王苑

>> 戴香奈儿帽的加布丽埃勒·多西亚

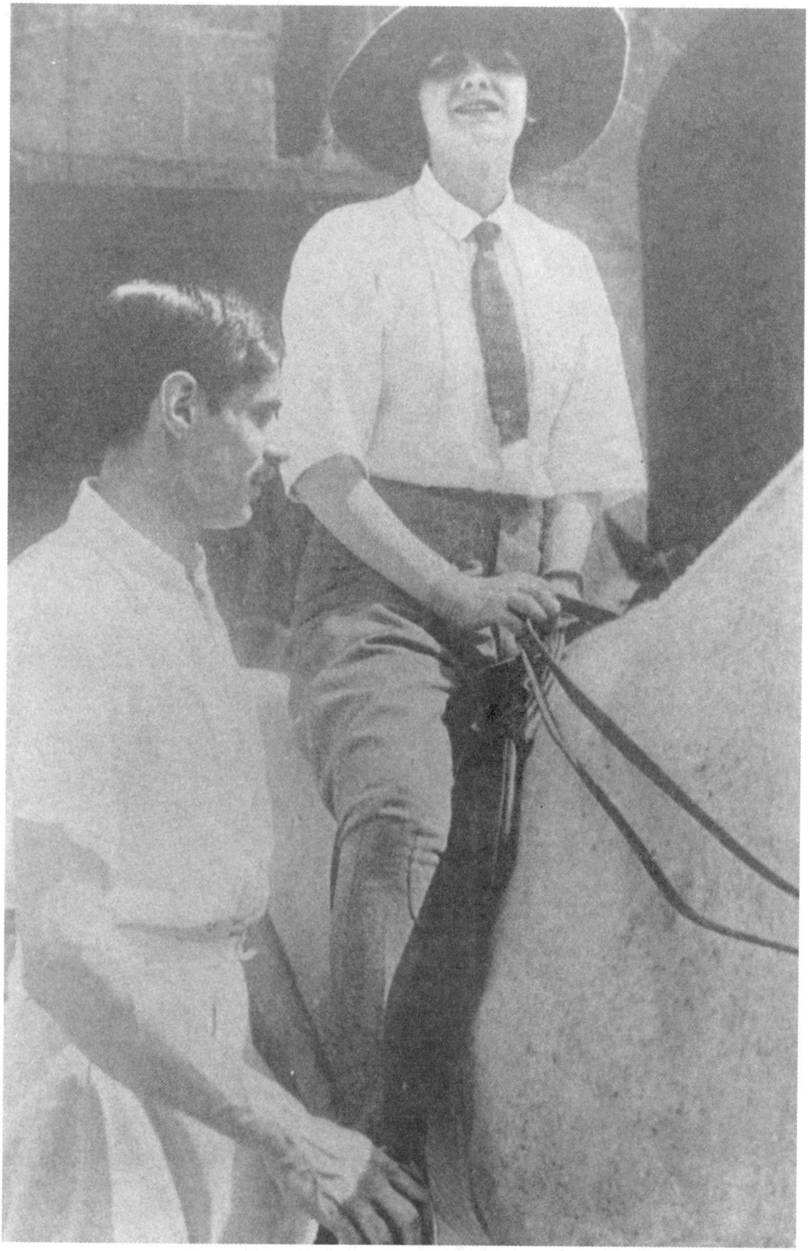

>>1912 年的“小伙儿”卡佩尔和可可·香奈儿

>>加布丽埃勒·香奈儿（右）与阿德里安娜在多维尔香奈儿的第一家专卖店前

>> 塞姆所作的漫画：可可在半人半马的“小伙儿”的怀抱中

>>1908年，皮埃尔·博纳尔：《米希娅》

>>毕加索：《迪亚吉列夫》

>>《蓝色列车》剧照中的舞蹈演员莉迪娅·索科洛娃、列昂·沃伊齐科夫斯基、布罗尼斯拉娃·尼金斯基和安东·多兰，他们身着的剧装由香奈儿设计

>>1932 年的让·科克托

>>伊戈尔·斯特拉温斯基在这张摄于威尼斯的四人照下写道：“我、塞特、米希娅和可可·香奈儿，1920 年”

>> 德米特里大公

>> 1923 年的可可

>> 皮埃尔・勒韦迪

>>帮助香奈尔发明经典“香奈儿 5 号”香水的埃内斯特·博

>>1925 年，可可和薇拉·贝特在阿尔卑斯山徒步旅行

>> 1925 年，可可与本多尔在全国赛马大赛上，其时正传出威斯敏斯特公爵很快与香奈儿小姐成婚的谣言

>>1928 年，香奈儿和温斯顿·丘吉尔在野猪猎场

>> 1929 年，香奈儿与阿布迪女勋爵

>> 1929 年的香奈儿

>>1937 年，塞西尔·比顿所摄香奈儿全身像

>> 1931 年，香奈儿与女演员伊娜·克莱尔

>> 1931 年在《歌舞青春》中穿着香奈儿戏装的格洛丽亚·斯旺森

>>1936 年，可可在威尼斯

>>保罗·伊里巴

>> 50岁的香奈儿，乔治·霍伊宁根－休内摄

>> 1935 年，香奈儿的律师勒内・德・尚布伦与未婚妻乔西 ・赖伐尔

>> 1936 年，香奈儿的员工们举着传统罢工者募捐箱在康明街香奈儿公司门口

>>55 岁的香奈儿

>>1954 年，可可在其康朋街的公寓

>> 1953 年，纽约长岛，与玛吉・范・左伦在一起

>> 1956 年，在英国爱普森德比赛上获胜后，皮埃尔・韦尔泰梅牵着他的“战马”

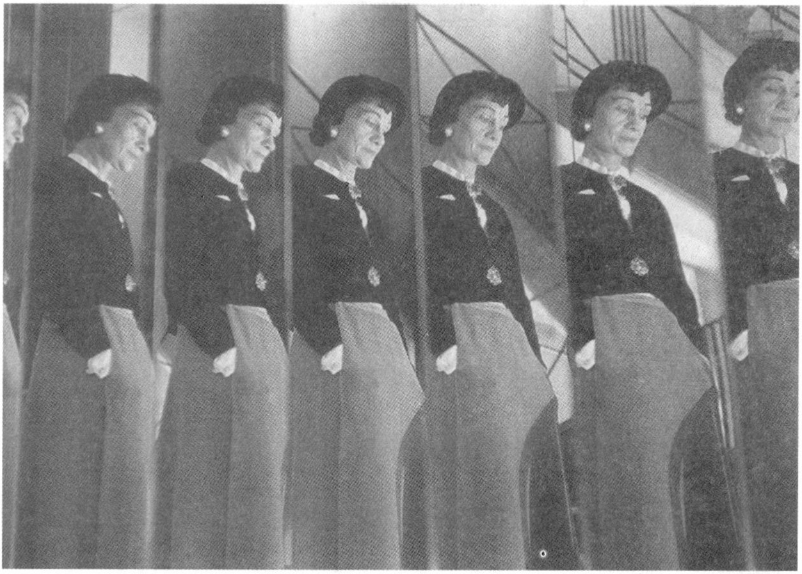

>> 1954 年，香奈儿回归前夕

>> 1969 年，凯特饰演可可——凯瑟琳·赫本在百老汇

>> 与女演员罗密·施奈德

>>工作中的香奈儿

>>1964 年，尚蒂伊，香奈儿与其训练师乔治·马特在赛马场

>>位于洛桑的加布丽埃勒·香奈儿墓

“我有权思考,” 爱丽丝说道,

她开始感到有点焦虑。

“正如猪想要有飞的权力一样。”

公爵夫人不屑地告诉她。

——路易斯·卡罗尔（Lewis Carroll)

译者序

香奈儿（1883—1971），全名加布丽埃勒·香奈儿，昵称可可。她非凡的一生，给世人带来了思考和警醒。她生下来时是一位一贫如洗的私生女，没有任何可以继承的财产，没有任何可以维持温饱的环境，然而当她离开这个世界时，她已经富甲天下，无愧于时尚王国女皇的威名，将自己的名字永远地镶嵌在时尚界女装革命的历史之上。

1910 年，当时 27 岁的香奈儿，在一直支持她的男友“小伙儿”卡佩尔的帮助下，以女帽设计师的名义，创立了一个小小的女帽店；这家店铺就是通向未来时尚帝国——香奈儿公司的基石。在这里，她彻底颠覆了从前的时尚观念，设计了影响世界时装变化的运动装、“小黑裙”、玛丽莲·梦露在睡前喷洒的香水和佩戴的戏装首饰。

尽管她不乏众多达官显宦、艺术名人的追求，却终身未婚，而将一生献给了自己钟爱的事业。直到1971年，她以88岁高龄驾鹤西去，这位享有巨大资产的国际名人，仍然是孤身一人。

战后，在交给保罗·莫朗那部卓绝的回忆录中，她这样概括自己的一生："我的人生就是一位孤独女性的历史，常常在上演我的悲剧，我的不幸、我的重要性，我自己发起的一场场同男人、同诱惑力进行的不平等而又令人着迷的战役……而危险则无处不在。

现在，在阳光下、在冬雪中，我依然孑然一身……我将继续这样的日子，没有丈夫、没有孩子、没有令人快乐的幻想……我的人生就是我童年的延续。那是一个人在诗歌中承担的角色：如何意识到命运之神……我不是什么英雄，但是我选择了我要成为的那个人。"

实际上，她的孤独感是"小伙儿"卡佩尔去世之后留给她的阴影。是他，伴她开始创业之路；是他，用青春的挚爱温暖着她无所依托的心灵；是他，用自己的生命之火，照亮了她未来的征程。

1919年，当香奈儿在时装业的发展日益兴盛之时，她遭遇到了有生以来最致命的打击：她深爱着的情人，一直默默支持她、引导她的"小伙儿"卡佩尔，在圣诞节前夜遭遇意外车祸去世，时年38岁。香奈儿得知此消息后痛不欲生。25年后，她告诉法国外交官、作家保罗·莫朗，"当失去卡佩尔的时候，我就失去了整个世界。他留给我的是岁月无法填补的空虚”。

她和几乎所有家庭成员都断绝了来往，与她交往的则是王公贵族、达官贵人、诗人、艺术家、音乐家、舞蹈家和影视明星；她主张妇女独立，但晚年强调爱情和家庭的重要；她一生慷慨资助艺术家，但对和她同样出身的普通劳苦民众，包括她的几千女工的命运和疾苦却是漠不关心；她的结论是，每一个人都应该对自己的人生负责，并不遗余力地去奋争。

对于香奈儿一生的探讨，其在世时就已经开始。在有关香奈儿众多的传记作品中我们选择了专业传记作家阿克塞尔·马德森的作品介绍给中国读者。

阿克塞尔·马德森（Axel Madsen，1930—2007）出生于丹麦，小时候在巴黎长大，接受音乐教育，后由音乐转向写作，成为法国版《纽约先驱论坛报》的记者。从上世纪 60 年代起，他开始以好莱坞电影记者的身份从事传记写作，著有好莱坞影星、时尚界名人、哲学家和世界超级富豪等著名人物传记 13 部。他经过详尽细致的调查研究，采用之前众多已经发表的关于香奈儿及其同时代人的传记、自传和备忘录，采访与香奈儿及其事业相关且健在的人士，抽丝剥茧，去伪存真，再现了香奈儿非凡的人生经历。

香奈儿的风格意味着什么呢？事实上，香奈儿设计的小黑裙、香奈儿套装和香奈儿 5 号香水，是一位“现代女性”的身影，它们意味着女性的优雅无须虚饰做作，女性的魅力不需要奢华昂贵的麝香，也不用传统裙撑所用的鲸骨。香奈儿风格，在观念上排除了传统女性的狡诈，摒弃了那种先唤醒男人的欲望再得到其金钱的拙劣手段。香奈儿的设计和发明，树立起的是一位不愿成为任何人玩偶的女性形象，因此而更具女性魅力。而且，它们还暗示着一种谦逊的性感，一种颇显自然、不受拘束的身体所享有的舒适自由的快乐，不必付出端庄礼仪的牺牲，不需要惊人的异国情调来引起即时的关注和赞赏。

香奈儿之所以被钦佩和赞扬，不仅是作为高端时装设计师，更是作为风格的创新者。她在时装行业的成就在20世纪20年代至40年代的时装设计师里已是个中翘楚。“现代女性”是一个集体的事业。很多同时代的设计师在某些方面做出了贡献，但香奈儿无疑是第一个以形体语言来想象女性现代性的人，她坚持谦虚但充满活力的沉着是现代女性服装里最具吸引力的元素。这是时装界从不了解的一种职业女性的风格。

今天，香奈儿比任何其他同时代的服装设计师更加知名，部分原因是她的两次杰出的职业生涯：她能够在第二次世界大战致使时装公司关闭10多年之后，在她的灿烂星辉行将失去光彩之时，令自己的时装事业得以复兴。让人难以想象的是，在1903年的时候她就20岁了，在20世纪30年代她已经50多岁了。她取得最大成功和最高声名，是在71岁之后。没有多少艺术家能够有机会实现如此精彩的复生。香奈儿的东山再起保持了她以往风格的真实可信，并通过她自己的个人魅力得到强化，如她所愿，她的成功理念不仅成为了女性服装的源泉，也成为女性个人智慧的源泉。

正是从香奈儿开始，高级服装设计师才跨入了社会的明星阶层。香奈儿以自己卓绝的努力，成为了时尚界的标杆，使设计师，尤其是女性设计师同样成为公众人物，与歌剧演员、作家和艺术家拥有同样的声名、威望和尊严。

马德森充分展示了香奈儿作为设计师之外的非常复杂而又有趣的人物特色。通过马德森流畅耐读的描述，我们了解到一位时装天才和白手起家的成功商人熠熠闪光的人生足迹：她拒绝过那种被包养女人的“轻松”生活，开创了发挥自己天赋的事业，踏上了当时生意人的行列，在一个男人占统治地位的行业里赢得了霸主的地位，在改变女性时装的革命中，给予妇女更加舒适、更加实用、更加自然、更加自由的现代风格时装。

她的时装虽然崇尚简约，但她个人的生活却是一部展现奢华的波澜壮阔的戏剧。一群光彩夺目的名人拜倒在她的石榴裙下：毕加索、丘吉尔、科克托；她的情人包括德米特里大公，英国才华横溢、前途无限的“小伙儿”卡佩尔，还有法国诗人、德国军官以及富可敌国的威斯敏斯特公爵；尽管在一定程度上，她被认为是女权主义的先驱——她为了实现其时装业的革命而牺牲了婚姻，但她却对女人参政感到惑然不解。马德森以其巨椽之笔，拨开层层迷雾，再现了一位栩栩如生、充满魅力的谜一般的女性。

每一个都市人，尤其是时尚女性，或多或少都对香奈儿有所了解，或对其品牌产品略有所闻。在私生活和精神领域中如此复杂和费解的香奈儿，她究竟是怎样的一个人，现实世界如何离不开她的名字所刻下的印痕，我相信读者会在这部传记中找到答案，或得出您自己的结论。

我们希望每一位读者都能从阅读本书中获得启发、激励、灵感或快乐，不同的人阅读本书的感受肯定千差万别，但香奈儿励志、自信、桀骜不驯的性格，定会给你的人生以启迪；21世纪的女性，香奈儿的身影将伴您度过辉煌的奋斗历程。

目 录

第一部

第二部

第三部

第四部

第一部

一

为社会所遗弃的家庭

她喜欢编造故事。

加布丽埃勒·香奈儿——可可是一些密友和无数女性对她的昵称——出生时一贫如洗。她后来重新编造自己的童年，讲述恶毒的姨妈如何揪她的耳朵羞辱她。在成功之后，她用钱买通了胞弟们，让他们装作他们从未存在过。

她是流浪商贩的私生女。在 12 岁的时候，母亲撒手人寰，父亲也去向不明。她是在一个修女孤儿院的慈善收容所里长大的。她的血管里深深埋藏着恐惧的暗流：生怕自己私生女的身份暴露。尽管在她出生后不久父母就结婚了，但她却永远不能接受这个残酷的现实，于是到成年后便不断地修改自己的人生故事。直到离开这个世界之时，她的名字仍然是加布丽埃勒·夏奈儿，因为如果合法地去更正出生证上被拼错的名字，就会暴露她在济贫院收容所里出生的弃婴身份。

终其一生，她都在用大量的色彩来不厌其详地编织着自己的生活。这些编造的传奇虽然极为生动有趣，但却难以自圆其说。她把游手好闲的父亲变成了一位优雅的马商，把自己想象成没有任何兄弟姐妹的小公主；她假装不记得从前结识的密友，也将那些自己早年成功时不可或缺的支柱——事业上的赞助人和客户——视同路人。这些谎言，在她的内心里可能是真实的，它们支撑着她的自尊，她不惜一切地捍卫着自己的故事。香奈儿这个名字意味着妇女解放，并由此成为了女性魅力的象征。可是在成名之后，当有关她的一切——收入、风流韵事、爱好、成就和忧伤——都为世人所知之时，她仍然一直在说谎。

因为与编造的传奇故事不合辙，她终生都与那些知道自己生活琐事的人不相往来。对朋友、对采访她的记者、对请来准备帮自己写回忆录的作家，她都将自己的经历进行歪曲和夸大。她曾经聘用优雅风趣的小说家露易丝·德·维尔莫兰来写自己的生活传记。当看完维尔莫兰先前的谈话笔记时，她惊叫起来："这不是小说吗！"

年老时，一位年轻妇女建议她去看心理医生，她惊愕地回答："我？一个对神父都从来不说真话的人？"

她的父亲叫阿尔贝·香奈儿，在她出生时是一位 27 岁的商人，经营葡萄酒、女帽、纽扣、工装裤以及围裙生意；母亲当年 19 岁，名叫让娜·德沃勒。1883 年 8 月 20 日，加布丽埃勒出生在索米尔的济贫院。那是靠近卢瓦尔河岸的一个兵站和集市，当时她的父亲没有在场。第二天下午她的出生证就办好了：

济贫院的两位职员到市政厅报告说，前一天下午 4 时，阿尔贝·香奈儿和让娜·德沃勒夫妇俩生下了一名女婴。当时他们声称是“一对已婚夫妻”，但没有提供任何相关文件。

济贫院职员们不带文件这种事儿绝非初次，因此副市长弗朗索瓦·普瓦图毫不犹豫地用粗体字记录下了她的出生情况。没有人知道如何拼写香奈儿（Chanel），于是普瓦图大笔一挥，她的姓氏便被加上了个字母“*s*”，成了夏奈尔（Chasnel）。济贫院的两位职员都不识字，所以在旧式的文牍语言记载中，他们都没有在出生证上签字。

加布丽埃勒不是让娜·德沃勒的第一个孩子。让娜 17 岁时，阿尔贝就去过她出生的村子——库尔皮埃尔，他在那儿呆的时间足够使他成为她第一个孩子朱莉的父亲。

阿尔贝家族来自蓬泰伊，是黑黢黢的塞文山脉中的一个小山村，自 18 世纪中期开始，他家祖祖辈辈就在教堂对面经营着一家小旅店。香奈儿这一姓氏经常出现在村里的档案中，因为在洗礼、婚礼和葬礼等场合，小店老板经常充当见证人履行签字的职责。他总是悠闲地穿过村里的广场，在这些文件的下方不在意地写上自己姓氏的 6 个字母。阿尔贝的父亲亨利-阿德里安是香奈儿家族中第一个走街串巷的小商贩。

没有人知道为什么亨利-阿德里安没有像他的父亲一样继续当旅店老板，但我们确定的是，他在 21 岁时离开了蓬泰伊。此时的他身无分文且无一技之长，8 个月后，他才在一个桑蚕养殖场找到了份出卖力气的工作。养殖场主有一个 16 岁的女儿，叫维尔吉妮·富尼耶。亨利-阿德里安引诱了她。当女孩儿怀孕的事无法再继续隐瞒下去时，他的父母从山上下来为儿子撑腰，于是他们就在父母面前结了婚。等他们一完婚，富尼耶夫妇便把女儿和这场不幸的肇事者赶了出去。

亨利-阿德里安带着尚未成年的新娘开始了流浪，他成了游乐场和市场上叫卖的小贩。1856 年，阿尔贝出生在尼姆的一个济贫院收容所里，他的父亲当时也并不在场。医院里的三位职员登记了这名婴儿的出生情况，家族的姓氏被写成了 Charnet（夏尔奈）。

不久后亨利-阿德里安回到了尼姆，接上他的妻子和刚刚来到人世的儿子，一家人又踏上了漂泊之路。阿尔贝的兄弟姐妹们和他一样，都是在漂泊途中短暂停留的地方降生的，一般是在客栈的医务室里。随着时光的流逝，亨利-阿德里安和维尔吉妮一直过着居无定所的生活，但是喜欢在克莱蒙-费朗过冬，因为它是古老的奥弗涅省热闹的首府。

像他的父亲一样，阿尔贝也离开了家，选择了漂泊的人生。1881 年，他在库尔皮埃尔村短暂地停留下来，又从马兰·德沃勒那里租了一间房，大概是为了给房东留下自己打算长期住下去的印象，他还去市政厅将自己的名字登记到了选民名单上。

就如同家族传说的那样，阿尔贝其人魅力超凡，简直都能把树上的鸟儿给诱惑下来。他知道如何与村姑们闲聊，她们都好像被他施加了魔法一样，特别是房东的妹妹让娜·德沃勒。她和马兰还在童年时代就失去了母亲；十几岁时，父亲也离开了他们。不过，尽管马兰和让娜·德沃勒都是孤儿，但他们一点都不贫穷。马兰继承了父亲的木匠铺；让娜像母亲一样成为了一位女裁缝。就在某天晚上，阿尔贝与让娜约会了。1882 年 1 月，阿尔贝撇下了怀孕中的让娜，从那个小村子突然消失了。

后来，马兰在克莱蒙-费朗找到了阿尔贝的家人，并从他们口中获知阿尔贝在一个叫欧布纳的小镇上。拖着 9 个月的身孕，让娜独自出发，赶往欧布纳寻找自己的丈夫去了。那地方在阿列河谷下游 200 多公里处，塞文山脉对面。让娜在一个客栈里找到了阿尔贝，他在这里租了一间房做买卖。正是在这个小客栈里，朱莉降生了，那是 1882 年的 9 月 11 日。阿尔贝告诉让娜说他的生意糟极了。在她的坚持下，阿尔贝同意承认这个孩子是他的，但是拒绝结婚。不过他当时肯定同意装作他们已经结过婚的样子，因此朱莉·香奈儿才得已被认为是婚生子女。

阿尔贝的梦想是成为一名葡萄酒商。于是他们一家一起前往索米尔，这是位于卢瓦尔河谷上游葡萄酒产区的一个派兵驻防的城镇。他们在离比朗热广场几分钟路程的小镇上一处最破烂不堪的地区租了一间阁楼。比朗热广场是索米尔两个露天市场中较好的那个，当地的上等人都来这里购物。在朱莉还不到 3 个月大时，让娜又怀孕了。

按照可可·香奈儿对自己出生情形的说法，她是在索米尔的一个济贫院里来到这个世界上的，但这完全是错误的。“我父亲当时不在家，母亲这个可怜的女人正在去和他相会的路上。我不太想讲这个郁闷的故事，因为它实在太乏味了。当时母亲突然晕倒了，那时候流行的服饰让人很难看出一个女人快要生孩子了，因此一些好心人就把她带回到家里。

“‘我必须去找我丈夫，’母亲说。

“‘你要歇到明天再走。’他们告诉她。

“他们叫来了医生，医生诊断道：‘这位夫人没有病，她快要生孩子了。’

“这些过于热心的人愤怒了，他们把母亲丢弃到大街上。她后来被送到我出生的那所医院。医院里的人喜欢马上给婴儿取名，他们把照料母亲的那位修女的名字给了我。她的名字是加布丽埃勒·博纳尔。”

加布丽埃勒·香奈儿对她后来的终身好友、面料批发商安德烈-路易·杜布瓦谈到这段历史时则是另一套说法。她说她的母亲是在去索米尔的路上早产的，把她生在了一列火车的车厢里。

由于名字是医院而不是家人给取的，因此在大多数情况下，她都不接受“加布丽埃勒”这个名字。

当阿尔贝·香奈儿和欧仁妮·让娜·德沃勒于1884年11月17日结婚时，他们的孩子朱莉两岁大，加布丽埃勒一岁。他们的婚前协议规定：除了一份5 000法郎的嫁妆外，让娜还要提供结婚的家具以及价值500法郎的个人财产，她和阿尔贝要将他们的共同财产遗赠给两人之中更长寿的那个人。与让娜结婚后，阿尔贝的父亲身份合法化，两个女儿的名字被登记在了户口簿上，即发给每一对夫妇用于登记出生和死亡的手册。

婚姻并没有改变生活。让娜很快再次怀孕，她由家人陪伴，阿尔贝依然当着流动商贩。他的活动范围是中央高原的市场和集市、奥弗涅地区的山区和法国中南部的石灰岩高原及深谷。阿尔贝最喜欢去铁路线上的贸易城镇，因为在这些地方看到的是商业的繁荣和工业的迅速兴起。

伊苏瓦尔就是这样的一个城镇，它靠近阿尔贝和让娜都最熟悉的地区，周围是富饶的乡村。小镇位于巴黎-里昂-地中海铁路沿线上，距克莱蒙-费朗 48 公里。每天都有一次大集市在 12 世纪建成的圣奥斯特穆瓦纳教堂门前进行。

为了到那些铁路终点站附近城镇或村庄做生意，阿尔贝离开了家，在伊苏瓦尔的佩里耶街找了间一居室的房子。

在伊苏瓦尔有一条几匹马拉着驳船的纤道通向仍在使用的河上磨坊，纤道旁是潮湿、狭窄的贫民区。香奈儿一家人搬了几次家，但一直住在伊苏瓦尔这样的贫民区。在法国更具生机的地区，工业革命正在制造蒸汽涡轮机和街道及房屋上的煤气灯。香奈儿一家所住的街区属于濒临消亡的行业从业者们——制绳人、制钉匠、制陶工、麻织工和蜡烛商。阿尔贝的女帽原料就是从帽商一条街买来的。

1885 年 3 月 15 日，香奈儿家有一个男孩降生了，他们给他取名为阿方斯。阿贝尔继续着他漂泊不定的生活。加布丽埃勒说他的父亲有个情人，还给他生了一个同她年龄差不多的儿子，但她从未见到过这位同父异母的弟弟。人们找不到让娜知道丈夫在外玩女人和张扬跋扈的证据，但是一般描述他的传说总是不靠谱地渲染他的财富，并声称他的家里有土地和葡萄园。

让娜遭到了气喘和随之而来的窒息的双重折磨，痛苦不堪。

由于无休止的怀孕和经常在动荡不安的旅途上奔走，她越来越瘦，眼窝深陷。当舅舅见到她时，她面色蜡黄，不停地咳嗽，这使他想起了致使她母亲——他的姐姐吉尔贝特死亡的疾病。或许让娜应该回到库尔皮埃尔，因为那里空气清新。

1887 年，让娜生下了一个女婴。一家人还是在旅途中，婴儿在桑特降生，这里是著名的科尼亚克白兰地的交易市场。让娜和阿贝尔或济贫院里的其他什么人，给这个女婴取名为安托瓦妮特。她后来成为加布丽埃勒最宠爱的妹妹。

让娜的健康每况愈下，她决定带上 4 个孩子同丈夫一起暂时回到家乡去。他们住在舅舅奥古斯丁的家里。但阿尔贝又一次很快地离家而去。

孩子们即将逝去的童年最快乐的时光就是在库尔皮埃尔度过的。让娜根本无法确定阿尔贝是否会回来，因此决定继续与他走上“旅途”。她将孩子们托付给富裕的娘家，无论风风雨雨她都与丈夫乘着马车穿行在路上，在上百个城镇市场站在自己的摊位后。

朱莉长大后头脑迟钝，什么都害怕。加布丽埃勒更喜欢和弟弟阿方斯玩耍，也常常独自一人呆着。加布丽埃勒最早的回忆录中记载，她在古老教堂墓地的树林中玩耍，周围到处是坟墓。她认为墓地是个神秘的花园，而自己则是这个花园地下居民们的女王和保护者。“我对自己说，只要不被人们忘记，死者就没有真正地死去。”她对《法兰西晚报》闲话专栏的记者卡门·泰西耶说，她有自己的坟墓，她的家人试图劝诱她离开墓地，告诉她家里没有一个直系亲属埋在那里。“那并没有令我不安。我带着鲜花、叉子、勺子和其他能从家里偷出来的东西，绕着坟墓摊开自己的战利品。有一天，我的家人发现那些东西不见了，就把所有物品都锁了起来。我不能再给死者带东西了，于是就把他们全都忘了。”

在别的描述中她还提到，她带了布娃娃到教堂墓地，然后对着死者讲话。她自己解释说，童年需要向死者倾吐的是，她是无人疼爱的孩子。“因为我同无感觉的人住在一起，但可以肯定的是：我是可爱的。我喜欢自言自语，我并不听话。正是由于这些原因，我最先敞开心扉的人是死人。”

当迈入老年的时候，她孤独地生活，并确信围着她转的人都只是试图得到她的金钱。记者们曾撞见她在墓地对死者讲话。

1889 年，朱莉 7 岁，加布丽埃勒 6 岁，阿方斯 4 岁，安托瓦妮特 2 岁。在利摩日东北的贸易城镇盖雷的小酒馆里，他们的母亲又产下了一个男婴，取名叫吕西安。

到加布丽埃勒 11 岁时，奔波的生活、贫困和不停的怀孕——另一个与让娜舅舅同样名字的儿子奥古斯丁在库尔皮埃尔夭折——不幸地断送了让娜的健康。当因呼吸困难再加上高烧而昏厥过去时，她正在克莱蒙-费朗和波尔多正中间的一个名为布里夫拉盖亚尔德的集镇上。她的病没能恢复。1895 年 2 月一个寒冷的早晨，人们发现她已死亡，年仅 32 岁。而她的丈夫还在“旅途中”。

二

孤儿、弃婴和私生女

阿尔贝·香奈儿在这个世界永远地消失了。朱莉、加布丽埃勒和安托瓦妮特在布里夫拉盖亚尔德附近欧巴济讷的一个孤儿院里度过了接下来较为快乐的 6 年时光。家里没有人去照顾阿方斯和年幼的吕西安，两个男孩被“放在”一个农家，从 8 岁起他们就成为了不用付酬的童工。

欧巴济讷的孤儿院是由玛丽圣心会的修女们管理的，在香奈儿的人生中，欧巴济讷孤儿院的岁月记忆依然是最模糊的。香奈儿口中从未提到过“孤儿院”这个词，当涉及撰写回忆录问题的时候，她谈到的仅仅是被几位姨妈和她妈妈那些不知名字的大表姐们带入新生活之中。为什么生活中没有男性，对此她没有解释，身边的人都是老女佣。在她的描述中，既没有姨妈们的名字，也没有有关她们身体特征的印记：她们总是身着黑色或灰色的衣服，双手干瘪，眼神冷漠，胸部用黑色的披肩包裹着。“姨妈们”都不喜欢她，香奈儿坚持这样认为。“人们说我在姨妈的身旁时，总是大声地哭喊，就因为她们叫我加布丽埃勒。我很难管教。”

她对作家外交官保罗·莫朗[1]讲述过，当父亲将她扔给姨妈们时她的遭遇。“我的姨妈们已经用过晚餐，我们还饿着。她们很惊讶，路途上奔波了一整天的人竟然什么都没有吃，这打乱了她们平日生活的安排。但她们最终战胜了自己僵化的乡村观念，并遗憾地说道：‘我们给你们做两个溏心蛋。’”她用第三人称讲述她的故事，接着这样说道：“小可可猜到了她们的憎恨，感到受了伤害。她饿得难受，但当看到鸡蛋时，她摇摇头，大声说她不喜欢鸡蛋，她厌恶鸡蛋。其实她爱吃溏心蛋。在这第一次接触后，她每次都对提供给她的一切、对她的姨妈们、对她周围的一切事物、对新的生活说不。”

与“姨妈们”没有爱的岁月有时令加布丽埃勒的内心变得强大：

“我对可恨的姨妈们一直不存任何感激之情。但我其实应该感激她们的一切。一个叛逆的孩子长成了一位能够保护自己的成人。而亲吻、爱抚、教师和维他命扼杀了孩子们，将他们变成了不幸或病态的成年人。正是刻薄不堪的姨妈们造就了（未

---

① 保罗·莫朗（Paul Morand，1888—1976），法国外交官、小说家、剧作家和诗人。——译者

来世界竞争中的）赢家，通过令她们产生自卑情结。可是至于我，她们却让我在渴望成功带来的自尊与无法遏制地追求显赫地位的欲望之间，产生了自傲情结。”

在领会香奈儿叙述中的姨妈们时，她的那些传记作家们，不止一位，选择用“修女”代替“姨妈”。

奇怪的是，有一位姑妈——她父亲的妹妹，露易丝·科斯捷对她有兴趣。香奈儿家第一位与在政府工作的男士结婚的就是露易丝。保罗·科斯捷是一位在克莱蒙-费朗铁路工作的职员。克莱蒙-费朗是新的巴黎-里昂-地中海铁路线上的一个中心枢纽。加布丽埃勒同她的家人参加了露易丝的婚礼。

到加布丽埃勒母亲去世的时候，姑父保罗已经升任火车站站长，他和露易丝住在阿列河畔的瓦雷讷，位于维希和穆兰铁路线的中间。尽管黄砖车站确实起到了提高保罗姑父地位的作用，但瓦雷讷只不过是个普通的小镇。

保罗和露易丝没有孩子，但是他认为女人去工作很不光彩。为了让自己有事做，露易丝开始自己缝制帽子。保罗拒不接受成为孤儿的侄子和侄女们同他们一起生活。

祖母维尔吉妮把女孩儿们都安排在了欧巴济讷。维尔吉妮曾在家里为穆兰的修女们洗衣服，因此关于女孩子们的安置，女修道院院长建议她与欧巴济讷的孤儿院联系。

加布丽埃勒向人保证，父亲一年后就会回来看她，但其实他对她说了谎。他告诉她，他会回来将她从“姨妈们”那里带走，他们将重新过自家人的生活，有一个其乐融融的家。而事实上，她再没有见到父亲。她声称自己对他不怀任何积怨，对他从来也没有抱有什么希望。然而，同时她又昂首挺胸地告诉同学们，父亲正在美国寻找发迹的机会，当他富有的时候，就会回来接她。

成为一个举目无亲的流浪儿令她感到羞耻。狄更斯和左拉生活的那个对孤儿、弃婴、残疾人和私生子极为冷酷的时代正在结束，但是公众轻蔑的态度依然压得赤贫的儿童喘不过气来。她所在的孤儿院保护两种孤儿：有直系亲属付费的女孩和亲属十分贫穷或完全丧失家人的女孩。在欧巴济讷，加布丽埃勒坚持说她有父亲，他会寄钱来。但是同其他贫困的孩子们一起，香奈儿家的女孩睡在有碍健康的宿舍里，在分开的桌子用餐。

晚年时，可可·香奈儿告诉人们，她在 6 岁而不是 11 岁时母亲就去世了；当她从历史中略去朱莉和弟弟们不予考虑时，当她将父亲变成还不到 30 岁的鳏夫时，她的态度和发生在她身上的事情都令人费解。她这样说道："他有机会去重塑人生，但是他建立了一个新的家庭。""为什么他要为两个女儿操心呢？他知道她们由善良的人照顾并正在接受教育。他才不在乎呢，因为他还有其他的孩子。如果换成是我，我也会做出同样的事。我认为，在 30 岁之前，谁也别指望对诸如此类的事情保持信赖和忠诚。"

她憎恨听到亲戚们一提到母亲时就说"可怜的让娜"。她会无中生有地说，德沃勒家的人全都患有肺痨，没有谁会活过 40 岁，尽管她的母亲可能不是死于肺结核。当加布丽埃勒 20 岁那年为某人的死感到难过时，一位朋友记得她怒气冲冲地说：“别再问我现在的感受。自从童年懂事的时候起，我就一直确信，他们已经夺走了我的一切，也就是说，我那时就死了。12 岁的时候，我懂得，在你的一生中，不止会死一次。”

欧巴济讷是一个荒凉的地方。它位于科雷兹河上游的一个高原上，周围有群山，树木环绕。这所孤儿院有斜式的屋脊，院落用高墙围起，坐落在从前的教堂和中世纪的修道院之间。教堂和修道院都由艾蒂安·多巴济讷（中世纪圣徒）或称利穆赞的艾蒂安建于隐修寺院兴盛的黄金时代。这位 12 世纪的修士，阿西西的圣弗朗西斯，一位粗鄙的人，作为这个地区的隐士而受到尊重，在某种程度上他是个狂人。和几个赤脚、肮脏、行乞的流浪汉一起，艾蒂安一块石头一块石头地垒，直到一座雄视下方库瓦鲁峡谷的隐修寺院在科雷兹河岸上矗立起来。以无声的誓约和孤独的生活方式，修士们身着粗麻布度过他们的余生。忏悔的艾蒂安觉得自己一无所长，他所做的就是像清走寺院里兄弟们的粪便那样最令人厌恶的活计。然而，他确保了库瓦鲁峡谷深处的一座女修道院建成。当地的一句俗话这样讲，“库瓦鲁的女儿，欧巴济讷的女婿”。然而，在《艾蒂安·多巴济讷传》中却没有这句欠雅的格言。经由附近蒂勒修道院主教批准，此书被列为孤儿们散步和就餐期间的读物。

自由、义务、世俗教育是 1870 年恢复法兰西共和国的基石。教会和共和之间的敌视传统导致了 1880 年耶稣会的解体。1886 年 10 月 30 日的法律废除了全部有特色的宗教教学。在男校，宗教团体的成员在 5 年之内被开除；但在女校，修女们被允许继续保留直到终老或放弃。在变革方面，欧巴济讷在加布丽埃勒生活时期是一个非常有名的地方。教师的安排亦是长幼搭配，15 名教学职员大体上平均分布。不过，那依然是一个赤裸裸的、黑白分明的冷酷世界。

在政府改革之前，唯一对女孩开放的初等教育就是女修道院和几所高价的私立学校。当时，政府法定女孩要上 5 年学，男孩的义务教育是 7 年。像欧巴济讷这样半世俗化的孤儿院不力求教他们很多，而是将几门科目教好就可以了。所教的功课靠死记硬背——不管是 3R①，还是法国 86 个省的名字，抑或是自达戈贝尔②以来所有法国国王的名字。

欧巴济讷既不是克吕尼修道院也不是西托修道院的风格，也与具有罗马风格的勃艮第修道院社区有所不同，它只是由庞大数量的岩石构成。孤儿们身着洗了又洗的白衬衫和黑色的裙子。回廊和墙壁都粉刷过，通向忏悔的修士们曾经睡过的宿舍之门都涂成了青色。学校里每周学习 6 天，每个傍晚修女们都要忙于家庭杂务。女孩儿们不用在精致的刺绣品上下工夫，但是她们要学给床单缝边、给婴儿打毛衣，那些笨手笨脚、动作迟缓而没有天赋的女孩儿要受到指责。每一个安息日的上午，她们都要做弥撒，但在阳光明媚的下午，总有一位老师会带领她们徒步登上库瓦鲁山的顶峰。

加布丽埃勒从不提及她在欧巴济讷高墙内的日子。克洛

---

① 3R 即初等教育的三要素，读、写、算。因为每个单词都有字母 R（reading、writing and arithmetic）而得名。——译者

② 达戈贝尔：法兰克国王，大约生于公元 602 年，死于 638 年。——译者

德·巴扬是一位女精神科医生，后来成了香奈儿的朋友。在加布丽埃勒去世后，巴扬撰写有关于她的传记。当香奈儿80多岁时，她告诉巴扬，在她“姨妈”家里没有镜子，她得爬到几件家具上面，才能够到一面很小的镜子。

加布丽埃勒从来不非议修道院的规矩。在被留在欧巴济讷最初的震惊中，她可能对这个地方和给予她保护的那些女性产生了朦胧的爱意。法国《时装》杂志的编辑埃德蒙德·夏尔-鲁撰写了一部关于香奈儿的传记。她推测：“任何时候，当她开始渴望节俭、渴望极端的清洁、用黄色肥皂洗脸，或对所有白色的、简单洁净的东西过于伤感地怀旧，对摞在高高壁橱里的亚麻床单和粉刷的墙壁出神时……你就必须理解，她正在用一种密码讲话，她说出来的每一个字仅仅意味着一个词——欧巴济讷。”

每一个圣诞节她都从祖父亨利-阿德里安那里收到5法郎。她喜欢薄荷糖，买一盒糖用1法郎。余下的4法郎放入存钱罐儿。当被告知要把存的钱捐给中国饥饿的儿童时，她感到愤怒至极。

诚如香奈儿后来对自己描述的那样，她是个人小脾气大、俊俏、好动的小姑娘。她知道自己与众不同，觉得自己是不公正行为的牺牲品。她拒绝一切，因为人们不是令她恼火，就是伤害她，而她想要得到的是爱。她对修女既憎恨又爱慕。憎恨她们，是因为她确信她们认为爱是一种奢侈而幼稚的原罪；爱慕她们是因为她们足够尊重事物的条理性。她憎恨屈尊、鞠躬、顺从。她假装对教义问答一窍不通。

“我是个讨厌鬼，是个小偷，是个门外窃听者。”1946年，她以极度的坦诚告诉莫朗，“于是，现在我像倒过来了一样，高傲体现在我所有的行为之中。在我的姿态中、我刺耳的声音里、我得意的凝视中、我饱受折磨而坚定的脸上，都显现出我傲睨万物的神情。”

女孩们同她们的祖父母一起度过学校的假日。亨利-阿德里安和维尔吉妮放弃了从一个集市到另一个集市的游商生活后，终于在穆兰定居。在集市的日子，他们在有顶棚覆盖的市场上经营自己的货摊。加布丽埃勒最喜欢去看望爷爷奶奶的原因是可以同姑妈——亨利-阿德里安和维尔吉妮最小的女儿——在一起。她们年龄一般大。加布丽埃勒一到祖父家，她们就形影不离。她们看起来就像姐妹，并任由人们信以为真。她们有共同的与生俱来的优雅。两位女孩共住阁楼上的一间卧室，整夜地说个没完。她们不分彼此，是最好的朋友。阿德里安娜出脱成了一位大美人，宁静、朝气蓬勃、在充满痛苦的生活中怀有希望，而这正是她侄女生活中所缺少的。加布丽埃勒机灵并富有创造力，怀着对未来难以预测的渴望，并确信生命是精彩的。

作为加布丽埃勒真正的姐妹，似乎笼罩着她们的是卑微的命运。朱莉反应淡漠，心理智力在常人之下，柔弱而无安全感。年迈的祖父母特别宠爱安托瓦妮特，她也是比她大 19 岁的姑妈露易丝最宠爱的小侄女。在许多方面，露易丝和她当站长的丈夫是这个家庭真正的中心，阿列河畔的瓦雷讷离穆兰只有 25 公里远。

铁路部门提供给科斯捷家的房子周围有一块地，露易丝将它变成了一个美丽的花园。保罗对他的岳父母家十分热情，允许他们利用站长的特权——他的家人可以在二等车厢里免费旅游（当时火车还处于拥有三等车厢的时期）。

正是露易丝使加布丽埃勒的弟弟们在13岁时就离开了农村，在他们祖父母的帮助下，将阿方斯和吕西安安排到穆兰的市场零售商那里当学徒。他们将从事父亲和祖父的买卖。有一天，阿方斯会告诉他的孩子们："我13岁时就从事游商之业了。"

露易丝给女孩们以鼓励。孤儿院已经教会了加布丽埃勒缝纫。出自责任感，露易丝教会她如何用想象力来做女红。露易丝不仅知道如何缝制好直褶和流苏，而且知道如何装饰一件女衬衫，如何利用边角余料做衣领。在站长的车厢里，姑妈、年轻的姑娘和侄女们缝制雅致的桌布和床单。为了选一顶女帽，露易丝特地去位于瓦雷讷小镇南边15公里远的维希城，因为那里是时髦人物常去的风景胜地。当远途购物回到家时，她将加布丽埃勒和阿德里安娜招呼到一起，给她们看她以自己的想法来装饰的新潮女帽。

加布丽埃勒在露易丝姑妈家逗留期间阅读了吉普和皮埃尔·德库尔塞勒[1]的小说。这是在外省报纸上连载的浪漫故事，一般家庭常常把它们剪下并收集到一起相互传阅。在吉普的笔

① 皮埃尔·德库尔塞勒（Pierre Decourcelle，1856—1926），全名皮埃尔·阿德里安·德库尔塞勒，法国作家和戏剧家。——译者

名下，西比耶·德·米拉博[1]，马尔泰勒女伯爵，撰写了令人愉悦又益智的社会小说。她小说中的主人公都是有天资的年轻女性，她们敢于大胆表白情感又高雅贤淑，自由奔放又庄重得体。德库尔塞勒的流行小说极细腻地描述女主人公的穿着——白色的衬裙罩上一件淡紫色的外衣是主人公的最爱——常常衬托出她们装饰华丽的室内布景。加布丽埃勒记得德库尔塞勒小说中女主人公穿着紫色外衣的描述，她还因此产生了加工一件属于自己的外衣的想法。这种想法是发生在祖母那里还是在露易丝家里，她没有讲，但是女裁缝的确被告知按照加布丽埃勒的意愿加工一件礼袍。

在对莫朗重述这一经历时，加布丽埃勒感到诧异，可能是压抑的自恋或者美化的自负激发了当地的女裁缝。这个女人很少讲话，但是她知道如何加工最令人惊奇的服装，并穿着带有裙裾的罕见长裙，她用一种打褶的装饰物或手形的甘蔗钳将拖裙从地面上托起。加布丽埃勒认为那只拟态的手是优雅的顶点，她发誓有一天她要有一件带裙裾的长裙。这位女裁缝为加布丽埃勒缝制的礼服是淡紫色的，令她神气十足。“它有着高领带，并有松垂的飘带和相配的衬裙，紫色，底部嵌有花边。尽管我看起来像 12 岁的孩子，但那时我大概 15 岁或是 16 岁了。我选了一件紧身的亚麻裙，不是那种塑身或突出下体轮廓的裙子。”

---

① 西比耶·德·米拉博（Sybille de Mirabeau，1850—1932），全名为玛丽-安托瓦妮特·德里凯蒂·德·米拉博，她的社会小说轻松、娱乐，有时诙谐讽刺，深受当时社会欢迎。主要作品有：《小鲍勃》、《婚姻前后》、《卢露小姐》和《希丰的婚姻》。——译者

加布丽埃勒决定在一个礼拜日的上午首次登场。她穿戴整齐出现在楼梯的上方。还没有完全弄清楚状况，祖母和姑妈就告诉她快点下楼，要不然会误了弥撒。当意识到这个女孩子的所作所为时，她们命令加布丽埃勒脱掉这套装束，换身得体的衣服。戏剧以泪水终结，当那套衣服交回到女裁缝手里时，她得到了永远不要再为这个家庭加工服装的命令。

“那女人对我发起火来，但是我再次告诉她，这一切是我姨妈们决定的。”加布丽埃勒回忆道。自那之后，加布丽埃勒就怕在街上碰到那位女裁缝。

这个故事后来有一个这样的说法。在20世纪70年代，香奈儿告诉爱慕她的年轻人巴扬，说那件有名的淡紫色礼服是从她美国父亲那里收到的一件圣餐礼物，那件加衬芯的蕾丝礼袍明显更适合于妓女而不是修道院的青春少女。

尽管知道德库尔塞勒的浪漫故事在欧巴济讷是被禁的，但加布丽埃勒还是将它们带回到孤儿院，并藏在阁楼上。庞大的阁楼成了她的图书室。因为这些“书”都是搜集来的剪报，她偷偷地将它们放到笔记本里。在需要创意的写作比赛时，她抄下整段的摘录。事实证明了她的失败。在老师读过她的文章后，她不得不承认自己搜集女性爱情故事的秘密。

1900年她17岁了，开始度过在欧巴济讷的最后一年。18岁后，修道院就只保留那些有志于当见习修女的女孩。

当她那年夏天来到瓦雷讷时，阿德里安娜就在那里。一向欢快的阿德里安娜情绪沮丧，镇上的公证人想要和她结婚，但她不喜欢他，因为他年纪大。

县上的游乐会来到这个镇子，有露天游乐场、手摇风琴演奏者和旋转木马。一个糖果商在带他妻子去医院的时候，雇用加布丽埃勒和阿德里安娜照顾他的货摊一段时间，并可提成。两个女孩很受欢迎，所存的糖果和黄油法奇软糖很快销售一空。当她们计算收入时，发现已经有足够的钱乘火车去巴黎了。阿德里安娜想去巴黎请求帮助，祈望有人会把她从上年纪的公证人手里解救出来。

她们在深夜悄悄地溜出了保罗姑父家，到达穆兰，在那里的车站没有任何人认识她们。阿德里安娜照管钱，买了两张二等车厢的票。她们一登上火车，加布丽埃勒就说道："让我们乘一等车厢去。"

当列车员发现她们用二等车厢的票乘一等车厢时，感到很气恼。于是向她们收取最高附加费后，还加了一笔罚金。

加布丽埃勒永远不会忘记，那位乘务员让她们几乎身无分文。当采访的记者问到她和阿德里安娜到达巴黎后怎么样时，她转换了话题，说只有靠家人的朋友们为她们提供住宿。阿德里安娜记得，几天后她们老老实实地返回了瓦雷讷。结局是她不必嫁给那位公证人，加布丽埃勒也不回孤儿院了。

三
可可

由于朱莉和加布丽埃勒年龄过大，不能再回到欧巴济讷，她们的祖母在修女们的帮助下，在穆兰找到了一个适合她们的机构。一年后，安托瓦妮特也到了那里与她们在一起。圣母院寄宿学校是一所女子进修学校，是一个专门培养军官和绅士们未来妻子的教育机构，所学主要是如何管理家务。因为祖母无力付学费，香奈儿姐妹是接受慈善资助入学的，她们通过参加“楼下”（downstairs）的义务劳动来保有学生资格。

“你不知道外省的阁楼能对年轻心灵造成什么样的伤害。我有个老师，一位捏造出来的德库尔塞勒，那位伤感小说的作者。”

无论她有多么离奇的幻想和渴望，她都埋藏在自己的内心。她可能把自己想象成德库尔塞勒在《梅花 A》中的白衣女士，但是与陌生人在一起时，她学会了成为稳重和缄口不语的楷模。人们将她的眼睛描述为像乌木一样黑。她更喜欢认为它们是黑貂色，闪着金子和紫青色的光。她的颈项长得出奇，身段苗条。她感觉到，男人们，无论她与他们接触的时间多么短暂，都会对她着迷。

少女们从不单独出行，特别是在那些负责教学的年长修女们离开期间。但是，正如去巴黎的冒险行为所表明的那样，加布丽埃勒和她的姑妈，知道如何在并不富足的环境下生存，在某种意义上，不被她们的贫困所束缚。

圣母院几乎不允许修女们郊游。当外出游玩确实获准时，她们要献身于天主教的虔诚，女孩子们受到年长修女们很好的监护。过去在穆兰有位富有的新教徒。100 年前，在皮埃尔·德·波旁和他精明的妻子——法国的安娜——的统治下，穆兰达到了辉煌的顶峰。1566 年，穆兰镇发布了一项裁判和宗教容忍法案。可是，当加布丽埃勒进入圣母院时，罗马天主教在隆重的仪式中恢复了天主教修士会规。

在法国，德勒-布雷泽大人的高级弥撒是较高级神职人员就职的盛大庆典，持续的时间比任何弥撒都长。每个礼拜日，学校都参加——修女们和支付学费的年轻女士们都靠近军官的孩子坐在教堂中心的长椅上，慈善资助的修女坐在两侧过道的座位上。同来自其他教区的年轻天主教徒一起，圣母院的女孩，那些最小的扮作天使，所有的人都带着高高的未点燃的蜡烛，在一年一度的圣体节队伍中前进。在路边的各种耶稣受难像旁和建立在一些军事驻防地外面的临时圣坛前，队列做短暂停留。

加布丽埃勒参加的这一年，骑兵军官们在枪筒上安放蜡烛，身挎十字形佩剑，全神贯注地站在那里一动不动。

穆兰商会喜欢炫耀镇上的橱柜和家具制造、女帽业和酿醋业、大教堂和14世纪的方塔、波旁公爵们的古堡区。然而，事实是穆兰对军事领域颇有贡献。

1870年，在普法战争中，法国惨败；19世纪90年代颇有争议的德雷福斯案导致了政治和社会力量的鲜明对比：保守的民族主义站在一边，左翼反军国主义站在另一边。尽管国家依然在阿尔弗雷德·德雷福斯队长——直到1906年他才彻底被宣告无罪——是否有罪的问题上存在着严重分歧，但是军队一方还是得到了传统右翼和教会的支持。军方在像穆兰这样的城镇驻守可能很受欢迎，但对许多法国人来说，武装力量就如同由不愿接受现代观念的职业军官阶层领导的国中之国。1899年，在国民大会中，社会主义者让·饶勒斯①领导的改革派将兵役制从5年降至3年。饶勒斯和他的拥护者想要用瑞士式的地方预备役来替代法国的驻防军，并坚持认为服役期过长。

在穆兰驻有几个军团，第十轻骑兵团位居所有兵团之首。第十轻骑兵团服役的士兵都是贵族出身。它的名单读起来就像大革命前凡尔赛宫的点名录。兵团的军官任命如下：

上校：德特勒蒙·德·莫克鲁瓦、德·沙博、迪加罗·德拉梅谢里耶、勒诺多·达尔克。上尉：韦尔代·德·利勒、马兰·

① 让·饶勒斯（Jean Jaurès，1859—1914），法国社会主义领导人。——译者

德·蒙马兰、阿尼松·迪佩龙、德戈兰·德·博尔德、德库尔蒂·德·蒙沙尔。中尉：杜布莱·德·佩尔桑、德樊尚·德·科赞。军团旗手：德庞顿·达梅古和德拉布尔多奈。

此轻骑兵团以位于阿列河左岸的维拉尔地区为基地，正对着这个古老的城镇和中世纪留下的狭窄街道。像英国的轻骑旅在克里米亚战争期间完成它闻名的进攻一样，第十轻骑兵团在普法战争期间以不畏生死的光荣免于灭顶之灾。1870 年 8 月 6 日，当身披铠甲的第十骑兵团在雷士奥芬村进行钳制性反击时，在阿尔萨斯的弗洛埃施韦勒战役中，法国军队已然败北。

第十轻骑兵团的士兵频频来到镇上。他们身穿红色马裤，有檐儿的军帽倾斜到一只耳朵上，到镇上的音乐厅去享受夜晚的娱乐。音乐厅里的女歌手高声歌唱爱国歌曲或低级下流的小曲。士兵们照例要听《雷士奥芬身披铠甲的骑兵》：

看哪，追溯那战场，像那钢花的闪光，
一支支队伍穿过迷雾
为了拯救军队，他们将血洒疆场，
直到铠甲骑兵无血可淌。

他们接到命令："法兰西必得拯救。
"未来寄托在你们身上。
"滑铁卢的回忆铭记心头。
"像他们那样，我们没有选择，要么获胜，要么死亡。"

晚风将战马的鬃毛吹起，
将士们身上的盔甲在闪光，
德国人在他们的鼠洞中颤抖。
看哪，追溯那战场……

有歌舞杂耍表演的咖啡馆——在巴黎话中称“卡夫孔斯”——颇受欢迎，在世纪初发展到了鼎盛。卡夫孔斯是晚上有小乐队娱乐的咖啡馆，在星期日或假日的下午，提供日场音乐会并且不收服务费。在像穆兰这样有军队驻防的城镇，较好的娱乐咖啡馆宣传它们的娱乐“仅仅只靠募捐的钱”维持。为了避免让咖啡馆贴上有音乐表演的低级咖啡馆（*beuglant*）的标签，通过凑份子的方式，经营者尽力吸引军官们捧场。由动词“吼”（*beugler*，“吼叫”，引申为“大声吼出一首歌”）衍生出的“*beuglant*”，用来表示低级的音乐厅，士兵们在那里一边狂欢痛饮，一边大吼大叫。

在圣母院期间，19 岁的加布丽埃勒被允许去维希看望患病的祖父。这是她生平第一次完全独立行动。从穆兰向南到维希，乘火车只有一小时的距离——中间路过保罗姑父的瓦雷讷车站——但这个优雅的胜地完全是另一个世界。加布丽埃勒发现，维希是一个令人魂牵梦萦的地方。

有众多旅馆的维希，通过花园与阿列河分割开来。祖父亨利-阿德里安在温泉寓所疗养。不和爷爷在一起的时候，她就沿着拿破仑公园的河边散步，倾听在温泉公园那些栗子树和西卡莫槭树的阴影下乐队正在表演的交响曲。夜晚的公园灯火通明，在毗邻的街道上，旅馆、饭店和高雅的商店鳞次栉比，人头攒动。她向大夜总会偷偷地瞥进去，那里正在进行巴黎卡巴莱歌舞表演。她一下午都坐在混杂的室外小酒馆旁边，这个小酒馆的名字是“王朝复辟”。

维希有温泉和冷水泉。肾病患者、胆囊或其他消化系统疾病患者、偏头痛和关节炎病人，都坐在来自大格里耶、肖梅尔和卢卡泉的温泉水池中疗养，而那些酗酒过度的人们则只大量地饮用来自公园和塞莱斯坦凉爽的泉水。大多数的温泉疗养者年龄都大得令加布丽埃勒失望，但是吸引她的还有其他事物：从矿泉疗养地的美好幽会到许多外国人讲的她从未听过的语言。维希给游客提供的不只是病患者的治疗，除了大格里耶，还有埃当剧院，剧院里每天演出两场轻歌剧，阿尔卡扎宫和爱丽舍宫有各种各样的演出，还有室外娱乐的高尔夫、赛马和阿列河上的赛艇会。

加布丽埃勒到20岁的时候，已经发现穆兰有比圣母院寄宿学校更多的新事物。这个城镇有比其他22 000个城镇更多的裁缝店和糕点铺——年轻的士兵们在裁缝店试穿他们的制服、军官们在那里缝制臂章；来访的母亲、姐妹、未婚妻和表姐妹们在糕点铺拥抱她们的英雄。穆兰是一个这样的城镇，它的公共广场上有军队音乐会；在每月的第一个和第三个星期三，军官的妻子们拥有开放日的住房。在赛马季节，穆兰就成了一处有感召力的赛马场。正是在尚坲附近的马厩，巴黎（龙骧）赛马大奖得主“弗龙坦”和“小公爵”已经怀小马驹了。与维希相比，穆兰镇有一个雅致的“卡夫孔斯”——圆亭咖啡馆，它位于火车站对面的一片绿地上，是一个八角形的铸铁建筑物。每天晚上这里都有乐队、喜剧巡演和女歌唱家的表演。在军官们的咖啡馆，起码在午后演出期间，单身的女士们在楼厅上泰然自得地享受着下午茶。

朱莉已经离开了圣母院，去帮助她依然在市场上做生意的祖父母。在修道院院长的推荐下，加布丽埃勒被允许同阿德里安娜一起到一对受人尊重的夫妇开设的女内衣和女袜店做售货员。店主是亨利·德布坦，不过专卖店保留了它原来店主的名字，因而叫做格朗佩尔时装公司。加布丽埃勒和阿德里安娜同店主们住在一处，在三楼的阁楼上拥有一个房间。

格朗佩尔时装公司在时钟街的尽头，这条街不很长，名字的来由是因为在这条街上能够看到雅克马尔塔上的时钟。在中世纪两次烧毁又两次修复的雅克马尔钟塔曾经是穆兰镇公民自由的象征。像威尼斯的坎帕尼莱一样，钟塔上机械钟指针的跳动标志出每一刻的时间。当雅克马尔神甫和他的妻子雅凯特敲响钟声的时候，他们的孩子雅克兰和雅克丽娜就能清晰地听到45分钟的敲钟声。

德布坦夫妇喜欢雇用由修女们推荐的女孩，因为她们的女红像天使般无可挑剔。加布丽埃勒在针黹方面特别干练。她为那些来定做嫁妆和新生儿全套用品的女士们服务，也接待来加工披巾、裙子、刺绣品、丧葬黑纱皱织品的主顾。毛围巾、颈饰品、内衬织物等缝纫之需，皆在她的工作范围内。然而，对那些因资助格朗佩尔时装公司而摆出高人一等架势的女士们，加布丽埃勒则没有她的雇主们那么热情。当时装公司里没有顾客时，德布坦就喜欢背诵那些出身贵族血统的客户们的名字。勒里奥、波迈、罗什福尔和富尔肖都是穆兰周围的城堡。其中有两个城堡已经改为马厩——当然，令人惋惜——但波旁·帕尔马家族是城堡的主人。在帕利斯城堡有帕利斯家族，比塞家族在波旁山的高处有比塞城堡，山中有100处矿泉满足维希浴池水源的需求。

加布丽埃勒轻易地忘记了在格朗佩尔时装公司一年半的时光。相反，她编造她的“姨妈”拥有自己的草场，牧场的草地因为草没有长高而不适合于奶牛，但是马却很喜欢吃。她会说，姨妈们把草地租给军队，从16岁起，她就能抓住正在吃草的骑兵马匹的鬃毛，纵身跃起骑到它们的背上。尽管像小鹿一样怕羞，她还是会观看前来巡视的身材魁梧的军官们，帅气的轻骑兵身着天蓝色夹克，轻步兵们腰上系着有带襻的黑色搭环，有皮衬的大衣搭在他们的肩上。她会说：“他们驾驭的是有漂亮挽具的四轮敞篷轻便马车。”“他们靠对马嘴的观察来决定一匹马的年龄，他们靠抚摸马蹄的球结①、掴掴马的肋腹来看它性子是否烈。当然，马匹属于军队，我一直担心他们会将我最喜欢的坐骑带离。实际上，当这些马匹在草地上吃草或掉了蹄铁时，他们是不会带走它们的。我曾过猛地骑它们，令它们的蹄子都感染了。我还能看到那位进入厨房的军官，他在火上一边暖手一边说，‘那些马匹的蹄子就像奶牛，马掌脱落了，它们的球结

① 球结，即在马掌中间的那种有弹性的角质物。

烂了。’我不敢对着他看，可他已猜测到了这一点；当姨妈们调转身子背对着我们时，他悄声说道：‘原来，在它们没有马掌的情况下，你骑着它们狂奔，嗯，你这个小坏蛋。’”

时髦的军官们走进了加布丽埃勒的生活，他们不是到她姨妈的农场去检查马匹，而是来到她可以赚些额外收入的裁缝店来改马裤。这年夏天，她满21岁了。她在穆兰的贫困区租了一个房间，那是她能够支出的全部。阿德里安娜犹豫不决，但在得到姑妈露易丝赞同后，她也从和加布丽埃勒一起住的商店里搬了出来。

消息不胫而走，希望改变衣橱的妇女都来到年轻的香奈儿家女孩子们所在的甘戈桥街的住处。一些顾客还喜欢不通过德布坦的时装公司，而直接咨询香奈儿姐妹。有时，加布丽埃勒还被选中乘车去某个城堡完成一件礼服的最后试穿。

每个礼拜日的上午，加布丽埃勒都在裁缝店工作。1904年赛季的高峰，6位上尉军官，全都像关注他们骑术的荣耀一样关注他们服装的华丽，赶在同一个礼拜日来做关键的改动。他们看到在裁缝店忙于针黹手工的漂亮助手，一位手中拿着帽子，另一位手握衬衫的下摆；一个皮肤白皙，另一个皮肤黝黑但美得迷人。

其中一位士兵用手指卷着胡须，另一位面对着工作室站在门口，诱人地微笑着，但迷人姐妹组合的眼睛却没有离开过她们手中的工作。一位军官问裁缝两姐妹的情况，得到的回答是姑娘们在女礼服商店工作。临近傍晚，军官们邀请加布丽埃勒和阿德里安娜去看他们跨越障碍比赛。接下来的邀请是吃果汁牛奶冻。糕点店的店名叫“欲望”。

军官们邀请香奈儿“姐妹”中的一位时，两位总是同时出现。有时她们还带着安托瓦妮特，现在她也快 16 岁了。人们称她们为“美惠三女神”。

军官们把她们带到圆亭咖啡馆去听女孩们“耀眼地”大声唱出她们最拿手的歌曲。在这个扩音并不流行的时代，为了能在夜晚欢乐的喧闹声中被听到，演唱者需要浑厚的嗓音和与钢琴演奏家的和谐配合。从晚上 8 点演出直到午夜，还需要演唱者的耐力。表演者没有辅助的合唱队，但在她后面的舞台上坐着一排摆出某种姿势、初次登台、装模作样的女歌手，在幕间休息时，她们暂时轮流填补通俗的叠歌。姑娘们是按月被聘用的，两周之后即可解聘。根据大多数娱乐咖啡馆的规章，在舞台上露面时必须身穿夜礼服。如果一位故作姿态的女歌手被观众一齐投樱桃核，那她就完蛋了。如果她的歌唱听起来好像大有希望，她会逐渐发展为一个“年轻的女星”或一位“引人注目的歌手”。

香奈儿姐妹是否对她们约会的对象自诩过她们能唱得同那些台上的女歌手一样好，还是爱慕者们鼓动她们上台的，实际情况无人知晓。不管怎样，加布丽埃勒比她的姑妈更无所顾忌，她很快就得到了机会。或许是来自军官们示意的眼色，圆亭咖啡馆的老板聘用了她。她的声音比舞台要求差些，但是在咖啡馆里有第十轻骑兵团捧她的场，她稳定了自己的地位。由于演唱了一首流行的哀歌，歌曲表达的是在埃菲尔铁塔对面的特罗卡代罗娱乐公园，一位年轻的女士丢失了她的狗，加布丽埃勒因此得到了她的绰号：

我丢失了我可怜的可可。
我可爱的小狗——可可，
它在特罗卡代罗附近不见了。
如果它还一直跑，它就跑得很远了。
我承认我最惋惜的是，
我的男人越对我欺骗，
可可就越对我保持忠心不变。
（叠歌）你没有碰到我的可可吧？
可可在特罗卡代罗附近消失了。
可可在特罗……
可可在特罗……
可可在特罗卡代罗。
谁见到过可可吗？
啊，我的可可，
谁见到过可可吗？

阿德里安娜的嗓音就是招来观众丢樱桃核的那种，因此负责人很快便安排她去传募捐盘："女士们，先生们，为了艺术家。"尽管声音小，但加布丽埃勒投入了全部的热情和勇气，她的演出成为了固定节目。她如何得到绰号的另一种说法，据说出自她突然用一种几乎不算雄鸡趾高气扬激情的嘶哑声开始胆怯地唱着“喔喔喔”（cocorico）。涨红了脸的观众大声呼喊：“可可！可可!”还有一种说法，除了“谁见到过可可”（Qui a vu Coco?）这首歌外，加布丽埃勒唯一知道的酒吧歌曲就是“可可里可”（Ko ko ri ko），后者是剧作家罗贝尔·德弗莱尔创作的一个活报剧的标题，1897 年，在巴黎斯卡拉娱乐咖啡馆，该剧曾轰动一时。不管是叠歌中可可的歌曲，还是圆亭咖啡馆的观众的缘故，加布丽埃勒都变成了“小可可”（la petite Coco）。

四

巴尔桑

在军营的浪荡子之中，谁夺去了加布丽埃勒的芳心呢？这不是她会直接回答的问题，但在这几年期间，她开始有了暧昧的幽会，艾蒂安·巴尔桑是她的第一个情人。在穆兰长大的记者，比香奈儿姐妹小几岁的玛丽-让娜·维耶尔记得，有位很年轻的可可·香奈儿冒着被囚禁的危险去堕胎，这样的流言在当时悄悄地传了出来。马塞尔·黑德里希，这位最爱打破沙锅问到底的香奈儿传记作家表示，巴尔桑的翩翩风度完全可能导致一次意外怀孕。“某种程度上，这样的‘事故’最初在可可和艾蒂安那异乎寻常和复杂的男女关系中会有吧?”黑德里希问道。

在可可·香奈儿生前，堕胎在法国是违法的，她的不育——当她不顾一切地想要有一个孩子时——可能暗示着她年轻时有过一次糟透了的堕胎。但她心如铁石，总想起母亲的行为带来的悲剧。如果说母亲的先例过于久远，那么朱莉正在重演相同的悲剧：她被一位农副产品市场的小贩搞出了孩子，孩子的父亲承认这个男婴，但是却不打算和朱莉结婚。

艾蒂安·巴尔桑服军役的大部分时间是在阿尔及利亚的非洲军团度过的。在一场打赌中他赢了，于是被提升到第十轻骑兵团，在这里度过了他最后几个月的兵役生活。艾蒂安是家中三兄弟中最小的一个，他的家庭靠从事纺织业发了财。在19世纪，充满活力的巴尔桑家族前赴后继，在法国中部古老的羊毛业中心沙托鲁市建立了工厂。为了使家族事业突飞猛进，他们全都与有钱人家的姑娘结了婚，她们都给家族带来了价值不菲的嫁妆。

作为一个男孩，艾蒂安被父母送到了英国的一所寄宿学校，在那里除了学习英语外，他还如痴似狂地迷恋玩马。艾蒂安满18岁后不久，双亲就离开了人世，于是他回到了沙托鲁。一回到家他就告诉家人，自己没有同哥哥雅克和罗贝尔共同进入纺织业的打算。带着自己的那份财产，他计划买下一个养马场，集中精力饲养良种马。哥哥们劝他将这个计划延缓到军役期结束后再实施。

雅克·巴尔桑和罗贝尔·巴尔桑继承了家族的纺织业，在接下来的10年里，他们极大地扩大了家族的买卖和影响。在第一次世界大战期间，他们成为国防承包商，负责用于军服的染色纤维布。雅克成为了一名飞行员，1914年他在敌人的航空线上飞行，发现了集结的德国军队，证实了敌人的侵犯迫在眉睫。如果是一名普通飞行员的话，他应该向中队首长报告，再由后者向上司汇报。但雅克，正如他的侄子弗朗索瓦·巴尔桑记得的那样，直接让司机将他带到了巴黎的国防部。这就是巴尔桑家的势力。

不像他体面的兄长，艾蒂安有点放荡不羁。雅克与艾梅·塞埃·德·拉博德成婚，罗贝尔迎娶了泰雷兹·德·沙博·拉图尔。但是艾蒂安感兴趣的女人却不被邀请到沙托鲁城的公园城堡，也不被带到家族在巴黎城里博姆路的房子。艾蒂安天生具有避开困境的能力。阿尔及尔是个炎热和令人烦躁的城市。一个下午，在总督的宫殿前担任警戒任务时，他放下手中的枪睡着了。一位过往的市民将他的衣服脱了下来，这令醒来时赤裸裸的艾蒂安惊骇不已。不幸的是，这位市民正是总督本人。此后这位玩忽职守的士兵是在军营监狱中度过的。当时军团的马匹患上了莫名其妙的皮肤病。面对着兽医的困惑和无能，艾蒂安迫使一名军官承诺，如果他能够治疗这批马，就提升他回到在法国基地的军团。兽医们对此一笑置之。艾蒂安用他在英国学到的一种药方将军马治好了，他也因此调到了穆兰。

他们或许是在穆兰的一个娱乐咖啡馆里相识的，那时艾蒂安24岁，加布丽埃勒21岁。他们第一次约会时，他说自己一度想离开军队饲养马匹。军队要用大量的马，他能供应他们，但是他真正的抱负是要饲养良种马。当加布丽埃勒说她生在索米尔时，他印象极深。她的出生地，正是法国最著名的军马旗手——乔治·布拉克-布莱尔上尉的家乡。

可可和艾蒂安都喜欢对方，因此相见甚欢。艾蒂安对一位充满朝气、颇具个性的女歌手比沙托鲁资产阶级的乖女儿更感兴趣。（弗朗索瓦·巴尔桑，艾蒂安的侄子回忆说，自己是听着叔叔令家族震惊的离经叛道的生活方式成长起来的。）尽管艾蒂安既不高大，也不特别英俊，但加布丽埃勒发现他比第十轻骑兵团那些贵族出身、高人一等的士兵们更真实、更自然。他告诉她，他打算在贡比涅附近买下一处地产。从巴黎到贡比涅森林的边缘，乘火车不到一个半小时的路程，那将是养马的理想之地。

生活对一位年轻的女士不可能全是马，在莫德家，社交娱乐颇具吸引力。与阿德里安娜一起，加布丽埃勒开始受到莫德·马居埃尔魅力四射的影响。莫德是穆兰的名女人，她是青年男女的媒人、时尚新潮的倡导者、宴会生活的主角和未婚少女的保护人。

从摆出引人注目的尼采式姿态、皮肤淡色或深色的年轻军官，到那些带来花边新闻和入口难忘的美味巧克力饼的邻家淑女们，每个人都视莫德家的茶点聚会为难得的社交机会。莫德是位出身平凡、体形丰满的女性，她有广泛的社会爱好；她能使年轻的女性在得体的保护下到处旅游；在不引起家庭怀疑的前提下，让女方去见求婚人；组织当地的绅士探讨马匹、时尚、猎季和新酿制的博若莱葡萄酒。

在莫德的花园里，夏日的每个下午都有茶和糕饼款待。女主人与女士们谈论时尚，同养马人谈论赛马统计资料；树下的长躺椅一直是安排青年男女见面的地方。在莫德的茶点聚会上，如果见面就迸发出爱的火花，那么两个年轻人不会忘记他们欠女主人的情，会将 200 法郎的纸币塞进一个不显眼的信封里留给主人以表达他们的感激之情，这是可以理解的。

莫德邀请加布丽埃勒和阿德里安娜到她的茶点聚会，认为阿德里安娜特别迷人。21 岁的阿德里安娜比从前更漂亮，带有加布丽埃勒不具备的温柔。阿德里安娜在莫德的下午茶点聚会时显得光彩照人，女主人把她的新发现介绍给比第十轻骑兵团那些绅士风度的军官们更可爱、更富有的单身汉们。她还邀请阿德里安娜与她一起住，让她懂得，一对老流动商贩的女儿如果梦想被社会所接受，她能期望的最好保证人莫过于莫德。

加布丽埃勒有别的想法。

穆兰镇没有什么出路，她告诉阿德里安娜。她们与其在莫德的社交会上为改变社会地位向上爬，还不如摆脱这个地方。加布丽埃勒刚强、坚韧、随时准备利用机遇。阿德里安娜应该和她一起争取成功的机会。如果她们能在圆亭成功，为什么不能在维希胜地成功呢？虽然到目前为止，阿德里安娜还没有成为一名咖啡馆的表演歌手，可她是迷人的，而歌唱是一个人能够学会的。

加布丽埃勒把自己看成了另一个伊薇特·吉尔贝吗？伊薇特是蒙马特尔女歌唱家，她从默默无闻的台后缝纫工到巴黎聚光灯下的明星，现在已是亨利·德·图卢兹-洛特雷克的海报模特。对于滑稽歌舞剧这一职业，很难说加布丽埃勒有多么认真，在各种有关她人生传记的复述中，她都略过自己滑稽歌舞的经历，而是从她姨妈们的牧马场直接跳到了艾蒂安经营的养马业。不过，阿德里安娜说服自己同加布丽埃勒去了维希。在离开之前，她们共同为自己缝制了全新的套装和女帽。

维希的“旺季”，可以从卜卜-啪-啪（oom-pah-pah）音乐表演到轻音乐、综艺节目和古典音乐会等音乐狂欢活动中得到淋漓尽致的体现。每天上午，在公园的乐队演奏台和矿泉城都有交响乐演出；下午的音乐来自娱乐咖啡馆表演；夜里，大夜总会、埃当剧院、阿尔卡扎宫和爱丽舍宫都以抒情歌剧、轻喜剧和综艺节目的演出为特色。可可决定努力尝试所有四种剧目，并从排名最上的开始——大夜总会。只有著名的艺术家、巴黎巡回演出的大明星才可以在那里演出。两位姑娘在公园里拍了照。第一张照片上是有名的可可，她和她的姑妈都身着自己加工的代表“美好年代”繁荣的服饰。加布丽埃勒严肃地看着相机，她的姑妈微笑地看着她。宽挺肩膀的可可，洁净的衬衣式连衣裙，系一条大腰带，唯一的装饰是裙子上的刺绣，这一直被视为香奈儿的初始风格。许多时尚作家将两姐妹的服装加以对照，同阿德里安娜的高领衫相比，浪漫的多褶边披巾减弱了加布丽埃勒服饰的严肃性。一些人已经看到了骑马妇女的开端，另一些人认为这是向军人时尚表示敬意。可可衣服双肩上带有的骑兵穗带，预示着女性追求男性化时尚的到来。

加布丽埃勒的试演没有成功。她的表演有气质和机敏的魅力，但是嗓音却不怎么好。一位家庭钢琴师为她变换各种曲调，教她舞台上跳舞的基础。她的机会是要成为一名音乐咖啡厅的女歌手，用剧院的行话说，即着装华丽、装腔作势的女人，唱歌时伴随着阔步舞，扭来扭去地带点性感。咖啡厅的女歌手身着闪光小圆片儿服饰，露出大部分的乳沟和大腿。可可租了一套钢琴师认为一点也不够暴露的戏装。除了显得僵硬外，她的声音几乎令人无法听清。他还认为她的裙撑太突出了。开始彩排的时候，他说道，她的技巧是转动臀部的方式。为什么不在袒露的肩部加些褶饰的花边呢？

艾蒂安·巴尔桑来到了维希。他离开了军队，邀请加布丽埃勒去赛马。运动俱乐部和赛马场位于远离阿列河的拿破仑公园的河对面，40 年后在同莫朗谈起此事时，可可还记得在马背上被身着真丝紧身套衫的小伙子们带到起跑桩时的情景。

艾蒂安已经买到了他梦想的地产。尽管它从未属于国王所有，叫法却夸张得离谱，他将自己的养马场称为“王苑”。12 世纪有段时间，“好人”菲利普国王曾在此停留，驻防的城堡因此获名。一位女王将它变成了一所修道院，就是现在已大不如从前的这所小修道院。艾蒂安从一位赛马训练员手中买下了它。

可可记得她当时对巴尔桑说：“上帝，你幸运地有了比赛用的马了。”

艾蒂安问她是否会来看他们训练。

她回答道，是的。

她一点都不后悔离开维希。阿德里安娜已经放弃，并回到了穆兰，应约接受莫德与她同住一所房子。即使艾蒂安没有使加布丽埃勒立即迷上他——他在“王苑”已经有了一位同居的情人，她知道——但她很高兴摆脱了自己不光彩的过去和在外省的平庸。摆脱了她母亲——和朱莉——未婚妈妈的命运，亦不必成为市场上阴谋骗子既成婚姻的妻子。作为没有嫁妆的孤儿，她不指望吸引那些找老婆的体面年轻人，但是她漂亮得足以获得那些身无分文的姑娘们努力争取的结局——去找一位保护人。

五

“凤凰女”和克罗迪娜

“美好年代”（belle époque）有大量的委婉语去命名那些被包养的女人。“高贵的妓女”或挥金如土的女人，其字面的意思是“吞嚼钻石者”，她们毁灭财富和声誉；半上流社会的女人、放荡的女人、150 法郎的“小女人”、妓院里的妓女和街上的野鸡，她们几乎是因家庭原因不能够结婚的绅士们的永久情人。

巴尔桑同居的伴侣是一位有点儿徐娘半老又擅以色相勾引男人的女人，在此之前，早已有公爵拜倒在她的石榴裙下。埃米利安·达朗松是一位著名的社会交际花，她一对挑逗勾人的黑眼睛、圆乎乎的脸蛋儿、小巧直挺的鼻子和樱桃般的红唇令异性疯狂地着迷。33 岁的她生活在以往的风光显赫之中。对艾蒂安而言，她是一位吸引游客的尤物。

与卡罗琳·奥特罗——她以“美丽的奥特罗”而闻名——莉亚纳·德·波吉、莱奥尼德·勒布朗、科拉·珀尔（真名为伊莉莎·克劳奇）和阿方西娜·普莱西（亚历山大·小仲马《茶花女》的原型）一起，埃米利安属于高级妓女阶层。有一幅她自然地瞥向照相机的照片：性感的嘴唇，面纱下圆滚滚的脸蛋，燕子领上系一条男士商标的领带和与之相配的一枚珍珠别针，钮孔上别着一株白色的康乃馨。

埃米利安最有名的是与比利时国王的亲密关系：与雅克·迪泽斯的情史令她财源广进。

“我打算到苏格兰去猎松鸡，你和我们一起去吧，”利奥波德二世（Leopold II）在信中约她，“你可以自称松容女伯爵，我要把你介绍给我的表弟爱德华。”他的表弟是国王爱德华七世，埃米利安声称自己曾对他说过，只有来自上层阶级的法国人，才懂得如何做爱。

雅克·迪泽斯是令人敬畏的安妮·迪泽斯公爵夫人之子。迪泽斯公爵夫人是一位女赛马手、诗人、小说家、雕刻家、帆船赛选手、女权主义者，还是法国第一位拥有新奇怪异的电动车驾照的女性。当发现儿子开始迷恋上达朗松时——人们看到埃米利安戴着迪泽斯家族的珠宝——公爵夫人就把他打发到刚果去了。不幸的是，这位年轻人于 1893 年在苏丹的卡宾卡患伤寒去世。

埃米利安是巴黎一对守门人夫妇的女儿。15 岁时，她在一个夏季马戏班里完成了小白兔训练员的培训，带着成为新富的欲望和文学的抱负，成为了一个厚颜无耻、勾引男人的尤物。

1981 年，当卡伦·布莱克在《香水女王》影片中扮演埃米利安时，电影剧本给她的台词是：“在我读自己的一首诗时，连马塞尔·普鲁斯特都鼓了掌。”实际上，是诗人拉乌尔·蓬雄以不堪的韵律朗诵了她的“杰作”，普鲁斯特将她与雅克·迪泽斯的故事原样移来，写入了他的《追忆逝水年华》一书中。埃米利安成了书中的人物拉谢尔，一位从罗贝尔·德·圣卢普手中谋得家族珠宝的女人，并导致他被放逐到突尼斯。可是不像倒霉的迪泽斯，圣卢普和斯旺的女儿结了婚。像艾蒂安一样，埃米利安喜欢让资产阶级在感情上不舒服。艾蒂安一次从马上摔了下来，一条腿骨折，被送到了沙托鲁市巴尔桑家族的豪宅。埃米利安闻讯后厚颜无耻地出现了，她丝毫不理会仆人们的存在，一下子扑到他的床边。

巴尔桑、埃米利安和他们的朋友对可可的想法是完全可以理解的。艾蒂安把自以为是的配偶和令人胆怯的老年贵妇从王苑里赶了出去。具有运动爱好的贵族、赛马的高手和他真正邀请的纯种马饲养人都很高兴能够带着不是他们妻子的女伴到场。来到王苑的“淑女们”在经济上都是独立的，到场的女演员们都像加布丽埃勒·多西亚那样前程似锦，另外还有其他一些打破传统的女性。巴尔桑和在场的朋友们尽情地玩乐，他们带着猎狗骑马狩猎，在家中举行宴会。当巴尔桑从维希将可可带回家时，每个人都推断这位语言尖刻、外形可爱的女孩非同寻常，是他新着迷的姑娘。

“克罗迪娜”和对未成熟女子气质（通过未熟的水果来表

达）的喜好盛极一时。在西多妮·加布丽埃勒·科莱特①半自传性的浪漫小说中，克罗迪娜镜子、克罗迪娜护肤品、克罗迪娜女帽等都有着它们的感召力。在那流畅、坦然、温情和诙谐的行文中，科莱特撰写了关于青春期女生、怀旧感、青年人的时尚与遗憾以及放纵本能的生活等主题的作品。她46岁的丈夫亨利·戈捷维拉尔善于宣传工作，以他自己的笔名——“维利”出版了她的著作。科莱特不是他唯一用过的捉刀代笔人，而他最大的成功是娶了当时20岁的她。维利给他的妻子和18岁的女歌唱演员波莱尔提供服饰。波莱尔在舞台上扮演克罗迪娜，穿着同样的服装，修剪成同样的发型，任由他们三人生活在一起的流言四处传播。两侧伴着身着完全相同的短装、如猫咪般娇柔的“双胞胎”，高大的留着海象胡子的维利头戴高帽、身着晚礼服，松散的大领结盖住了他衬衫的前部，当他如此进入镜宫时，巴黎人瞠目结舌。

埃米利安详尽地告诉可可维利和科莱特分居的丑闻。科莱特为贝尔波夫伯爵夫人，即米茜，而离开了她的丈夫。私人宴会上，当她们演出女同性恋的哑剧时，连对什么都感到厌倦的巴黎人都为这两位女人喝彩。当科莱特和米茜在红磨坊酒吧首次登台表演她们称为《埃及梦》的歌舞表演时，连麻木不仁的巴黎人也为之震惊。给首演增添狂热的是在观众席上的维利：在幕布最后落下，警察终止演出前，观众们的欢呼声经久不息。

---

① 科莱特（Sidonie Gabrielle Colette，1873—1954），法国杰出女作家。——译者

1906 年，科莱特同这位高大魁梧的浪子离婚后，成为音乐厅的一位表演者，直到 1919 年她重新开始写作时为止。加布丽埃勒遇到她时，两人都已名闻遐迩。在 20 世纪 20 年代，她们都在里维埃拉买下了别墅，成了朋友。科莱特教会香奈儿如何用加冰块的白葡萄酒配冰冻甜瓜，并用她的生花妙笔撰写了一部简短的香奈儿传记；在第二次世界大战最黑暗的日子里，可可庇护了这位女作家。

在形象和趣味方面，克罗迪娜现象开创了新型妇女的观念，她们在风格上更清新，道德上更自由。一位懂得大量维多利亚束缚的女性要比她所假定知道的还多；一位时尚的女性很快就会放弃蕾丝和丝绸的轻轻摩擦；大型女帽业的概念被等同于（无性别区分的）带檐儿帽。

挥金如土的女人正在不知不觉地开始走下坡。《费加罗报》极为翔实地描述，在赛马会上拉贝勒·奥特罗、莉亚纳·德·波吉和埃米利安都令人厌烦了。显要家族的后代依然为将自己的荣誉毁灭在高等妓女身上展开争夺：亨利·梅亚——他与雅克·奥芬巴赫合著有《巴黎人的生活》一书——为了看到裸体的莉亚纳付出了 8 万法郎。这位新女性的肖像出现在文学和戏剧之中、卡夫孔斯的叠歌里和亨利·马蒂斯及谢斯·凡·高更的画布上。她的诱惑力是不言而喻的。她受到的教育很少，但是她有灵敏的幽默感，她传播的道德感基于个人的真挚。她往往是雄心勃勃的年轻人们的情人，还是在艺术界中那些颇有天赋的奋斗者的密友。

加布丽埃勒是一个“克罗迪娜”。虽然没有意识到是“新女性”，但是她以自己所理解的唯一方式——服饰，表露了她的年轻和叛逆。如果宝贝儿们[①]穿得过于正式，她确信自己看起来像一名中学生。尽管在龙骧赛马场大看台上的女士们戴的是羽毛檐儿的帽子，穿的是拖地的长裙，但她在跑道旁却依然穿着定做的紧身衣，头戴平顶硬草帽。多西亚来到养马场时穿着斜裁的裙子，但加布丽埃勒跃身上马时却身穿男式马裤。

在最新事物的描述中没有赛马的女性阶层，赛马这一爱好也不在女权运动新出现的话题之列。在法国，女权运动的势力正趋于减弱。1901 年，众议院投票表示拒绝赋予妇女以选举权；1906 年，妇女的权益再一次在议会上被否决。然而，玛格丽特·迪朗和萨拉·莫诺获得了两个议席的成功。新的《职位法》授权女店员在没有顾客时可以坐着；《埃米尔·卢贝法》允许女性从事律师业。

在布洛涅森林的龙骧赛马场赛道上，巴尔桑训练加布丽埃勒学习这项国王们的运动。有一天她自己也会成为良种马养殖场的主人，但是她永远不会忘记 1907 年的第一次经历：赛场的大看台和那里大片绿地的景色，东面矗立着傲视苍穹的埃菲尔铁塔；赛道左边是树林；赛马的主人、参赛的选手、上流社会的显贵都涌入了赛马场；赛场观众席、全景视野的饭店；在每一场赛马比赛前，养马的场主都与他们的驯马师、赛马手以及参赛马来到栗树下矗立着雕塑的草地检阅场。

较靠近王苑的城镇是挨着城堡的尚蒂伊镇，在这里有如画

① 宝贝儿们（Cocottes），爱称，另有“放荡的女人”之意。——译者

册中走出的跑马场；每天清晨，在尚蒂伊的树林里和开阔的丘陵地带，上百名驯马师为800位场主考察他们良种马的能力。加布丽埃勒也被带到了拉斐特之家、圣克卢、特朗布莱和昂吉安等地的赛马会。她明白了（赛马的）“旺季”在春天始于龙骧赛马场，6月在尚蒂伊，8月在诺曼底海岸的多维尔。接下来，秋天的赛马会又返回到龙骧，在10月的第一个星期日最后通过凯旋门大奖赛落下帷幕。

王苑，乘火车到巴黎只不过一个多小时，是法国众多马场中一个爬满常春藤的庄园。美丽的花园环绕着一座三层楼的住宅，花园里有百年的橡树和栗子树。养马场、驯马的围场和放牧的草场伸展到最临近的接壤处，王苑的马棚和马场离15 000公顷的贡比涅森林只有几百米远。

赛马界的不成文法宣称，为了最好的命运，一匹纯种马一定要在贡比涅地区进行训练。最初从英国带来的驯马师已经形成了名副其实的卡特、坎宁顿和巴塞洛缪王朝；尚蒂伊和拉斐特之家就像英国的村庄。猎鹿是最大的赛事。猎手们骑马出发时身穿蓝灰色的大衣、红天鹅绒的背心和白色的马裤。当马车、成群的观看者与狩猎者子女们随从的保姆以及家庭女教师被贡比涅第五骑兵团的军官们驱车安排到野餐区时，守林人为他们在林中开路。

如果问他们整天都做些什么，艾蒂安和他的朋友们会毫不迟疑地用伊丽莎白·德·格拉蒙的话来回答：马和赛马就是他们的整个世界。“一个生活中充满渴望和狂喜的世界，每周7天的赛马场地安排如下：星期一——圣克卢，星期二——昂吉安，星期三——特朗布莱，星期四——欧特伊，星期五——拉斐特之家，星期六——万塞讷，星期日——龙骧。”格拉蒙是吉什公爵安托万·德·格拉蒙的女儿，这位公爵是一位获奖的赛马者；她同父异母的姐姐阿尔芒·德·格拉蒙是巴黎社交界最耀眼的成员（普鲁斯特在《追忆逝水年华》中将她变成了圣卢普）。她在体育界和知识界都具有敏锐的观察力并特别提到：“如果体育运动热爱者轻视知识分子，那么他们就会相互厌恶。然而，当知识分子亲历了一场赛马的狂喜，那么直接可见的荣誉总是令他们羡慕不已。”

赛马的大看台人群涌动，有戴高顶礼帽的享乐主义者、打着阳伞的交际花、穿着紧身褡骑在马背上的男爵夫人，以及普鲁斯特书中所描述的精力充沛的新贵，巴尔桑和他的朋友们就混杂在这些人之中。在围场和参赛选手体重登记处，赛马的主人及饲养人员混杂在一起——雅克·德布雷蒙为了赢得阿斯科特金杯赛的大奖，将他两岁的赛马“激情卫士”安排到英国；此外还有爱德华·德·罗斯柴尔德、亨利·德·富瓦、莫里斯·德·基思，约瑟夫·利厄因为他的肤色不能参加比赛，据说他后来用火车车厢运走了马匹。加布丽埃勒欣赏牵着纯种马和拿着马鞍走向磅秤的那些身着绸缎衬衫的赛马骑师们。从布洛涅森林的龙骧和欧特伊赛马场的大看台，她时常观看赛马会，希望长长的马队和骑师们像优雅的阿拉贝斯克芭蕾舒展的舞姿一般再度出现。在她的周围，贵妇们刻意避开那些高级妓女——前者常常从后者那里得到时尚方面的指点。不过，来自王苑的赛马场观众尊重社会的禁忌。亨利·德·富瓦可以同王苑的苏珊·奥兰迪尽情地欢乐，但是在赛马会上，因为阿妮塔同亨利的弟弟马克斯的原因，他的弟媳阿妮塔·德·富瓦对苏珊讲的话不如对亨利的妻子讲得多，正是苏珊“诱使”亲爱的亨利道德败坏。

巴尔桑的征服并没有使埃米利安感到威胁，可可足够聪明地知道，她与那位同巴尔桑同居的性感女人无法匹敌。那些男人可能会发现她的青春、她黑眼睛挑战的凝视、她据理力争和机智巧妙的应对与埃米利安那种广泛的阅历、勾引人的窃笑同样具有诱惑力，而后者在男人面前的表现则从未发生在加布丽埃勒身上。此外，埃米利安身上散发出香气。

可可的嗅觉是罕见的，在整个一生中，她的回忆都是嗅觉。没有什么比有臭味的人更让她恶心的了。可可将永远不会忘记埃米利安本人举办的令人愉快的宴会。

加布丽埃勒说她从来就没有爱上过巴尔桑。这令她在成熟岁月的许多亲密朋友相信，她一直感激他的安排，但毋庸置疑的是，她付出了人工流产的代价。实际上，他已经发现了她过于缠人，但是他对过于残忍地摆脱她一直犹豫不决。由于来到了王苑，她作出了依赖他的决定，有时她会承认，她很“亏欠”巴尔桑。

可可住进巴尔桑的庄园时 22 岁。为了使她与巴尔桑度过的 6 年戏剧化，关于她的年龄，她说她对他撒了谎。当他弄清楚她是 16 岁而不是 20 岁时，他害怕警察发现自己藏有一位未成年人。她还说过，因为她未成年，巴尔桑不肯把她介绍给埃米利安，显然是害怕臭名昭著的“宝贝儿”会把艾蒂安和她都告发给警察。

有一次她说道：“我确实什么也不懂。”“在最广泛的意义上我明白，我必须教会我自己。那些正在同我生活的男孩子们都不要求我改变。他们和我一起玩耍，我们玩得很开心。他们发现了一个率真的人。他们是富人，不知道这个来到他们生活中的女孩是谁。”

艾蒂安与埃米利安的风流韵事为时不长。显然是带着欣喜的心情，他告诉哥们儿，他已经甩了她。他的兄弟们——和带着要结婚的女儿的上层社会妇女们——认为他没有丢掉家庭财富，反而使自己在她面前转败为胜，因此摆脱了有名的“挥金如土的女人”，真算得上英雄了。事实是，埃米利安没有传说中的那种杀伤力。她的财富令她转向了写作，力图享受自由自在的生活，在王苑的生活方式已经非常适合她。

艾蒂安没有暗藏心机的父母觊觎他持有的公司，他发自内心地没有贵族青年的优越感。如果有任何一个比他更明白马的人，他就会马上去接纳这位骑术专家。莫里斯·卡约，一位出身卑微、形体粗壮的男人，因为他那双眼睛对飞奔的动物幼崽瞄得准确无误，所以能同巴尔桑的贵族们一同骑马狩猎。

加布丽埃勒无所畏惧。无论是风雨交加，还是风和日丽，她学习骑马都始终坚持不懈。她的坚韧是她远大抱负的直接需要：她要令人们震惊。她在马背上十分勇敢，艾蒂安亲自教她在训练中如何控制马匹。当他在其他地方忙时，她就将自己的时光全部用来与那些驯马师、赛马师、马夫和赛马饲养员们一同度过。

可可尽力去忘掉与艾蒂安在一起的岁月，并且在她一成为富人和名人时，就否认了那段经历。她在大量的场合说过，嫉妒与她格格不入。我们只能推断这是她作为局外人和替补队员的心态。她着装的方式表露了防卫心态的暗示。她的身上没有舒适的裙衬、没有塔式的低臀裤、没有蕾丝花边、没有貂皮披肩和成排珍珠的缀饰，也没有两英尺高的鹰翎帽。她身着定做的女式礼服配以男式高领和领带，一顶平顶草帽，用女帽饰针将那一头光泽的长发齐整地固定好——带点儿叛逆的优雅。因为骑马狩猎，她的头发编成了一条辫子拖在礼帽下，她将自己变成了一名仪态高贵而又严厉的女骑手。在那个穿着短灯笼裤骑自行车都会因有伤风化而遭到拘留的年代，她却敢于穿着裁剪成马夫款式的马裤出现在骑马越野的行列中。80 多岁的时候，她用通俗的养马人术语解释道，女性正确的骑马姿势应该是跨骑。女人一定要把自己想象成纯爷们，她告诫说："你绝不能在她们身上添加丝毫负担。"

她给自己分配的角色就是搭档、好友和助手。艾蒂安为她赖床的本事惊讶。"她会在床上一直躺到中午，在床上喝咖啡、牛奶，阅读廉价小说。" 30 年以后他回忆道。然而，如果计划好了郊游，那么她就会第一个起床做准备。小伙子们要骑马越过贡比涅森林吗？她会迅速地穿上马裤，然后跟在他们后面狂奔。弗朗索瓦·巴尔桑记得他叔叔与可可·香奈儿私通的传闻，而家人的回忆却是，这位未来的时装设计师将她的餐食带到"办公室”，至少有一次，当巴尔桑的一个朋友带着他的妻子到来的时候，她没有被邀请到“楼上”就餐。

加布丽埃勒尽量讨好艾蒂安。他们之间的关系是有悖传统习俗的，不过他们也不遵从传统的戒律，因此各自都尽力逃避外省的端正操行。艾蒂安是唯一一位尽力对她表达关怀并帮助她发现新世界的男人。靠着她的与众不同，她迥异于那些来到王苑的纯正淑女，她告诉那些小伙子们这些女人令人讨厌。这些半上流社会的女人们整日想入非非、自我陶醉。“宝贝儿”看起来就像她青春期阅读过的小说中的女主人公。

毫无疑问，加布丽埃勒有过感到难熬的时刻。她远离祖父母，远离姑妈露易丝，远离阿德里安娜。她同那些不管是直截了当还是遮遮掩掩地看不起她的人在一起。艾蒂安从未努力使她被社会接受。或许他知道那无法做到，在那令人胆怯的客厅里她什么也不能做。为了找到内心的平衡，她嘲笑他们在赛马场上遇到的那些地道上层社会的女士们。

“你认为她漂亮吗?”当他们在大看台从一位迷人的女士面前路过时，她问艾蒂安。

“可是，可可，她是某公爵的女儿。”

“她看起来又邋遢又俗气。”

实际上她感受到了威胁。她善于敏锐地观察和欣赏贵族女人的行为，像她后来讲给莫朗的那样，她们有着“魅人的口是心非、新潮的生活方式、尖刻而又过于警觉的傲慢无理”。

只有她们知道如何在正确的时刻进入房间，只有她们知道什么时候离开最合适。她从未同巴尔桑和埃米利安去过巴黎。

香奈儿的名字有一天会代表巴黎人优雅的实质，但是在可可 20 岁左右的时候，她还不知道巴黎。

与此同时，真爱和幸运似乎已经在向阿德里安娜微笑。在来自年轻姑妈的信中，她以平和的心态和得体的措辞宣布：在莫德家，她遇到一位热情奔放的追求者，于是爱上了他。他年轻帅气，唇上留着一撮滑稽的胡子，脸上总是挂着迷人的微笑。他们曾到维希旅游，在那里，她同意接受他并以身相许。他就是莫里斯·爱德华·德·盖伊·德·内克松。

有一张阿德里安娜和她的情郎在维希一辆敞篷马车上的照片。照片中的阿德里安娜衣着华丽地坐在车上，头戴羽翎帽，怀抱一条宠物狗。遗憾的是，当摄影师按下快门的那一刻，莫里斯闭了眼睛，他看起来很是快乐无忧，但是他的家庭则是另一回事。

莫里斯属于利摩日市的望族子弟，德·内克松男爵夫妇之子，他们是离欧巴济讷不到 50 公里的上维埃纳省内克松城堡的乡绅和主人。他母亲的娘家姓安盖洛，当听到儿子要和一个售货员结婚的消息时，她放声大哭起来。父亲威胁要剥夺莫里斯的继承权。指望家人允许他与一个女裁缝结婚，那是完全不可能的。但是莫里斯和阿德里安娜恋爱了，他们会等待。

与阿德里安娜在维希一样，可可必须在王苑的人群中找到朋友。1908 年，她遇到了与艾蒂安最好的朋友莱昂·德·拉博德伯爵一同前来王苑参观的一位年轻活泼的女演员。她比可可小两岁，加布丽埃勒·多扎特刚刚让她首次登上舞台。她在舞台上度过了漫长的人生，在保罗·布尔热、让·科克托、莫里哀、季洛杜[1]和路易·茹韦[2]等剧作家的戏剧中扮演角色。1930年之后，她成为了法国电影界的“贵妇”之一。然而在1908年，她还是一位活泼而极普通的圆脸姑娘，她的笑声中带着顽皮却又不乏高贵不凡的气质。当她们第一次见面时，可可有点儿怕她。但她们很快就成为了好朋友。

拜访具有无法抗拒的诱惑力的女人时，可可就不再自信了。德·拉博德伯爵问她是否要见见波莉娜·德·圣索弗尔，一位人们街谈巷语时常谈到的名媛。

“不，谢谢，那样的女人令我恐惧。”可可回答道。

拉博德执意坚持，可可才同意和波莉娜用茶。

“那么，你认为她怎么样？”后来好事儿的莱昂问她。

“难以忍受。”

“是什么让你感到难以忍受呢？”

“简直可怕，她看起来恶心又冷酷。她脏兮兮的，用米粉来掩饰头发中难闻的怪味。为什么她有那么多的头发啊？”

拉博德大笑并告诉每个人，可可是如何看待臭名昭著的烂美人儿。回首往事，加布丽埃勒承认，波莉娜，她的脸化妆后像位女演员，面部冷漠的侧影给她留下了难忘的印象。

“我必须承认，她们那些人教了我一些东西。”

可可很难习惯无所事事的上流社会生活。然而，她很快地

---

① 季洛杜（Giraudoux，1882—1944），法国作家、戏剧家，代表剧作有《犹滴》、《插曲》等。——译者

② 路易·茹韦（Louise Jouvet，1887—1957），法国演员，电影及戏剧导演，共出演过34部影片。——译者

学会了其中的游戏规则，人人都心照不宣地尊重这种阶级区别，古老的氏族和新贵们只有通过婚姻才能正式加入到构成巴黎上流社会的 1 200 个名声显赫的家族之列。

“成群结队的女人们追逐富家子弟。要么她们自己要成为他们的情人，要么为她们的女儿寻找乘龙快婿，”加布丽埃勒后来说道，“我什么也不懂。我认为所有的男人都一样，我看不出这些富家子弟有什么非同一般之处。”

可可坚定而自信。当她超群的骑术取得成功时，艾蒂安为她而感到骄傲。当时一位出色的骑手瓦莱里·奥利维耶记得在王苑时的可可。“她是个漂亮的小姑娘，不是很引人注目，但是有一张表情丰富又可爱的脸蛋儿。她在马背上一点都不害怕，这令我们赞叹。你永远不会想到她会成为可可·香奈儿。对我们来说，她就是艾蒂安·巴尔桑的小朋友。”

六

王苑

如果说第十轻骑兵团的军官们第一个发现加布丽埃勒——并给了她一个外号，那么是一位名妓和一位赛马明星热情地使她投入时装设计界。

埃米利安·达朗松征服了一位有名的职业赛马师亚历克·卡特，艾蒂安·巴尔桑与她关系破裂，但是这并没能阻止巴尔桑从前的情人带着她的新情人来到王苑。与此相反，艾蒂安欢迎这种赛马的宣传。赛马的成绩表、闲话栏目等都投向了这对新来的情侣，猥亵诙谐的氛围，折射出他们与王苑主人的往来。可可被注意是因为骑术惊人的亚历克一下子成了名人，人们看到她和他们在一起。埃米利安随同亚历克参加赛马会时戴着一顶可可的宽边草帽，简单得怪诞，但戴在埃米利安的头上却很时髦，于是可可引起了特别的注意。

亚历克是一位令人着迷的男性，埃米利安不是唯一一个追求这位身材矮小的赛马师的女人。1907 年时，他被称为“击不垮的卡特”。他比可可小四岁，是一个小个子男人，但是他的气度颇具王子风范，赛马师俱乐部的成员们认为他是骑马艺术的真正化身。他在第一次世界大战中去世，埃米利安用一首爱情诗来纪念他：

追溯以往，我的怀里轻柔地睡着他。
我看到了他的双眸，在眼帘下。
当他去世时，还会再现那熟悉的身姿吗？
他不再凝视，张开的双眼，或许是死不瞑目的表现。

尚存的可可在王苑时期的照片上展现了她在养马场时的情景：她正在同艾蒂安说说笑笑，坐在露天的阳台上，手中拿着早晨例行阅读的报纸；同亨利 · 德 · 富瓦男爵和他的宠物狗照相；在马厩街上，同莱昂 · 德 · 拉博德和艾蒂安一起合影。

正如一个真实的玩笑所述，艾蒂安要女士们为参加贡比涅赛马会穿上漂亮的衣服，然后整个王苑的宾主一同骑驴进入城里。在一次出行中，他们站成队列等待摄影师拍照。这个群体中包括莫里斯 · 卡约，这位养马人懂得如何去挑选未来有获胜潜力的马驹；还有埃迪 · 福尔舍梅、苏珊 · 奥兰迪、亨利 · 德 · 富瓦男爵、可可和艾蒂安。在黑色的大天鹅绒帽子下，三位女士全都穿着适合马鞍上的服装，但可可却与众不同。埃迪和苏珊的颈项被古典式上浆的飞边裹住，而加布丽埃勒则惹人注目地扎着男式蝶形领结。她的小癖好之一就是“借用”出自男性服装的东西。

也有令人不开心的照片，这些照片里她常常眯着眼睛，给人以似笑非笑之感，面带孤高冷漠甚至睥睨群雄的表情。她有很多不得不掩饰的苦衷。

当巴尔桑的绅士朋友们同他们的母亲和妻子在一起时，他们会表现出高雅的举止和恭敬的态度，但他们认为没有理由戴着手套陪伴地位低下的女人。可可作为东道主“小朋友”的称呼给了她声望并保护着她免于受到那些绅士们最赤裸裸的追求；但是在她面前，男人们常常表现出难以忍受的麻木不仁，甚至可能是完全没有教养。

当可可70多岁时，她很随意地谈到巴尔桑，还有他的兄弟们如何努力地要她成为艾蒂安的妻子。“艾蒂安·巴尔桑不在意女人的外表美。”她告诉《嘉人》杂志的记者。“他喜欢年纪大的女人，他爱‘宝贝儿’，这令他的家人震惊。实际上，他的家人很高兴看到他和我在一起。他的哥哥雅克来看我，给我讲述关于艾蒂安最令人厌恶的故事。他要我同艾蒂安结婚。我回答：‘我不爱他。’他说道：‘那不重要。’我心里想，多么可怕的老恶魔。雅克比艾蒂安大10岁。”

一年后，雅克·巴尔桑再次努力。可可认为他的提议既可憎又好笑。

他发火了：“你将来的结局会很惨。将来你会遭什么意外呢？”

“我不知道，我也不在乎。我要工作。”

“工作！你什么也不懂。”

“可既然所有的妇女都想知道我是如何穿……”

巴尔桑客人们的女友都想知道她戴的帽子是在哪里买的。

巴黎人当时正在欣赏马蒂斯和野兽派画家们嫣红的风景画、毕加索《阿维尼翁的少女》的震撼、克劳德·德彪西的（印象派）音乐篇章，但是赛马——真正的乐事——在王苑才是要事。来自巴黎的晨报和晚报热衷于赛马最终成绩的报道，而对国民议会投票推翻乔治·克雷孟梭政府，或丹麦批准妇女参政权的重大新闻则置若罔闻。在王苑拍摄的一张照片里，大大的露台上一派早晨惯有的景象：可可安静地查阅放在膝上的报纸新闻，吕西安·昂罗正在阅读《每日新闻》，而加布丽埃勒·多西亚则在浏览新到的插图版《至上报》。所有报纸有关赛马的新闻都占了至少一整版，所有的报纸报道都像《费加罗报》那样不遗余力地集中在主要“宝贝儿”们穿戴的最新服饰上。

在王苑的客人中，莱昂·德·拉博德是第一个拥有汽车的人。那辆聘用司机驾驶的双位带车厢红色小汽车由沙朗操控，但它的散热器要求不停地加水。

“我那时从来没有坐过汽车，”加布丽埃勒回忆道，“我觉得它们太难看了。我说过，‘多么吓人的东西啊，连拉车的马都没有。’驾车的坐在前面。我担心他会掉下去。”可是，她很快就开始借用莱昂的汽车和司机了。

到赛马会来来去去的交通主要是靠火车，巴尔桑和他的朋友们住在巴黎的边缘，他们在东站转车。在回来的路上，直到火车缓缓进入贡比涅之前，男人们都在重述这天最令人感兴趣的“小马”或玩纸牌，同去的姑娘们则谈论服装和帽子。

阿德里安娜和莫里斯同莫德·马居埃尔去了巴黎，加布丽埃勒去看望了他们。她的姑妈满面春风、十分快乐，“未婚夫”显示出绅士的风度，莫德忙前忙后地护着这对情侣。他们带着加布丽埃勒去看望《茶花女》一书中的女主人公，已64岁的萨拉·贝纳尔。故事中这位美丽的高级妓女，为了她分文不名的情人而鄙视富有的伯爵，为了拯救她最爱的人，她又回到了花天酒地的生活，只为了在她的病榻前同阿尔芒重聚。这让阿德里安娜发出了心醉神迷地叹息，莫德承认，她深深地被感动了。在各种场合，可可都会说，她嚎啕大哭，以至于那个夜晚在她后面的人们嘘声不断；有时她也会说已经发现圣洁的贝纳尔难看得令人绝望。

巴黎沉浸在欢乐与花天酒地的放纵之中。有20多个大剧院提供夜场演出，在每个星期日和星期四还有日场。上流社会的人每个星期一都要去巴黎歌剧院，星期二去法兰西喜剧院。贵宾席通常都为男士们保留。但是在法兰西喜剧院，女士被允许坐在正厅后排（不戴帽子），而在喜歌剧院（Opéra Comique），最好的座位要求女士着晚礼服。莫里斯·德·内克松要加布丽埃勒同他们一起去看埃德蒙·罗斯坦引起轰动的《雏鹰》，但是她没有去。在她同巴尔桑一起的岁月里，唯一爱看的歌剧依然是《茶花女》。阿德里安娜和她的贵族情人在维希低调地生活着，内克松期待他父母的让步，让他与所爱的人结婚。表面上——因为阿德里安娜宽宏大量——安托瓦妮特同他们住在一起。加布丽埃勒最小的妹妹 21 岁了，比从前更漂亮。她刚刚结束在穆兰修道院的生活。身材高挑、婀娜多姿的安托瓦妮特有着娇嫩的面孔和大大的杏核眼，她同样要在维希尝试进入娱乐界。尽管正等待着订婚，阿德里安娜还是照顾着她，并给她一些莫里斯提供的零用钱。

阿德里安娜一直同家人，同在瓦雷讷的露易丝和保罗·科斯捷保持着联系，也同加布丽埃勒和安托瓦妮特的哥哥们有联系。阿方斯已经成为了一名订阅报刊的销售代表——旅途上的人生是与生俱来的。在让一个叫玛德莱娜·布尔萨里耶的纺织女工怀孕后，阿方斯与她结了婚，同他们的小儿子一起，在欧布纳附近的一个小村子生活。30 年前，正是在当地的一个小店，正值花季的让娜·德沃勒认识了阿尔贝·香奈儿，后来生下了朱莉。性格温顺的吕西安没有离开阿方斯，也成了一名报刊订阅批发商。然而在 1907 年，他决定力争在军队中有所作为。他在步兵部队服役了一年。没有再次与阿方斯合作，他下定决心要寻找父亲，因为香奈儿家族的每个成员都知道，阿尔贝应该居住在诺曼底，在坎佩尔镇附近销售他的货品——古老的陶器和缸瓦器柱头产品。

吕西安在 1909 年寻查到了长期下落不明的父亲。他发现阿尔贝同一位比他年轻很多的女人生活在一起。他在儿子面前没有一点窘迫，而是开怀畅饮。阿尔贝欢迎儿子的到来，并邀他与他们共住，之后却又迅速地消失了。从一位女朋友那里，吕西安得知老人现在住在坎佩尔镇，那里没有人认识他，因为他曾经与一位警察有过冲突，必须躲起来。没有等到父亲回来，吕西安就回到了瓦雷讷，在那里做起了鞋子的生意。

到1908年8月，加布丽埃勒就满25岁了。她不想成为同其他妇女一样的女性，不想永远依赖男人，凡事取决于他们的喜好、他们一时的心血来潮和他们的金钱。当艾蒂安找到另一个埃米利安·达朗松时，她会遭遇到什么样的结局呢？无法预测的未来令她在精神上备受煎熬。

一天早晨，当她大声质疑将来会有什么样的遭遇时，艾蒂安正在阳台上阅读《至上报》。

他不由自主地抬起头来问道："怎么啦，你现在没有什么问题吧？"

随着岁月的流逝，她的问题变得更加反反复复。他的回答也依然没有什么变化。

有一天，她说道："我不能靠骑马来谋生。我认为我要工作。"

她给他讲了有关帽子的想法。

她用带子和蕾丝、帽檐和嵌条的装饰方式，为最简单的平顶硬草帽增添了优雅和魅力。在赛马场，大量过分装饰的女帽是有严格规定的，而戴着自己精心制作的帽子，她成了轰动一时的人物。艾蒂安的几位女性朋友已经开始请求她装饰她们的帽子。他可能还没有注意到，但是埃米利安在龙骧赛马场炫耀过一次可可充满想象力的杰作。

艾蒂安让她说下去。女人们通常朝他要一些愚蠢而不适用的奢侈品、服装和珠宝，从没有人要他提供一个女帽店。另外，他在养马上面已经投资太多了。

只要能逗她高兴，他乐意宠着她。

她缠着他不放，他中途让步了，建议她在贡比涅开一个专卖店。她则坚持说，要么不开，要么就在巴黎开。他告诉她，女帽商在巴黎随处可见。

各种实际问题都要考虑。艾蒂安应邀访问南美洲的骑术中心——阿根廷。他要启程了，但并不介意让她暂时住在自己位于巴黎马勒塞布林荫大道的单身公寓。但是如果可可要经商，就需要具备合法的资质。她需要供应商提供一份信用额度。他应该为她联署、为她的贷款担保吗？还是他应该用自己的名字，就像他与其他女人所做的那样，只是支付金钱呢？他不喜欢多种选择，于是决定下次她再提出要求时就将这套公寓给她用。与此同时，他在想，她为什么不和他一同到波城参加猎狐活动呢？他们本来可以住在波城13世纪的城堡里，那是贝阿恩和加斯科尼的古都。那将会是多么快乐的旅程啊！

七

小伙儿卡佩尔

他的名字是亚瑟·卡佩尔，但是每个人都称他“小伙儿”。数年之后，她还能完全记得那些细雨蒙蒙的日子、赛马奔驰的情景、他那漫不经心的神态和温柔多情的眼神儿。当然她有改变和美化之处，她告诉那些写她自传的作者们，自己是如何遇到曾经唯一爱过的男人和与他的爱情故事。

根据最夸张的陈述，小伙儿卡佩尔和她从其他的骑手伙伴中飞驰着脱离出来，不知不觉地发现他们通过了一片晶莹翠绿的草地，在覆盖着白雪的比利牛斯山下，有遒劲的大橡树，潺潺的溪水匆匆流去。那是神奇美妙的一周：猎狐、雨中红色的服装散射出金属锈的色彩；还有纯种马——摩根马和美国驯马、牝马、狩猎用马和阿拉伯马。她从来都不知道法国西南部的冬天是那么温暖惬意。

他们停了下来让马缓缓劲儿。“你和艾蒂安?”他突兀地问道。

这个问题让可可吃了一惊。她朝他望去，显得有些局促不安。或许那句英语很好笑。“为什么问这个?”

他嫉妒的眼神与她的眼睛相对。“艾蒂安昨天晚上说，我正在极力对你要弄诱惑女人的功夫。”

“你怎么回答他的?”

他笑了。“我说：‘你要怎么样，艾蒂安?’你已经不打算照顾她了。”

亚瑟·卡佩尔，马球运动员，女人一见就会动心的男人。加布丽埃勒喜欢他闻皮革的方式，喜欢他对那些赛马的亲热劲儿，喜欢他在树林里享受新鲜空气时的得意劲儿以及他拿起洗革皂也要嗅嗅味道的滑稽感。她爱他亲近随和的待人方式。他英俊，微黑的肤色、棕色的直发，有一双十分迷人的碧眼。艾蒂安总是依据人们骑术知识的多寡来判断人，而小伙儿卡佩尔对人总是充满火热的激情。他魅力四射，因此无论男女都乐于向他推心置腹地坦诚自己内心的渴望，都乐于向他表达自己炽烈的激情。

在看到有低矮的要塞和雉堞状城墙的城堡时，马背上的两个人都浑身汗淋淋的了。

那天深夜，小伙儿和艾蒂安在庄园宅邸大厅的火炉前品味他们最后一杯科尼亚克白兰地的时候，加布丽埃勒来到了他们面前。小伙儿马上给她倒上了一杯。

白兰地、炉架上闪烁不定的炭火、摇曳的烛光在他们的脸上投下了一片暗影，厅堂里一片亲密交谈的气氛。加布丽埃勒迫切地谈到了要改变自己人生的愿望。这不是她第一次对艾蒂安诉说内心的渴望，但是却是第一次有第三人在场，第一次有一个男人同她保持一致，第一次她对自己的未来进行了分析和说明。艾蒂安赛马伙伴的女友们都喜欢她戴帽子的样子，因此女人们总是要求她将她们的帽子装饰得更漂亮。

结果帽子成为了一种娱乐，而不是一种职业，艾蒂安说道。他先前也这样说过。

小伙儿卡佩尔来到她身边。他背对着火炉站着，手里转动着白兰地酒杯。他说他认为这是个好主意，艾蒂安看起来很惊讶。

为什么她不该做她想要做的事呢？小伙儿诘问道。

艾蒂安无法相信她能靠每天匆匆忙忙地做帽子谋生，因为巴黎最不缺的就是女帽商。如果她想要试试，那没有关系。她可以借用他在马勒塞布林荫大道上的单身公寓。

她回忆到，第二天她发现小伙儿卡佩尔要返回巴黎。她进了他的房间。

“你要离开吗?”她问道。

“很不幸，是这样的。”

“什么时候走?”

她草草地给艾蒂安留下了一张便条，上面写道：“我要与小伙儿卡佩尔一起离开。原谅我，因为我爱他。”

露易丝·德·维尔莫兰是听过年老的香奈儿讲述她故事的作家之一。当年她没带行李箱就来到了波城的火车站等待小伙儿卡佩尔的出现。维尔莫兰是一位富有表达热情的女性，其爱情生活神秘莫测。她想要肯定的是，她认为他们的爱无可厚非。

“你要告诉我，你完全不确信他要不要你吗？”维尔莫兰问道，“当他看到你在月台上时，他讲什么了？”

“他张开了双臂。”加布丽埃勒笑着回答。

在复述香奈儿描述当时的拥抱时，维尔莫兰禁不住加上一句：“可可很可能有时间装好行李箱。她很清楚地知道当晚火车的时间。这是唯一的一趟车。”

当加布丽埃勒与亚瑟·卡佩尔堕入爱河时，她27岁。对她来说，小伙儿卡佩尔是那种可靠的人，是认为她有头脑并重视她的想法的那个人。对他而言，她是一位超凡的美女：身材苗条、性情自然坦诚，匀称魅人的颈项令她的头部显出优雅的贵族气派，让她看起来就像是庚斯博罗画笔下女伯爵的侧影。然而，她圆圆的脸蛋儿、带着嘲弄神色的乌黑发亮的双眼、丰满的双唇、迷人的酒窝儿和会意的神态，通常会留给人们诱人的街头顽童的形象。

在比利牛斯山的这一个星期里，他开始欣赏她尖刻嘲弄的魅力，她的率性而为和能言善辩，她充满活力，为人坦诚，妙趣横生。不过就在她貌似平易近人、无忧无虑的外表下，却有某种严肃之处。她爱一切美丽的事物，但厌恶徒有其表的美。她的喜好不拘俗套，能洞悉人的虚假、做作和欺骗。她作为艾蒂安情人的身份，在某种程度上，在小伙儿的眼中增加了她的声望。艾蒂安时时刻刻地提醒他即将去阿根廷进行长期访问，这实际上使小伙儿有机会去尝试赢得她的芳心。

加布丽埃勒在小伙儿的身上发现的是他不可遏制的人生脚步、劲头十足地追求高雅的情趣、事业的成功和对甘冒风险的女人们的强烈欲望。他们持有同样的怀疑主义，他们对自己的信念同样坚定。他已经继承了纽卡斯尔煤业的股份，并刻苦努力地将自己的财富翻番。英国赛马贵族们觉得他既古怪又略微有些滑稽，因为他享受工作和赚钱带来的快乐。

在伦敦，卡佩尔住在切尔西切恩路。在巴黎，他有一个高档的公寓位于加布里埃尔大街。这条大街不显眼地一直延伸至与香榭丽舍大街相平行的林荫大道上。他们乘坐的列车在第二天上午慢慢地在奥尔良车站停了下来，小伙儿和加布丽埃勒乘坐出租车来到了加布里埃尔大街。他们真是天生的一对儿。

香奈儿的法国传记作家们给亚瑟·卡佩尔罩上了一道神秘的光环，暗示他可能是一位在他中学毕业前不久就去世了的法国人的私生子。他可能有些犹太血统。有人称，据说他是法国铁路金融家佩雷尔兄弟其中一位的儿子。可是，事实上，他是亚瑟·约瑟夫和弗洛拉·卡佩尔的儿子。他有三个姐姐，其中的一个同米彻勒姆第二男爵赫尔曼·阿尔弗雷德·斯特恩结了婚。

富有的天主教家族继承了他们在英国爱德华时代的遗产——卡佩尔家族是靠采煤业赚钱发迹的——年轻时精力充沛的亚瑟只有一种爱好能让他分散做生意的注意力，那就是在马球场上的超越。比加布丽埃勒大一岁，小伙儿的青春期是在寄宿学校度过的——最初在博蒙，一所为天主教绅士的子女开办的耶稣会学校；接下来在唐塞德，同样是由在萨默塞特的本笃会修士们管理的一所时髦学校。他讲一口流利的法语。如果能做到努力为家族增加财富而不是挥霍的话，那么在巴黎他将没有任何能与之抗衡的对手。艾蒂安和法国的赛马爱好者们对他作为一名马球运动员——和一位有女人缘的男人——的声誉充满敬畏。小伙儿卡佩尔还是风度翩翩的阿尔芒·德·格拉蒙——拉吉什伯爵的密友。

讲到小伙儿，加布丽埃勒会这样说："对我来说，他是我的兄长、我的父亲、我的整个家庭。"女帽业的成功和小伙儿的金钱——或银行信贷——让她开了她的小店，这是一个因坚持不懈而带来的某种或成功或失败、喜忧参半的结果。小伙儿不如艾蒂安富有，因此可可依靠他旧情人的慷慨继续在马勒塞布林荫大道的公寓销售女帽。许多朋友都会想知道关于他们三位的确切关系。传记作家马塞尔·黑德里希暗示说，这两个男人可能共享她。"一时的，或许，不是正式的。"黑德里希写道。"巴尔桑不是爱嫉妒的那种人。对他来说，最重要的、排在首位的就是马。对于其余的人，最首要的是，生活！或许用巴尔桑的说法，这就是可可离开巴尔桑而去找卡佩尔的事实依据。"

除了有失可可的尊严外，如此的推测并没有考虑到 6 年后她戏剧性地同艾蒂安断绝了关系。当她出现在波城车站时，还不知道小伙儿是否会要她。不考虑这两位男人的感受是什么，从我们所知道的可可的教养和她害怕被看做一位被包养的女人，要想象她轮流地同小伙儿和巴尔桑睡觉，直到两个男人决定谁应该承担全部的费用并对她负责，这与她的个性不符。

我们真正知道的是，在艾蒂安从阿根廷回来后，小伙儿和加布丽埃勒去了王苑。那是自从波城车站以来，加布丽埃勒第一次见到从前的情人。

艾蒂安假装一切事情都忘掉了。他将从南美洲带回来的礼物——一袋柠檬——交给了她。当她打开袋子时，里面的柠檬都烂掉了。

“那么你和你的英国情人到什么阶段了?”当他们单独在一起时，艾蒂安问道。

“我嘛……男人和女人通常达到的那种阶段。”

“那好极了，继续下去吧。”

在省掉的短语后是泪水和挣扎。“这个对话没有造成复杂难堪的局面。”35 年后她告诉自己的作家朋友保罗·莫朗。“现在，一切都很轻松。像其他一切事物一样，人们的亲密关系来得快去得也快。小伙儿是英国人，他不是很理解，事情变得复杂起来。他是个很体面而又招人喜欢的人。我带他远离了他的朋友们，他们都恨我。”在另一个场合，她又说艾蒂安不再爱她了，但“总的说来，像一般的男人一样，当他意识到我爱上了别的男人时，他就又开始爱我了”。

两位男士十分绅士地进行了私下交谈。

“你喜欢她?”艾蒂安问道。

“是的，一点不假。”小伙儿说道。

“她是你的了，我亲爱的小哥儿。”

在艾蒂安的回忆中，他们的谈话是在他去阿根廷之前的事，谁该对她的女帽店提供资金的敏感问题摆在了他们面前。

“如果你喜欢她，我亲爱的小哥儿，她是你的了。”艾蒂安说道。

“我无法肯定，我能承担……”

“我不介意帮助她。既然她想要进入时尚界，她可以用我的公寓，但仅此而已。”

后来，艾蒂安告诉可可，小伙儿用了太多的美发油，黏糊糊的头油把人家的椅背都弄得没人敢靠了。

加布丽埃勒同艾蒂安依然是朋友，在晚年时，她还将他给她戴上的那枚紫水晶戒指用作一条项链的坠子。同小伙儿一起，她有时会去王苑参加巴尔桑家的晚会。有个星期天，他们，艾蒂安和莱昂·德·拉博德伯爵，决定去作弄客人们。他们选中了加布丽埃勒·多西亚和让娜·莱里作为恶作剧的对象。让娜·莱里是位女演员，最近被有很久私情关系的俄国大公多利斯抛弃了，他们要为她举行一个即兴的乡村婚礼，连为这一系列事件摄影的人也被他们蒙在鼓里。

加布丽埃勒负责伪装掩饰。艾蒂安和让娜被打扮成新郎和新娘，艾蒂安身着燕尾服，戴着高高的帽子；女演员身穿白色婚纱，怀里抱着一束柑橘；小伙儿成了岳母，身穿灰斜纹裙子，戴一顶加布丽埃勒的帽子；拉博德装扮成一个尖叫的娃娃；多西亚是一位村里的伴娘；可可自己扮成伴郎，她在萨马里泰纳男子商店购买了伴郎装。

她人生工作的起点就是这种女性男装的创意：将男式服装的元素带入女装。

成功几乎是始料不及的。小伙儿总是在伦敦和巴黎经营他的买卖，而加布丽埃勒则在马勒塞布林荫大道艾蒂安的公寓卖女帽。这条高级的大道从玛德莱娜教堂延伸开来，从住着旧贵和新富两种不同名流的第八和第十七区通过。

她成打地在拉法耶大百货店购买简单的平顶草帽和硬草帽，然后亲自修剪。她的第一批客户是艾蒂安从前的情妇。靠着勇敢的香奈儿小女帽的影响力，这些女人又轮番带来她们的朋友们。加布丽埃勒想出来的设计常常是出奇的简单，许多客户认为她的创新是一种异乎寻常的形式，带点反抗味儿。

那年冬天，加布丽埃勒和小伙儿住在加布里埃尔大街过着无忧无虑的快乐生活。他们很少邀请别人——朋友中不邀请单身汉和他们的未婚情人。相反，他们外出参加大量的社交活动。他们在马克西姆餐厅、巴黎餐厅和位于布洛涅森林的卡特朗牧场餐馆用餐。

法国政府可能在令人眼花缭乱的和平、布朗热运动和德雷福斯案群情激奋的形势下取得了成功，但是人们只对生活中的乐子感兴趣：沿着壮观的林荫大道，有令人们自信的建筑、吸引顾客的商店、名噪一时的时尚和国际性的夜生活。小伙儿忙于工作，加布丽埃勒则全身心地投入到她的生意上，她认为同挥霍金钱相比，赚钱会带来更好的结果。小伙儿曾说过，商业是进步的侍女。

小伙儿向她展示了一个有着英国贵族和俄国大公尽情玩乐的巴黎。有一段时间，上层社会把她吸引住了。如果说同艾蒂安在一起时已经培养了她富人的习惯和喜好——允许她骑到法国最好的马——同小伙儿生活在一起则使她体验到了社会的细微差异、等级并接触到了家族的丑行。“所有这一切，”正如她所言，“巴黎人知道却没有真实地记载在什么地方。因为我过于傲慢不愿去问，所以我也不知道。我一直说谎，因为不想被当成乡巴佬。”

当小伙儿当场戳穿她的谎言时，她说自己只不过将事实重新调整了点儿次序而已。

在可可·香奈儿传奇人生里的男人之中，小伙儿卡佩尔是唯一一位她几乎不编造故事的男人，是唯一一位她喜欢谈到的男人。在各种各样的复述中，她都把自己变成了一个 18 岁的丑小鸭，傻乎乎的青涩，但小伙儿的爱却非她莫属。

“我们是天造地设的一对儿，”她在晚年时这样说，“他随叫随到，他爱我，最重要的是他知道我爱他。”

她说他是自己永远不能忘怀的男人。她喜欢讲到自己的天真、羞怯和小小的叛逆，喜欢强调他热情忠诚的天性和信念坚定的个性，喜欢讲述女性如何被他所吸引。一次出于一时的冲动，她让他取消了在多维尔娱乐城的一场盛典来和她单独用餐。当他们一起出去时，他让她穿上白色的舞裙，一件与她的羞怯不协调的晚装，弄得大家都盯着她看。她看到女人们都在打量她，就在他面前昏厥了过去。

“所有的女人都在追他，”她记得。“我没有嫉妒心。我还说：‘真奇怪，女人们的眼睛怎么都不肯从你身上移开呢。’他回答我说：‘她们正在看你呢，傻家伙。’”

她还没有天真到相信他这话的程度，她告诉他，和你的女友们出去吧。他真的和她们出去了。“她们不理解，告诉他：‘甩了那个女人。’由于天生就诚实，他回答她们：‘不，我离不开她。’”

还有一次，她要求认识她们。“她们那么漂亮，”她说道，“为什么不来这儿?”

“因为……因为你和她们不是一类人。你不像任何人。另外，等我们结了婚……”

“我不漂亮。”

“错，在我认识的人当中你最漂亮。”

八

康朋街

小伙儿预付了未来80年将与可可的名字联系在一起的那条街——康朋街——上某商铺的定金。这条街位于商人居住的巴黎第一区中心，狭窄的街道与庄严的皇家大街、卡斯蒂格里奥内广场大街、旺多姆-和平大街相平行；这些大街上高雅的名牌专卖店鳞次栉比，一直到丽思酒店和司法部大楼。它不是一条很长的街道，始于里沃利大街，穿过圣奥诺雷街，止于玛德莱娜绿荫大道。这条街有名的租赁店包括邻里饭店（Voisin's），来自全世界的美食家都光顾过这家店；丽思酒吧；在里沃利街角的史密斯英国茶馆。丽思酒店宏伟的主入口在旺多姆广场15号，有一个方便的后入口就在康朋街上。

伊丽莎白·德·格拉蒙使香奈儿时装公司的起源问题复杂起来，她说时装专业店最初的方案是属于卡佩尔的，其动机是给可可找点事做。伊丽莎白是通过她同父异母的兄弟阿尔芒·德·拉吉什认识小伙儿的。她在自己的回忆录里描述了小伙儿在某个晚上如何摆脱一群冠冕堂皇的男人坐在了她的旁边。“你幸福吗?”他用英语问她，她把这个问题作为接下来亲密交谈的暗示。

小伙儿告诉她，他特喜欢香奈儿，但是他又实在太忙了。可可的无所作为让他十分烦恼，因此他一直努力想为她找点事做。他对格拉蒙表明他的想法：“你不知道无所事事对某些女人来说是多么难熬，特别是当女人是聪明人的时候，而可可恰恰是这样的女人。”“你有自己的家庭、亲人和社会责任，可是她什么都没有。当她精心地打磨指甲后，下午 2 点到 8 点的这段时间就毫无意义地过去了。我当然不喜欢她这样捱时光。在情感生活中，我们不能时时认识到每天的规划安排是多么重要。我们要讲心灵，让两颗心协调并不那么难，只不过是使两块手表同步运行而已！我资助她开了一家小女帽店，但经营得也不是很好。不管怎样，她精力旺盛，她有生意人的头脑。”

可可在康朋街的西 21 号租下了一个夹层。她从公寓里带来了赏心悦目的东西，雇了一位姑娘做她的助手。她告诉小伙儿，“我想要你知道，我不再需要你帮助的时候，仍然爱着你。”

她需要他。她对生意几乎一无所知。有天晚上他们出去用餐时，他告诉她，因为他已经支付了担保她的抵押金，银行允许她的业务账户透支。她当时极为震惊，感到羞辱，将自己的包甩到了他的脸上，在倾盆大雨之中，她怒气冲冲地扬长而去。他追了过去。当他赶上她时，她泪如雨下，两个人都浇成了落汤鸡。60 年之后，她依然记得小伙儿通过对她生意的扶持在不张扬地关怀她。“我确信自己正在赚钱，正在成为富人。”

第二天，她让自己的助手知道，她不是在那寻开心。“我在这儿是要发财的。此后没有我的允许，任何人不得乱花一分钱。”

当她告诉小伙儿时，他说道：“你傲慢又自负。你一生中将会受到感情的伤害。”

她憎恨建议，不是因为冥顽不化，正好相反，是因为她轻易地就会被说服。她开始悟出，人们只提出对他们自身有好处的建议。1946 年，在同莫朗的谈话中，可可声称，她很讨厌卖帽子的行当——她需要讨好客户。一位女士来到帽店，当可可问她有什么需要时，她回答，“我来这儿只是要看你。”

在那之后，只要有顾客要求见她，她就试图藏到屋后。

“你出去。”她告诉助手。

“可是她要见的是你，小姐。”

可可待在后屋里，害怕那位女士发现她愚蠢、土气。

顾客还是不肯让步：“可是那位我们听到好多传闻的小个子在哪儿？”

售货员来到后面悄声对她说：“出来吧。”

“我不能出去。如果她觉得那帽子太贵，我会让价给她的。”

可可也精明地意识到，应声即到会毁掉她的某种吸引力；反之，通过回避，她就会增加人们的好奇心。后来，当声誉鹊起的时候，她为自己编了一条谚语：“一被顾客见，顾客就走散。”她感觉到，许多面对选择而感到困惑的妇女，实际上她们喜欢被告知什么是正确的，而她知道如何使自己身边总有称职的销售员。

在她的第一批客户中，有美国驻德大使的女儿——贡托比隆伯爵夫人，许多与欧洲穷困贵族结婚的美国女继承人中的一位。安托万·贡托比隆将他的金钱挥霍在多维尔的赛马场上了。

可可的客户难以觉察地改变了。上流社会的女性群体、沃思和杜塞时装公司的客户取代了赛马界的女性。小伙儿感觉到，她需要技术帮助，需要一位在和平大街或皇家大街上某家女帽厂作坊里训练有素的技工帮忙。可可想办法从著名的刘易斯商号雇用了吕西安娜·勒巴泰和她最好的两位售货员。勒巴泰比可可小三岁，但已经完成了艰苦的学徒训练，从供差遣的女佣升到了副试衣裁缝。几位女演员和上流社会妇女已经由她来试穿。使勒巴泰决定加盟“香奈儿时装店”的原因，是可可比刘易丝商号的老板更让人开心。

香奈儿的热情主顾日益增加，这激励着她去扩大业务。善良的小伙儿玩马球时穿的针织衬衫，连同运动衫和运动夹克衫都被添加进来。但事实证明，时机尚未成熟。时尚依然青睐出自杜塞时装公司的边饰和来自最新时尚霸主保罗·波烈的“土耳其”格调。

1911 和 1912 年是加布丽埃勒一生最幸福的时光。当多西亚在改编的莫泊桑《漂亮的朋友》中担任主角时，香奈儿的帽子已经公开地出现在舞台。多西亚的全部服饰都由和平大街最有名的时装设计师雅克·杜塞设计。加布丽埃勒说服女演员在剧中戴她的帽子。她设计了两款没有羽饰或镶边、侧向一边的宽檐草帽，这在多西亚的舞台服装上起到了惊人的效果。多西亚戴着一款香奈儿帽子的照片出现在1912年5月号的《时尚杂志》上。

1913年春天，阿德里安娜和她的莫里斯·德·内克松男爵搬到了巴黎，与他们一同来的还有安托瓦妮特。一直以来，怀着一片诚心的情人莫里斯无可奈何地承认了这样的事实：父母将永远不会允许他同阿德里安娜结婚，他所能盼望的就是父母过世后再决定自己的命运。这对情人在蒙梭公园大街8号找到了一处公寓，阿德里安娜常常来加布丽埃勒的店里看望她，安托瓦妮特开始到她的店里工作。

此事的安排是阿德里安娜的主意。安托瓦妮特已经25岁了，她出挑成了一位楚楚动人的姑娘。她没有加布丽埃勒的天赋，但是有天生无拘无束的个性和超凡的魅力。她同时具备家族所共有的任劳任怨的美德，是位做事肯卖力的人。可可被她的姑妈说服了。

或许，正是她们姐姐朱莉的去世，致使加布丽埃勒同意“保护”她的小妹妹。对加布丽埃勒和安托瓦妮特而言，死亡让她们清晰地记起自己的身世，让她们刻骨铭心地想到母亲短暂而难熬的人生。朱莉死亡时的境况和她那位没有婚姻仪式、只是事实关系的丈夫的命运无人知晓，但是她留下了一个小儿子——安德烈·帕拉斯。

加布丽埃勒以前从来不认识这个外甥，但是在小伙儿的帮助下，她承担起了对小安德烈的责任。她们把6岁的孤儿送到了博蒙——当年小伙儿上学的那所寄宿学校。在晚年，可可说小伙儿把安德烈视为自己的儿子。在学校放假期间，当他们一起散步时，安德烈看到塞纳河上运煤的驳船，就喊了起来，“看，那是我们的船。”

“不，那都是小伙儿的运煤船。”

“可是您打算和他结婚。他告诉我的。”

小伙儿和可可是时髦的一对儿。人们都来看他们。成功和表面上的婚姻令一切变得不同。可可发现了她有室内装潢的天赋。她迁到了加布里埃尔大街的公寓。当第一次见到来自中国的所谓乌木屏风时，她就惊羡不已。她从未见过如此精美的工艺品。屏风是由方木板镶嵌而成，最后覆上一层漆，通过上面的图案——风景、人物、花鸟、吉祥寓意画——雕刻和嵌入各种厚而不透明的水彩。乌木屏风与印度毫无关系。仅仅因为这些物品是经由印度乌木海岸的马德拉斯运往欧洲的，所以才得到了印度乌木这个名字。

小伙儿和可可购买了乌木屏风，因为她说，你能够携带它们，然后在任何地方重新布置温馨的环境。她有一张染成羊毛色的高级地毯，就因为它会让她记起那泥污的楼道。她的家具选择浅黄褐色，令家具供应商叫苦不迭。

“悬挂的东西尽量用白缎，”她建议。

整个客厅看起来就像是雪景。高大的花瓶里插着白花，她还重新安排了乌木屏风。

当以狂热的戏剧娱乐了林荫大道剧场观众的剧作家亨利·伯恩斯坦携其夫人安托瓦妮特来香奈儿家参加晚宴时，他禁不住惊叫道："上帝，你住的环境真是太美了！"

为了讨小伙儿的欢心，可可每天晚上都穿戴齐整，她很清楚地知道通常会有那么一刻的到来：他会说"为什么不出去玩玩呢？"30年后，她说道："他在我布设的环境里爱我。我，或说部分的我，是对这种独处调整得很好的一位宅女。"

小伙儿认识的人不限于赛马贵族成员以及他们的交际花情人。他也认识画家、作家和来自舞台上的演员。加布丽埃勒喜欢他们，因为与艺术家们在一起，她作为小伙儿的情人身份就不会被注意。她不赞同他们不从习俗的生活方式，但她至少能做好自己。

伊莎贝拉·邓肯在"抒情诗的乐趣"剧场的表演使加布丽埃勒想要跳舞。小伙儿鼓励她学跳舞。她开始由埃莉斯·图尔蒙授课，这位奢侈放荡的名人，是卡莉亚蒂斯名下的一位特征舞蹈的专家。她制订策划了埃里克·萨蒂的《怪异之美》和莫里斯·拉威尔《鹅妈妈》的编导组舞。

卡莉亚蒂斯舞蹈工作室位于北向拉马克大街的蒙马特尔，加布丽埃勒为了她上午的舞蹈课，几乎每天都要攀登蒙马特尔高地。

卡莉亚蒂斯是个爽快人。加布丽埃勒没有跳舞的天赋，在几个月之后，舞蹈家决定要加布丽埃勒面对事实。她既没有唱歌的天赋，也没有舞蹈的才能。然而，为了保持身材，她仍继续在卡莉亚蒂斯那里学习舞蹈。

小伙儿和可可都沉浸在各自的成就中。她的成就是立竿见影并触目可见的。他的成就则是长远的，且预示着巨大的财富。

在巴黎，小伙儿开始与年龄比他大两倍的政治家交往。乔治·克雷孟梭在过去漫长的人生中行过医、教过书、从过政，还是一位报纸发行商。1870 年，他成为巴黎第 18 区的区长，20 年来一直是国民议会议员。

在英俊潇洒的煤矿主成为货运船王时，71 岁的克雷孟梭看到的是一位有独特想法的青年人。小伙儿是英国人，但他同时也是一位具有快刀斩乱麻般解决问题的方法和有能力提出切实可行建议的企业家。克雷孟梭依凭他的直觉和本能，做事雷厉风行；而卡佩尔的思考更具审美特点，蕴涵理性而深思熟虑。不过，卡佩尔的朋友们都奉劝小伙儿同这位阅历丰富的议员保持距离。

可可想要知道小伙儿和克雷孟梭有什么共同之处。

他告诉她，老人认为战争即将来临。作为参议院中一位外交和陆军部的参议员，克雷孟梭处于观察欧洲动荡、认识德国政治目的和调查法国军备的最佳位置。克雷孟梭挥之不去的担忧就是法国可能在毫无准备的情况下受到战争的袭击。

“不过，那与你有什么关系？”她问道。

小伙儿深信，在战争中，国家如果控制了海洋航线就最终会赢。

为了让人们明白德国意味着战争，克雷孟梭创办了一份《自由人日报》，自己亲自任编辑。

5 月，小伙儿正在旅途中，卡莉亚蒂斯邀请可可去新的香榭丽舍剧院观看夜场巴莱奇·吕塞斯的《春之祭》首场演出。为了抚慰她当前的情人夏尔·迪兰，一位颇有影响的演员和戏剧导演，她要可可同去当晚与迪兰的“约会”。

谢尔盖·迪亚吉列夫的芭蕾舞团在去年演出了伊戈尔·斯特拉温斯基的《火鸟》(*Firebird*)，该剧当时引起了轰动。巴黎人一度狂热地观看瓦斯拉夫·尼金斯基和塔玛拉·卡尔萨文娜所表达的传说中的残暴和斯拉夫人突发的梦想。当冯·雷克林豪森和他同来的人向座位走去时，观众都带有很高的期待。

1913年5月13日，约会由迷信的迪亚吉列夫安排，三张免费票发给了先锋派的仰慕者。通过芭蕾舞中俄国人优雅表演的绝技，他们希望新剧目接受者的热情能抵消预料中正厅前排和包厢席里那些浑身珠光宝气的观众的震惊。

新的芭蕾舞剧没有春天飘动的云彩和开放的水仙，只有迸发着异教原始狂放和冲动的丰收庆典。斯特拉温斯基不协和的节奏和猛烈的打击乐声与尼金斯基的狄奥尼索斯舞蹈、莱昂·巴克斯特蛮荒时代的布景等相结合，引发了一场骚乱。这些时髦的观众中不乏理解迪亚吉列夫美学的人群。后排对新风格的欢呼只是表明他们对包厢里观众的蔑视。辱骂声和喝彩声一股脑儿地落到了坐在第五排的斯特拉温斯基身上。

加布里埃尔·阿斯特吕克，剧院的导演，通过将观众席上的照明灯升上去的方式，在某种程度上恢复了秩序。一位女士掴了临近包厢里的男人一掌。莫里斯·拉威尔对那些辱骂这部作品的人愤愤地予以有力回击。有人骂他是个肮脏的犹太人。肉体的快乐在羞辱、喊叫和哄笑的战栗中继续，戏剧在一位少女表现为了大地上的生命疯狂舞蹈至死的高潮中谢幕。在最后一幕中，斜戴着冠状头饰的勒妮·德·普塔莱斯伯爵夫人宣布，以前没有人敢如此愚弄她。加布丽埃勒被舞台上的放肆和观众的行为惊得目瞪口呆。

本能、明智和迅捷地领会潮流和习俗，可可正开始亲身了解这个时尚之都。巴黎素有奢华高雅之盛名。在时尚业竞争意味着你要知道如何以创新和技能去转移富有和有鉴赏力的顾客们的注意力，令他们大为惊奇；意味着能够既创造又吸收创新的成果。

加布丽埃勒不会绘画和素描，但是她只要瞥一眼试戴帽子的顾客，就能看出哪一顶最适合；她会立即知道什么地方需要改动、哪些地方必须进一步完善。她独具慧眼、心灵手巧，以其鬼斧神工之技，达到出神入化之境。

她同样认识到某种有价值的断言：人们最爱惊喜感。到1913年春，康朋街时装专卖店所产生的利润已经使之无须再用小伙儿的银行信贷担保。差不多40年之后，她告诉莫朗，自尊是一种有益的自大。可是当小伙儿从她银行账户上取走担保金的那一天，她顿悟到自己无力挽回已逝去的青春。

九

踏上成功之路

上流社会的人们常常光顾英吉利海峡的风景区多维尔。1913年夏天，小伙儿在诺曼底酒店租下了一套可爱的公寓。用小伙儿的钱，可可在最整洁的街道租下了一间店铺，在她的货品中又添加了高领羊毛衫，她自己则身着开领衫在马球俱乐部露面。所有的策划都有利于她：魅力、时尚天赋和与著名马球运动员的伙伴关系。伯莎·卡佩尔从家里过来，小伙儿把可可介绍给他的妹妹；伯莎当时30岁，未婚。她记得28岁的可可·香奈儿身材苗条、皮肤微黑，看起来比她的实际年龄要年轻10岁。

多维尔是个有着乡村风光的世界级都市风景区，是个富裕而又沸腾喧嚣的海滨城。有钱的巴黎人和伦敦人都来这里参加赛马会，寻求巴卡拉赌场的刺激，享受高档服装店购物的快感。

它的四面环绕着诺曼底的牧场和苹果园，往远看去则是白垩石崖和花岗岩叠织的山峦。多维尔的建筑是新式的诺曼风格，建筑物的正面是砖石砌成，上面是木梁结构。1862 年，莫尔尼公爵夏尔，路易·拿破仑·波拿巴非婚生的同父异母兄弟，以及 19 世纪中期的工业巨头们建造了这座城镇作为他们的避暑胜地，同时也建立了一个赛马场。

在令人心旷神怡的英吉利海峡度过夏天，那是有闲阶级的特权，而普通的百姓则终年劳作（在 1936 年以前的法国，法律上还没有规定两周的法定假日）。同海峡对面的伯恩茅斯和布莱顿一样，多维尔有大量的酒店以及壮观的别墅区提供给贵族和新贵、时尚品牌的设计师、运动家、“高级三陪女”和演艺界的明星。

时髦的海浴在当时尚未流行。一些有胆量的人，包括可可，身着端庄的衣服首次开始冒险的冲浪运动，但一般情况下，他们只是观望大海。她常一个人穿着连衣裙或印花服饰，沿着栈桥漫步，注视着帆船在一望无垠的大海上漂荡。假日就这样不为人注意、无任何外界打扰地度过。清晨沿着码头散步；下午在下榻处拜访熟人，去马球俱乐部享用下午茶的悠闲或到赛马场上露露面；晚上酒店提供上等的晚宴，在温馨的气氛中品尝海鲜，餐后在滨海大道闲庭信步。私宅掩映在公园的后面，回廊里人们坐在藤椅上喁喁细语。卡西诺赌场里，人们在赌桌上伤透了脑筋。阳光明媚的下午，你会看到女士们轻轻地转动着手中的阳伞，身着白纱漫步在沙滩上。

在小伙儿的马球队里有一对东印度人，他们那乌黑明亮的眼睛，配着高高的头饰，在加布丽埃勒看来，这是她所见过的最帅气的男人。小伙儿给她讲述印度教。

加布丽埃勒从未有过任何强烈的宗教感情，她的信仰主要都在小伙儿的那些信仰范围之内。在巴黎，小伙儿带她去见神智学者伊莎贝尔·马莱；她同小伙儿和许多佛教徒一样，相信对神的领悟要通过神秘的潜修。他给她大声朗读哲理诗《巴加瓦德·吉塔》，诗中的王子阿尔茹纳问了维什努在人间的化身、最迷人的克什娜大量的问题。在晚年，当听到J·罗贝尔·奥本海默也读过《巴加瓦德·吉塔》时，可可想见见这位物理学家，不是要问他有关量子理论的问题，而是要问他为什么帮助发明原子弹。但是如果逼问她，她会谈到对无法解释的事物的尊重、对人类永远不知道的事物的尊重，那么宗教就有点让她困扰。"什么都不会死亡，哪怕是一粒沙子也有它的生命。"当80多岁时，她这样说。"我非常希望无论什么都务必保证其存在。"

可可精品店位于通衢大道上，以她的第一位贵族顾客的家族命名——贡托比隆大街。店铺位于有高墙的诺曼底酒店、卡西诺赌场和海滩之间的一条漂亮的人行道旁，合乎营销策略。可可还加了一个白色的大遮阳棚。她将自己的名字第一次放到了店面上。在遮阳棚上，黑色的大字母拼出了加布丽埃勒·香奈儿。她有满脑子的主意，雇用了两个当地的姑娘。

安托瓦妮特住在巴黎帮助经营其康朋街的专卖店，但是阿德里安娜和莫里斯来到了多维尔，随同他们一起前来的还有莫德·马居埃尔。来自穆兰的这位从前的媒婆和新潮引导者不再给阿德里安娜好处。与此相反的是，阿德里安娜正想为莫德找个丈夫。阿德里安娜和加布丽埃勒在店铺的前面摄影留念。阿德里安娜戴着一顶黑色的帽子，脚下穿一双黑鞋，面罩黑纱，身着镶嵌有皮边儿的大衣，看起来显得更老成、更庄重。可可头戴白帽，下穿白鞋，双手插进宽松的针织夹克衣兜里，看起来美丽大方，浑身充满活力。在海滩上，莫里斯默默地坐在莫德和阿德里安娜之间，并和他们带来的宠物狗一起拍照。

安托瓦妮特·伯恩斯坦同她的剧作家老公一起，在小伙儿和可可的巴黎公寓逗留。她是第一位被香奈儿精品店的服装所吸引的上流社会女子。“当我初次见到香奈儿时，我不十分肯定，”伯恩斯坦在1970年谈及香奈儿时说道，“那时她很年轻，还不到30岁，从体型上看绝对迷人。正是在多维尔店振兴的时候，我很高兴地去看看她的精品店怎么样。接下来，我又去看了她在巴黎的店铺。”

从新奇的女帽店起步到成熟的时装设计加工，可可在时装业迈出了完全可行的一大步。在“快乐的90年代”，时装界第一个位居霸主地位的女性是帕坎夫人，她的真名是让娜·贝克尔。她是出身低微的黎凡特裔女性，为比利时、西班牙和葡萄牙的王后以及富豪的“宝贝儿”情人们设计服装。1892年，同银行家丈夫一起，她建立起她的时装公司，并立即获得了成功。帕坎时装公司还是第一家将生意扩展到国外的巴黎时装企业：1898年在伦敦开设了一家分店，其后又在布宜诺斯艾利斯、马德里和纽约建立了分店。1900年世界博览会陈列了帕坎夫人身着漂亮服饰的蜡像。她亦是第一位为自己开创广告宣传的时装师，她派出了10位身着同样服饰的女模特去参加在龙骧赛马场举行的赛马会。

20世纪最初的10年间，另外两位在时装界取得成功的女性是玛德莱娜·维奥内和让娜·朗万。她们都始于底层，开的都是小时装公司。维奥内是一位擅用剪刀的女魔法师。在11岁的时候她就开始缝纫，并在伦敦的凯特·赖利手下当学徒。1912年，在自己的里沃利街精品店开业之前，她就一直在巴黎的时装店工作。在裁缝技艺方面，她发明了斜裁法。20世纪20年代，她成功地在蒙田大街购置了一所城市住宅，从而使这条通向香榭丽舍林荫大道的十字大街成了一条新的时装大街。像可可一样，她不知道如何绘图，她所有的时装都是将面料搭在一个木头模型上设计出来的。“我从来没有设计时装，我只创造和谐，将材料漂亮地组合在一起。”她这样概括道。

波提切利、彩色玻璃窗——她最著名的朗万蓝就是取自中世纪教堂玻璃的天蓝色——以及印象派的绘画，在朗万浪漫和有点戏剧化的服装中都得以表达和渲染。她是一位瘦小的女人，小时候成为孤儿，年轻时又寡居。她为自己的独生女玛丽·布朗什做了一件极为精美的衣服，结果学校那些女同学的母亲们全都要朗万为她们的女儿加工衣服。在让娜23岁时，她在圣奥诺雷的法布街22号租下了一个阁楼，她只有从供应商那里借贷的3个月工钱，便开办了自己的店面。她的客户是年轻高雅的女性，她因此以浪漫的风格著称，从1915年流行以来一直持续到整个20世纪20年代。朗万时装公司以母女的双重形象发展，朗万的灵感依然来自她的女儿玛丽·布朗什，其女后来成为波利尼亚克伯爵夫人。

朗万和维奥内都坚持为有钱主顾服务的传统并以此为生。她们给品味独特的客户提供商品并避免炫示自己的广告。“当我开始创业时，人们都不谈论自己的店家。”可可模仿巴黎上层阶级刺耳的鼻音说道。“如果在赛马场上碰到店家，女主顾不理睬他们，自然也不会邀请他们用餐。”她，当然，将改变这一切。

有影响力的服装设计师都是男性——两家较老商号的店主和一位令人倾倒的女装设计师。除了令人极度兴奋的10年外，这种影响力一直极不合拍。

在19世纪40年代，随着淑女杂志的出现，时尚新闻已经成为大事。可是在1860年查尔斯·弗雷德里克·沃思兴起之前，很少有顶尖的时尚设计师。沃思的儿孙们一直经营着他的时装商号。沃思也是第一位用实体模特的人，包括用自己的妻子做模特。他的儿子加斯塔尔是一位有高雅情趣的人。他曾经想成为一个画家，当从父亲手中接过生意时，他的色彩主调转为柔和淡雅。他知道如何准确地利用里昂丝绸的大型图案来提高衣服线条的弧形。到1900年，沃思商号在欧洲所有主要的都市都开设了分号，其设计以华丽和庄重著称，大多数欧洲的宫廷家族都穿沃思商号的服装。

1824年，雅克·杜塞的祖父在和平大街开了一爿男装店，并由男装店扩展开来，在1871年开办了女装店，也立马成功。足够长寿的杜塞后来成为了保罗·塞尚、毕加索、马蒂斯和乔治·布拉克的富有主顾。毕加索令人惊骇的名画《阿维尼翁的少女》就悬挂在他家的回廊上；亨利·杜阿涅·鲁索的《耍蛇人》——这幅画他后来遗赠给了卢浮宫——为他的工作室增辉生色。杜塞为主要的女演员们设计加工舞台和休闲的全部服装。他的时装华贵、高雅但并不很潮。

想要向传统挑战又不被注意的女性都选择保罗·波烈设计的时装。他是第一位关注时装的艺术家。作为巴黎本地人，波烈是一位语言犀利、乐天随和且有影响力的艺术家。银行家们从他无出其右的裁缝业上谋取到了暴利。在财政破产后他又活了差不多20 年。这20 年里他靠画画谋生，有一段时间也为舞台剧或电影做布景。他人生的晚年展现的是一贫如洗的困窘。

在用直筒优雅的褶皱拖地女裙轻松取得了首次成功后，由于妇女解放和对当代艺术的强烈兴趣，波烈设计出一款简单的时装，他捕捉到了那个时代向上的新潮。迪亚吉列夫的俄国芭蕾与其令人兴奋的想象力激发了他的灵感。当可可在给她的生产线增加海滩装的时候，波烈使整个巴黎的着装都像亚洲公主似的，人人都身着带有在凡东根、马蒂斯、安德烈·德兰和拉乌尔·杜飞绘画中所用的那种鲜艳色彩的服装。他禁止主顾们穿紧身胸衣。在旅游时，他让模特们身着制服，头戴绣有“P”字母的女帽。

他的客户中有卡莉亚蒂斯、萨拉·贝纳尔、伊莎贝拉·邓肯和俄国的芭蕾舞明星伊达·鲁宾斯坦。他身穿法兰绒夜礼服、肩披斗篷参加夜场演出；夏天，他喜欢穿白色。络腮胡、黝黑的皮肤、圆脸，在夏季，波烈巴结那些前来观光的名流，身着印度丝绸的丛林夹克衫走在巴黎大街上。在时尚的历史上，虽然波烈和可可·香奈儿两人属于不同年代，但香奈儿只比这位妄自尊大、反复无常的时尚霸主年轻4岁。

那年夏天，可可的创新是她时尚时代到来的标志——运动装。她的女帽店一直被认为是抗拒美好时代的女帽“水果盘”。她希望做女装的其余部分。本能告诉她减少功能就是要使女装更具活力。波烈正在生产紧身内衣和老式的高领装，正在消除女性体型的线条美，他要以羽毛、色彩和眩人皱褶的肆意运用来补偿女性服饰上的改变。如果香奈儿要同波烈过多吸引人的装饰、维奥内和朗万的飘逸淡化，或沃思和杜塞确保正统的时尚相竞争的话，那么她肯定难以成功。多维尔是不同的。度假的人要考虑到某种冒险和放纵。可可·香奈儿的高明之举是从休闲的夏装开始。

香奈儿设计并完成了她的第一批原创——不需要紧身内衣的日常宽松女装。她喜欢上了码头上英国海员们穿的高领套头衫，并在店里卖掉了几件。时装历史研究者将她持久的成功归于个人风格的国际主义。她认识到必须在正确的时间处于正确的位置。她选择针织料和法兰绒，是因为这些织物的材料与英国的中学男生装和运动男装联系更为紧密，并能作为她的理论依据，即这些面料外表看起来“一切都与高雅有关，而又建立在与高雅格格不入的基础之上——舒服、宽松和实用”。1913年，针织品被认为除了做内衣外不适合任何衣服，因为它太不挺括，感觉没有活力；法兰绒则过于突显工人阶层或男性味，因此不适合女性的高雅。但她用简洁的灰白色和海蓝色让针织套衫变得优雅，这样的服饰与女性从前的穿着大相径庭。回顾往事，这一切看起来都那么简单明了，但在那个时代，要求苛刻的主顾群体是否会接受这种突出女性特征的自然休闲观念，则没有任何保证可言。不突出女性特征的女性才称得上是自信的女人。

在描述自己首次进入社交界时，她说自己是以女裁缝的身份而不是以设计师的身份出现的。“我给一件旧高领套衫开了个前襟，这样就不必将它在头上套来套去了。”她在1960年这样讲道。她用拇指和食指对前来采访的人演示如何添加饰带、领子和花结。“人们问我：‘你在哪里发现那件外衣的?’我告诉他们：‘如果你喜欢的话，我愿意把它卖给你。’‘多少钱?’我说必须弄清楚再告诉你。就这样我卖了10件衣服。亲爱的，我的财富就建立在我穿的那件旧高领套衫上，因为多维尔的天气冷。”

8月19日，她就30岁了。在海滩上，她给自己拍照，正面和侧面的，暗中为自己的运动装做模特。在镶着荷叶边的衬衫外，她身着拖及脚踝的长裙，外罩一件宽松肥大，带有大口袋、束带和扣带，长长的衣袖卷上去的开襟毛衣。

“每一个人都想见我，”她记得，“我成了大名人，也是从那时起，我开创了一种时尚——像明星一样的女装设计师。在我出生前，不存在什么时装设计师。没有人知道像雅克·杜塞这样杰出的人所做的任何事情。人们忽视他，就因为他是一个裁缝。主顾们如果偶然在大街上遇到他，是不会和他打招呼的。”

香奈儿已经是报纸上的漫画人物中一位十足的名人。《费加罗报》的漫画家塞姆以其流畅活泼的笔触捕捉到了小伙儿卡佩尔和香奈儿的独特之处。这位惯于讽刺的艺术家，以漫画开创了职业生涯，他将小伙儿描绘成诱拐可可狂奔的一个半人半马的神，一顶女帽高挂在他的马球棒上，帽盒子在可可的身后荡来荡去。

同时，年轻的外交官兼文学家保罗·莫朗对小伙儿和可可产生了极大兴趣，后来他撰写了一部描写他们故事的小说。莫朗是巴黎人，普鲁斯特和让·科克托的朋友之一，曾进入外交使团，但只是被任命为法国驻伦敦大使的随员。10年后莫朗撰写了他的《刘易斯和伊蕾娜》一书。书中讲述了一对青年男女在商场上幸运、爱情里不幸的故事，再现了两个人迅速致富的过程，追溯了那年夏天他们嬉耍的快乐。“他们的二人世界中看不到任何人，”莫朗这样描写他们开始在一起时的情形，“伊蕾娜确实不喜欢人多。”1923年，莫朗将他作为小说家首次大获成功的作品《拂晓》题献给了可可·香奈儿。

然而，莫朗在小伙儿和加布丽埃勒的关系中看到的幸福不是绝对的。小伙儿常常外出。有传闻说他又俘获了新的女性。在这些女性当中有富裕的艺术收藏家和饲养赛马的农场主赫伯特·米舍兰勋爵的夫人——艾梅·米舍兰。然而加布丽埃勒还是宁愿相信，小伙儿外出旅行的唯一理由是他的生意。当弄清楚那些流言蜚语是既成事实时，她自认为那只是一种不洁的癖好。“他所有的商务活动都无法阻止他对我的不忠行为，”她回忆道，“那不重要。我确信他爱的人只是我。让他和那些女人去睡吧。我认为那真龌龊，有点让人气愤，可我不在乎。”

1914 年元旦，她告诉小伙儿，他的事业将会以贵族的婚姻圆满结束。香奈儿懂得怎样掩饰自己的痛苦、如何过好眼下的时光、如何不问自己为什么彷徨。他称她为唯一的知己，并答应她还会回到她身边的。

她无法迫使自己迅速采取行动。他是她想要的一切。

十
战争

1914 年初夏期间，欧洲大部都在国王们满怀信心的统治之下。1901 年维多利亚女王逝世，但她那十分融洽的王室家族占领大陆王座的梦想已经实现。她去世后留下了 15 个后辈，他们或者自己统治或者嫁给统治俄国、德国、希腊、罗马尼亚、西班牙、挪威和其他各类小国的君主。她自己的大儿子爱德华七世接替了英国的王位。他是一位老到、有教养的国王，喜欢快乐和放纵的感觉，享受有排场和奢华的君主生活。

在法国，共和制已经有了一代人的历史，这个国家也因此提升了它在世界上举足轻重的地位。在海外，法国获得了非洲和东南亚庞大的帝国。巴黎作为时尚生活和艺术的中心璀璨夺目。保罗·波烈是巴黎最新的一颗时尚明星、时尚界的霸主。在他之下是沃思、杜塞和帕坎；在朗万和维奥内之下则是建立在数百年奢侈品行业基础上的那些能工巧匠们。在装饰艺术方面，勒内·拉里克是新艺术派的珠宝界大师，以植物和动物的装饰图案和灵活流畅的线条出现在家具、巨幅装饰画、书籍——甚至整个房屋装饰上，这种新的时尚风靡世界。先锋派是没有国界的，从巴黎到莫斯科，从佛罗伦萨到伦敦，从布拉格到纽约，在立体派、未来派、漩涡画派、蓝骑士派和垃圾箱画派之间，形式与内容、艺术与社会、现在与过去的理论相互冲击又相互结合、争论不休又相互得益。在巴黎歌剧院，理查德·瓦格纳的歌剧《帕西法尔》正在上演，音乐界的范围从法国的作曲家德彪西、拉威尔到俄国的斯特拉温斯基，再到德国的音乐大师古斯塔夫·马勒和阿诺尔德·舍内贝格。剧院纳入了斯堪的纳维亚人易卜生和斯特林堡的戏剧。萧伯纳正在进行《皮革马利翁》的创作，路易吉·皮兰德娄（1934 年诺贝尔文学奖获得者）在撰写他第一批受欢迎的剧本。马塞尔·普鲁斯特正出版他的《在斯万家这边》，安德烈·纪德正在创作《梵蒂冈的地窖》，科莱特在撰写她的《羁绊》，詹姆斯·乔伊斯忙于《尤利西斯》的写作，托马斯·曼此时正准备出版《托尼奥·克勒格尔》。

然而，民族主义正在撕裂欧洲的结构。威廉二世皇帝统治下的德国同英国和法国一样充满信心，但奥匈帝国是一个从属民族各不相同的多民族帝国，因而民族主义的狂热越来越强烈。年迈的皇帝弗朗茨·约瑟夫独断专行，抵抗民主侵入，他的帝国是一个日耳曼和匈牙利绅士与各种各样越来越不安定的斯拉夫少数民族之间不稳定地妥协的产物。

克雷孟梭在国防辩论上是一位充满激情的斗士。他要说服法国人，德国就意味着战争；他担心法国缺乏准备。一个月之后的1913年7月，德国扩大了它的军队规模，他在法国征兵入伍者中强制施行3年兵役制，此举起了重大的作用。但尽管常备军在数量上低于德国，3年兵役制却并不受欢迎。1914年春季大选恢复了占绝大多数的左派要求的两年期征兵制。

加布丽埃勒对政治没有兴趣。为了让她意识到当前的时事，小伙儿带她去观看了一届国民大会。他在英国大使馆有自己的入场券，正是在保留给国王陛下的外交官旁观席上，他给可可介绍了议会民主制。当小伙儿和她就座时，一位年轻的代表正在辩论中发言攻击克雷孟梭。这位演说家的语调辛辣尖酸、用辞粗鲁。过了一会儿可可再也受不了了。

她站了起来，大声喊道，“你真不害臊，竟然这样侮辱这个国家的救星！”

大家调转头，一位全副武装的警察怒气冲冲地过来了。5分钟之后，可可和小伙儿出现在了大街上，他们激烈地讨论着议会的规矩。

6月28日，弗朗茨·费迪南大公，奥匈帝国王位的继承人，在萨拉热窝被刺杀。可是，对可可来说，这个夏天并没有战争的恐慌。多维尔的这个夏天看起来充满了前所未有的希望。人群达到了最高纪录，7月，寻找宽松休闲服装的顾客挤满了贡托比隆街的时装店。迪亚娜（“猫咪”）·德·罗斯柴尔德男爵夫人莅临了可可的服装店，并带来了巴黎大剧院的女演员和时装女模特塞西尔·索雷尔。可可知道，男爵夫人已经决定要毁掉保罗·波烈。当涉及保护模特的时候，时装设计师是严格的，正如故事所讲的那样，猫咪年轻的爱慕者们不仅随她进入了波烈的服装店，看着她为了更方便地试衣服而脱到只剩一件“茶袍”，而且还对波烈年轻的雇员们颇有微词。于是波烈命令这些男扈从们，如果不是罗斯柴尔德夫人本人的话，其余人都从他的服装店里出去。为此她已发誓要报复。

男爵夫人现在宣布，可可·香奈儿不仅是一位天才的女帽商，而且是一位富有个性魅力的人。在她之后到来的有年轻的英裔法国公主芭布·德福西尼-吕桑热、普拉孔塔尔公主、波莉娜·德·圣索弗尔——一位非常喜欢香奈儿女帽的年轻贵妇，她决定不再从任何其他帽店买帽子了。

新闻标题越来越显示出不祥之兆。萨拉热窝的谋杀事件发生一个月后，奥匈帝国向塞尔维亚宣战，随后塞尔维亚寻求其联盟和保护者，结果导致俄国发出了部分战时动员令。同一天，柏林帝国议会向俄国宣战，反对法国成了必然的结果，不过他们仍尽力争取英国中立。欧洲各国相互误解，每一个人都被卷入到了这场军事大潮中。7 月 31 日，俄国发出了军事总动员令，德国立即采取了同样的行动，要求圣彼得堡当局在 12 小时之内取消征兵动员令。柏林对巴黎发出了最后通牒，要求在 18 小时明确是否依然保持中立。8 月 1 日中午，俄德两国进入战争状态。法国政府告知柏林，法国将“依据其利益”采取行动，同一天，法国发布军事总动员令。

军事总动员令使多维尔成为了空城。8 月 3 日，德国正式对法宣战，可可几乎肯定，德国皇帝正在进行的战争简直就是和她作对。

交通是困难的，但是小伙儿从巴黎发电报告诉可可不要关店。第二天德国入侵由英国和法国共同保证其中立地位的比利时，大不列颠最终下定了决心。英国政府要求德国尊重比利时的中立，8 月 4 日午夜，伦敦正式发出通报，最后通牒到期，大不列颠向德国宣战。

当德国跨过比利时而在法国前线发动重大攻击时，法国的将军们还在那里说战争不会发生。到了 8 月的第三周，德国的主力部队势不可挡地越过了法比边界。德军的先头部队和巴黎之间几乎没有什么阻拦。在强大的压力下，法军和英军连连撤退；到 8 月底，卡佩尔也应征入伍。多维尔又人声鼎沸了，这次来到这里的是没有丈夫的巴黎妇女、马车夫和所有其他的男仆们。

德国军官用望远镜观看埃菲尔铁塔。可可打听到小伙儿在约翰·弗伦奇爵士麾下任职。弗伦奇爵士是马恩河岸 5 个英国师的司令官。小伙儿在法国多年，流利的法语让他迅速得到了陆军中尉的军衔。

可可获悉德国人已经占领了王苑。阿方斯的来信说他和吕西安都在军队里。阿方斯是一名机修工，他的工作是维修刚刚投入战争中的新奇怪异的坦克；吕西安则是一名步兵。可可想要阿德里安娜和安托瓦妮特来和她一起住。阿德里安娜不知道她深爱的莫里斯在前线什么地方，因此拒绝离开巴黎。安托瓦妮特来到了多维尔，她告诉加布丽埃勒巴黎街头空谈爱国的、胡闹和恐惧不安的场景；商店和剧院关闭，报纸的内容减少到只剩一张，人们带着手提箱毫无目标地四处奔跑。

德国人在巴黎前方神魂不定地前进着。8 月 30 日，亚历山大·冯·克鲁克将军率军转向东南，从巴黎的东面通过而没有对城市进行包围。协约国集合在一起，新联合的军队被 600 辆巴黎出租车运往前线，攻打冯·克鲁克军队的左翼。马恩河战役令贡比涅得以收复——艾蒂安·巴尔桑花园后面王苑的营地被改建成了一所前线医院。然而，9 月中旬，德国人挖掘了战壕，法国的攻击受到了阻遏。

在多维尔，妇女们说她们在战争中已经失去了一切，这并不完全是事实。她们仍然有钱买衣服，还在战争中到医院去做志愿者工作。店铺唯一营业的只有香奈儿一家，她的漂亮休闲装正好适合体力活动——宽大、长及臀部的针织上衣和直筒亚麻裙、开领的海员衫和没有装饰的女帽。

伊丽莎白·德·格拉蒙是香奈儿在贡托比隆街服装店早期的一名主顾。她记得那时店面是何等拥挤、多维尔的服装是何等迅速地变成了暗色调、夏季丝绸又是如何消失的。“当有着 20 岁儿子的母亲们阅读‘海报’时——人们仍不想说它是‘战事公报’（communiqués）——有着一种独特的表情。”

加布丽埃勒需要帮助，她请求阿德里安娜来。在得知莫里斯的命运之前，她的姑妈不想离开巴黎。可可告诉她，没有任何办法能像工作那样让你忘记等待的苦恼。于是阿德里安娜来到了多维尔。

无论是在参议院的席位上还是在《自由人日报》上，克雷孟梭都在谴责逃避工作的人。他要求技术有效率，抨击那些官僚作风、没有能力的军火工厂和管理糟糕的医院。他赞扬小伙儿卡佩尔战前的预感：更高的效率和先进的技术将赢得战争，怒斥所有没认识到这一点的人是军事供应和政府机构的绊脚石。

克雷孟梭朴实的讲话意味着《自由人日报》将遭受军事审查官的限制。9 月中旬，这份报纸被查禁，但两天之后又以《被束缚的人》再次出版。新闻报道的版面支离破碎，但是克雷孟梭多次赢得了同审查官的日常争执。在参议院，他多方游说要求更多的枪支、军火和士兵，呼吁更好地利用现有的人力资源，呼吁要有一支装备更好、组织更有序的医疗队。

加布丽埃勒想要离小伙儿更近些。于是 12 月，当前线稳定下来、整个国家对战争适应的时候，阿德里安娜、安托瓦妮特和她都随同返城的贵族和女演员们回到了巴黎，只留下了一位女售货员打理多维尔的时装店。

战争又一次有利于可可。

当战争改变了生活方式、人生态度、社会、政治和人民自身时，时装和其他许多时尚也都变得颠倒了。没有任何战争曾经卷入如此众多的百姓。对妇女社交活动的限制放松了，上层社会的妇女因为缺乏仆人不再有娱乐活动。除了孩子和老年人，巴黎已经是一个没有男性人口的城市。战争导致的孀妇在数量上开始超过了新娘，最初几个月里的爱国热情被郁闷无望所代替。在提及艰苦时代和降低收入的过程中，时尚杂志尽力乐观地使用“虽然枪声密布，巴黎却表现勇敢”和“巴黎几乎未解除禁娱令”等文章标题（英国版《VOGUE》杂志，1916年1月号）。

裙撑、塔式臀腰和短细褶边的裙衫被舒适的运动装和针织套头衫所代替。据说材料的短缺导致了更短女装的诞生，而金属的缺乏帮助结束了撑条和“紧腰束带”的时代。新式窄裙的流行也是战争所致，因为煤的配给制引发了对毛皮无尽的贪求。妇女们戴着雕翎装饰的帽子，在短袍下长过膝盖的连衣裙几乎及地，长毛猴毛皮的条饰几乎猛地一下子覆盖了整套服装。幸运的是，香奈儿时装店位于丽思酒店后入口处，这里是上层社会女士们最喜欢的聚会之处，因为这里有取暖设备，而不公开的原因是协约国的军官住在这里。“丽思酒店，就算不是充满欢乐的话，那么至少在巴黎是最温暖的，室内充满了各种喜欢交往的人。”伊丽莎白·德·格拉蒙说道。

有关莫里斯，阿德里安娜得到了令她放心的消息，但她被叫到瓦伦去为父母——加布丽埃勒和安托瓦妮特的祖父母——下葬。首先是75岁的富尼耶，接着是已经过世的81岁的亨利-阿德里安。从亨利-阿德里安和他的小新娘踏上流浪之路时算起，差不过已经过去60年了。在维希，阿德里安娜将他们葬在了一起。

亲身直面死亡，使在前线的士兵们想要净化他们的良心。阿方斯写道，在他的生命中还有一位女人叫让娜·科斯，她刚刚给他生了一个儿子。令他苦恼的问题是，他从来没有告诉让娜他结过婚。科斯家是一个体面的家庭，当怀孕再也无法掩饰时，她离家出走了。在尼姆的医院里，她生下了一个男婴，取名伊万。如果阿方斯能够活着回来，他就会把事情交待清楚。

他会同玛德莱娜离婚，同让娜·科斯结婚。

可可通过邮政给科斯小姐汇去了一个月的生活费。在军人休假期间，阿方斯再次让科斯小姐怀上了孩子。这个女儿降生后，母亲为了感激那一个月的生活救济，就给她取了姑妈的名字——加布丽埃勒。

小伙儿在巴黎和伦敦之间履行秘密的使命。他的煤矿和货船都全力以赴地为协约国工作。他赚了数百万。所有知道有关煤的事的人，都肯定知道亚瑟·卡佩尔中尉。他隶属于弗伦奇爵士的将军参谋部，被任命为战争紧急机构“协约国国防煤炭委员会”成员。逐渐地，这项任命只起到一个“幌子”的作用，因为小伙儿成为了两位等待时机的要人——克雷孟梭和戴维·劳合·乔治之间的密使。

作为参议员的克雷孟梭像一只好斗的雄鹰，他在议会上大声疾呼，要争取树立大无畏的“必胜”信念，因此被称为法国高尚的良心。他一次次亲临前线；抨击政府各部门的工作作风。当战争拖陷在马恩河的泥沼中时，基本上处于僵持状态，厌战、和平主义倾向开始抬头。在公开场合，克雷孟梭愤怒地驳斥逃避兵役者和投机商；私下里他了解到前线的士气正在下降，资源几近枯竭，目前还找不到——军事的或政治的——解决办法。

在伦敦，劳合·乔治了解得更清楚一些。作为赫伯特·阿斯奎斯首相内阁中的军需部长，他坚定地认为战争行动已经升级。小伙儿卡佩尔成为了他的朋友。

巴黎因为战争似乎变得疲惫不堪，死气沉沉。豪华衣着、高级香水、毛皮装饰和珠宝等商品的缺乏，导致了在这些行业中工作的许多妇女失业。军火工厂开始提高资金投入和工作效率，由于服装与工作要协调一致，于是出现了第一批穿长裤和蓝粗布工作服的妇女：她们制造炸弹、开火车、传送邮件。由于厌倦了卷绷带的工作，上层社会的女性小心翼翼地以慈善工作为掩饰，又开始了娱乐活动。英国新的《VOGUE》杂志刊登了雪铁龙军工厂、亲历者叙述的船队之夜和新型的救护车；但将更多的版面用于午后慈善义演。达夫·戈登女士在第十次协约国化妆舞会上作为俄国神秘力量的化身而被拍摄，在《我们的节日》日场剧中，费伊·康普顿饰演一朵玫瑰，薇奥拉·特里则扮作一棵高高的黑莓树。

剧院重新开放，但是政府禁止佩戴珠宝和在巴黎歌剧院、奥德翁欧洲剧院和法兰西喜剧院穿夜礼服。虽然政府可以呼吁公众不去买新礼服，但杜塞时装公司还是做出了难以抗拒的、带有北美臭鼬皮镶边和装饰穗坠的玫瑰色天鹅绒披肩。战争的爆发激发了波烈的德国时装巡回展。同模特们一起，他赶上了开往边界的最后一趟火车。他亲自面见了在科隆的法国领事。从那次之后，他设计出了一款新式的军用大衣，并放在一起组成了一个最好的系列，在纽约百老汇 1239 号开设了一个分号。

朗万、沃思和帕坎开拓了一种新式的衬衫式外衣产品，这种服装解除了束缚，有宽松的下摆，在胸下系一束腰带，人们认为它“舒适、雅致且经济实惠”。此种新式服装在人们用餐和锻炼时尤其受到青睐。

与此同时，可可开始销售瘦身装。“我不考虑腰围，设想出了一种新的轮廓线，”她回忆道，“为了达到这一点，拜战争所赐，我所有的客户都瘦了下来，‘都瘦得像可可一样了’。穿上可可·香奈儿的服装使你看起来年轻，她们说道。”她分阶段地剪掉了美丽的长发，看起来像一个小伙儿。主顾们都喜爱她的形象。

伊丽莎白·德·格拉蒙尊重香奈儿，她意识到时年 32 岁、黝黑标致的香奈儿代表着时尚的未来。“如果说她的小帽店没什么可谈的话，那么那些上流社会主顾们在饮茶和品尝开胃酒之间会前来谈论纷纷的时装店，却从未停止营业。”巴黎最高雅的女性之一——伯爵夫人写道。（玛德莱娜·维奥内说，如果她想要判断一件礼服是否合适，那么就必须得在德·格拉蒙身上试穿。）“正是在这里，无意中听到她们紧张激动的谈话，可可·香奈儿意识到战争结束后，女士们会需要运动装。”

小伙儿也想到了战争可能将要结束。出现在权力组织中的他产生了创作一部作品的愿望。当被问到将是什么标题时，他回答道：“关于胜利的思考。”在准备写作时，他计划要阅读拿破仑、俾斯麦、普鲁塔克和巴尔扎克等人的传记。在所有阅读的书中，他最喜欢的是文艺复兴时期的政治家马克西米利安撰写的《叙利公爵回忆录》。

1915 年夏天，小伙儿有了一段短暂的休息期。没有工作时，如果时间充裕，他就会带上加布丽埃勒一起去比亚里茨，那是另一个大西洋海滨运动场，不显眼地位于高耸的比利牛斯山下、西班牙的边界上。10 年前的一个夜晚，波城到巴黎的快车曾在那里停留，他们就是在那时成为了相爱的情人。

一批稳定忠实的客户是来自对面中立的西班牙边境的拉丁人，他们给比亚里茨增添了一种神秘的和平时期的感觉。作为王室曾经最喜欢的度假胜地，比亚里茨是没有加入到战争之中的人们的快乐之都。在米拉马尔和皇宫酒店都有通宵的舞会，门前排列着挂有外国牌照、外形线条流畅的大马力汽车。一张照片留住了小伙儿和可可在海滩上的青春时光，他们的身旁放着只装香肠、水果的柳编篮，葡萄酒放在毛巾上。邀请他们出来玩的是蔗糖加工大亨的继承人康斯坦·赛，他的朋友、歌剧演唱家玛尔特·达韦利刚刚在巴黎的喜歌剧院开始她首次成功演出。在蔗糖大王的帮助下，她要在圣·让德吕兹附近建造一栋豪华的别墅。

达韦利看起来和可可惊人地相像。这两位女性都同样是大嘴、大眼睛、脖子显得稍长；为了好玩，她们通过相互模仿彼此的短发型来增强相像度。达韦利在任何聚会上都是最活跃的一位。

一对上了年纪、身着白色宽松裤和夹克衫、头戴草帽的年迈作家同小伙儿和可可玩高尔夫，他们就是埃德蒙·罗斯坦和皮埃尔·德库尔塞勒。可可已经错过了罗斯坦《赖格龙》一剧的上演，但是有幸观看了《西拉诺·德贝热拉克》。在绿地上，她告诉德库尔塞勒，她曾让人裁剪了一件和他神秘浪漫描述中的淡紫色服装相同的衣服，但她的祖母和姑妈命令她把那套衣服退给女裁缝。

“啊，先生，你害得我度过了难过的一天，”她告诉小说家，“实际上是难过了数周，并度过了难熬的好几个月。”

在人生的晚年，她称德库尔塞勒是一位没有价值、矫揉造作的感伤作家，但也是她青春岁月时唯一真正的教育家。“我读过他的全部小说后，在人生中就没有任何令我吃惊的事情了。”

小伙儿和可可经历了战前的辉煌，两人都有同样的想法——重复德库尔塞勒的成功之举。

他们知道如何冒险和如何迅速采取行动。小伙儿将提前进入战后最初的首都。在回到巴黎之前，他已经将钱电汇给了她。他们从特里斯坦·德·莱尔米特伯爵的遗孀那里租下了夜总会对面位于加代尔街上的拉腊尔德别墅。可可要阿德里安娜和安托瓦妮特和她一起住。阿德里安娜拒绝了。莫里斯即将休假，她打算同他一起度过这几天，会晚些时候来。安托瓦妮特同一伙康朋街的女裁缝们一起来了。其余的人则雇用本地的。1915 年 7 月 15 日，可可开始营业，这不仅仅是一个店铺，也是比亚里茨第一个时装公司。这个城镇从未见过如此的时装公司。

香奈儿聘用了玛丽-露易丝·德雷，一位 21 岁、有时装设计加工经验的姑娘。很快在她属下就有了 60 位缝纫女工。

“我们加工高领套头衫，一种从前没有任何人敢用来加工的针织品。”40 年之后她回忆道。“‘斜纹布’失控地蓬散开来，我们不得不一遍又一遍地多次重来。小姐要求极为严格。如果试穿出现问题，她就会大发雷霆。她喜欢纠缠人。我哭过很多次。她强硬，对职员们不留情面。但她想出来的设计都令人耳目一新，既时髦又素雅，与波烈和玛德莱娜·维奥内截然不同。”

与战前的时尚大相径庭。在遥远的美国，《时尚芭莎》是第一家刊登香奈儿时尚创意图片的杂志。这件礼服既无领子又无紧身胸衣，但在男式风格背心下胸前有一深V形开口；衣服的袖子是九分袖；没有波烈“和服”的效果；穿上它，戴着一顶有装饰的大檐帽：没有装饰的丝带但有一条毛皮的卷饰。杂志上的标题为“香奈儿迷人的宽松连衣裙”。

可可频繁往来于康朋街和加代尔街之间，在巴黎和比亚里茨之间来回调遣她的人马。省城的家人并不急于让他们的女儿去巴黎。尽管可可一再恳求，母亲们却毫不动摇。战时的首都随时有危险——战斗、齐伯林飞艇的袭击和逃散的士兵。可可说战争需要每个人作出牺牲，母亲们被说服了。

纺织品很难弄到。小伙儿从苏格兰帮助她买到粗花呢和手工纺织呢；雅克和罗贝尔·巴尔桑——曾试图撮合她与他们的小弟弟结婚——帮助她弄到平纹呢，联系了里昂的丝绸加工商。

“一切都是她亲自挑选——蕾丝、配饰、颜色，”德雷回忆道，“在里昂和苏格兰的印染厂中所有菘蓝染料都能找到与之相配的丝绸和羊毛，她总是知道如何得到最美的色彩。我们的车间就是个色彩迷人的地方，一道七色的彩虹。”

香奈儿和她的职员们能够大量用机织加工高领套衫，那是因为有一位重要的面料生产商让·罗迪耶，他提供给香奈儿大量存货。报业大亨让·普鲁沃因为批发商们必须选用有光泽的纸印刷报纸而开始其发迹史，罗迪耶也同样如此。香奈儿说，他在天然色机织原料上给了她很大的优惠折扣，因为担心自己无法找到买家。

是面料形成了香奈儿的风格、给她提供了灵感吗？

在关于如何用罗迪耶的针织料开始她时装的说法中，有一种是这样：她这样讲道，战时要求一种朴素的衣着，这导致了她对罗迪耶的针织品大量订货。战前，男人们认为机织品做内衣过于粗糙会刺激皮肤，罗迪耶无法想象女性会买用这种织料加工的时装。他拒绝投入生产，告诉香奈儿先试试看。她很恼火，但是最后她用他的针织面料设计加工出了优雅的女装大衣，证明了罗迪耶的想法是错误的。另一种说法是，罗迪耶很是急于售出他的库存，他给她看了25种深浅不同颜色坯料的样品。香奈儿告诉他要简单化。她很有把握地断定，太多的选择永远不能够让客户们下决心。

战争改变了妇女的一切。“优秀的”姑娘们护理战争中的伤病员、驾驶救护车、在食堂里为军人们服务，中产阶级的妇女则在政府机构里打字，而工人阶级的妇女在开火车、在军工厂里装炸药。服装的流行为适合战时生活而改变。“按战争的收入着装”在爱国出版物中是固定特有的专题，为了节省面料，舆论呼吁妇女们应该做到让自己苗条起来。

如果不是出于天性，就是因为后天的培养，加布丽埃勒被培训得还“可以”。孤儿院和露易丝姑妈已经教会了她临时利用零星的碎片、随时想到身旁便利的东西、用任何可以弄到的材料来加工。她懂得战争要求搜寻和拯救时尚，一种简单实用的时尚，一种能够有机会利用边角面料来构成的时尚。

可可在比亚里茨的大部分产品都销往西班牙，因为那里仍然允许高雅的时装。她的服装剪裁罗迪耶的编织品，因此没有理由不坚持合身和实用。马德里的王室成员们都成打地订货。

可可从来不去加工车间。在选择好面料后，她就叫来德雷，她的第一个领班，告诉她自己想要的样式。她并不总能懂得那些专业技术术语，在补充时香奈儿讲话就显得很不耐烦，用语尖刻。误解和争辩是常事儿，但是，正如德雷所回忆的那样，她自有对待这种不理智的方法。“我们确实爱我们的产品。当然，我们不仅要用针织面料，也要用纯棉面料。在臀部上方系上一个大蝴蝶结的紧身女外衣成为了时尚。”

当被问及小姐自己穿什么时，德雷说道，“大而宽松的高领套衫，就如同寄宿学校女生穿的连衣裙那样简洁，却又意想不到的时髦。你在中午一定会看到她到来，从她的劳斯莱斯上下来——她很快地就买了一辆劳斯莱斯，聘用了一个司机和一个男仆，她看起来就像女王。”

可可宣称她从不在乎钱，但在关店之后，德雷看到她在交款处数纸币。令人难以置信的是，她们每天能卖掉价值 7 000 法郎的女装。

小伙儿只要有时间就过来。可可迫切地要去巴黎同他在一起，于是尽力说服妹妹留在比亚里茨，全权经营那里的时装店。但安托瓦妮特开始反抗：她 28 岁了，担心会成为一个一辈子嫁不出去的老处女。加布丽埃勒极力劝诱她。安托瓦妮特无需代主顾们试穿——德雷会承担这项服务。“你要做的就是管理服装店和接待主顾们。”

安托瓦妮特勉强同意了。

到 1916 年年初，巴黎、多维尔和比亚里茨的职员加在一起总共达 300 人。

十一
米希娅和娱乐

米希娅（Misia），非凡的米希娅。

加布丽埃勒讲起丑陋、难以忍受的势利和喜欢干涉巴黎上流社会的专横者们时说道：“我们只是因为人们的缺点才爱他们。”保罗·莫朗在战争期间认识了米希娅，加布丽埃勒说米希娅是她最好的朋友，她“找不出什么不喜欢她的理由。米希娅只是摆脱不了她纠结的东西。而实际上她几乎什么都懂。我在她眼里还是一个谜。事实证明了她对我的忠诚，但她又常常不予承认”。可可一度承认，倾听米希娅的言谈总使她感到深有所悟。

1917 年 5 月，加布丽埃勒遇到了这位她后来否认其影响的不凡女性。她们当时在伏尔泰河畔的塞西尔·索雷尔餐馆就餐。这位女演员正处于声誉的巅峰。除了米希娅和可可，莫朗同他的上司——法国外交部政治事务局副局长菲利普·贝特洛及其夫人埃莱娜也都参加了这次晚宴。慈善盛会在罗马同在伦敦和巴黎一样受欢迎。米希娅刚刚从罗马回来，在那里，她同毕加索和科克托在一起，她参与了顺利开始的谢尔盖·迪亚吉列夫的新作品。俄国芭蕾舞团举行了唯一的一期巴黎战时演出。为了保持公司的存活，迪亚吉列夫已经派剧团到美国和西班牙的外省巡演。科克托想要创作《马戏团》，一场模拟露天游乐场吸引观众往里面观看的芭蕾；在罗马，他正编撰一个以中国魔术师、一个超常的美国女孩和一对杂技演员为主题的故事，他们从自己的节目中表演一些片段。乐曲由埃里克·萨蒂创作，科克托要求作曲家在他的总谱中引入来自日常生活里真正的响声——打字机的哒哒声、手枪的射击声和轮船的汽笛声。毕加索正在和俄国芭蕾舞明星演员奥尔加·柯克洛娃热恋，他负责画舞台的布景。

米希娅暂时离开房间的时候，贝特洛低声说道，她总是唤起人群中天才的欲望，她的残酷令人难以察觉，她的背叛令人震惊。

那天晚上，可可很少讲话，但是米希娅注意到了她。“尽管事实上她什么都没有说，但是我发现她身上散发出一种难以抵抗的魅力，”米希娅30年后回忆道，“她使我想到了巴里夫人。因此在餐后，我说好要坐在她旁边。客厅里人们第一次相见彼此寒暄之际，我知道了她叫香奈儿小姐，在康朋街有一个女帽店。”

准备离开的时候，加布丽埃勒开始穿一件异常漂亮的镶有皮边儿的红色天鹅绒大衣，米希娅禁不住夸起她来。加布丽埃勒麻利地脱掉了大衣，并搭在了米希娅的肩上，说很高兴把它送给她。

“显然，我不能接受它。但是她的姿态是那么美，我发现她绝对迷人，以至于满脑子里想的都是她。第二天，我急不可耐地去康朋街的商店。在店里有羊毛衫、女帽和各种各样的装饰品。当我进到店里的时候，有两位女士正在和她交谈，她们称她‘可可’。不知道为什么这个外号让我感到不舒服，我的心在下沉。我有种感觉，偶像正在遭到破坏。为什么这样一位非凡的人却被标上如此粗俗的宠物名呢?”

那天晚上，米希娅与她的老情人、西班牙画家荷塞-玛利亚·塞特-巴迪亚都是加布丽埃勒和小伙儿的客人。“我们发现自己置身于无数科罗曼德尔乌木屏风之中。塞特对我这种‘一见钟情’感到震惊。像这般失去自持力，我很不习惯，但必须承认，我相当惊讶的是，前天晚上遇到的女人在脑海里竟会真实地占有如此重要的地位。”

霍霍——米希娅这样称她的情人——是一位体型矮小、多毛的男人。这位讲法语时带有口音、精力充沛的男人让加布丽埃勒感到开心。塞特出生在加泰罗尼亚的一个巨富之家，是一位雕刻家和画家，曾装饰纽约华道夫酒店舞厅的浮雕，画有巨幅的壁画（也是未来纽约洛克菲勒中心的装修师）。“多么地道的西班牙风格，”德加对他巴黎工作室里塞特的一幅巨型湿壁画评论道，“又是一条如此安静的街道。”塞特喜欢小题大做，喜欢讲残忍和怪诞的故事。

可可和小伙儿第一次应邀到米希娅和霍霍的公寓，他们发现室内空间满满的，都以为米希娅在做古董交易。因为从积聚着的那些小摆设、鱼缸、瓶子里展示着的船只、非洲的艺术品和装在玻璃柜里的扇子里，可可灵敏的鼻子嗅到了尘垢味。

比加布丽埃勒年长 11 岁——比霍霍大 3 岁——玛丽娅·索菲·奥尔加·戈捷布斯卡·纳坦松·爱德华兹是大提琴家阿德里安-弗朗索瓦·塞尔维的孙女、雕刻家西普里安·戈捷布斯基的女儿，后者的雕像令蒙特卡洛的赌场和秘鲁利马的宫殿增光不少。1872 年，米希娅在戏剧的高潮中生于圣彼得堡。为寻找无所顾忌、始乱终弃的西普里安，欧仁妮·塞尔维在隆冬时来到了圣彼得堡，结果在生下米希娅后死于难产。这个孩子的人生豪华舒适却没有爱，但她有音乐天赋，成了一名杰出的钢琴家，后来为迪亚吉列夫视奏总谱。她选的第一位钢琴教师是加布丽埃勒·福尔，也曾坐在年迈的弗朗茨·李斯特膝上弹奏贝多芬。她的见解得到德彪西的尊重，拉威尔将一首华尔兹献给了她。

21 岁时，她与令人愉快的、有学问的塔代·纳坦松结了婚。丈夫是先锋派杂志《白色评论》的编辑。这个半月刊杂志刊登过普鲁斯特、纪德、左拉、保罗·克洛岱尔[①]和不少新天才作品，包括用绘画、素描和木刻为这些作家的著作画插图的博纳尔、维亚尔、图卢兹-洛特雷克和苏珊·瓦拉东。米希娅接下来

① 保罗·克洛岱尔（Paul Claudel，1868—1955），法国诗人、剧作家、外交家，大部分作品带有浓厚的宗教色彩和神秘感。——译者

13 年的人生是在一个特别有影响力的画家、作家和音乐家的圈子中度过的，她的名望来自自己认识并为之做模特的艺术家们：图卢兹-洛特雷克、雷诺阿、维亚尔和博纳尔，她同时还是普鲁斯特和科克托散文作品中的原型。米希娅对艺术上真正的新潮和缺陷有着敏锐的观察力。

雷诺阿最初绘她的两张肖像画时，要求她解开外衣。“为什么你不让我看到你的乳房?”他问道。在回忆录中，她后悔没有让他看到她的全部。“没有人比他更会欣赏女性皮肤的质感。”其中的一幅肖像最终被收藏在列宁格勒博物馆，另一幅在费城的巴恩斯研究基金会。

她发现了文森特·凡·高的天赋，于是说服朋友出价 200 法郎买下他的画作。他们把画挂倒了，因此引起一场哄堂大笑，并被问到是否打算把凡·高吊起来。当她演奏斯特拉温斯基的音乐作品时，朋友们同样是闭目塞听、毫无反应。

米希娅是一位对事物和情感的反应都很极端的女性，善于在暴脾气的面具后掩饰生活的乐趣。她迷人、冷酷、虚荣、爱斗嘴——“地道的斯拉夫人，”这是给她画过肖像的瓦伦丁·格罗斯·雨果的看法。“一个泼妇，”她的老乡波列·海伦娜·鲁宾斯泰因这样评价她。她在20 世纪30 年代买下了霍霍在圣路易岛上的房子。普鲁斯特认为米希娅和她的随从都很乏味，将她们列入了《追忆逝水年华》中两个不太吸引人的角色，尤贝莱蒂夫公主和维尔迪兰夫人。普鲁斯特坚持认为，她将互不认识的朋友带到一起，只是为了享受看到她们之间争吵的快乐。科克托在《大骗子托马斯》中将她描述为其中的公主，称她为布鲁图斯大妈，因为她“刺杀”了她的朋友们。据说，她从来不读书，她的信件似乎证明了这个结论。然而她认识魏尔兰，也是马拉梅的朋友。科克托在他的戏剧《明星们》中让她这样讲道：“发生在我身上的非凡之事完全正常，因为我乃非凡之人。啊，不要认为我是在吹嘘。不幸的是，我要强调我是一个特例。不幸的是，我无法循规蹈矩地活着，我一定要做我自己。”

纳坦松将夫人推入了报界大亨阿尔弗雷德·爱德华兹的怀抱。像米希娅这样社会背景的妇女通常都避免过于令人眩晕的离婚，但是在1914年，米希娅却夸耀她的恋情，上演了自己的离婚宫廷戏。正是作为爱德华兹夫人，她遇到了迪亚吉列夫。

这次相遇对他们俩都至关重要。迪亚吉列夫与米希娅有很多共同之处。他们都在1872年3月生于圣彼得堡；都在生下来后失去了母亲；都见证了他们父亲的再婚；都有一个激励他们音乐天赋的继母。米希娅把迪亚吉列夫介绍给她最喜欢的作曲家们。拉威尔的《达夫尼斯和克罗埃》和德彪西的《牧神的午后》都是迪亚吉列夫最初开拓性的芭蕾舞曲。米希娅比迪亚吉列夫更懂斯特拉温斯基的音乐，这位作曲家很快意识到，她是迪亚吉列夫的首席音乐顾问。

当报界大亨把他的激情转向一位魅力四射的半上流社会女人时，爱德华兹的婚姻结束了。羞辱和丑闻变成闹剧后，1919年，离婚成为定局。在婚姻破裂悲痛欲绝之时，她遇到了塞特。她当时36岁，第一次融于性欲的快乐之中。“如果没有米希娅，”塞特表示，“我会乏味地死去。”

亚瑟·卡佩尔人生一帆风顺。他的书在伦敦出版，评论界成就了他文学名家的愿望。对《关于胜利的思考》，他加了一个副标题——联邦政府专题研究。在散发着墨香的135页新书中，他建议英帝国和它的同盟形成一个联邦，并邀请中立国加入，“最终包括我们那些真正渴望和平的敌国”。当战争即将进入第四年的时候，他提出的一个和平方案或许比“既不可能又难以想象”地要求消灭德国更勇敢。《泰晤士报文学副刊》指出，作者特别强调的方案比势力均衡的政策更好，但该刊评论员评论道，卡佩尔的书“对提出的法案如果再注重其可行性一些，那就更有说服力了”。

1916年12月，所有前线同步攻势未能奏效，法国军队士气不振，俄国军队准备反叛沙皇，德国的潜水艇正在海上恫吓，劳合·乔治成为首相。接下来枪支弹药稳定地供应到西部前线，劳合·乔治成了新闻中的英雄，但也给自己树立了众多政敌。整个协约国军队弥漫着萎靡不振的厌战情绪。在英国，爱尔兰爆发骚乱，上院要求休战。在意大利，一场中立主义运动正在发展；在法国，罢工困扰着大后方；在俄国，僧侣格里高里·拉斯普京——他对沙皇的控制达到了病态——被暗杀。

1917年3月，战争激化。德国无限制的潜艇战导致美国在一个月之后加入协约国作战。然而，沙皇俄国的垮台以及弗拉基米尔·列宁决定寻求与德国休战，协约国之间纷争不断，人们对战争行为不满，并倾向于探讨避讳的主题——和平谈判。协约国的不幸给了克雷孟梭机会。10月，同盟国军队在意大利发起的进攻导致了协约国在卡波雷托的灾难，并使德奥军队集结在了威尼斯市郊。德国司令埃里希·冯·鲁登道夫将军似乎没有办法扩大这次胜利。可是，事件的发生迫使劳合·乔治同意在战争行动中加强协调，并创建了协约国军事委员会，总部设在凡尔赛。一个月之后，法国总统雷蒙·普安卡雷要求克雷孟梭组阁。

当“老虎”——前线战士对克雷孟梭的称谓——组成他的政府时，第一个去见他的人就是小伙儿。作为总理，克雷孟梭知道他面对的任务多么重大。前线士气低落，后方情况更糟。资源不足，战争结局还难以预料。法国一心要夺取绝对的胜利，克雷孟梭声震议会，不会接受半点儿有条件的胜利。那些谈到动摇或让步的议员们都无言以对。构成胜利路上障碍的任何人都将被毫不留情地清除掉。亚瑟·卡佩尔有限公司很困难地为不被英国政府征用的驳船找到了市场，小伙儿主动将他能找到的所有船只提供给了克雷孟梭调遣。尽管有德国潜艇的袭击，他仍然继续保持提供法国工厂的用煤。老虎接受了。在接下来的几个月期间，当他的身影闪现在唐宁街 10 号、当他的豪华轿车驶入爱丽舍宫的庭院时，小伙儿从要人的圈子跨入到了政府阶层，独自奔走于两位领袖之间。

战争进入了第四个年头——最血腥的一年。德国的同盟国在数量上更为减少，由司令鲁登道夫指挥。协约国在数量上较为增多，但是有太多的指挥官。由于自己伤亡过多、行动分散和沙皇俄国的垮台，协约国面对着数量上已遭逆转的严酷事实。在美国军队到来之前，几个月的时间就这样过去了。11 月，最高战争委员会成立，由协约国的主要部长和军事代表组成，总部设在凡尔赛。小伙儿卡佩尔被任命为英国代表团的政治秘书。对香奈儿来说，这就意味着他在法国度过的时间更多了。

在俄国，千千万万的士兵遭遇到骇人的艰难困苦，后勤供应难以为继，指挥一塌糊涂，荒唐的官僚政府集混乱和保守无能于一体，紧张的形势一触激发，特别是在彼得格勒。改革派在杜马，在立法大会上警告革命即将发生，谴责沙皇尼古拉的专制。在大街上涌动着成千上万饥饿的工人，军团哗变，1917 年 3 月 1 日，彼得格勒的 17 000 名驻军拒绝服从命令，开始向他们的上司军官开火。杜马主席米夏埃尔·罗江科电传沙皇，整个城市已处于无政府状态。

当沙皇解散杜马时，迪亚吉列夫和俄国芭蕾舞团正在罗马。杜马的成员拒绝解散，转而组成了一个以律师亚历山大·克伦斯基为首的临时政府。罗江科领头，包括马克西姆·高尔基、俄国芭蕾舞剧团电子扩音舞台设计师列昂·巴克斯特在内的名流签名，极力敦促迪亚吉列夫回到俄国出任艺术部部长。迪亚吉列夫犹豫不决，但是在罗马的开场演出中他用《伏尔加船夫曲》代替了古老的沙皇圣歌。

在巴黎，米希娅因感冒卧床不起，但采访她的保罗·莫朗看到了她的激动。“米希娅热情地讲到俄国革命，她把正在发生的革命看作一场庞大的芭蕾舞表演，”他的日记里记载了他们的谈话，“她说道巴克斯特找到他当国防部长的内弟。迪亚吉列夫同罗江科有亲属关系。所有的团体都由高尔基、阿尔古京斯基、伯努瓦领导。巴克斯特正登上权力的高峰。在罗马，斯特拉温斯基已经受命为以《伏尔加船夫曲》为主题的国歌谱曲。”

加布丽埃勒正在改变与小伙儿的关系，她补偿了他，用30万法郎现金银货两讫地为他买下了比亚里茨别墅。她的独立宣言似乎使小伙儿体验了一种从未有过的伤感：嫉妒。可可充满活力，备受仰慕。在米希娅举办的晚宴上，她被介绍给了巴勃罗·毕加索和他的俄国太太奥尔加；还有伊戈尔·斯特拉温斯基，他选择离开在瑞士的妻子；宴会上有科克托、雷蒙·拉迪盖——他巧妙的诗令整个巴黎震惊。可可学到了社会精英的礼仪，但是她在追随米希娅的那些艺术名人中还感到有些不自然，于是她接受了——一段时间——新朋友的保护。姑妈阿德里安娜并不引人注目。尽管只是莫里斯·德·内克松的情人，但她仍然感到比米希娅更优越，可可在第一次见到米希娅后记得阿德里安娜的评论。

“我与你的波兰女人用过了茶点。”阿德里安娜告诉加布丽埃勒。

“我的波兰女人?”

“是的，早晨穿着缎子鞋的那位女士，我讨厌她。她太爱刺探别人的私事了，试图让我告诉她有关你的一切。我给了她一句：‘太太，你把我当成了私人侦探事务所了吧?’你交了些可笑的朋友。”

留着短发的可可和小伙儿出席了5月18日的《马戏团》首演。迪亚吉列夫想要表明，俄国的芭蕾能够复兴。除了打字员的嗒嗒声、手枪发出的射击声和轮船发出的汽笛声外，萨蒂还谱写了带有雷格泰姆音乐和讽刺色彩的配乐。毕加索设计的幕布，充满稚气地描绘出19世纪的露天马戏场，没有丝毫立体派兴起时所有的新奇痕迹。大量的欢呼和一些口哨声向斗牛士、小丑、包着头巾的黑人、玩杂要的中国人和美国小女孩致意。那位大声招揽看客的法国人，头上戴着高高的帽子，穿着前襟浆洗过的衬衫，他周围的背景是巴黎的栗树。招徕客人的还有一个美国人，是水牛比尔，在他的肩头上有曼哈顿摩天大楼和一个巨大的麦克风。

可可承认，她不懂什么“立体派芭蕾”。“它太新了，新得都吓到我了，”她回忆道，“我问自己，这是美吗？”

她独自出现在塞西尔·索雷尔为《马戏团》举办的晚宴上，席间遇到了毕加索。“当时他粗俗无礼，可是深深地吸引了我。他注视你时就像一只随时准备扑向猎物的雄鹰。他让我感到恐惧。当他进屋的时候，我还没有看他，我知道他在那里，并且正在注视着我。”

小伙儿和可可都成为了富人。在1917—1918年严冬期间，巴黎一吨煤的价格升至300法郎。为了取暖，上流社会的女士们选择毛皮，当时象征身份地位的是豹皮。那些买不起豹皮的妇女们就在帽子、衣服的贴边、暖手筒和面纱上镶上皮边儿的装饰。英国版《VOGUE》杂志提醒读者们：“不要过于密切地探寻那些被分割成条状或卷入领子里、用来装饰许多迷人连衣裙的稀奇古怪的皮子是从哪里来的。”无从知晓加布丽埃勒从哪里弄到她用的毛皮，但是香奈儿时装专卖店中那些皮子镶边的针织套衫让她发了大财。

小伙儿越来越心烦。鲁登道夫的进攻对英国军队无疑是一大灾难——以贵妇大道之役告终的这场战斗，英国伤亡人数达

30 万。可可感觉到他正变得越来越难以捉摸，似乎在回避什么；当她追问他是否出了什么问题时，他说他不想失去她。她随时准备面对任何现实，她说道。他终于告诉她，他同另一个女人订了婚。

十二

初遭遗弃

到阿拉斯前线视察时，他认识了里布尔斯戴尔勋爵的女儿，戴安娜·利斯特·温德姆。戴安娜是一位救护车司机，任职于萨瑟兰公爵夫人领导下的红十字会。愤世嫉俗的悲观情绪并没有出现在伦敦德里侯爵夫人的女子兵团。“同士兵们不能离开他们的战壕一样，高贵贤淑的女士们离不开她们的医院，”伊丽莎白·德·格拉蒙写道，“即使如此，上流资产阶级的子嗣已经逐渐地学会了躲避。”戴安娜是救护军团里有爵位的贵族之一，是一位娇小可人的美女，25岁刚刚结完婚就成了寡妇。先是她的丈夫，接着是她的哥哥在战场上遇难。

加布丽埃勒只是有种被出卖了的感觉。她和小伙儿在一起已经快8年了。他们相互之间都做出了很大的牺牲，并且都已经极为成功。然而有些东西是她无法给予他的——美满婚姻、恪守常规、贵族亲戚。她永远说不出她对小伙儿宣布的消息是什么样的反应。1946 年，在她同保罗·莫朗的对话中，她谈到了独立的小伙儿：他的成熟体贴、他令人愉悦的威严、他滑稽的严厉，都充满魅力和令人叹服；作为一个有教养的人，他超越了马球运动员的浮华作风；商务式的机敏占据了他触及超自然和宗教思想的内心深处的人生。

“我们是相爱的，我们可能结婚。”她把她人生的故事告诉了几位作家，其中的一位，马塞尔·黑德里希，强调了这句话：“我们可能结婚。”

可可能理解小伙儿私下里的梦想：通过与贵族结婚来抹去他私生子的背景。戴安娜是第十四代男爵爱德华·里布尔斯戴尔最小的女儿。约翰·辛格·萨金特为男爵画的肖像给泰特画廊增添了光彩。这位男爵曾经因为厌倦了情人罗莎·露易丝，而将伦敦杰明大街上的卡文迪什酒店送给她以断其情缘，他的过分慷慨为世人所诟。

可可的朋友中见过戴安娜的人都认为这位年轻的寡妇是一位性情温和、为人坦诚的人。40 年后，在同皮埃尔·加朗特交谈时，安托瓦妮特·伯恩斯坦表明，正是加布丽埃勒，以过于激动的挑战方式，建议小伙儿同戴安娜结婚。“小伙儿在许多女人眼中都是位魅力四射的男人，”伯恩斯坦回忆道，“香奈儿知道他令女性着迷，她也知道——她是一位睿智的女性——他很可能永远不会和自己结婚。香奈儿更知道那位年轻女人同她比起来无足轻重。她认为自己能继续等待小伙儿。当然，发生的一切并不完全如她所料。”

西线的战事越来越糟，小伙儿被迫拖延了结婚的打算。鲁登道夫将军发动了新的攻势，切断了通往巴黎的铁路线，并楔入英法之间，对北线的协约国军队造成直接威胁。道格拉斯·黑格将军的英国第六集团军承受着来自敌方的主要压力，而菲利普·贝当将军却将他指挥下的士兵置于20公里的静止休战状态。克雷孟梭亲赴前线，在敌军位置的300米之内匍匐前行，用英语对澳大利亚军进行了慷慨激昂的演说，并同意黑格的建议，提名费迪南·福煦为协约国联军的最高统帅。贡比涅遭到轰炸，巴黎再次受到威胁。设在凡尔赛的最高战争委员会全部撤离，包括卡佩尔上尉的婚假也被取消了。

小伙儿的订婚对他和可可的同居和见面没有产生什么影响，至少亨利和安托瓦妮特·伯恩斯坦、米希娅、荷塞·塞特和他们的朋友们都是这样理解的。还有，可可正在寻找一个她自己的地方。在1918年最初的几个月里，米希娅告诉她，有一位逃离巴黎的朋友空出来了一套美丽公寓。可可迫不及待地抓住了机会。公寓的主人急匆匆地逃亡，将一尊巨大的佛雕和一院子的日本和服都留在了那里。打开窗帘，面前展开的是一幅塞纳河的美丽风光和河对面特罗卡代罗宫的自然画面。

米希娅还推荐给她一个管家和他的妻子。约瑟夫·勒克莱尔是契诃夫小说中的那类家庭佣人，自从1918年以来一直在她家服务。正如米希娅计划最后同霍霍·塞特结婚一样，她想要换仆人也是权宜之计。约瑟夫先生，每个人都这样称呼他，他的妻子玛丽是一位客厅侍女，带着12岁的女儿苏珊一同过来。勒克莱尔一家人成为可可家中未来15年的仆人，苏珊将在这个家庭里长大。

可可重新装修了这套公寓。小伙儿每天都来，他作为代表团秘书而留在巴黎。大贝尔塔，德国新型的远程自动机关炮，轰炸了巴黎郊区。在一个遭到特别严重轰炸的晚上，丽思酒店的客人们被告知在大厅里集合，然后下到地下室。第二天，几位女士悄悄地穿过旺多姆广场，去香奈儿的专卖店寻找可以在夜里下楼时穿的晚装。可可设法找到了一船男式睡衣裤，一下午就卖了个精光。战时的难以预料使更多临时的生计成为可能。

保加利亚的沦陷、德国巴尔干同盟的瓦解令鲁登道夫信服，寻求和平是必然之路。9月，法国人开始发起总攻；在墨兹阿戈讷地区，刚参战的美国军队也发起了攻击；在佛兰德地区，英军吹响了号角。德国的最高指挥部失去了它的锐气——仅仅是几天的时间，但也够德国人受的了，败局已经无法挽回。9月29日，德国突然做出了呼吁停战的决定。

1918年10月，亚瑟·卡佩尔上尉与戴安娜·利斯特·温德姆完婚。可能是因为战争处于它最后的阵痛之际，社交的版面上没有任何通知。婚礼在位于苏格兰中部陆军少将西蒙·弗拉泽因弗内斯郡宅邸博福尔城堡的私人小教堂里举行。西蒙爵士，洛瓦特第十四代男爵，是戴安娜的姐夫。

香奈儿对小伙儿婚姻的反应没有任何第一手的资料保存下来。

第一次世界大战11月11日宣告结束，在贡比涅森林铁路福煦元帅的卧铺车厢里签订了停战协议。战前，香奈儿和巴尔桑那些快乐的朋友们曾经在那里无数次地骑马玩耍。850 万士兵血洒此地，其中包括 130 万法国士兵和 90 万英国军人，成千上万的人成为被截肢的伤残军人。可可的弟弟和许多朋友，包括艾蒂安·巴尔桑，都得以幸存。

在郊区圣克卢山租赁的一幢别墅，可可庆贺了和平的突然到来——同时也庆祝特殊独立的地位。她选择的这套住宅既有花草芬芳的花园，又可以一览巴黎的景观，而且亨利和安托瓦妮特·伯恩斯坦就住在附近。在胜利的庆典上，人们看到她和爱德华多·马丁内斯·道斯在一起。道斯是一位经常出入于游乐场所的阿根廷富翁。保罗·莫朗每晚都来到康朋街同可可交谈。他发现她“非常孤寂，非常胆怯，非常依赖米希娅的保护”。

到了夏天，当国家首脑、谈判代表和大使们都到巴黎参加和会时，香奈儿回到了康朋街。巴黎可能到处是污垢和破损不堪的样子，但是有大使馆的接待，与会代表的夫人们不会放弃更新她们衣柜的机会。同朗万在和平大街上的“马夏尔和阿尔芒”时装公司一起，香奈儿经营的正装和运动装生意红火得很。

随着战争的结束，士兵们从前线归来，出现了一阵子结婚热。加布里埃勒和小伙儿的妹妹们都结婚了，安托瓦妮特的婚姻显得幼稚好笑，伯莎·卡佩尔的婚姻则颇有心计。

23 岁的奥斯卡·弗莱明是一位加拿大空军，是来到巴黎庆祝胜利的皇家空军部队志愿者。他是安大略省温莎市一位律师的儿子。参加庆祝的皇家空军都比他更富有。在和安托瓦妮特订婚时，他小心地没有提到家里有 10 个兄弟姐妹，还有他的父亲根本不富有。安托瓦妮特32岁，她乐于相信自己与奥斯卡的生活会是一种时髦的跨洋之恋。她把自己想象成拥有巴黎女人才具备的高雅的驻加拿大大使夫人。

在停战一周年纪念日的这一天，1919年11月11日，奥斯卡与安托瓦妮特举行了婚礼。加布丽埃勒设计了婚纱，亚瑟·卡佩尔是证婚人。阿德里安娜一直忠实于莫里斯·德·内克松。新婚夫妇同一位女仆携带17个大旅行箱乘船前往加拿大。

卡佩尔上尉在他的妹妹与米彻勒姆勋爵夫妇的儿子赫尔曼·斯特恩的婚礼上不仅仅是一位证婚人，还是给伯莎仅仅靠名义上的婚姻而实际可以终生独享富有这一阴谋的主要策划人。

12月下旬，身体羸弱的赫伯特·米彻勒姆感染了风寒，结果转变为肺炎。他的贵族身份是已故银行家之子、斯特恩男爵——该爵位由葡萄牙册封——尽管他和夫人艾梅·热拉尔迪纳已经继承了1亿美元的财富，但是斯特恩家族认为他们自己而不是轻浮的艾梅，仍有大量的金钱应该继承。在一个艾梅不在米彻勒姆镇家中的日子，斯特恩家族的成员设法说服病中的男爵。一份新的遗嘱成功地剥夺了米彻勒姆男爵夫人的财富继承权，留给她的只是各个住宅里的摆设和一份固定收入。这份遗嘱拟定后被加以公证。新的遗嘱将秘密保存。通过一位新遗嘱执行人的影响，小伙儿被指定为秘密遗嘱的共同执行人。

但小伙儿与艾梅关系密切，确实如传言所讲，他已是她的情人，因此他对她披露了新的遗嘱内容。尊贵的夫人刻不容缓地说服医生和律师，她濒临死亡的丈夫希望对遗嘱加以修改并辅之以条件。一位律师经同意热情地拟定了遗嘱附录，赫伯特·米彻勒姆实际上废除了这份新遗嘱，委任男爵夫人为全部财产的执行人，直到他们的儿子赫尔曼和杰克30岁时为止。

艾梅对伯莎提出了一个她无法拒绝的建议——同轻浮、低能和18岁还发育不良的赫尔曼结婚，她对此没有任何遗憾的理由。伯莎最后同意的条件是，她的年收入要达到12.5万美元，现在和将来全部免税，只有两个附件条件：不生孩子，不出丑闻。通过剥夺弱智赫尔曼的合法后代，艾梅向她和她的情人杰夫·科恩的儿子杰克保证，他将继承米彻勒姆的爵位称号。伯莎接受了。

小伙儿带着他的妹妹和赫尔曼飞往伦敦。通过特别批准，他安排第二天下午在伦敦奈茨布里奇的万圣教堂为他们举行婚礼仪式。赫尔曼对有机会乘飞机感到激动不已。1919年1月4日，他和伯莎完婚。在婚礼举行后的第三天，米彻勒姆男爵去世。

在和平最初的一个月里，小伙儿另一个商业项目成功了。12月，议会上院支持上诉法院的法官们就货船出租的合同问题作出了对卡佩尔有利的裁决。1915年，政府征用了货船，将“基多号”出租给亚瑟·卡佩尔股份有限公司。然而，在码头干涸3个月之后，政府决定不用货轮，又将它让给了原船主。当卡佩尔听说他们正要销售“基多号”时，他要求他们执行原来的租赁契约，将汽船租给他。那些船主们拒绝了，宣称租赁合同不再有效。如果支持下级法院判决，上院大法官们要补偿亚瑟·卡佩尔股份有限公司1.5344万英镑的损失。一个月之后，小伙儿因在凡尔赛最高战争委员会英国部作为政治助理秘书的工作而荣获英帝国文勋爵士。

一战胜利后的巴黎破烂不堪，一片惨状——近150万法国人在战争中丧生。“千万不能再有战争了。”政治家们声明。法国北部的1/3地区满目疮痍；国库财政枯竭，战争导致债台高筑，几乎达到无法计数的地步。然而，巴黎开始在不知不觉中悄悄复兴。它是个充满吸引力的都市：它的美、它的魅力、它的文明、它惬意的自由空气、它的艺术和艺术家的鉴赏力以及它的精神历史，使得世界各个角落的学生、画家、作家和设计师们蜂拥而至。

龙骧赛马会又重新开始了。保罗·莫朗带着香奈儿去加亚夜总会，因为那里有一位钢琴家和一位用萨克斯管演奏切分音乐的黑人。威尔士亲王短暂访问巴黎期间，这个酒吧变成了时尚界人士常常光顾之地，阿瑟·鲁宾斯坦和维奥莱特·缪拉公主都光顾过此地。加亚酒吧移到布瓦西当格拉斯大街，因为一首巴西歌曲火起来后，“加亚”夜总会易名为“勒伯夫叙勒图瓦”（Le Bœuf sur le Toit，字面的意思是“房顶上的牛”）。它成了巴黎上流社会和先锋派艺术家们聚集的场所，来这里并不是因为对艺术、写作和音乐感兴趣，而纯粹是艺术家、作家和音乐家名流们休闲时的理想天地。“时髦的”天才、名人、美女和回头的浪子们都成功地在这里炫耀着他们的光环。同德兰、毕加索、鲁宾斯坦、萨蒂和艾蒂安·德·博蒙一起，香奈儿也在此享受着时尚女王的至尊。以科克托的《马戏团》居首，鸦片、双性恋和同性恋的忸怩作态，都成为了当时的主要话题。

退伍后，波烈又重拾旧业，开放了他的沙龙和一个名为

“绿洲”的夜总会。在战争结束时，可可已经有了8个服装加工间，因此她将自己的住宅从康朋街21号移到了31号的一幢6层楼建筑。4年的时间里，妇女们经历了驾驶有轨电车、制造炸药、缝制军装，更重要的是，她们学会了行政管理、作出决策、赚钱谋生并享受自己的职业。在没有充分认识到其意义时，她们已经都做到了奉行独立。

可可开创了实用的时尚。她采用战时的面料，特别是针织面料，一切都按照自己的好恶来设计。香奈儿的侧影保持着接近无束身形象的轮廓，这使朗万时装公司的宽大裙子看起来显得过时；使波烈夸张修饰的时装显得过于戏剧化。维奥内加工的服装是艺术品，而香奈儿则更商业化。“她所做的一切都制造了新闻——第一件棉袄，紧巴巴的中国绉纱装里面加一层绢网，并加入了棕褐色调。”《VOGUE》杂志如是说。

10月，曾经于伦敦的路西尔当学徒的爱尔兰人爱德华·莫利纳上尉依靠英国印刷巨头的财政资助，在和平大街开了一个新商号。他展示漂亮的黑色晚礼服和带有鸵鸟羽毛的帽子。然而，同朗万一起，香奈儿开始发现在运动装和午后正装之间的大市场。夏天的周末包含各种活动：驾车兜风、游泳、划船和网球。时尚杂志告诉读者，如果她们的行李箱中没有一套简单而时尚的羊毛套衫和一件定做的女罩衫、白天的连衣裙、运动装和一双平跟鞋，那么服装就不算完备。

香奈儿“贫寒的外表”是昂贵的，但能使穿此品牌的人看起来年轻和休闲。她大胆地告诉顾客们，上流社会的衣装已经过时。带有荷叶边和蕾丝的服装和网眼面纱都已经不时兴了，可可宣布道。提到阿尔贝·迪翁、布东和特雷帕杜正在销售的迷你小汽车，她说道，“当一辆劳斯莱斯都几乎容纳不下她们时，这样的女人又如何能进得了一辆迪翁-布东呢?”

1919年夏，午后装全都是蝉翼纱或丝绸外衣，再配上一把必备的遮阳伞。新颖的款式是一种不拘一格的混搭，偏爱V形领的“麻袋”式筒装。所有的晚礼服都是方便跳舞的流苏边，饰以鸵鸟毛、水钻、丝绒镶边或丝绸的流苏。妇女们不再满足于选择滑稽剧或木制人体模型上的衣服——“她们想要看到衣服穿在人身上的动态。”《VOGUE》杂志如是说。时装系列第一次在有生命的模特身上展示。

无所顾忌的20年代是一场色彩缤纷的鸡尾酒会，参加这场盛宴的有上流社会人士和先锋派艺术家，这也是充满激情、爵士乐、汽车、好莱坞和对自由勇猛无畏追求的年代。如果穿着香奈儿时装的女性要说什么的话，那就是：看！我年轻，我漂亮。我无法确定自己是因循守旧、自命清高还是拘谨保守，这样的表达没有出现在康朋街31号的橱窗展示中。但是作为加速道德习俗革命的微妙力量的一部分，还是可以被领悟的。由于报纸、杂志和电影新闻短片有力地报道了时尚和新潮的福音，巴黎的时尚扩大了影响，并超越了疆界。

可可的妹妹在遥远的加拿大听到这一切很是兴奋。可爱的妹妹，当可可开始经营她的专卖店并拥有多维尔和比亚里茨生意红火的两处商店时，她就在那里帮助姐姐的事业了。她已经不再是发现她丈夫故乡后那位失望的一战新娘了。虽说安大略的温莎不完全是偏远乡村，但总的看来，它的前人和弗莱明家族似乎仍依照很久以前的约束在生活。

安托瓦妮特同一个身无分文的学生结了婚，她意识到自己已经陷入了难以忍受的陈腐观念的深渊。习俗对在大街上或办公室里吸烟的女性不以为然。在新教徒的内陆，古老的禁忌很难消失。就因为安托瓦妮特在公共场所吸烟，当弗莱明的一个女儿被发现在厕所吸烟时，家长们对这位法国的儿媳妇完全持否定态度。

安托瓦妮特在信中向姐姐倾诉她的不幸。可可和安托瓦妮特相互通信，鼓励她做一个有用的人。加布丽埃勒指定妹妹为香奈儿时装的北美代理商。当奥斯卡被送到多伦多学习法律时，安托瓦妮特从昂贵的嫁妆中用力取出她的行李箱，然后越过查理河到底特律的百货商店去销售服装。

安托瓦妮特在第二封信里恳求姐姐给她一张回法国的机票。但是在回信中，加布丽埃勒告诉安托瓦妮特再给她一次努力的机会。

汽车是战后新盛行的交通工具。快速的汽车有巨大的浪漫诱惑，速度的吸引力、大功率的机器、身份的象征三者集于一身。汽车赛又重新开始，经常有战争期间的飞行员，如美国的王牌飞行员爱德华·里肯巴克，用方向盘来寻求刺激。保罗·莫朗买了辆意大利的布加迪跑车，他喜欢在清晨出发，以令人惊悚的速度开往勒芒。小伙儿买了一辆顶篷活动式跑车来到巴黎——没有带戴安娜。

他富有、已婚，生活在一个讲究、有影响力和享有特权的世界。但那还不够。他也想要可可。他与她住在圣克卢的一个隐蔽处。正如安托瓦妮特所言，“小伙儿经常来看她，但只是告诉她他有多么不幸。他真希望可以重新回到从前的单身汉状态，回到加布丽埃勒是他指路明灯的那种生活。同她在一起，他摆脱了偏见。她嘲笑他努力通过同戴安娜的婚姻来获得贵族身份”。

他的夫人怀孕了，他告诉可可。他开车直达戛纳去同她和他的妹妹——米彻勒姆女勋爵过圣诞节。同时，他打算找一处合适的里维埃拉冬季住宅。

当莱昂·拉博德按响在圣克卢郊区加布丽埃勒住宅的门铃时，正是12月22—23日午夜。没有人来开门，于是他一直按下去。他狂按不止，猛力凿门，最后开始大声呼叫。约瑟夫出现了。

这位管家还在犹豫是否放他进来，但当他说出他带来的消息时，约瑟夫把他领了进来，自己则向楼上跑去。

加布丽埃勒下了楼，她身着白色的睡袍，短发蓬乱——“一位少女的身影，一个身穿白缎的妙龄女青年。”拉博德回忆道。小伙儿遭遇了车祸，他告诉她。事故发生在从圣拉斐尔到戛纳的路上。加布丽埃勒的凝视令他心慌意乱，他结结巴巴地讲了关于小伙儿受了很重很重的伤之类的话。

“先生，你不需要那样子，”约瑟夫打断他的话，“小姐已经明白了。”

拉博德粗略地谈及细节：小伙儿车上的一只轮胎爆了，导致翻车。小伙儿是在由此引起的熊熊火焰中丧生的。

约瑟夫急匆匆地去准备茶水。可可的脸上现出极度痛苦的表情，但是没有流泪。她上楼去了，一会儿见到她穿好衣服下楼，手中拿着一个外出住宿一晚用的旅行袋。

在外边，约瑟夫拉开了拉博德的车门。加布丽埃勒上了车。当他们驱车 1 000 公里到达戛纳时，天刚蒙蒙亮。

在“英国驾车旅行者丧生法国”的标题下，伦敦《泰晤士报》的平安夜专版报道，“罗斯林勋爵，昨晚从圣拉斐尔致电声明，星期一在一场车祸中丧生的亚瑟·卡佩尔中尉的隆重军葬礼将于今天下午两点在法国弗雷瑞斯举行。”来自路透社驻尼斯记者的电文报道，卡佩尔中尉由于车上的一只轮胎爆裂而丧生，他的司机曼斯菲尔德身受重伤。卡佩尔中尉当时正在从巴黎驶往戛纳的途中。第二天《纽约时报》发表了如下新闻：

> 英国外交官遇难
>
> 亚瑟·卡佩尔，劳合·乔治之友，
>
> 车祸遇难
>
> 12 月 24 日，尼斯：亚瑟·卡佩尔，战时协约国战争委员会政治秘书，昨晚在从巴黎行驶到蒙特卡洛的途中因车祸遇难。车上的一只轮胎爆胎后飞离车身。卡佩尔先生是英国首相劳合·乔治的密友。

拉博德和加布丽埃勒在圣诞节的日暮时分到达了里维埃拉。

从戛纳到尼斯，所有的大酒店都因为节日而爆满。这是英国人首次大量回国的季节，每一个人都在庆贺第一个和平年和新十年的到来。拉博德想要休息，但是可可拒绝停车。他驱车一口气开到了蒙特卡罗，在夜深时到达了卡西诺大俱乐部。他想要找到米彻勒姆女勋爵伯莎。一个前台接着一个前台地，他找到了小伙儿的妹妹，往她住的套房挂了电话。

伯莎住在一间套房，能够留他们两人过夜。但如果是来同小伙儿做最后一次诀别的观瞻，他们已经迟了。因为节假日的缘故，葬礼已经在前一天举行。无论怎样，小伙儿已经被烧得无法辨认，棺材已经合上了。《泰晤士报》的讣告声明：小伙儿的去世对他的许多朋友都是“沉重的打击”。“他或许是在法国生活的最著名的英国人之一，他在法国有巨额的煤业股份。在第一次世界大战期间，他以官方和非官方的身份做出了卓越贡献，是克雷孟梭最器重的骄子。他是一位运动家，与此同时，还是位阅读爱好者。”

可可上了楼。不顾伯莎的恳求，她拒绝接受提供给她就寝的床位，在躺椅上凑合了一晚上。早晨，她告诉伯莎，她要一个人去事故发生现场看看。

加布丽埃勒乘坐艾梅·米彻勒姆司机驾驶的车前往车祸现场，小伙儿跑车的残骸还在那里的路肩上。伯莎永远忘不了司机的描述：他把车停在超过事故发生地一点点的地方，那位女士下了车，走回到车的残骸处，像盲人一样用双手触摸它；接着她坐在一公里外的石头上，背对公路，放声大哭；他同她谨慎地保持着距离，望着她处于极度悲伤的痛苦之中。

第二部

十三

哀伤

没有任何可以说明的原因，她唯一真正爱过的男人已经离开了这个世界。他的死使对他们关系更深层意义的探究显得多余，消除了她认真审视为什么自己感到无奈和孤寂的必要，更不必再提起他为什么同另外的人结婚这样的话题。命运已经把他从她身边夺走，仙逝的亡灵属于她。

“当失去卡佩尔的时候，我失去了整个世界，”25 年后她告诉保罗·莫朗，“他留给我的是岁月无法填补的空虚。我感觉得到，他在另一个世界保护着我。”6 个月之后，一位在小伙儿的马球队赛球的印度人来看她。“小姐，我从一位生活在极乐世界的人那里给你捎个信儿，这个人你早已认识，他生活在一个任何东西都无法影响他的世界里。接受我带给你的信息，一个你深信不疑的信息。”这是一个秘密的信息，在这个世界上除了卡佩尔和她之外，再没有人会知道。

戴安娜将第三次结婚，她将成为威斯特摩兰伯爵夫人。后来她成为了香奈儿的客户，感觉到她是位孀妇的只有香奈儿。

回到巴黎，她的悲伤显得令人惊骇。她命令约瑟夫和玛丽用黑色装饰她的卧室——黑床单、黑窗帘、黑墙幔。然而她在这个“陵墓”里只呆了几分钟。“快，约瑟夫，把我带出这座坟墓，告诉玛丽给我在其他地方铺床。”她告诉管家。过于明智、过多地带着来自土地最黑的奥弗涅省香奈儿家族特性的她，不善于这样感情用事的戏剧化表现。

1920 年 2 月，伦敦《泰晤士报》发表了“巴黎马勒塞布林荫大道、伦敦西南区切尔西切恩路、最近凡尔赛会议上的联络官亚瑟·卡佩尔的临终遗嘱”。这份 1 000 字的遗嘱，由立遗嘱人亲笔书写，分配了他 70 万英镑的巨款。伦敦的遗嘱执行人是里布尔斯戴尔勋爵和洛瓦特勋爵；法国的遗嘱执行人是阿尔芒·德·格拉蒙。除了特殊的遗赠外，包括他的妹妹，亨利埃特和伊迪丝，每人 2 万英镑（伯莎不包括在内，想必是因为与米彻勒姆勋爵的婚姻已经使她有了终生的经济保障）；4 万英镑遗赠给“巴黎托基奥码头的加布丽埃勒·香奈儿”；不动产由“我的妻子戴安娜终生继承，以后由我们的孩子来继承”。3 月，可可不再租用圣克卢别墅，而在加尔什一个豪华郊区的附近买下了自己的一套房子。她带上了约瑟夫、玛丽和他们的小女儿，还有两只她特别喜欢的小猎狗——皮塔和波佩，因为它们是小伙儿最后的礼物。这座壮观的新艺术别墅位于一条安静的住宅大街上——阿方斯·德纳维尔路，是一座半木结构、石板瓦屋顶的房子。加布丽埃勒的邻居是亨利和安托瓦妮特·伯恩斯坦。在亨利的戏剧女演员中有一位名声不佳却十分魅人的狐狸精，他常常为她魂不守舍。安托瓦妮特假装没有注意到，一心只关注他们夫妇俩3岁大的女儿。加布丽埃勒带着这个孩子散步的情景被相机记录了下来。

戴安娜生下了一个女孩，取名琼。

从加拿大传来的消息令人不安。几个月之前，可可推荐了一位19岁的阿根廷男孩，他经由加拿大和美国到了弗莱明家，然后回到布宜诺斯艾利斯。现在，她的妹夫写信来，讲了一个安托瓦妮特令人困惑的悲喜剧故事：她与这位年轻的阿根廷人私奔了。弗莱明一家人对这位年轻人热诚款待，在这个家中，他明显地产生了安托瓦妮特比谁都好的印象。当他前往布宜诺斯艾利斯时，安托瓦妮特同他一起离开了。

一个月后，可可得知她的小妹妹因感染西班牙流感而死在布宜诺斯艾利斯。这种席卷欧洲的败血性流感迅速蔓延，世界其他地区因患病致死者达2 700万人——是大战期间死亡人数的两倍之多。首先是朱莉，现在是安托瓦妮特。在让娜·德沃勒和阿尔贝·香奈儿的女儿之中，加布丽埃勒是目前唯一的幸存者。

弟弟们已经从这场战争中安然生还，可可现在对她的同胞弟弟极为慷慨大方，不吝金钱。尽管吕西安回到克莱蒙-费朗时还是单身汉，但是他已经开了一个小鞋店；阿方斯和让娜·科斯在塞文山脉南部一个深谷下的村子里定居下来，可可在整个战争期间按月给他们送去生活费。在一战时——当有短期假日时，做父亲的总比单身士兵有利——他承认了自己的孩子伊万和小加布丽埃勒。让娜在1919年还为他生了另一个女儿，安托瓦妮特。但是到了和平时期，阿方斯最终表明不愿同他3个孩子的母亲结婚。

加布丽埃勒每个月都汇款给阿方斯，弟弟也很快地利用了给予战争退役兵的特权。英国政府规定了烟草垄断，制订了零售许可证申请制度，并给战后退役兵以优待。当瓦勒罗格唯一的特许执照持有人身份被恢复的时候，阿方斯尽力利用自己的关系接收营业执照，开办了一个香烟专卖店，传统上的烟草、邮票和酒吧的联合经销店。

米希娅认为加布丽埃勒已经处于崩溃的边缘，为了使朋友振作起来，她邀请香奈儿和霍霍一起去参加化装舞会。巴黎正在努力以舞蹈来驱走对这次大战的回忆，也因此产生了伟大的艺术复兴。在令人目眩的和平后第一年，几乎一切重要的文章、绘画或歌曲都在巴黎产生。这个都市，正如格特鲁德·斯泰因（美国先锋派作家）对那些蜂拥而至的美国人所说的那样，“象征着20世纪”。

在巴黎，无国籍的俄国公主们销售着她们的珠宝；美国人腰缠巨款地来到这个时髦的大都市；在每一个城镇的商场、酒店和夜总会，每个人都在鸡尾酒会、化妆舞会或晚宴上跳着探戈或快速的一步舞。清晨5点，人们就开始品尝茶点；通宵达旦的舞会风靡一时，伴随他们舞步的不是浪漫的小提琴曲，而是狂野的萨克斯管。充满激情的浪漫乐曲、一泻千里的纵情奏鸣，在狐步舞的节奏下，成对儿的舞伴们脸贴脸、身靠身，似乎相互间已融为一体般地拥抱在一起，飘然若仙般地翩翩起舞。在伦敦，当威尔士王子与珀涅罗珀·迪德莱·沃德跳起查尔斯顿爵士舞时，乐队连续为他演奏了足足一个半小时。

在费迪南·布吕芒塔尔夫妇举办的化装舞会上，米希娅和塞特都没有受到邀请。米希娅把这对儿夫妇说成"富得惊人，势利得可怕"。可是米希娅仍说服霍霍和可可，他们应该闯一闯这场晚会。塞特打扮成一位黑人妇女，以街头手摇风琴演奏者的身份进入。当他们在化装舞会上出现时，布吕芒塔尔夫妇感到恼怒，三个人实际上是被仆人们赶了出来。然而，这个小插曲令米希娅和霍霍被邀请为德·博蒙伯爵夫妇即将举行的化装舞会进行策划。艾蒂安和埃迪特·德·博蒙是少有敢于同先锋派恋爱的贵族成员。艾蒂安仪表堂堂，情趣高雅，天资聪颖。但令人不屑的是，他痴迷于青春；同性恋倾向令他不断资助英俊艺术家的事业。在第一次世界大战之前，他通过米希娅，将一位芭蕾舞行家介绍给了迪亚吉列夫。埃迪特是一位异常美丽的女人：她留着圣女贞德一样的短发，比自己的丈夫更有教养、更稳重、更富有、更年长。令博蒙夫妇结合在一起的感情，在许多人看来都很费解，伯爵夫人几次怀孕都流产了，但他们在人们眼里是一对亲密的夫妇。他们在城里迪罗克大街宫殿般的府邸盛情大方地款待客人。艾蒂安喜欢穿着打扮，爱举办出色的舞会；伯爵夫人乐于过抛头露面的生活，甚至在科克托最初合成的画面中摆出反对诗人的传报天使处女玛利亚的姿态；她也喜爱阅读和翻译希腊诗歌。

博蒙夫妇是最前卫的先锋派和超现实主义艺术家的赞助人。这些现代艺术家们要求塞特为他们的大型夜场舞会装修舞厅。米希娅拉着可可一起参加规划会议，在会上，伯爵夫妇听取了她们关于服装的建议。

加布丽埃勒正开始她对上流社会的征服。保罗·莫朗谈起她“毫不含糊地要成为一个风云人物”；让·科克托声称，她对时装就如同毕加索对绘画一样无与伦比。因此令人震惊的是，米希娅意识到她的朋友竟然还没有收到舞会的邀请。一怒之下，米希娅决定自己也不去参加舞会了。

“我十分清楚地知道，在那样的年代，上层社会做梦也不会邀请其‘买卖人’，他们从来不允许自己接受你，也不愿在你家外面同你打招呼，”米希娅回忆道，“无疑博蒙伯爵只送请柬给我是本能的行为。可是香奈儿小姐是我的朋友，因为她被拒绝，我感到深深地伤害到了我的尊严，我为他们没有破例感到愤怒。”

到了香奈儿的名声日益卓著的前两年，博蒙夫妇才开始邀请她为家里宴会上的嘉宾。她去了，因为他们的邀请是向社会的最上层敞开大门，但她永远也忘不了那次遭到的冷落。“那些人全都是冷血动物，”她告诉画家玛丽·洛朗森，“他们看不起我，但是我将来定让他们匍匐在我的脚下。”洛朗森还加了一句，可可开始培养上流社会妇女圆滑的社交礼仪，在嘲笑这些女人的同时，她又对她们颇为羡慕。

加布丽埃勒开始在旺多姆广场的丽思酒店入住。她不打算放弃加尔什的别墅，但是在一些周末的晚上，她不想忍受开车到郊区的那种疲倦感。

1921年5月，香奈儿与伊戈尔·斯特拉温斯基相识。米希娅把她介绍给了这位作曲家，他与妻子凯瑟琳·诺森科和两个女儿都是在瑞士度过的战争年代。布尔什维克的胜利使他失去了俄国的那份收入，而且斯特拉温斯基一家没有护照。他决定加入法国国籍，同凯瑟琳和女儿们一起，他们在卡朗戴克靠近布列塔尼末端的一个小渔村度过夏天。

留着大背头、一口难看的牙齿、厚嘴唇、一对儿近视眼，尽管斯特拉温斯基是这副模样，但仍然是一位招风的人物。他一副花花公子的派头，黑夹克、蓝衬衫、蓝领子、芥末黄的裤子、黄色的鞋子。当他提到朋友们无法帮他和他的家人在巴黎找到一处公寓时，可可邀请他们住她的别墅。

为了赚些钱，斯特拉温斯基同意和迪亚吉列夫及俄国芭蕾舞团合作——他们正如他一样无国籍——对《矮胖驼子》进行了最后的润色。1917年，迪亚吉列夫和毕加索在那不勒斯观看了木偶戏演出，围绕着佩尔格莱塞的一些主题和即兴喜剧的风格创作了芭蕾舞。舞剧的背景设计由毕加索完成；莱奥尼德·马西涅①编舞，自1916年尼金斯基离开后，他就是芭蕾舞团的主演和迪亚吉列夫的新爱匠。9月，斯特拉温斯基接受了可可的好意，住进了她在加尔什的别墅。

---

① 莱奥尼德·马西涅（Leonide Massine，1895—1979），法国编舞师、芭蕾舞演员，出生于俄国。他是交响乐芭蕾的创始者。——译者

5月15日，《矮胖驼子》在巴黎歌剧院举行首演。毕加索用立体派风格设计了一幅拿破仑时代的街景，涂上了蓝、灰和深棕色，白色的房屋掩映在海湾和维苏威火山的景色之中，一轮望月闪烁着银光。巴黎是一个令人陶醉的城市。

加布丽埃勒在比亚里茨度过了6月，她位于城里加代尔路上的时装专卖店生意火旺。大部分主顾都是外国人——西班牙人、阿根廷人、英国人、美国人、埃及人以及来自其他货币坚挺国家的有钱人。一段新奇的插曲是俄国罗曼诺夫大公一家的出现。据说，他们“一直靠女人和宴饮来忘记发生在俄国的革命”。可可从1915年就认识了玛尔特·达韦利和她在王苑生活时的朋友加布丽埃勒·多西亚。两个人长得极像，并都获得了巨大的成功：达韦利在《蝴蝶夫人》和《卡门》的歌剧中都是女高音歌唱家；多西亚是红极一时的舞台剧和电影女演员。

这三位女性是引人注意的焦点。达韦利是在海滩上第一个尝试日光浴的妇女之一。可可为她设计了一款黑色塔夫绸浴衣。泳装遮盖住了她双腿的大部分，坦露的部分不太惹眼，但是可可坚持她的朋友要在里面穿一双连体袜。

达韦利将可可介绍给了德米特里·帕夫洛维奇大公，并急迫地告诉她，这位英俊的前沙皇的大表哥是她的情人。高大的大公看起来一点儿不像是一位凶手，然而正是他，同尤苏波夫亲王一起，于1916年怀着解救君主制的希望，刺杀了拉斯普京。

作为歌剧明星的声誉并没有减弱达韦利对举办晚会的兴趣。

无论在夜里什么时候，她都有办法将夜总会的钢琴手和萨克斯管手聚集起来，将晚会继续到凌晨时分为止。在如此彻夜的狂欢结束之时，她注意到，单身汉的大公在可可的身上表达出远远超出了礼貌范畴的兴趣。

“如果你对他感兴趣，你就能够拥有他，”女高音歌唱家声称自己对可可说过此话，“他对我来说确实有点华贵。”

米希娅最后说服荷塞·塞特和她结了婚。婚礼于 1921 年 8 月 2 日在圣奥诺雷郊区外面看起来丑陋却很时尚的圣罗克教堂举行。两次结婚又两次离婚的新娘 48 岁，新郎 45 岁。马塞尔·普鲁斯特向他们表示了祝福。

加布丽埃勒从未去过意大利。8 月，米希娅坚持让她在塞特和自己蜜月时一起游玩，她答应了。在米希娅的回忆录中，这次邀请有点恩赐的姿态，因为这是为了使可可忘掉被博蒙晚会拒绝的不快之感。“塞特和我带她来到了威尼斯，在那里为了把新朋友介绍给上流社会最高层，我计划举办一场大型的宴会。我邀请了普瓦公主、沃尔皮伯爵夫妇和希腊的王子，邀请了所有的上流社会。”在可可的回忆中，是米希娅和塞特迫使她和他们去的。然而，这次出游依然是一次有重大历史意义的旅程，正是在 1921 年的夏天，加布丽埃勒被介绍给了很多欧洲的君主们。

塞特夫妇的蜜月安排是在一艘相当壮观的地中海游轮上，登陆时要用一艘私人快艇，到各个港口做一次短途旅行，然后用租用的汽车到文艺复兴发源地参观。他们首先在亚得里亚海上航行，前往威尼斯，在那里米希娅和迪亚吉列夫首先要商讨为完成芭蕾舞公司战后季节演出募捐资金的问题。布尔什维克的胜利已经使流放中的芭蕾舞剧团处于破产的地步。不管怎样，迪亚吉列夫深信斯特拉温斯基的《春之祭》会使芭蕾舞团再生；或许新的《矮胖驼子》作为附加的招牌剧，会成为他在巴黎剧场票房的主要收入来源。当新婚夫妇和加布丽埃勒到达威尼斯的利多岛时，他们发现迪亚吉列夫正同年轻的大公夫人玛利亚·帕夫洛维娜共进午餐，后者是已故的沙皇叔叔弗拉基米尔大公的遗孀。在俄国革命前，大公夫人曾经在她圣彼得堡的沙龙里接待过迪亚吉列夫，她故去的丈夫一直在他最初的资助人之中。但是现在不管是芭蕾舞团的经理还是大公夫人都没有钱了。塞特夫妇和香奈儿与他们共进了午餐。

这是可可第一次遇到非凡的谢尔盖。米希娅滔滔不绝地介绍她，但出于习惯，加布丽埃勒任由塞特夫妇和迪亚吉列夫大发议论。因为迪亚吉列夫开始大谈重新上演《春之祭》，所以很快地忘记了这位香奈儿小姐。还有 1913 年的布景和戏装，他说道。唯一的困难是斯特拉温斯基总谱所要求的庞大交响乐队的开销。

迪亚吉列夫出身高贵，48 岁的他有些发胖，双下巴，外表与众不同：有一个对他的魁梧身材来说都显得过大的头，令人过目难忘的黑眼睛，留有一小撮整齐的胡须，黑发之中有一缕白发，这使他赢得了“毛丝鼠”的绰号。他的双手戴满了戒指，用一个大黑珍珠卡住领带。即使现在为债务所困，他仍然住最好的酒店，这样就不存在接二连三的电报困扰，可以享受美食的盛宴和最高水平的资助，以高傲的狡黠挑起舞蹈家与债主们的相互争斗。他有不可言喻的利用魅力从富有的名门望族和新贵手中获取金钱的能力。当亲吻一位女士时，他会使她感到正在向一位君主行屈膝礼时才有的那种感觉。

挖苦的笑话伴随着大公夫人玛利亚·帕夫洛维娜来到了法国。她将不得不面对竞争。尖酸风趣的阿黛奥梅·舍维涅伯爵夫人轻蔑地说，等着吧，为她的余生做好准备。加布丽埃勒对在比亚里茨遇到过德米特里大公只字未提。

在接下来的几天里，当米希娅和迪亚吉列夫谈到募捐时，塞特指给加布丽埃勒看此情景。她不得不赞同米希娅的看法，当一个人在塞特身边时，其他每个人都好像很乏味。

“他是一个理想的旅伴，总是情绪高涨，始终是一位充满猎奇色彩和渊博知识的导游，”她记得，“像他令人目眩的生动形象的幻想一样，他知道的每一种知识都相互保持平衡。这只肥猴，染色的胡子，背部驼起，戴一副大大的玳瑁框眼镜，只爱所有体积大的东西。他身着黑色的睡衣睡裤入睡，从来不洗。他甚至裸体，体毛多得就像穿上了一件毛皮大衣。他不是下流之人。事实是除了头部之外，他全身都是毛。”

“他带我通过博物馆时就像一头野兽带你通过他的辖地，他会解释一切，开心地教你。他发现我具有比科学更优越的天生的品味。为了寻找某个小酒店，我们绕道100公里，在那里可以吃到用葡萄叶包裹的鸟肉。在青春时代，他已经游历了意大利，徒步或骑上一条毛驴，无论如何，他使我们确信，他对那个地方记得很清楚。他展开地图，结果却没能找到那个小酒店。

“‘托什（那是他对米希娅的称呼），我们错了，应该向右转。我们返回去吧。’我们再次迷路了。后来我们买了一头猪放到车上，在路边休息时把它烤了。他喜爱自己的错误，喜欢那种即兴应对的感觉。一种本能的炫耀使这位温和的男人在吃得很少的两位女人的唆使下，叫了一瓶珍稀的葡萄酒。我们的餐桌看起来像韦罗内塞笔下的一幅画。”

当三人到达罗马时，女士们准备在大酒店过夜。然而塞特坚持要在月光下看罗马，就拉着米希娅和可可去了古罗马圆形剧场。他对这个城市的遗迹给予了充满想象力的描述，令她们着迷。正如他所讲述的，这里是“这个城的框架”。他密切地注视着加布丽埃勒，接着说道，“建筑是一个城市的骨架。一切都在这个骨架之中。一张没有骨头的脸将不会存在。例如，如果你的脸是这样的话，小姐，那你看起来就会面如死灰。”

几周之后，迪亚吉列夫得知有一位香奈儿小姐要找他，此时他正下榻于大陆酒店的套房。这个酒店位于与康朋街相平行的卡斯蒂廖内大街上，街道显得优雅静谧。他的芭蕾舞团正在英国进行地方巡演：伯恩茅斯演出三个晚上，诺丁汉、谢菲尔德和利兹都是一个晚上，利物浦则出演两周。尽管如此，他还是没有资金排演《春之祭》。他记不得什么香奈儿小姐了，但还是不以为然地去见了她。在前厅见到这位秀气、高雅的黑发女人时，他认出了这位米希娅的朋友。接下来发生的事则有几种不同的描述。

可可同他讲，她对《春之祭》已经考虑了很多，最后决定想要帮助他——但是前提是什么却没有任何人能说清楚。“关于这点她要通过米希娅，”米希娅的传记作家阿瑟·戈尔德和罗伯特·菲兹戴尔这样描述道，“迪亚吉列夫迫不及待地跑去给米希娅打电话，告诉她香奈儿给了他一张大面额的支票，那时香奈儿才刚刚离开呢。那是香奈儿首次作为米希娅情敌的姿态出现，一个将自私的打算和社会地位的提高结合在一起的姿态。”在同保罗·莫朗的谈话中，可可的说法有点不同。迪亚吉列夫曾跑去见埃德蒙·波利尼亚克公主，即美国出生的缝纫机业富有的女继承人维纳尔雷塔·辛格；也去找过南希·丘纳德，轮船主女继承人。他向她们说明需要 1 000 英镑，否则当天晚上的演出就难以进行。“他紧攥着双手，糖尿病令他直冒汗。‘我已经到过公主那里，她给了我 7.5 万法郎！’‘她是一位高贵的美国女士，’我说道，‘我只不过是一位法国的时装设计师，我这里给你 20 万法郎。’”

鲍里斯·科奇诺，在 20 世纪 20 年代，他在迪亚吉列夫的人生事业上起了重大作用。他也同样估计香奈儿的礼物是 20 万法郎。理查德·巴克尔，迪亚吉列夫的传记作家，则估计香奈儿开出的支票是 30 万法郎。

斯特拉温斯基一家仍然住在别墅，可可住在丽思酒店。在米希娅的影响下，她观看了一些芭蕾舞的彩排。没有人认识她，也没有人把她介绍给谁。《春之祭》重新上演的时候，在 1913 年 5 月 22 日异常热烈的气氛中，首演时尼金斯基和塔玛拉·卡尔萨文娜曾经表演过的角色将由马辛和英国舞蹈家莉迪娅·索科洛娃——她的真名是希尔达·芒宁斯——出演。

流亡的作曲家没有护照，无法到法国之外去旅行，但加布丽埃勒能够做到。1920 年 12 月，她在伦敦遇到了斯特拉温斯基的朋友和仰慕者杰拉尔德·蒂里特，第十四代贝尔纳斯勋爵。这位贵族是一位作曲家、画家、作家和伦敦“百伶百俐年轻人”俱乐部的常客。在大战期间，他曾是英国驻罗马大使馆的官员，并尽力帮助斯特拉温斯基来到意大利。1920 年 12 月 7 日，蒂里特从他在伦敦半月街宅邸寄给斯特拉温斯基的信中说，尽管自从他们上次见面已经过去“一个世纪”了，他仍然保持对斯特拉温斯基去向的了解，“最近则是通过前几天在这里的香奈儿小姐得知君之详情”。

以《矮胖驼子》和《三角帽》为序幕，芭蕾舞公司于 12 月 15 日在香榭丽舍大街剧院拉开了 1921 年巴黎冬季《春之祭》等演出的大幕。可可喜欢《三角帽》，舞剧的音乐人是曼努埃尔·达法拉，广场的布景由毕加索绘制，马辛主演的那位总督极力想引诱作为磨坊主妻子的卡尔萨文娜。这个被引诱的角色比香奈儿所赞助的斯特拉温斯基《春之祭》的重演更让人着迷。在后一舞剧中，马辛给索科洛娃增加了新的、更困难的乐段。在最后一幕中，伊戈尔·斯特拉温斯基在观众的欢呼声之前跃上了舞台，亲吻 24 岁的索科洛娃的手。

接下来在大陆酒店的大型晚宴上，加布丽埃勒同塞特和毕加索一起用餐。同嘉宾和芭蕾舞团的剧组人员一起，迪亚吉列夫坐在长桌的一端，斯特拉温斯基坐在另一端，中间是主要的芭蕾舞演员。马辛喝过了头，用香烟头去烧毕加索的手；在迪亚吉列夫妒忌的怒视下，他同索科洛娃和薇拉·克拉克打情骂俏——克拉克是音乐家给薇拉·萨文娜取的另一个英语名。

可可如何度过这个夜晚，没有任何记载，但她和斯特拉温斯基已经是一对情人了。

十四

斯特拉温斯基

可可要勾勒的斯特拉温斯基的形象是性情乖僻而非逢迎讨好之徒。他是典型的俄国人，她对保罗·莫朗描述道，当他在她面前显得激情难耐时，她就会提醒他是个有妇之夫。她会问他的夫人会怎么讲；他这时的回答是："她知道我爱你。如果不是她，我还会对谁吐露这样大的一件事呢？"

米希娅·塞特嗅出了他们幽会的味道。"你们在搞什么名堂，你们俩？我听说伊戈尔正在遛你的狗。告诉我。"

一开始给迪亚吉列夫 20 万法郎，现在与斯特拉温斯基闹出了风流韵事。可可不是位雄心勃勃的天真少女，她在尽力放下舞台狂热明星之梦和床上狂暴的激情，而米希娅却选择了那种方式。

婚外情见不得天日，让人心神不宁，几近以彻底放弃而终。

可可在感情上是脆弱的，她还没有结束自己失去小伙儿的痛苦。对斯特拉温斯基来说，那是一个艰难时期。作为一个奔四的男人，作曲家在情感上无所适从。他背井离乡，失去了国籍，而且前途莫测。她生意的成功是令他们关系更为纠结的一个问题。

香奈儿的名字家喻户晓，香奈儿时装正成为这10年来的必需品。在大战前夕，加布丽埃勒已经用朴实的灰色创造出了针织品的时尚，海蓝色的礼服与从前女性的穿着完全不一样。现在她正处于事业成功的巅峰。

人们残酷地见证着，米希娅只是19世纪已经逝去的艺术家们的资助者，而可可则是新时代的化身。女性对即将发生的事件总是有一种本能的预感。1914年之前，可可就感觉到了与世界的裂痕。年轻人渴望历史清白，渴望一切与他们的长辈不同。几近毁灭的一代增加了年轻人与老年人之间的代沟，也拉开了官方与非官方之间的距离。

战前的传统风俗不再具有影响力。埃米利安·达朗松和漂亮的妓女们是正在消失的一类群体。

40岁以上涂脂抹粉的女人不愿放弃1914年前的传统——和波烈时装薄如轻纱的魅力——但是运动和体育活动坚定了女性的理想，日光浴使皮肤变得柔韧并改变了肌肤的色调，更快的生活节奏改变了优雅闲适的概念。正如无精打采同柔韧婀娜有所区别一样，做作的一本正经则被充满活力的率真所取代。曲线苗条的柔美代替了鲁本斯画笔下丰满的女性，新的理想女性是“像巨大王蛇的一部分，柔软得如同伸缩自如的管子一样”。奥尔德斯·赫胥黎在《滑稽的环舞》中这样描述新女性。米希娅的朋友、最放肆的巴黎纨绔子弟博尼·卡斯特拉内侯爵说：“女人不再存在。那些被留下来的都是香奈儿创造的男孩儿。”

香奈儿集战后所有怀揣梦想的女性成功史于一身。她在一切皆有可能的战后10年间成为了女性的典范：一位可以独立谋生、可以选择自己所爱、按照自己的准则去生活的女性。依靠敏锐的眼光，她设计创新了令那些不让须眉的女孩子感到理想化的非常昂贵的中性女装。更年轻的群体，那些在大战期间已经达到法定年龄的青年热爱她的时装。他们追逐新派，给“时髦”重新定义。穿可可·香奈儿设计的服饰就是时髦，跳起探戈舞、出现在“勒伯夫叙勒图瓦”夜总会、吸食鸦片、出席超现实主义宣传、仰慕让·科克托所创作的任何作品都是时髦。

1921年，女性的时尚是可可的针织套衫、筒式百褶裙、布帽、突显婀娜多姿身影的无边软帽——巴黎人称之为“假小子”风格，伦敦和纽约把这种风格的姑娘叫无拘束女郎。《假小子》是1921年的一部畅销书，讲述拒绝接受家人的伪善、赞同年轻女性自谋生计的生活史“丑闻”（丑闻的制造者就是作者本人——被剥夺了荣誉勋位的维克托·马格丽特）小说。

香奈儿后来引述了原文，说她本人创造了无拘束女郎。在一段时间里，女人们剪短了裙子，甩掉了上面的流苏和裙裾、蕾丝和裙箍，而第一位给年轻人设计加工此类服装的就是香奈儿。20世纪20年代以前，（人们都认为）青春是人生的准备阶段，而不是人生本身。

1920年，香奈儿的衣裙高出地面9英寸，尽管可以随便地被放下来，但裙边仍令人震惊地高出了好几英寸。“直线就是她的方法。”英国版《VOGUE》杂志以赞赏的口吻评论道。从1920年开始，《伊周》和《密涅瓦》，巴黎两份新潮时尚杂志的版面上印满了香奈儿模特的图片，并告诉读者们：“香奈儿正在使我们忘记昨天的女性，通过在一件服装上这里减去一绺穗饰，那里去掉一块荷叶边，教育我们要自然地跟上时装的潮流。”无拘束女郎着薄装，短袖，有时无袖；一些更狂野的年轻人将她们的长筒丝袜卷至膝下，令瞬间瞥见她们露出膝盖骨和小腿的人闪现出惊愕的眼神儿。在多维尔、比亚里茨、赛马场、舞厅、马克西姆餐厅，上流社会的妇女们都模仿着年轻人步履轻盈的脚步而快速地呼吸。

香奈儿就是那位率领着女人摆脱复杂难受的服装而换上看上去全然简单利落的休闲服饰的花衣魔笛手，这类服装最终成为了她名字的同义语。到战后10年的末期，《VOGUE》杂志得出这样的结论：20世纪20年代出现的最重要的服装设计家“是在其他领域与新运动关系最密切的两个人——香奈儿，她的圈子包括毕加索、科克托、斯特拉温斯基，以及富有朝气的夏帕瑞丽①，都是超现实主义者”。

保罗·波烈称她的风格为“奢华的悲惨主义”。傲慢的对手在1919年时曾了不起地再度获得成功，但他永远不能够令自己战前的灵感转变为新一代认为尚可接受的服装。他后悔自己帮忙创造的新时尚，但仍在香榭丽舍大街的圆形广场重新开设了

① 艾尔萨·夏帕瑞丽（Elsa Schiaparelli，1890—1973），出生于意大利的法国女装设计师，被誉为时装界的鬼才。——译者

一家富丽堂皇的时装公司，前厅天棚上绘制的黄道十二宫图中标出了他出生时的星辰。他举办的豪华花园晚会——被凡·唐吉（法国画家）记录在画布上——以及设计的高档服装能一下子震住许多客户。但波烈为取得社会平等的女士们提供的服装从未被接受。这样，香奈儿便无可置疑地登上了时尚女皇之位。

加布丽埃勒以闻名的“小黑裙”回应了波烈多彩的辉煌。妇女们从前着黑色服装仅仅是一种丧失亲人的象征，但香奈儿却使它成为了一种流行色，女性可以在任何时候穿。关于如何首创黑色短礼服，有一种说法是：她出席巴黎歌剧院的一次庆典演出开幕式，中间休息时倚在包厢的栏杆上，注意到妇女们都身着带有珠子和羽毛流苏边饰的艳丽时装。这个情景给了她设计黑色短礼服的想法。另一种说法认为，正是小伙儿的去世让她有了这种想法，“我要让整个世界都悼念他”。

可可总是会想出女性想要的东西，她的名字意味着总体的时尚：从海员帽到棕黑色的后空凉鞋。她的才华是天生的。她所创新的一切都非常理智。她的旅行外衣是舒服的，带有大衣兜；帽子可以折叠放入旅行箱；扣子只为系紧礼服而非用做服装缀饰。

她需要苗条的身材，要保持亭亭玉立的姿态。“如果将我的头砍掉，你还会认为你看到的是一位情窦初开的少女。”她不容置疑地说道。典型的20世纪20年代女性——苗条、成熟、质朴无华而又摩登——并非只属于年轻人的那种“男孩似的”时尚。因为年轻的姑娘们开始过更独立的生活，她们成为了引领潮流的女性。战后对把年轻人送到战场去献身的“老年人”的失望，同样也是青年发展到达巅峰的原因之一。

香奈儿和波烈并不是巴黎仅有的时装公司，还有传统的帕坎、维奥内和男服装设计师让·帕图、吕西安·勒龙，他们都被迫适应了统一的短裙服，去掉了衣服上的腰身，简单的款式满足了20世纪20年代女性的品味和实际生活的需要。这个时期不仅女性的穿着改变了，随之而来的艺术、纺织品、色彩搭配、建筑和室内装潢都进入了一个最具创意的新时期。

先锋派的画家描绘了一幅处于巨大成功巅峰的香奈儿肖像，年轻的作家知道如何同富有、优雅和时尚的名人交往。“可可·香奈儿开创了巴黎前所未有的女名人类型。”曾担任过一段时间科克托秘书的莫里斯·萨克斯写道。他亦是一位敏锐的20世纪20年代历史活动的记录者。萨克斯靠他敏锐的才思在小杂志上撰写一些诙谐练达的文章谋生，香奈儿等人偶尔的资助也是他收入的一部分。他用语言描绘的香奈儿无可争辩：“当与她初次见面，令人大吃一惊的是她是那么矮。她非常秀气，浓密的黑发短而下垂，眉毛在鼻端上方交汇；当她笑起来的时候，双眼炯炯有神而略显深沉。她几乎总是穿着同样的服饰——素朴的黑装。她讲话时习惯于将双手放入衣袋。她语速极快，滔滔不绝，但能将内心所想表达得清晰准确。她不绕任何弯子，但编造归编造，她常常使女人们在次要的话题上停下来，然后永远达不到谈话的目标。

“我认为，她的身上有两个明显的特质：她深深地根植于农民之中且性格娇柔。处于杰出名人之列的她总是聚精会神，好像正站在童年时的田野上，等待着风向的变化，耳旁响起她能够辨识的熟悉风声。女人的气质使她超越（一种完全女性的标志）并利用了他人为讨好她而做的一切。”

斯特拉温斯基的婚姻是不幸的，他并不是第一次对妻子凯瑟琳不忠。1906 年，他同大表妹结婚，夫妇俩有了两个女儿：米连娜和卢德米拉是两个病恹恹的小女孩；1938 年，卢德米拉死于肺结核。斯特拉温斯基不知不觉成为了一位尽职的丈夫和父亲，同时也是一位孝子。为了艺术，他同列宁的人民委员阿纳托利·卢那察尔斯基联系；还为他的母亲寻找出境签证的路子——她的移民批准要在 2 年之后。

尽管斯特拉温斯基很有名，但是靠作曲家的身份为生仍是一种需冒很大风险的行为。为俄国芭蕾舞团创作的三部作品——《火鸟》、《彼得鲁什卡》和《春之祭》——一下子让他成为了音乐界众所瞩目的焦点。但是同迪亚吉列夫工作是痛苦的，当涉及钱的问题时，还令人感到羞辱。虽然芭蕾舞团面对着未来的风云莫测，但是对斯特拉温斯基来说，它在某种程度上仍然是最好的稳定收入来源。如果有赚大钱的机会，他们就应该拿出像《春之祭》那样有重大影响的作品，让人们越来越多地看到 20 世纪音乐的非凡魅力。因此伊戈尔依然为“他的主人”工作，重新整理了柴科夫斯基的《睡美人》，并谱写了《马甫拉》，一部完全非俄国风格且令追随者们感到沮丧的歌剧。

在加尔什，凯瑟琳和女孩子们的出现是件尴尬的事。1921 年 5 月，斯特拉温斯基让她们去了比亚里茨。选择大西洋沿岸的风景胜地是因为那里的气候有益于健康，还有高级的名校，而对这位流浪的丈夫而言，这种安排意味着长期分居的便利。

可可通过资助《春之祭》的重新演出，称心得意地确保了斯特拉温斯基的音乐。为了不过于明显地表现出对她情人事业的支持和保证，也或许是为了不使米希娅心存芥蒂，她让斯特拉温斯基最亲密的一位音乐家朋友、瑞士音乐指挥家埃内斯特·安塞梅来安排加沃歌剧院的租赁事宜。考虑到米希娅无论怎样也会弄清事情的真相，可可告诉斯特拉温斯基，他应该通知米希娅。

可可不是在恋爱。将快乐与爱分开的想法是新观念——对她和20世纪20年代的妇女来说——是米希娅太守旧而无法理解的新观念。

“当想到斯特拉温斯基正在接受你给的钱时，”米希娅第二天叹息道，“我伤心得一塌糊涂！”

关于资助迪亚吉列夫，可可已经听过朋友这样说，“当想到……”米希娅的爱管闲事简直是无药可救，现在她开始深信，斯特拉温斯基会和他的妻子离婚。霍霍也过于夸大事件的严重性而搅了进来，他诱导作曲家住到他们在伏尔泰码头的公寓去，而米希娅将可可“劫持”到隔壁房间。

“先生，”塞特开始用他那无法仿效的口音说道，“卡佩尔先生将小姐托付给我。像你这样的人只能用一个词来描述，先生，你是一个小人！”

米希娅将可可一个人留在房间，她对可可说，斯特拉温斯基就在另一个屋子里。“他想要知道，你是否要和他结婚。”

塞特夫妇喜欢一切性爱带来的痛苦，但是可可最后感到无法忍受，她找到了安塞梅。“简直是一派胡言，”她告诉认识斯特拉温斯基已经10年的这位音乐指挥，“塞特这两口子真是疯了。现在弄得每个人都在讲这件事。毕加索也跟着开玩笑：为什么伊戈尔不回来，我们将是好朋友。”

对一位被抛弃女士的优雅表现方式就是记住这个故事。事实上，斯特拉温斯基深深地迷恋上了薇拉·博塞，一位演员，有一段时间也是舞蹈演员，画家、迪亚吉列夫的舞台布景设计师谢尔盖·苏杰伊金的妻子。1922年2月，在迪亚吉列夫于蒙马特尔一个餐馆举行的晚宴上，两个人相识了。“今天他闷闷不乐，因此请对他好一些。”迪亚吉列夫告诉薇拉。漂亮的薇拉和他玩扑克牌，并给作曲家的未来占卜，很可能突出强调了红桃Q的作用。

可可从来不是爱吃醋的那种人，即使同小伙儿在一起时也一样。但是这一特点似乎也随同小伙儿的去世而消失了。没有任何方法来调控她对他炽热的爱，她开始以玩世不恭的态度频繁地换情人。“她是一个贪恋男色的女人。”科克托谈到她时这样说，暗示她的性欲胜过男人，她开始像男人一样去征服异性。“我一掷千金，”她后来这样说自己，“我认识的最富有的男人就是我在他身上花钱最多的人。”

她爱男人。她无法忍受单相思的爱，但是又憎恶对任何男人的依赖感，厌恶成为随便哪个人的猎物。有男人陪伴令人愉快，但是如果他的出现转变为一种障碍，那就令人烦恼了。任何一位迫使她在他和工作之间做出抉择的男人都输定了。

瓦莱里·奥利维耶是她在王苑生活时期的一个朋友，他有时同艾蒂安·巴尔桑去康朋街看她，她对工作的痴迷给他留下了很深的印象："自然，我们看到了可可和负责香水、小饰物和披肩等项目的保罗·圣索弗尔。"实际上，我们大多数情况下是去看那里的模特。我们在楼梯的顶端一直坐到午餐时刻。

"可可充满了个性魅力，但她对我们没有多大兴趣。她不在乎我们要做什么，对我们要讲的东西也没有兴致。她唯一的兴趣就是工作。"

"斯拉夫时期"——这是她后来为这段浪漫史取的名字——还没有结束。去年夏天，当达韦利告诉加布丽埃勒，大公会属于你，这一直是她很认真的想法。

德米特里来到了巴黎。可可同他共进晚餐。两个人在一起时，她发现他高雅并且魅力十足。他除了谈笑风生外，也有说不完的趣事。

"我刚刚买了一辆蓝色的小劳斯莱斯，我们驾车去蒙特卡罗吧。"她对他建议道。

"我只有15 000法郎……"

"我和你均摊。用30 000法郎就足够我们快快乐乐地玩上一周。"

米希娅闻到了风声，在可可的回忆中，她在西班牙发了一封电报，电文称可可是个小裁缝，她喜欢大公甚于喜欢艺术家。迪亚吉列夫则在给加布丽埃勒的电报中谈到了斯特拉温斯基：不要来，他想要和你拼命。

1940 年，薇拉·博塞成为了斯特拉温斯基的第二位夫人。斯特拉温斯基的传记作家罗伯特·克拉夫特认为香奈儿的风流事件微不足道，他称之为“人生晚年回忆的炫耀”。但 10 多年以后，在作曲家给米希娅的一封信里，他对他们的友情做出了更原始的美好回忆。

亲爱的米希娅，

我真的感到十二分的歉意，总是向你要东西，还拿我的琐事打扰你。但是你知道自从第一次后，香奈儿就没再送我们任何东西，以至于我们这个月连赖以生存的萝卜都没得吃了。因此我求你行行好，把我们的现状跟她提提……

我要提前谢谢你所有的关怀和友善，你的心地是如此的高尚以至于让人很容易习惯依赖它。我满怀热情地千万次地拥抱你！

伊戈尔

1933 年 2 月 6 日

尽管有距离的问题，香奈儿和斯特拉温斯基依然是终生的好友。他们在同一年去世。她死在酒店房间的一尊圣像下，而这尊圣像正是他半个世纪以前送给她的。

到 1922 年春天，德米特里成为了加布丽埃勒的情人。她供给他金钱，并让他和“男朋友”彼得一起跟她住在加尔什。他把自己逃离十月革命时尽力保存下来的罗曼诺夫珍珠送给了她。为了单独和他在一起，她在朗德买下了一块地产，那是位于波尔多和比亚里茨交界处的一片偏僻的松林地带。

比加布丽埃勒小 8 岁，德米特里是一个被宠坏了的性情古怪的“顽童”。可可曾经提到过她出生地索米尔的济贫院、欧巴济讷的孤儿院和她起步的穆兰娱乐咖啡馆，虽然令人难以置信，但他们都以自己特有的方式，在人生的起步时充满艰辛。德米特里是大公保罗和希腊的亚历山德拉之子。他的母亲因生他而难产去世，因此他和姐姐一起，都是由精力旺盛的修道院修女们带大的。他受到严厉的教育，成为了一个羞怯胆小的孩子，只有和姐姐在一起，他才感到安慰。11 岁时，他又失去了父亲。父亲保罗大公在彼得堡遭到流放，因为他既触犯了尼古拉又同亚历山德拉有冲突。（40 岁的鳏夫想要同一位离婚的女人结婚。沙皇担心皇室家族的其他成员会效仿他的不良先例，“与他半合法和不合法的妻子们生活在巴黎”。）

沙皇的侄子——英国爱德华王子的表弟——是一位高大英俊的男人。可可爱上了他的绿眼睛、纤细修长的手，在他们亲密的关系中，她喜欢他的羞怯。1922 年夏天，可可在波尔多东部阿卡雄湾的穆勒村租下了一幢别墅。大西洋的浪花击打着花园的围墙，她和德米特里在那里享受了两个月的大海和阳光。每天上午，渔船载着他们去游泳；午后，他们在海滩上闲庭信步；晚上，他们到阿卡雄赌场去赌钱，或让约瑟夫先生和彼得在海湾里准备晚餐的牡蛎。可可倾听着德米特里的故事：沙皇如何将他的哥哥处以死刑；因为玛利亚嫁给了瑞典的同性恋王储，姐姐们是如何地相互关爱；1917 年拉斯普京谋杀案之后，他如何被流放到波斯；苏维埃革命令他父亲在 1919 年最后一次搜捕罗曼诺夫王朝家族时被处以死刑。

那是可可给自己放的最长的假期。他们见不到几个人。科克托以调侃的语气寄来明信片，告诉他们有关自己正在酝酿的戏剧规划。德米特里的一个朋友刚刚从希腊回来，给他带来了一根用山羊角加工的牧羊人用的曲柄杖。这根曲柄杖使科克托产生了要为秋季演出改写一部古希腊悲剧的念头。他选择了索福克勒斯的《安提戈涅》，因为其反对现存社会体制的主题和表明不成文法的道德心。

夏尔·迪兰是卡莉亚蒂斯从前的情人和 1913 年 5 月 13 日可可“约会”的对象。《春之祭》上演时，他是位于蒙马特尔高地拉特利耶剧院的新经理。他参与制作了科克托“自由改编”的《安提戈涅》。阿蒂尔·奥内热将谱写总谱，毕加索答应负责布景，科克托在给香奈儿的电话中低沉柔和地说：“为什么不由你来做戏装呢?”

除了执导，迪兰还主演克瑞翁，国王和安提戈涅的舅舅，女主角反叛的对象。尽管希腊女演员杰尼卡·阿塔纳西乌只能讲一点点法语，但在她的平头发型下有一张漂亮迷人的脸蛋儿，因此她将出演该剧的女主角。她的情人，先锋派戏剧理论家安东尼·阿尔托主演特瑞西阿斯。

可可知道毕加索支持该剧的制作后，马上表示同意加入。她有一位针织专家，能用生羊毛织出带有褐红色和黑色希腊花瓶图案的全身大衣。

毕加索倾注精力设计出紫罗兰色的舞台背景幕布，上面是围绕着露天烧烤、涂有面具的一群男人、女人和孩子们组成的“合唱队”。多利斯柱，科克托大为惊奇，“从他的画笔下突然出现，令每一个人都欢呼赞叹的舞台布景，令人惊叹不已”。或许伴随着画家的还有嫉妒的咆哮。一天，可可问道，她正在设计加工的戏装是否会随着安提戈涅帷幕的落下而消失。

“在我知道之前，继续合作是愚蠢的。”她在前排不耐烦地大声叫道。

科克托感到恼火：“下一步我们马上尝试彩排剧本。”

“什么剧本？”

“索福克勒斯的悲剧！”

香奈儿气冲冲地在剧场里站了起来，她拉住了一根“安提戈涅大衣”上的线。尽管编织这件衣服的助手已经流下了眼泪，可可还是拆开了这件戏装。在12月22日首演时，小姐向新闻界对拆掉大衣一事夸大其辞地进行宣传的人员讲道，“真是滑稽，观众们，”她开始满不在乎地说道，“在最后时刻，当我把自己的衣服扔到演员肩上时，戏剧就这样成功地上演了！”

带着藏有扩音喇叭的面具，作为合唱队的代表，演员们的脸都经过了描画，安提戈涅神情困惑。但是人们狂热地赞扬科克托、毕加索和香奈儿所造成的转变，尽管他们以傲慢无礼和精明的态度来对待古人。这场古典悲剧连续上演了100场。

可可正在创建自己巨大的声誉。然而，最吸引公众注意的还是她的时装。香奈儿时尚的定义是恰当和切题的。“时尚不仅存在于衣着穿戴，时尚是人们感觉到的某种事物。新的时尚是吹来的风，你可以感受到它的到来，你可以嗅到它的味道。时尚在天上，在大街上，时尚与观念息息相关，时尚就是我们生活的方式，是正在发生的一切。”

20世纪20年代，上层社会的范围足以扩大到形形色色的国际化的人，而又小到只有那些著名的精英。那是一个精明、风趣和世故的群体，时尚要求的是盲从的跟风。时尚，科克托评论道，不是一些作为投资的裁缝们十足的异想天开。“不管丈夫或情人是否憎恨时尚，女人就是追求它。即使她也讨厌时尚，但还是要追求。所有的女人都把头发剪短，穿的紧身胸衣触及臀部。”

不是所有的女人都有维纳斯的身材，香奈儿说道，然而任何东西都不应该隐藏。隐瞒反而使弱势更为突出。对她而言，服装裁剪的艺术是一门突出和强调才华的工艺。她懂得时装业的古老格言：如果你要掩盖一处敏感区，就得露出另一处。长袍要求低领，减少袒胸露背就意味着大腿必须露出来。由于身体诱惑的部位被覆盖总会引起最大的兴趣，人们普遍认为，成功地遮盖适当部位的服装才常常是最具诱惑力的。

时尚杂志重复着她不言自明的事实：通过提高衣服的前腰，女人就会显得更高；降低后腰则使后背的曲线遭到忽视。一件礼服必须在背部剪裁更长一些，因为这样衣服就会有逐渐上升的趋向。一件女装一定要随着女人的身体移动。而身体所有的移动、所有的关节连接，都始于背部，这就意味着最好是做好背部面料的分层。一件服装只有以此种方式剪裁，穿着者活动时才足够自由；而当穿着者不动时，衣服自身则自然调整。

关键的一切都在肩上。如果一件衣服悬挂得不适当，那么它的前身就动不了，那是因为它的背部受到了扭曲。高大的女人总是渴望有一个窄小的背，而苗条的人则希望有宽厚的背。衣服的后背必须至少能让出 10 厘米，以便一个人能够弯腰、打高尔夫球和穿鞋。因此当女人测量三围时，就得交叉双臂。一件剪裁好的服装适合每一个人，尽管没有两个女人拥有同样的三围、同一位置的肩宽。

香奈儿认为，时装业对不断变化的人、事件、创造性思维、流行看法的相互作用反应敏感，并对其中所有的现象积极反应。

数年来，香奈儿时装公司经营模式的变化比服装风格的变化更大。20 世纪 90 年代设计创新的重点是，与纺织业和市场销售利润以及服装加工相协调的极为复杂的机器开始取得了巨大成功，并得到了全球消费社会的认同。对能够消费得起高级时装的设计师而言，这种时装就是风中的一棵草、公共关系的一种活动、令人精神振奋的一种补剂，是杰出手艺人的天堂和同类手艺人的憩息地。金钱现在都流向了成衣、男装分级、批量商品、床单、袖珍折刀和行李。然而，在 20 年代，高级时装还是一种由像香奈儿一样精明强干的女商人定制加工的奢侈行业，她的主要客户仅仅是 200 位富有的女性。

可可远离公众视野，她大部分的工作时间都和关系密切的职员和模特们在一起。从一开始，她就决定使自己避开沙龙活动，因为与那些常常刁难的主顾们打交道的正是女店主和店员们。

女店员们——像医院的护士一样，都是较为年长的才令人放心——是销售人员。女售货员们通常是以前的模特，在服装师的帮助下，她们有充分的优势给那些要求苛刻的主顾们长久的信心。“要坐下来的时候，她们知道如何留心随时的起立，”可可有次这样说起她的店员，“她们是令人愉快的密友——女人总是担心被她的下属胁迫，但是对自己的店员我完全信心十足。”

香奈儿的客户很少支付现金。她们购物时，大都以个人账户记账，然后每个月结一次账，有时也年终结账或分期付款。可可讨厌这样，但是同其他服务有闲阶级的生意人一样，她不得不面带微笑地去承受它。私下里，她讥讽地提到那些难缠的主顾们：公爵夫人、部长太太，并一直习惯于称呼女性为“亲爱的”，讲述她们会火急火燎地要求下午两点定制的礼服一定要在当晚的一场舞会前送到家中。有些“亲爱的”因为信贷问题，第二天竟然把礼服退回来，说她们改变主意了。

“在女性的行业中谋生，你就必须懂女性，”她说道，“‘亲爱的’们都厚颜无耻，她们就像螳螂。”因为她们晚归的丈夫“讨厌看到我的乏味”，可可这样谈到那些需要服装的寡居的“亲爱的”。

可可从来不是个早起的人，她中午时到达康朋街，除了在圣奥诺雷街的福乐儿饭店来一点儿下午茶外，就一直工作到晚上七到八点为止。可可工作的方式是用平纹布加工女长裙，用平纹细布将底样缝在一起。她相信没有任何面料比考究的平纹布更漂亮，都用白色的平纹细布进行加工的理念全部形成了。用平纹面料加工服装使她保留了后期阶段对织物的选择。买到了礼服的制作权后，百货商店会提供她们这种平纹布。

她的高级缝纫师们完全懂得了香奈儿风格，知道小姐——她们一直这样称呼她——的目标何在；后期，车间里的高级缝纫技师帮助她将意向变为最早的平纹布样图，可可用剪刀探索她的想法，然后在真人模特的身上观察其效果。姿势——在观看穿着的效果并提出改变建议时，模特必须没完没了地站立——延续数小时。她的风格趋向于古典主义，因为她不擅长永恒地创新。为了弥补这一点，她用精美的工艺、豪华并常常十分引人注目的面料，让加工车间完成自己的创意。

她的色彩感是一流的，可是在应用之前，她让自己逐渐喜欢上了那些“别扭、大胆”的面料。她避开那些怪诞离奇的时尚。很少有身着滑稽可笑服装的女人让人看起来高贵。此外，她认为男人观察女人是因为她漂亮，而不是因为她身着奇装异服。

实际上，香奈儿服装的加工是雇用数以千计妇女的一种家庭小工业，劳动力的结构严格。女裁缝自始至终遵守工作室学徒守则。虽然有教育条例，但是学徒们 12 岁前就已经离开学校了。学徒们每天三次学习下列技能：“通过磁石”从地板上把针吸起来，清理线头和布头，搬运布卷，将布拉直，为女裁缝们泡咖啡、递烟等也在学徒们的工作之列。她们的成功完全取决于裁缝们的友善和女孩子们自己的积极肯干。由于她们是来接受训练的，因此收入甚微，甚至一点都没有。几年后，一个坚定而具天赋的学徒就能够毕业成为一名见习裁缝，在学习的中期阶段，她能真正学会经商的技巧成为助手；过几年后，或许成为服装师，或在服装专卖店里做试衣助理。

技能全部掌握后，拥有一双灵活快捷的双手就意味着一名学徒注定的在高级时装业的职业生涯。“有手艺”就是设计并制作出有良好效果的织品。可可本人的天赋和专业知识使她成为了同业中的精英。

十五

炫目的光彩与香奈儿 5 号

1923 年，香奈儿正好 50 岁。香奈儿 5 号香水的推出正是对她 50 岁诞辰的庆祝，这款香水后来成为了传世的经典产品。她签订了长期租约，将皮耶威尔伯爵在圣奥诺雷街的市区豪宅主厅一楼租下。花园一直通到加布丽埃尔大街，那里正是小伙儿最初成为她情人的地方。

在通向花园的一长串超大的房间住宅安顿下来后，香奈儿请求米希娅和霍霍·塞特来装饰这座豪宅，命令约瑟夫去聘用厨师、男仆和厨房女佣。她弄到的第一件精美家具就是一架大钢琴。斯特拉温斯基同迪亚吉列夫、米希娅到场，他现在还是以朋友的身份出现；俄国芭蕾舞团的钢琴家——现在是摩纳哥芭蕾舞团的钢琴家——一直演奏到住在楼上的伯爵抱怨时为止。解决问题的是钱。最后皮耶威尔伯爵同意搬出去，将整个市区住宅全租给了她。

香奈儿爱好奢华精致的家具。她给自己古代的椅子覆盖上乳白色的绸缎，用淡色的细木护壁板装饰四壁，在铺有地毯的客厅里横七竖八地摆满了大的方沙发。她雇用莫里斯·萨克斯将她应读的书放入书房。科克托年轻的朋友——萨克斯刚满20岁——知道在哪里可以找到珍本，可可每个月支付他6万法郎。莫里斯从来没有见过这么多的钱。他住进了酒店，给自己聘用了一位秘书和一位司机，在外彻夜狂欢。他摆放在她书房的书根本就不是一流的古版书、绝版书和初版书。但是直到1929年，可可才解聘他。

她接待仰慕者，对艺术家朋友们提供优惠待遇，并给他们发放补助金，允许上流社会的人们、艺术家和那些既不完全是上流社会又不完全是艺术家但懂得如何用时尚赚钱的人与她共餐。毕加索和科克托有时就住在她花园的公寓。

从加尔什别墅搬到郊区大街29号，她与德米特里的绯闻同时也在慢慢减弱。没有令人感兴趣的生活画面，可可在晚年谈起公爵和她认识的其他罗曼诺夫家族的人时总结道：没钱没势但高大英俊的男人。“那些大公们都一样——他们表面看起来了不起，但是都徒有其表。碧眼、纤细的双手、健硕的双肩，热爱和平但缺乏勇气。他们喝酒壮胆……在他们表面之下只有伏特加和虚无。”德米特里要寻找的是一位养他的富婆，可可并不想成为其中一员。奥德丽·埃默里是一位美国女继承人，他、他的姓氏和他的爵位足以诱惑她同他结婚。奥德丽也供养得起他。她是出生在克利夫兰的三姐妹之一，是油漆大亨本杰明·穆尔的女继承人。

可可的工作习惯是持之以恒、永不服输，她的创新以令人眩晕的速度一个接一个地出现。玛尔特·比贝斯科公主，可可为她乘飞机旅行设计了全套衣服，后来她评论道，香奈儿不仅知道如何销售她自己偏爱和嗜好的东西，而且懂得销售自己不赞同的商品。“在时尚方面公开发表她的批评和反对意见，香奈儿比任何人都更快。现在的发展趋势、什么将不再流行，是她两种毋庸置疑的天赋能力。”公主写道，“她的眼神格外警觉，小脑袋和小碎步却透出坚毅的神态。她话语不多。如果讲起来，那她很可能要说的是，照物理学家亨利·普安卡雷的说法，一个人总是乐于把更真实的客观事实抛在后面。‘她出身低微，’她的朋友们这样说，‘她的奶奶是个放羊的，母亲是奥弗涅人。’是的，但正是在巴黎，她成功了。”

为了容纳为她工作的近 3 000 名员工，香奈儿时装公司兼并了康朋街 27、29 和 31 号。在多维尔，来自巴黎和伦敦的那些高雅人群依然来这里度夏，因此位于贡托比隆路的时装专卖店生意红红火火。可是为了弥补夏季风景区比亚里茨的亏空，她在重新发现的地中海娱乐场——戛纳开了一家分店。

她在康朋街的私人宅邸只对一些时装公司的高级管理层成员、朋友和令她敬佩的客户开放。三楼的私密独居处摆满了书柜、路易十四时代的家具、乌木屏风、公元前 5 世纪的维纳斯半身雕像、同真鹿般大小的青瓷鹿。为了纪念她的星座——狮子座，屋子里还摆有大大小小的工艺品狮子。

在圣奥诺雷大街，她举行了精彩的晚会，成了最受欢迎的宴会主持人。博蒙一家不仅邀请她，而且聘用她的员工为自己的化妆晚会做布景和服装工作。

1922年，她主办的圣诞晚会尤为重要。社交新闻编年史家们对晚会的花销和嘉宾名单瞠目结舌。“不像连香槟酒都不全是佳酿的某些沙龙，香奈儿小姐餐桌上丰盛的鱼子酱和香槟酒全是优质珍品，”玛丽·洛朗森回忆道，“更值得一提的是，艺术家和作家们以他们火热的激情令晚会更加活跃，以至于一直都保持傲慢自大和偏执的贵族们仅在此时才发现这个重要的群体。”

斯特拉温斯基参加了这个盛会，科克托还带来了音乐界当代“六大作曲家”：奥内热、埃里克·萨蒂、达吕斯·米约、弗朗西斯·普朗、乔治·奥里克和年仅29岁的漂亮的热尔梅娜·塔耶费。保罗·莫朗和他的罗马尼亚女继承人埃莱娜·苏特索，菲利普和埃莱娜·贝特洛都出现在这里。诗人莱昂-保罗·法尔格到得晚些，他宣布莫里斯·拉威尔也很快就到。萨蒂请求加布丽埃勒为一部音乐剧承做戏装。米希娅明显地觉察到了他们的“密谋”，当她来到近前时，他的话就停了下来。这位作曲家对可可悄声说道，“有了这只猫，让我们把鸟儿先藏起来。”

这场晚会使她的名字上了社交新闻，她喜欢通过给那些高度引人注目的女性赠送服装来资助名人。当其他风雅的女人们被问及靓丽的衣服出自哪位时装设计师时，那些人会低声回答“香奈儿”。如此的慷慨有时适得其反。一些接受可可服装的巴黎人通过批评她来显示自己的独立。可可试图将此变为一则社会新闻，她说由于捐赠礼服给她们，“因此她们才要恶语中伤我”。

她看不起上流社会的人。“他们的虚伪是无法遏制的，”她告诉莫朗，“在柏林，正好在我们结账前，陪同我的公爵夫人（她提到了一位意大利人的名字）有一件非常漂亮的皮大衣被送到了酒店。那天上午我闷闷不乐。”

“我拒绝支付那件大衣的钱。”我说道。

“‘啊，小事一桩。’她的朋友回答道（当然因为我已经把她的情人带来了）。”

“怎么会是这样？”

“‘我们没有付款就离开了。奥雷莉亚没有用她自己的名字。’当然那意味着我的账单被盗走了一笔。我非常爱奥雷莉亚，25 年后，她会是位有名的交际花。”

她成了年迈的洛尔·舍维涅伯爵夫人的朋友。这位夫人湛蓝的眼睛、深红色的假发、弯钩鼻、沙哑嗓音、像鸟一样的侧影和言谈举止都是那样令马塞尔·普鲁斯特着迷，他在《追忆逝水年华》中将她变成了热尔蒙公爵夫人。这位孀居的贵妇对写作毫无兴趣，对《追忆逝水年华》漠不关心，她说那部书令人难以忍受，单调乏味。但是她喜欢同香奈儿谈论八卦闲闻。她认识香奈儿在年轻时遇到过的所有上流社会人士，从格拉蒙公爵到让·拉博德；也认识作为可可客户的上流社会贵妇，从玛尔特·比贝斯科和罗斯柴尔德男爵夫人到安娜·诺瓦耶和埃莱娜·希迈。

舍维涅声称，所有这些人都是从她的情人那里得知的。“我的情人把我带到卢浮宫。一个人不能把全部时间都用在……亲吻上。女士戴着小块面纱进入单身公寓那是从前的事了。现在，她们到处都可以做这种事，在仆人的面前也不回避。我的孩子全都是我阿黛奥梅的。上帝，没有一个私生子！我的女儿从3岁时就一直学习，她现在都60岁了，还是什么都不懂。”

雷蒙·拉迪盖是参加宴会最年轻的名人。生活在疑虑、酒精、失眠和隐私世界里的拉迪盖，令人紧张又激动地出现在科克托的生活中，他完全被科克托迷住了。1923年春天，拉迪盖将他第一部小说《魔鬼附体》的手稿交给了出版商贝尔纳·格拉塞，然后同科克托去英国旅游。再回到法国时，拉迪盖已成为名人了。他的小说即刻引起了巨大的轰动，大受欢迎。新闻短片上人们看到的拉迪盖，正高贵地坐在办公桌旁，在一位法国出版商呈上的第一张10万法郎支票上签字。开首的句子让人感到震惊：“那些曾经对我所说感到愤愤不平的人必须认识到，战争对那么多男青年来说，就是一个4年的长假。”小说的主题是一位青年和一位比他年长的已婚女人的爱情故事；女人的丈夫离开家前去参战了。作者以极纯洁之笔写出了充满激情的散文巨作，这是一部精彩的经典集成。

可可每天早晨闻着童年时代“姨妈们”教她用的碱性皂味道开始工作。她的嗅觉同从前一样敏锐。如果说有厌恶的味道，那就是女性身体发出的异味。因此她喜欢香水，选用属于自己的香味。诗人保罗·瓦莱里有句俏皮话：“一个不用香水儿的女人是没有未来的。”她相信一个女人在耳后、肩窝处、腕背上都滴上几滴“味道好”的香水，那在生活中是必不可少的点缀。

香水的历史涉及医学、神话、宗教——香奈儿 5 号的来源亦是如此。其他的时装设计师，特别是保罗·波烈，感到时尚和香水有可能存在一种带盈利关系的共同特点。但是在加布丽埃勒之前，没有一个人敢离开花香味。直到 1920 年之前，女人们的选择还都是花香味或一些容易辨认的花味。在格拉斯实验室的主人埃内斯特·博——在培养新的芳香味时，第一位怀疑综合味道重要性的香水制造商——的帮助下，加布丽埃勒改变了这一切。

虽然还没有任何证据证明德米特里就是把可可介绍给博的那个人，但是在其余的人之中，米希娅·塞特和保罗·莫朗已然发现，这位研究香水的化学家从前是沙皇宫廷的雇员，他青年时代的大部分是在彼得堡度过的。也可能把香奈儿介绍给博的人是科莱特。1923 年夏天，科莱特和可可成了朋友。这位作家已经与她的第二位丈夫离了婚，正和年轻的情人莫里斯·古德凯一起在离尼斯和戛纳不远的小渔村博瓦隆度假。她在这里完成了自己的名著，一个青春期的爱情故事：《麦苗》。

科莱特比加布丽埃勒年长 10 岁，但她们有很多共同之处。两人都是已经事业成功的乡村姑娘；两人都头脑冷静，对自己的工作态度都很实际，为人低调。她们一起乘可可驾驶的劳斯莱斯到蓝色海岸去旅行，在地中海上游群山沉睡中的村子里停下来观看陶瓷、柳条筐、用带节藤条做手柄的瓶塞钻。到当地的格拉斯香水制造厂旅行，早就列入她们的旅行日程之中，很可能她俩参观了弗拉戈纳尔实验室。实验室的名字是以格拉斯最有出息的儿子——一位 18 世纪的画家命名的。

当香奈儿第一次建议他研制一种香味时，博是持怀疑态度的。但他很快发现她无所畏惧，敢于超越所有已知的配方。“山谷里的玫瑰花、百合花味儿我一点儿都不想要，”她告诉他，“我想要合成的香水。那是一件不可思议的事情。在一个女人身上，大自然中的花味儿闻起来是假的。或许真正天然的香水是人工制造出来的。”

米希娅·塞特宣称，她与香奈儿香水的专家有一定关系。卢瓦尔城堡翻新过程中披露了一份标题为《美第奇家族的秘密》的手稿，撰写者是佛罗伦萨人勒内，这位古龙香水的发明人给了上年纪的玛丽·德·美第奇女王和迪亚娜·普瓦捷少女般的皮肤。手稿中涵括了这种护肤液的配方，米希娅毫不犹豫地以6 000法郎买下了美容秘笈。她风风火火地赶到康朋街，要求见小姐。一进入可可的私邸，她就告诉可可，佛罗伦萨人勒内的护肤秘方和香奈儿名字的结合将带给她决定命运的香水，应该叫香奈儿香水。“我们一起研究包装。一个暗色、超简洁的准药用瓶在香奈儿的品味下，被赋予了精美的外衣。”

可可发现博和他的试管让人入迷。她不是第一位表露兴趣并要求参观实地场所的时装设计师。交谈时，他带她们到处看，他意识到她有超乎寻常的嗅觉。“当有人给我一朵花，我能闻出是谁的手采摘的。”她说道。她很快就学会了香精之间的区别。当她提出令人震惊的香味组合时，他被彻底地说服了。

第二天，她嗅到了苯甲酰醋酸盐，这是一种取自煤焦油但闻起来有茉莉香的气味。她听他解释这种无色的液体为何不能用来代替花汁，但是将两种物质结合就会强化自然的香味儿。

利用冷浸萃取花香的方式从西班牙茉莉花中提炼香水是辛苦和昂贵的，通过这种技术，花瓣的油被吸入特别纯化的动物脂肪，最后用易挥发的溶剂提取出来。通过将苯甲酰醋酸盐与茉莉花混合提炼产生的香水是不可改变的，是一种不会消失的香水。博也是在此工业过程中第一位怀疑乙醛重要性的香水研制人。乙醛是一种有机化合物，当它氧化后产生酸，还原时产生乙醇。

香奈儿住在格拉斯，一大半天都消磨在实验室里。她灵敏的嗅觉能辨别茉莉、保加利亚玫瑰和来自印度支那及蒙古的麝香。

“当花瓣从木兰树上落下的时候就开始腐烂，你能够闻到蘑菇味。”他对她讲道。

她嗅了一下。“那闻起来像潮湿的草中发霉的叶子味，有某种提神的味道。它能够帮助减弱夜来香的浓烈味。”

结果，博将选择的样本减少到七八种。她逐一闻下去，相互比较，徘徊不定，又回到第五号样本那里。

“这是我所期待的，”她告诉博，“一种不像任何以往研制出来的香水。一款女人的香水，一种强烈、能唤起人们对女人美好感情的香味。”

当第一款香奈儿香水研制成功的时候，加布丽埃勒在戛纳最高雅的饭店邀请博和几个朋友就餐。她在桌子上安放了一个雾化器，只要有漂亮的女人走过去，她就揿一下。“效果是惊人的，”博回忆道，“当女士从我们的餐桌旁路过时，都会停下来闻一闻。当然，我们都装作没有注意到。”

神话般增加香水促销的情况并不存在，但围绕香奈儿 5 号这一名字的一些传说却越来越多：“5”是香奈儿的生日（但她的生日是19号）；5是她的吉祥数字。用一个数字来命名香水是精明的反命题，她的香味构成与基于“中国之夜”、“贞女波契亚”、“一千零一夜”以及其他引起记忆的香水命名不同。沃思时装公司有“夜来香”香水、卡洛有“中国公主”商标和“天降之吻”、波烈想出了“爱恋之心”和“静默吾心”、勒隆利用自己的名字命名为“尽在勒隆”。可可第二个绝妙的主意是正方体瓶装，与市场上的双弧形长颈瓶和蚀花的长颈小瓶完全不同。

使博更直接担心的是她选择的样本含有80多种成分，那将是十分昂贵的，他告诉她。没有什么比茉莉更昂贵。

“那样的话，就在里面放更多的茉莉，”她说道，“我要制造世界上最昂贵的香水。”

她早就懂得了做有钱人生意的秘密，就是不只求取钱财。现在她明白了将某种产品投入到市场上的方法就是使上流社会相信，她们与成功的产品分不开。

她带上小样品瓶儿回到了巴黎，并开始大方地提供给最好的客户。接下来，她让女售货员们用香水喷洒试衣室。几天之后，一位顾客来到试衣间，问她如何能买到这种香水，可可公开表明了她的惊讶：“啊，前几天我给你的那个小管形瓶。”她微笑着告诉她，“亲爱的，我不售香水。在格拉斯一个我已经忘记了名字的香水制造商那里，我偶然地发现了这些小瓶子。那是给朋友们的一件新颖的礼物。”

售货员们一直往试衣室喷香水，这种味道不断地重现。享有特权的“亲爱的朋友”们一直回来接受小礼物，并且认同这种香水。

可可连连发电报催博，要求他尽快启动香水生产。同客户一起，她进入到了商业活动的第二阶段。

“你们认为我应该制造并销售它吗？”她问道，“你们的意思是，你们真的喜欢我的香水？”

当博宣布投产时，她对客户们有了新态度：“或许你们是正确的，”或者说，“是的，我听从你们的建议。我将要销售你们非常喜欢的香水。”

几周之后，第一批商务生产的香奈儿香水到达精品店。“我们无法想象会有如此巨大的成功，”米希娅回忆道，“简直就像中彩票一样。‘为什么你不开始制造香水呢？’我告诉可可，‘有了香奈儿香水，佛罗伦萨人勒内在我看来好像是传说中产金蛋的母鸡。’”

从来没有人忽视传统商业的成功，可可恳求拉法耶大百货店的店主泰奥菲勒·巴德尔销售她的香水。刚刚过了 60 岁的巴德尔创造了零售业成功的历史。他将自己在 1895 年开业的小件日用品和饰品玩具店变成了巴黎最大的百货商店，一个有 130 个店面的大型商场，包括买不起高档女子时装的巴黎妇女也认为时髦且大胆时尚的成衣女装部。正是在拉法耶大百货店，年轻时的可可曾经买下了她用来修剪饰带和蕾丝的草编宽檐帽，并将它变成了龙骧赛马场从未有人见过的草帽。

巴德尔对在拉法耶大百货店销售香奈儿 5 号很有兴趣，但是他想要的数量要比博在他“鼻子底下”的研究实验室里生产的大得多。巴德尔有两个年轻的朋友，那就是皮埃尔和保罗·韦尔泰梅兄弟。

正如皮埃尔·韦尔泰梅所回忆，有一天巴德尔给他打电话，说要他去见香奈儿。“她是一位女时装店老板，她有个想法，要把一种香水投放市场。”他对香奈儿说道：“你想到的香水我认为应该有一个比你在时装店销售更大的市场，即使是像你那样有名的时装店也不行。我想要你见见皮埃尔·韦尔泰梅，他在法国有一家很大的工厂，因此有着重要的分销网。”

十六

韦尔泰梅家族

可可·香奈儿在龙骧赛马场会见了皮埃尔·韦尔泰梅。在泰奥菲勒·巴德尔为他们相互引见后，双方的谈话简短而切中要点。

“你想要为我生产和销售香水?”可可问道。

“为什么不呢? 如果你要在香奈儿的名字下制造香水，我们十之八九能进行合作。”

加布丽埃勒·香奈儿和皮埃尔·韦尔泰梅的联合一直持续到他们生命的终结，这种关系是混乱和复杂的，其间充满了嫉妒、冲突、剧烈的争论、仇恨、敌对、恐惧，所有这一切之外，还有一种别扭的尊重。他在生意场上是毫不留情的，而她则具备香奈儿家市场流动商贩数代人所有的狡黠、奸诈和阴险。几乎在同时，她会骂他“那个黑我的土匪”，又称他是“那个可爱的皮埃尔”。他很会表示让步，在他们争斗过的第二天，他总会给她送来鲜花。到1928年，韦尔泰梅家族有了公司内务律师，专门解决与皮埃尔称为“该死的女人”发起的诉讼案。

韦尔泰梅家的皮埃尔和保罗两兄弟都聪明、富有又极为自信。他们是法国最大的化妆品和香水公司——“夜巴黎”香水公司的老板。皮埃尔是一位讲究、帅气和魅力十足的男人，在美国查尔斯·雷夫森和埃斯蒂·劳德香水传奇中赫赫有名。他将钱花在了良种马、轮船和艺术上。他的抱负是有一匹在埃普索姆比赛上获胜的赛马，这是他最终要得到的东西。在艺术问题上，他足够大胆地成为了哈伊姆·苏蒂纳的第一位赞助人。保罗更多地是管理公司总部。

韦尔泰梅家族是犹太人。如同罗斯柴尔德家族一样，他们家世的起源可以一直追溯到中世纪时的德国，他们也彻底地法国化了。家族的宅邸靠近讷伊大街上的布洛涅森林，那里有埃内斯特·韦尔泰梅的肖像、带着高帽的巴尔扎克雕像，在向来访者致敬。正是埃内斯特在19世纪70年代，将一间剧院化妆公司并入了“夜巴黎”；1890年，将干口红介绍给了妇女。

“像许多真正的富人一样，他们总是设法掩盖自己控制的东西，”巴黎专门从事国际法的律师莱昂·莱维纳评论道，“我记得我从法学院毕业的那一年是1936年夏天。在拜访过波兰维尔纳的亲戚后，我通过柏林回到了巴黎。我买了一个唱机，就在库菲尔斯腾达姆一个犹太人家告诉我买唱机的地方，在犹太人的商店里。我们正生活在纳粹统治最鼎盛时期，公共建筑物上到处都是卐字标志，我问房东德国人是否介意在犹太人的商店买唱机。‘一点也不，’他们告诉我。‘那是传统。此外，犹太人的商店属于韦尔泰梅家族。’”

数十年间，韦尔泰梅家族都遮掩着其控制的香奈儿王国。阿兰·韦尔泰梅，皮埃尔的孙子，1990 年开始经营香奈儿王国。他拒绝所有的采访。《福布斯》杂志做了关于香奈儿王国的封面故事，很快便有了诉讼的危险。香奈儿的传记作家和《巴黎竞赛画报》的编辑皮埃尔·加朗特引述了加布丽埃勒在 1924 年他们第一次见面时的谈话，她相当轻率地告诉保罗·韦尔泰梅，她对他的企业没有兴趣，除了提供她的业务名片外，她“满足于 10% 的股本总额。对于其余的，我想我没有必要回答任何人”。

她本意是要在这个新公司里投资 10% 的资本金，还是满足于 10% 的利润呢？加朗特似乎认为，香奈儿想要同韦尔泰梅进行双方都不受控制的联合，为了保持自己对香奈儿时装公司的控制，她将满足于 10% 的香水利润。她的律师，勒内·德·尚布伦令人信服地指出，她害怕失去对时装公司的控制才签字同意只占大公司 10% 的香水利润。他同样发现，仅仅因为把香奈儿介绍给韦尔泰梅，泰奥菲勒·巴德尔就得到了合伙企业 20% 的权益。

尚布伦只是在20 世纪30 年代作为可可的律师，但是在原始协议中他就具体的段落提起了诉讼，他能够背诵香奈儿转让“香奈儿香水股份有限公司”的条款和她对“所有在香奈儿名义下当前销售的香水”的所有权；除了公司说的以香奈儿的名义生产和销售的全部香水、美容产品、香皂等专有权，还有她对专利生产的配方、方法和设计所获得的版权。诚然，她的新合作伙伴没有侵犯她的时装领地；新公司以香奈儿名义销售产品的权利限制在专门的“通常在香水行业中销售的物品”。为了减轻她对用自己的名义销售劣质产品的恐惧，特别插入了一段：“香奈儿香水公司只能销售高质量的产品。鉴于香奈儿小姐是奢侈品时装公司的主人，以她的名义销售劣质香水产品会引起她严肃的反击。”韦尔泰梅的投资是巨大的。此外，他们同意提供90%的新公司营运资金，分销香奈儿香水。

合作企业的伙伴相互都有信心，在他们的企业中，聘用了同一位律师。

加布丽埃勒代表着无视传统的20年代时尚精神。1924年，妇女们都身着标志的服装：好像在新香水包装上背对背、相互盘绕的*C*字母。香奈儿的商标是日装的完美感—— 一种为了展示灰色绉纱宽脚裤的无扣裙——连同僵硬地系着的“飞机弧形结”。对于晚上的服饰，可可提供了几乎拖至地面的羽毛披肩和围巾，或在肩上飘动的蝴蝶翅膀般的雪纺绸饰品。

竞争是激烈的。在康朋街的大楼内，在女裁缝、女帽制造商、珠宝商、靴子匠和香水制造商的商店里，富有的女人能满足美艳和奢华的愿望，因为那些人在时尚界的苍穹上熠熠生辉：帕坎、沃思和卡罗琳·勒布，后者是和平大街上最了不起的女帽贵族。在旺多姆广场和歌剧院广场之间的那段不长的大街上，与之并存的还有卡地亚珠宝行，有展示完美珍珠和可谓达到以假乱真程度的人造宝石、泰克拉和德尔扎时装公司，还有马夏尔和阿尔芒女内衣衬衫店。塞利格曼和巴黎旧物店的装饰品及古代家具对收藏家极具诱惑力；马潘和韦布以其金银匠的艺术品而知名；格伦瓦尔德经营华丽的皮毛；罗歇加莱、伊萨贝、里戈和阿里等都主营香水、护肤霜和脂粉。让·帕图开创了以自己名字命名的休闲运动装，还发明了三种新型香水：一种适用于金发，一种用于淡褐色，一种用于赤褐色头发的女性。黑美人一定要穿“吾何所知”而不是“爱-爱”，后者是为她漂亮的妹妹准备的；而有铜色长发的女性有可能是最成熟和诱人的三重色“告别朴实”。爱德华·莫利纳是第一位成为巴黎时装设计师的爱尔兰人，他以规范而又奢华的服装设计闻名，他模仿可可·香奈儿标号香水造出来的有莫利纳 2 号、5 号和 14 号；而女帽制造商 J·苏珊·塔尔博特也有一套分别以她名字的首字母命名的三种香水商标：*J*、*S* 和 *T*。

帕图意识到，波烈和香奈儿是那种引人注意、自我创建而不需要赞助人的设计师，在他们的阴影下生存是慢性自杀，因此他从 25 岁开办自己的时装公司时起，就成为了一位社会名流，一直是接连不断的八卦新闻的话题。当他带着 6 位美国模特从美国回到巴黎时，支付给了她们前所未闻的每月 1 000 法郎薪金，全世界的报纸都报道了这条新闻。他过分地嫉妒可可，以至于会一页页地数时尚杂志中香奈儿的插图，然后将它们的页数同自己时装插图占用的页数相比。如果香奈儿的数量超过了他的总量，他就会给杂志的编辑埃德娜·伍曼·蔡斯写信，表示愤怒的抗议。帕图和香奈儿一直是水火不容。无论何时相见，总是在第一时间就尽可能目空一切地迅速离去。

在格拉斯，可可一直令埃内斯特·博忙个不停。1924 年，这位香水研发者推出了“俄罗斯皮革”，两年之后是“小岛丛林”。韦尔泰梅公司广告宣传部创作出诱人的口号：“俄罗斯皮革”是“接近香水制造商内心、唯有香奈儿能赋予其完美的一种香味”；“小岛丛林”具有“小岛森林的诱惑力和精华”。无论是这两款香水，还是后来 1927 年出自布尔茹瓦实验室的“栀子”都无法与香奈儿 5 号的成功相媲美。

除了波利娜·圣·索弗尔——这位 1914 年曾经在多维尔购买香奈儿女帽的年轻女贵族外，还有几位俄国贵族成员受聘于香奈儿公司。如德米特里大公，他们开始认识到，尽管列宁于 1924 年 1 月去世，但苏维埃革命并不会因此失败，他们不会很快恢复到从前的地位。德米特里的妹妹成为了一名女帽设计师，但她从没有在香奈儿公司工作过，她为纽约的伯格多尔夫·古德曼[①]设计女帽。德米特里的朋友，库图佐夫伯爵，曾经是克里米亚的总督，在加入到公司做业务职员之前，是香奈儿荣耀的前厅侍者。雷特恩男爵来自波罗的海沿岸国家。有一天，当思乡之情驱使他招手叫住出租车要司机向北方驾驶时，他一下子出了名。出租车司机劝说他返回康朋街，此时他们已接近比利时边境了。其后，有一位费奥多罗夫娜公主，她泪流满面地告诉可可，为了付清欠一位石油大亨的债务，她如何被迫将自己委身于这位可恶的男人。当可可问她需要多少钱才能摆脱命运

---

① 美国纽约曼哈顿第五大道上知名的奢侈品百货店，于 1899 年由赫尔曼·伯格多尔夫创立。——译者

时，费奥多罗夫娜说要3万法郎。她彻底明白不应该借给俄国人钱，考虑到在如此的情况下往外拿钱不是好兆头，但可可还是给她的皇室雇员垫付了这笔钱。几天之后，可可应邀到费奥多罗夫娜的公寓，迎接她的是淡红色温柔的暮色时光、冰镇鱼子酱、雕花玻璃瓶装伏特加和吉卜赛人的巴拉莱卡琴演奏。夜里慷慨大方的招待不禁使她问道，是否费奥多罗夫娜已经付清了她欠他的3万法郎。“你希望怎么样？”公主嗫嚅着问道，“我是多么悲伤。首先我要有一点快乐，因此我把钱存了起来。”

可可再也没有拿到这笔欠款，但是一阵子过后，她看到费奥多罗夫娜与那位波斯的石油大亨在一起，“一位她爱的男人，不过她很快又跟了比上一位更为可怕的捷克恶魔”。

有爵位的移民借助某种声望来到香奈儿的沙龙。“正是俄国人教妇女们懂得了工作不是什么不光彩的事，”可可记得，并傲气地加上一句，“我的女大公以前就会做编织活。”

可可既喜欢又同情白俄罗斯人。唯一比被免除皇家大公职责更糟的事是不再必须履行其职责，她思忖道。“她们说所有的女人在生活中都应该有一位罗马尼亚人。我认为所有韦尔泰梅公司的人都应知道‘斯拉夫的魅力’是什么，并降服于这种魅力，”她对莫朗讲道，“我被迷住了。他们那‘你的一切都是我的’令我陶醉。所有斯拉夫人都是有尊严的，他们之中最低微的人也绝不平庸。”带着夫人和两个女儿身无分文地来到巴黎的库图佐夫伯爵，15年以来一直是她业务机构的骨干。

对加布丽埃勒的未来更具举足轻重意义的人是薇拉·贝特，她1925年开始被香奈儿聘用。出生在萨拉·格特鲁德·阿科莱特的她，是威尔士王子周围聪明、有趣和世俗圈子中受欢迎的成员。这不是一个来自传统贵族的圈子，而是要确立新的社会基调的团体。

薇拉对生活的热爱使加布丽埃勒想起了妹妹安托瓦妮特、漂亮的姑妈阿德里安娜和她们俩在经济上的困难。可可对她了解得越多，就越深刻地发现她们之间的相似之处。像安托瓦妮特一样，薇拉在1919年一时冲动嫁给了一位服役军人，名叫弗雷德·贝特的美国军官。像可可自己的身世一样，薇拉的出身笼罩在无法确定的状态之中。据说她是一位石匠的女儿，但其实是泰克公爵阿道弗斯·查尔斯的私生女。泰克公爵是国王乔治五世的王后玛丽的弟弟，1917年被取消了德国的爵位，被封为剑桥的侯爵。

薇拉穿的衣服非常漂亮，朋友们常常想要拥有在她身上看到的衣服。加布丽埃勒突然想到，如果薇拉穿她的服装款式，那么香奈儿服装在伦敦时髦圈子里的销售一定会增加。上层社会的妇女是新时尚的权威。她们按照季节穿时髦的服装——春天在多维尔和棕榈泉，夏季在里维埃拉，秋天在苏格兰和比亚里茨，冬天在伦敦和巴黎；薇拉·贝特的工作就是只穿香奈儿服装，当有人问起时，她告诉她们服装设计师是谁。

令香奈儿开始从商务王国中分散注意力的是一份为《蓝色列车》舞剧加工剧装的邀请函。将舞蹈、杂技、哑剧、讽刺剧等结合在一起，这部芭蕾舞剧标题出自一辆新的巴黎-里维埃拉快车，其布景是海滨风景区，主题是带着网球拍的年轻男女追求地中海的乐趣。

科克托在拉迪盖事件后，正在努力振作起来。在《魔鬼附体》出版后，中年作家开始和一位自己不爱的女人同居，但是他打算和她结婚，因为他拒绝“成为一个被称为让·科克托女士的40岁的男人”。那是在1923年12月，拉迪盖身体不舒服。科克托恳求可可让她的私人医生检查一下这位21岁的作家。拉迪盖被诊断患有晚期伤寒。由于过度酗酒和吸毒降低了免疫力，他于12月12日去世。科克托逃到了里维埃拉，沉溺于鸦片之中来排解自己的悲伤。加布丽埃勒支付了这位英年早逝作家的丧葬费。

迪亚吉列夫在蒙特卡洛，渴望他的公司在春季演出期能正常地运行。他健美的新成员和新情人帕特里克·凯是主演，凯被以各种方式重新命名为帕特里克耶夫、安东·多兰和安托万·多利内。他是一位特别爱运动的爱尔兰人，总是做倒立和两侧滚翻。当科克托从他的鸦片烟雾中苏醒过来的时候——在俄国芭蕾舞团没有吸毒，至少没有得到迪亚吉列夫的纵容——他看到凯显示的体操活力，一个海滩芭蕾的念头突然出现在他的脑海里。为什么不让凯在沙滩上以哗众取宠的表演给一群洗浴的帅哥美女留下难忘的印象呢?

迪亚吉列夫说的是对的。俄国芭蕾舞团有了新的竞争对手，他有理由感到紧张。在罗尔夫·马雷的指导下——科克托称他为“富有而杰出的小迪亚吉列夫”——瑞典芭蕾正唤起巴黎的兴趣。早在一年前，当迪亚吉列夫谢绝排演一部由达吕斯·米约创作、保罗·克洛岱尔填写歌词的芭蕾舞剧时，马雷接受了它，他还要求由奥里克作曲、科克托编剧。艾蒂安·博蒙伯爵出资赞助了这部新作。舞剧的总谱成了“六人团”之中5人的合作结果——奥里克、米约、普朗、塔耶费和奥内热——因而诞生了《埃菲尔铁塔的新婚夫妇》，一部非常滑稽却极受欢迎的芭蕾舞剧。

迪亚吉列夫意识到，他需要赶上去。米约正在为另一部瑞典芭蕾舞剧创作音乐——《色拉》，是一部以《矮胖驼子》风格为主的那不勒斯节奏轻快的剧本，舞台的布景由布拉克执行。迪亚吉列夫去见了舞剧的作曲家，要他为科克托的海滨芭蕾写一部总谱。米约的速度很快。他完成《色拉》总谱的那一天，就开始继续《蓝色列车》的创作。20天后，他完成了该剧的乐谱。

雕刻家亨利·洛朗斯被委以舞剧布景之职。以前他从未做过剧院布景，但是他想到了有斜坡平面的立体型里维埃拉海滨：倾斜的平面、向一面倾斜的浴棚、跳舞的海豚，所有这一切都天然一体，融入自然之中。幕布是一幅放大了的毕加索巨幅双女图，她们的乳房因为松开了的短衣带而露在外面，画面上的她们正在海滩上奔跑。毕加索还绘制了演出节目的图案。

编舞是布罗尼斯拉娃·尼金斯卡，俄国芭蕾舞团首位明星尼金斯基的妹妹，她在剧中还主演健壮的网球女运动员。

加布丽埃勒不由自主地对剧团高度负责。排练充满了风波、神秘的气氛、阴谋和敌意。科克托就表演问题进行争辩，直到尼金斯卡流泪为止。凯想要为他自己和女主演莉迪娅·索科洛娃加进一段华尔兹，但是迪亚吉列夫并不认同舞厅里的舞蹈是芭蕾舞的一部分。

剧装的试穿是在康朋街香奈儿相对安静的沙龙里完成的。索科洛娃还记得当她试穿粉色的泳衣时，每个人都认为那是非常大胆的举动。“问题出现了，那就是我头上要佩戴什么。我的周围站着三位妇女，将我的长发用各种材料束在一起，她们最后决定用黑色的绒面革。她们为我做了灵巧的小无檐便帽，结果造就了一个时髦的发型。”

《蓝色列车》是自1920年以来迪亚吉列夫在香榭丽舍剧院演出的第一部作品。首场演出安排在6月20日。5月天气突然变得冷起来，但是剧院并没有为彩排开通暖气。演员们身着泳装浑身发抖，看起来有悖常理又很是凄惨。可可不喜欢浅黄褐色的沙滩宽松裤，那是卢德米拉·舍勒和尼内特·德瓦鲁瓦、塔代乌斯·斯拉温斯基和尼古拉·兹维列夫在四人舞中要穿的剧装。在迪亚吉列夫、米约和洛朗斯的旁观下，可可命令德瓦鲁瓦从椅子上站起来。“迪亚吉列夫作为一位游泳剧装的鉴定者好像局促不安，”索科洛娃记得，“舍勒，在缅怀战前舞台舞蹈家的表演时，抱怨戴上那种非常紧的棕肤色游泳帽对任何留长发的演员都是不可能的，只是增加了紧张而已。”

“墙面板式发型，女士，”香奈儿不怀好气地说道，“其他人都已经剪好了。”墙面板式发型当然是那种剪得很短的时髦女发型。迪亚吉列夫厌恶芭蕾女演员的这种发式。

彩排服装引起了一场新的轩然大波。直到演员们开始跳舞的时候，大家才发现香奈儿的沙滩装看起来非常漂亮。游泳的、玩网球的、打高尔夫的以及那些漂亮的青年男女们的服装都在接缝处开线了，舞蹈演员松垂的服装也在排练结束时破裂了。可可跪下来，用针线将穿得汗淋淋的剧装缝补好。接下来，她命令将工作室全部的剧装都缝制出第二套。

加布丽埃勒与塞特夫妇出席了《蓝色列车》的首演，她周围是巴黎的艺术家、资助人、贵族和新潮引领者。在毕加索那受到阵阵喝彩的幕布拉开后，一个可笑的开幕合唱团摆出了海滩上的舞男和他们的姑娘们在明信片上的姿势。尼金斯卡身穿白色的网球衫、戴着眼罩，伴随着轻快活泼的曲子登上了舞台；跟随其后的凯黑发粘到了头皮上，柔和的眼睛和杂技演员的紧身套衫使他成为了完美的海滩上的卡萨诺瓦；索科洛娃身着粉色泳装。凯——在演出宣传时是安东·多兰——以他惊险的杂技博得全场喝彩。可可的剧装是讽刺赞助对象的半真实半想象的海滩装，渴求解放的姑娘们像男孩子一样叼着长嘴香烟。

可可对巨大的成功所持有的想法没有传下来。正如比贝斯科公主注意到的那样，她总是守口如瓶，假装忘掉的不仅仅是她成功的喜悦。她的过去越来越多地被消除干净了。尽管艾蒂安·巴尔桑和莱昂·拉博德可能在午餐前突然出现并盯着她的模特们看，她的弟弟阿方斯在巴黎时可能来到康朋街——他依然知道如何使她大笑——他们都已是她拒绝承认的过去的一部分。她足以做到对童年视而不见，忘掉她在王苑的那些岁月和最初帮助过她的人们的名字，不记得买她第一批帽子的“宝贝儿”和女演员们。她的新朋友看透了她。阿布迪女勋爵谈到加布丽埃勒全力投身于香奈儿时装公司，描述了一幅香奈儿作为女时装设计师拙劣伪装起来的肖像。塞尔盖·利法尔，俄国芭蕾舞团的一颗新星，他谈到香奈儿的财富已经开始将她锁进了自己的象牙塔；奥里克则讲述了她害怕被人识破真正的自己。

“可可总是给人们留下金钱和头衔的印象，”阿布迪写道，“战胜了所有人生障碍的她，却对自己的出身感到耻辱。她试图掩饰她的出身。除了童年外，她征服了一切。”利法尔，即使是断断续续地，还是成了可可的终生朋友，对她从孤儿院开始就游历过的区域惊叹不已。“编造了有个去美国赚钱的父亲、在墓地与死者交谈的青春期少女，从未改变她对贫穷和孤独的恐惧。”

可可记得在《蓝色列车》首演后，他们全都去了米希娅那里，但当问到“所有的人都是谁”时，唯一进入她脑海的名字就是艺术家。“像婚后的毕加索，和他差不多一样的人，画家。”音乐家有米约、普朗、奥里克。而实际上好像她拒绝接受已经使她富裕的金光闪闪的社会，这个社会在 20 年前将她置于名声不好的女人之列。她的新朋友们看到这一点，而只有艺术家们是值得认识的。

但她人生中的下一个男人却是英国拥有最多财富的贵族。

十七
本多尔

1924年8月28日，伦敦《泰晤士报》的读者一心想知道巨富们的生活方式。据报道，高等法院给自己两周的时间决定是否同意维奥莱·玛丽——威斯敏斯特公爵夫人发出禁止令的请求：禁止威斯敏斯特公爵将她和仆人从她们在伯克利广场西戴维斯大街的家中赶出去。她的律师坚持认为，无疑在任何时候，只要公爵夫人想要进入这个家，她都有进入的权利。然而公爵的律师却坚持，公爵拥有阻止其进入此地的权利。公爵夫人的律师反驳道，公爵的仆人已经告诉了她的女仆，如果夫人试图进入住宅，她就会被扭送到大街上。“为避免自己受到这么大的侮辱，”她的律师作出结论，“在允许女仆住她房子的前提下，她已经克制地回到自己的房子。”由于“书面证词引起了事态的高度争议，公爵夫人要在当天上午乘船前往美国，公爵也在国外，因此法院同意延期两周宣判”。

一个月后在南安普敦，当公爵夫人从远洋客轮“荷马号”下船时，记者们把她缠住了。“我无法告诉你们接下来我要做什么，”她对一位来自《每日快报》的记者回答道，“或许到达伦敦的时候我就知道了。但有一件事是肯定的，我将不再有家了。我的状况是无法想象的，不幸的是，我总是无法控制自己去想它。”

没有指名道姓，在10月13日版《明星报》的一个闲话专栏，有关“某一婚姻关系弄得乱七八糟的公爵的未来”出现在最近的新闻中。援引可靠来源的消息说：“新公爵夫人是一位美丽而有才气的法国女人，她掌控着巴黎的一个大时装公司。”在利物浦附近艾恩特里每年一度的越野障碍赛马会上，摄影记者们拍到了威斯敏斯特公爵休·理查德·阿瑟·格罗夫纳和伯肯黑德伯爵戈洛珀·史密斯以及香奈儿小姐在一起。在全国大马赛上，摄影记者们拍到了公爵和小姐单独在一起。

在巴黎，威斯敏斯特在乐天大酒店保有永久套房。他在《蓝色列车》的排演中首次被注意到。当时他在可可的旁边，着迷地观看着迪亚吉列夫、科克托、毕加索和身着可可制作泳装的芭蕾舞演员。这些先锋派群体对他来说是陌生的。

尽管母亲西贝尔·拉姆利女勋爵和温斯顿·丘吉尔叫他本尼，朋友们却称他为本德或本多尔。对于这个昵称有几种解释：本多尔要么是一匹备受他祖父青睐的纯种马的名字，一匹在1880年埃普索姆马赛上获胜的马；要么是格罗夫纳家族的盾徽饰章的错误发音——带金色对角条纹的天蓝色徽章——一种被分为金色和蓝色两部分的盾形徽章的纹章术语。

本多尔在世俗地位和财富中位列极幸运者之列。在伦敦，贝尔格拉维亚和梅费尔有他大片的精品地段。他爱好射击、狩猎、打马球、登上自己的游艇巡游世界。他是规模宏大的乡村豪宅伊顿大厦和豪华游艇的主人。他的一艘游艇改装成皇家海军驱逐舰，另外一艘改装成四桅纵帆船。他生性急躁爱动，很容易对人感到厌倦。正如萨谢弗雷尔·西特维尔所言，他“对他周围的每一个人都很凶”。西特维尔一家、萨谢弗雷尔和奥斯伯特、他的妹妹伊迪丝都是公爵地中海游艇上的常客。虽然在暴风雨的天气他会呆在自己的特等舱内，但他总体来说还是一个很能干的游艇驾驶者。他的客人们更是无所畏惧——883 吨的“短衫号”上载有 180 名船员，“飞云号”有 40 名船员。

自从维多利亚女王当政以来，王室家族的成员可不经告知，随时造访曼彻斯特郡附近柴郡的伊顿大厦。本多尔觉得必须一直保持他家的礼仪社交。在伊顿大厦，每个周末通常有 60 名客人。庚斯博罗和雷诺兹绘制的本多尔祖辈的油画就悬挂在他们马匹图片的旁边，画布上有戈雅和委拉斯开兹的签字。1921 年，公爵把庚斯博罗的名画《蓝衣少年》卖给了加利福尼亚州帕萨迪纳市的亨利·亨廷顿，这使整个伦敦都为之震惊和愤慨。“他讨厌油画、雕塑和现代音乐，”未来的威斯敏斯特公爵夫人莉莉雅·庞森比特别提到，“他因为价值而热爱珠宝，靠自己的识别力进行购买，但从来不购入珠宝商镶嵌在很多底座上的那种由小石头做成的俗艳饰品。他同样很喜欢白银，享受坐在银匠店思考工艺大师的作品。”

在诺埃尔·科沃德[①]的《私生活》中，女主人公问道：“那是谁的游艇？”她的同伴以不耐烦的口气回答道：“威斯敏斯特公爵的，我想，一直是他的。”在里维埃拉港口经常看到“飞云号”流线型的侧影。天黑后，它船尾的甲板上因奢华的晚会而灯光通明。收到乘坐“短衫号”或“飞云号”游轮到国外游览，或在他多维尔的住宅消夏邀请的客人们可从维多利亚车站出发——在那里他装饰雅致的列车车厢固定在“东方快车”上，或者坐上配合船期接送乘客的火车南下直达南安普敦。

关于公爵，科沃德表示，他是一位“感情炽烈、高大英俊的男子汉，如果再年轻些，无疑他全身都会像莱茵石一样闪射出光芒”。要描述他财产的规模——和他那有点怪异的社会道德感——同时期的新闻报道透露，即使在夏季，他各处房产内的中央供暖系统和烟囱都一直没有停止燃烧。他觉得一年四季都消耗煤炭，是对英国矿工们应尽的义务和责任。他唯一喜欢的是他称为“讲究实际的人”。除了他自己选择的几个人物之外，名人或有爵位的人都不可能是讲究实际的人。

“他熟知各种动物的嬉戏并观察它们的实质。”朋友温斯顿·丘吉尔记述道。这两个人是姻亲关系——伦道夫·丘吉尔勋爵去世后，温斯顿的母亲同本尼的第一个妻子的哥哥结了婚。丘吉尔和公爵曾在布尔战争期间于南非相遇，温斯顿喜欢分享

---

① 诺埃尔·科沃德（Noël Coward，1899—1973），英国演员、剧作家、流行音乐作曲家。因影片《与祖国同在》获得 1943 年奥斯卡荣誉奖。——译者

威斯敏斯特一掷千金和纯真放任的生活方式。

关注本尼的生活方式不仅是丘吉尔、诺埃尔·科沃德和西特维尔一家人极感兴趣的事，而且也令可可·香奈儿着迷。“让我说明他是谁，因为我最大的快乐就是看他经历的生活。”20 年后她说道。她很快就弄清了他最恐惧的是什么。“只要你别烦他，他就显得魅力十足。他是一个魁梧的汉子，至少从外表上看是彪悍强健而富有魅力的。他充满了吸引人的怪诞事，对哪怕一点小事他也会心存不满，因为他喜欢挑逗。”

正如容易厌倦他人一样，他也很容易被取悦。在他生命中的女人学会了忍受他的恶作剧，预见到他突然的暴怒，对付那些不受争辩影响的抉择。尽管如此，他的魅力仍是易于察觉的。可可回忆道，“和我保持 10 年关系的男人肯定是聪明的。那 10 年是我们情意绵绵和亲密友好的岁月，我们一直是朋友。我爱他，或者说我认为我爱他，这是没有任何分别的。”

如果说在王苑的那些日子，她从巴尔桑那里学会了关于纯种马的知识，德米特里教会了她有关极品珍珠的鉴别，而本多尔则使她懂得了品尝极致的下午茶和出色地维护乡间豪宅。“威斯敏斯特是英国最富有的人，或许也是欧洲的首富——不是他的话，那么只有天晓得是谁了。我讲这个是因为无限的富有不是庸俗。此类的富裕程度已经让人无法艳羡，因为差距太过巨大。我现在说这个问题是因为财富已经使威斯敏斯特变成了一个正在消失的文明中最后的产物，在人们的记忆中他的地位是古生物学上的珍品。在向我展示伊顿大厦内的财富时，朗斯代尔勋爵说道：‘当这栋大厦的主人离去时，我们在这里所看到的一切也将不复存在。’”

本多尔和康斯坦丝·埃德温娜·康沃利斯–韦斯特的第一次婚姻生育了 3 个孩子：一个儿子，4 岁时死于阑尾炎；两个女儿——厄休拉和玛丽，她们都无法继承伊顿或家族的爵位。他目前与维奥莱·玛丽·纳尔逊的婚姻没有子嗣。本多尔正在寻求一位能够原谅他的不忠、足够成熟的女人，能为他生育一个儿子，好让他的巨额资产不会落入那位几乎不认识的单身堂兄——威廉·格罗夫纳之手。然而，他所遇到的大部分女性都令他厌恶至极。

1923—1924 年的圣诞新年假期期间，加布丽埃勒在蒙特卡洛与他相识。可可在巴黎大酒店邀请薇拉·贝特做客一周，正是在这里薇拉介绍香奈儿与公爵相识。

“飞云号”停泊在下面的港口，薇拉以其惯有的坦率说道，如果她能说服可可参加公爵的船上晚宴，那么她就会获得他承诺的礼物。可可把这次会面告诉保罗·莫朗时，薇拉被换成了一位叫帕梅拉的英国朋友，其中也包括她和公爵的对话。

“我肯定不去，”可可告诉她的朋友。

“求求你了，”“帕梅拉”央告说，“他想要见见你。我已经答应他了。”

第二天晚上可可同意出席晚宴。但不巧的是德米特里发来了一份电报，说他会过来。可可因此只好取消了参加船上晚宴的约定。当德米特里到达的时候，“帕梅拉”出现了，可可告诉她自己已经取消了“飞云号”预约。

“我倒很愿意受到邀请去观看游艇。”德米特里说道。

这位英国女人说保证德米特里受到邀请。

两个小时后，威斯敏斯特公爵打来电话，要大公做他的嘉宾。

“你错了。”可可告诉德米特里。

“为什么?”

“我不知道。但命运不应勉强。”

星空下，本多尔为晚宴临时雇用了一支吉卜赛乐队。伴随着柔和的小提琴音乐，品着醇香的葡萄酒，客人们的交谈快活地进行着。他讲着满口风趣地道的法语。虽然他们成为情人后，她就学习了英语，但只能讲一点点。加布丽埃勒属于本多尔“讲究实际的人”之列，他惊叹地发现她是一位“靠自己奋斗成功的女性”，可靠而迷人。

晚宴后，他们全都上岸去跳舞。本多尔喜欢赌博。“三十四十”是他最喜欢的纸牌游戏，因为他相信纸牌游戏是一笔堪比银行的赌注。在轮盘赌中，他经常同时赌三桌或四桌，赌场工作人员跟着他的赌注筹码跑来跑去。可可本人也是位很出色的轮盘赌家。

晚会结束后，本多尔说想要在第二天再次见到她。她拿不定主意。他献给她的鲜花铺满了酒店的套房。当她回到巴黎时，在圣奥诺雷街的房子里同样如此。他的私人信使从伦敦带来兰花和信函。大量鲜花和数篮水果都是由公爵亲手采摘的——所附的便条说的大约是——从伊顿大厦的温室里随之而来的是从苏格兰溪水中捕获并由飞机运送的鲑鱼。

备受爱情煎熬的公爵因为争取到薇拉·贝特作为中间人而

激情倍增。复活节时，他在巴黎，表面上是在此陪同威尔士亲王。在一个很迟的晚上，约瑟夫打开门，看到在巨大花束后面的是一位高大的男人。“把它们放到这里吧。”男管家吩咐道。当他正要给这位送花人小费时，本多尔说道，他是威斯敏斯特公爵。

这不是约瑟夫第一次不知道该相信什么。本周早些时候，一位年轻人按响了门铃，他说他和薇拉·贝特有一个约会。

“她不在。”约瑟夫没好气地说道。如此登门让陌生人似乎感到尴尬。他说他知道住在这里的女主人正忙着准备系列时装，他绝对不想打扰她，但男管家告诉他可以到里面等候。就在几个小时后，薇拉到了，约瑟夫记起了正等着的访客。那人已经不再在约瑟夫安排他就座的前厅。男管家发现这位陌生人在厨房同厨师讨论巧克力夹心小圆饼成功的秘诀。“贝特夫人已经到了，”约瑟夫打断了他们的谈话，“我要如何通报您的名号呢？”

“威尔士亲王。”

皮埃尔·加朗特描述了本多尔和亲王一起到来的那个晚上。坐在乌木屏风旁的扶手椅里，这位王位继承人对可可说道：“叫我戴维。”

在本多尔的求爱面前，加布丽埃勒仍旧犹豫不决，她这样的行为并不是蓄意地故作腼腆。香奈儿时装公司夺走了她全部的精力，正在发生的一些令人激动的事情超过了她的理解力。从某种意义上说，现在朋友们对她来说比博得任何一个男性的欢心更重要。她常常见到科克托、毕加索、利法尔和她新认识的人：克里斯蒂安·贝拉尔，一位画家、剧场装饰设计师、同性恋、鸦片瘾君子；还有清贫和痛苦不堪的诗人皮埃尔·勒韦迪，她确信，他是个有洞察力的人。

她邀请本多尔和朋友们参加了一个晚会，结果却很失败。莫里斯·萨克斯、科克托、洛朗斯和利法尔、贝拉尔的谈话过于微妙，他们的笑话太诡秘，他们的影射一针见血，霍霍·塞特诱人的自嘲对公爵来说太过怪异。公爵的贵族优越感触怒了科克托：有一次，科克托发现自己暂时缺钱，本多尔建议他写一本《本多尔宠物狗传》。米希娅对本多尔的评论充满了鄙视，认为他太过挖苦。加布丽埃勒接受了另一次船宴的邀请，这次的规模是百人宴。“飞云号”停泊在挨着比亚里茨的巴约讷港。本多尔利用客人离开的时候起锚，期盼能降服她，同40位船员和他雇用的一支管弦乐队一起，他和加布丽埃勒单独离开了海岸。

英国和美国的闲话栏预言，可可·香奈儿会成为第三位威斯敏斯特公爵夫人。所有的时尚杂志都把最大的注意力放在了她身上，并引用了她对公爵价值连城的珠宝礼物的回应。“在大街上，我戴着自己的纯天然珍珠，无法避开众人的盯视，这奠定了我佩戴人工珠宝的时尚基础。”她说道。

想到君主的宅邸是什么样，加布丽埃勒不十分确定，但她学会了承担起伊顿大厦女主人的角色。从她与修女们在欧巴济讷的岁月时起，她就对光秃秃的石墙和碱液皂怀有一种终身的眷恋之情。如果说有一件事给她留下了深刻的印象，那就是庄园宅第的洁净。“你不得不佩服的是那建筑无可挑剔的秩序和它未被改变的英式风格。它让你忘记了丑陋的残点。一位身着盔甲的骑士像被安放在楼梯的一角，如果它不一直在那里，看起来就会别扭。于是你看到它就像是从土里长出的一样，傲然挺立，尤其是当整个盔甲都闪闪发光时，好像在随时待命。在伊顿大厦有一个姿态特别的西班牙贵族，它的头盔特别——整个是由羽毛做成的——吸引你的注意力。对我而言，穿盔甲的骑士像成了某类朋友。我认为它年轻英俊。每次经过它的时候，我都向它问好。我常常心中暗想，‘确实，这是件多么精巧的艺术作品啊！一个人肯定从内心感到那是多么英俊和健壮。’当确信没有人在看时，我习惯地和它握手。”

本多尔称巨大的哥特式伊顿大厦为圣潘克拉斯车站。“他从不喜欢在任何一个房子里住很久。除了伊顿大厦外，他还有苏格兰高地凯斯内斯的房产和伦敦的城市住宅；在波尔多和比亚里茨之间的朗德省，他拥有狩猎时居住的小屋；在诺曼底靠近多维尔他也有一座城堡。但是他更偏爱他的船，但恰恰相反的是加布丽埃勒讨厌大海。她觉得在海平面上吃力地眯着眼睛看上数小时，除了让人无法忍受的厌倦外，看不到任何东西。然而，即使在最大的风暴中，她也无所畏惧，这更加增进了他对她的敬意。

在伊顿大厦，可可喜欢随意安排客人打网球、去马厩相聚，或者喝茶。本多尔是庄园的主人。仆人们如同害怕他的残忍一样害怕他愤怒时恐吓的回应。一旦愤怒消失了，他就会以极大的机敏变通来弥补。他饮用极品优质的白兰地。作为恶作剧之中的一个小插曲，他会把用完的白兰地酒瓶装上劣质科尼亚克白兰地，然后看着朋友们大喊大叫地告诉他，他们闭着眼睛也能识别出如此的优质佳酿。在庄园里，他养了一些稀奇古怪的动物。有个冬天，苏格兰的一些喜马拉雅猴不知为什么跑了出来，在冰冻的池塘上，它们混入了滑冰的伙伴之中；在诺曼底，一只如同农场里饲养的猪一样大小的巴西豚鼠显得十分凶猛，结果被驱逐到了一个偏远的农场。

他着衣的怪癖令她感到好笑。他运动时穿着过分讲究的鞋子而鞋底却有不少破洞。每隔一天他都让贴身男仆为他熨鞋带。为了在舞池上感觉舒服，他必须穿旧袜子，因此男仆就要奉命将新袜子浸泡上好几天。

公爵是一位出色的射手。他喜欢为朋友们安排狩猎。他极为赞许可可的骑术，因此邀请她到米米藏——他在朗德省的庄园——一个偏僻的松林去猎野猪。在人生结束的时候，她还记得，那次有个猎手一枪射断的树枝掉在了她头上，在她的下唇上砸开了一道很深的大口子。侍从们把她从马上抬下来放到了地上，她满脸是血。本多尔取消了狩猎。一个兽医为她进行了急救。因为需要缝合，可可同她的女仆带上她为本多尔买的一只猴子和鹦鹉乘夜车回到了巴黎。在卧铺车厢，猴子和凤头鹦鹉开始相互袭击。猴子不肯放开可可的裙子，女佣要把一条毛巾扔在被激怒的鹦鹉身上，但却无法靠近。可可声称她第一次当场精神崩溃。

有关婚姻的传闻挥之不去，但本多尔并不急于开始他的第三段婚姻生活。可可并不打算为了伊顿大厦女主人的角色而放弃香奈儿时装公司。她甚至不想与他那些水性杨花的调情者和小情妇共同分享他的感情。她已经经历过同艾蒂安·巴尔桑和小伙儿卡佩尔的恋情。

谢尔盖·利法尔谈起过那次本多尔在“飞云号”上沿着地中海巡游时曾带着一位年轻漂亮的室内装潢师。结果香奈儿怒不可遏，第二天上午，“飞云号”为了让这位年轻的女人下船，专程靠了一次岸。

“傲慢而目空一切的香奈儿无法忍受自己根本不是威斯敏斯特生命中唯一女人的事实，”利法尔写道，“当公爵送给她那条价值不菲的项链时，可可以极度蔑视的神态，让珍珠项链慢慢从手中滑掉落入大海。”

如果说金钱和声誉曾经给予过她什么，那就是令她摆脱了对任何男人的依赖。

十八

诗人

如果说小伙儿卡佩尔是加布丽埃勒的一个情人，那么本多尔就是那位她能够与之消磨时光的人。当积怨吞没了她的老年时，她生命中重要的人却是皮埃尔·勒韦迪。这位既不追求声誉也不寻求认同的热情诗人，有一段时间却是她存在的精神支柱。总是带有点隐居者的风骨，勒韦迪与蒙马特尔放荡不羁的文化界有联系，但是从来没有赤诚地成为先锋派的一分子。

“可可疯了，她和一位‘库雷’（koo-rey）在一起，”当本多尔弄明白后说道。他把法语的本堂神甫“*curé*”拼读成了“库雷”，发出了一个无法仿效的长音“coo”。勒韦迪不是神职人员，但是在1926年他离开了亨丽埃特——他的妻子——退隐到诺曼底的一个本笃会修道院。

她是要尝试让本多尔产生嫉妒心吗？阿布迪女勋爵确信，

在圣奥诺雷大街出现的这位贫困而缄默的诗人，正是对公爵花天酒地生活以牙还牙的报复。

比香奈儿小 5 岁，勒韦迪长相平平，但有一双明亮的黑眼睛，讲话时带有很浓的外省人土腔。他的爷爷是石匠，父亲是位种植葡萄和酿制葡萄酒的乡下人，他是那类与她出身相同的人，深深地打上了养育他的农民和工人阶级的烙印。他的诗歌费解、敏感又充满激情，大多数人认为很难懂。像他的朋友莫里斯・于特里约——蒙马特尔风景画画家——一样，他的诗歌形象地表达了空旷的街道和寂静的广场、完全缺少如画般景色的都市里人们的焦虑。他朴实的诗句唤起了人们的期待，即将爆发的激情却一直保持着平静。

> 交叉路口处，你能听到钟声和人们的脚步匆匆。
> 交叉路口处，有时候一辆车被撞变了形，
> 不料又再现它行驶的踪影。
> 月亮停在钟面上
> 时针一直在有节奏地转动……

勒韦迪结婚后，每当生活过于艰难、手头拮据时，他的妻子就拿起针线，靠缝纫养家。可是他对可可却迷恋过度。她也同样无视一切地关爱他。她爱他的灵性、他的神秘和他认为幸福只是陷阱和欺骗的坚定信念。他们争论人类在最深层面上的存在，他强调是人类的虚荣，她谴责他行为准则的不幸和自我放纵。“面对总是敌视人类完美、幸福和自由神圣之梦的现实，

诗歌一直是、并将始终是痛苦良心的最高尚的发泄渠道。”他在香奈儿最喜欢的那部表达他最本质思想的讽刺短诗《马尾手套》中写道。她作为孩子时所知道的一切：父亲的冷漠、母亲的苦难和早逝；她想要自己成为小伙儿卡佩尔一生中唯一的女人而未果……一切的一切，都使她赞同他的悲观主义。相反，她也竭力地去证明幸福确实存在。

勒韦迪不同可可一起出去。他们各自所处的世界太不一样了。他和可可同住在圣奥诺雷街的城内府邸，只是偶尔会突然去蒙马特尔放松一下。他讨厌自己对妻子的不忠，总是回到他们在蒙马特尔那寒冷公寓里贤惠地等待他的那位女人身边。他认为社会是由巨大的骗局组织起来的，因此人们的成功只能通过奸诈的行为。在一场车祸后，朋友们听到他的祈祷：“主啊，确保我作为一个无名的诗人死去。”

他将温柔的诗句送给她，献给加布丽埃勒的诗，告诉她去追求快乐、追求时尚。她拥有第一版的《皮埃尔·勒韦迪全集》，让他在书中签上了给她的献词，并将这套书保留了一生。

21岁时，勒韦迪从法国南部的故土纳博讷来到了巴黎，并立即加入了蒙马特尔艺术家和围绕着马克斯·雅各布[①]的作家群体。作为毕加索和纪尧姆·阿波利奈尔的朋友，一位传奇的名流，雅各布是诗人、画家、同性恋、隐居者、占星家和诙谐风趣的人，他在年轻知识分子中有深刻的影响。雅各布出生在布

---

① 马克斯·雅各布（Max Jacob，1876—1944），法国诗人、作家、画家和评论家。犹太人血统，其弟弟和妹妹均被送进奥斯威辛集中营，最后被处死。——译者

列塔尼的一个犹太人家里，在勒韦迪与他相识前的那一年，当在国家图书馆看到了身着青色和白色的基督后，他皈依了天主教——由毕加索充当其教父。通过把新到来的西班牙人推向立体主义，在“成就”毕加索方面，雅各布确实做了很多工作。雅各布从来没有真正喜欢毕加索本人，但他是第一个理解他的人。雅各布令勒韦迪敬慕不已，不仅因为他是一位具有无限创造力、同传统规范抗衡的勇士，还因为他是一位追求完美的艺术家。当加布丽埃勒1920年遇到雅各布时，就倾心于他的魅力。他给她读圣诗，给她解开占星术的疑团，建议她开创一个基督形象的发型，向她求教应穿什么服装。在他告诉她保罗·波烈已经任命他为幸运和不幸运色彩顾问的那天，魔幻消散了；他同时还是王苑岁月的放荡女人莉亚纳·德·波吉的精神顾问。

勒韦迪过着赤贫的生活，但是却身处无与伦比的雅各布、毕加索、格里斯、布拉克和阿波利奈尔这群精英之中。他同一位叫亨丽埃特的女孩结了婚，她是旺多姆广场一个时装店里的初级服装裁剪师，有时候在街区为艺术家们摆姿势，阿梅代奥·莫迪利亚尼就是这些艺术家中的一员。勒韦迪找到了一份报纸校对员的工作。正是这份工作使他能够用手工排字印出自己的第一部诗集。数小时后，在一架旧印刷机上印出了100册。亨丽埃特将这部薄薄的诗集用线缝好装订到一起。1915年，格里斯和洛朗斯用木刻出版，散文诗之后是三部小说，其中一本由马蒂斯画插图。两年之后，他创办了文学杂志《南北》（是以连接蒙马特尔和蒙帕纳斯之间的地铁取名的）。米希娅是这本新版杂志的热情宣传者和资助人，阿德里安娜·莫尼耶是第一位支持詹姆斯·乔伊斯的书商，并同西尔维娅·比奇一起资助这位著作被禁而无法出版的爱尔兰侨民。勒韦迪出版了雅各布、阿波利奈尔、科克托和拉迪盖以及新超现实主义作家安德烈·布雷东和特里斯坦·查拉等人的作品。他让布拉克、格里斯、德兰和费尔南·莱热做书中的插图。由于科克托发表了一篇详尽论述《马戏团》中科克托-萨蒂-毕加索合作起源的文章，勒韦迪对科克托的天才以及理解每一位重要人物的天赋惊讶不已。像许多大战结束时迅速出现的那种充满激情的文学杂志一样，《南北》在第16期发行后就停刊了。

勒韦迪朴实无华的天赋并不被最初令人困惑的和平年代时的聪明人所赏识。当蒙马特尔的朋友们出名的出名、发财的发财之时，他赖以活命的是他的出版商和妻子的缝纫。可可建议他应该把诗写在单独的纸上，就像画家用他们的画布作画一样，在每一页都签上字。“你会像他们一样富起来的，但愿在你的生活中加点自命不凡的炫耀。”如果他不反对的话，她会给他提供时髦优雅的生活，但他更喜欢与孤寂的情感和诗歌中那种强烈的精神怀疑相一致的不为人知的存在。

可可是在哀悼小伙儿去世的1920年就认识了勒韦迪，他们谁都没有给予对方更多的注意。当同本多尔的关系走进死胡同时，可可爱上了勒韦迪黑眼睛威严的一瞥、杰出的雄辩力，他拒绝妥协，天生不满，渴望绝对的事物。

他给她读自己的书，用笔记下她要浏览的17世纪典籍，如拉罗什福科简明、辛辣的《道德箴言录》和拉布吕耶尔讽刺性的著作《品性论》。她把自己的一系列格言警句交给他修改。1938年，法国版《VOGUE》杂志刊登了一些关于她生意上的成功例子，她用一系列精炼的警句回答：

> 40岁时，女人已习惯用青春换取高雅、仪态和神秘的吸引力，进化没有伤到她们分毫。现在，她们用只能被描述为可笑的防护同年轻人较量。
>
> 时尚的目的，为了使女人看起来年轻。接着她们的人生观就会开始变化。她们感到更快活、更生气勃勃。
>
> 关于短裙：如今妇女们都驾车，穿圈环裙的话你就无法做到这一点。
>
> 关于受教育的女性：女性的教育由两门功课构成——没有长筒袜就永远不要离开屋子；不戴帽子就永远不要外出。
>
> 关于时尚作家：他们应该从上学时就开始了解你是如何剪裁一块面料的。
>
> 关于女性心理：女人可以带着微笑献出一切，然后用眼泪收回所有。
>
> 关于爱情：修修补补（的关系）充满痛苦；和解（的关系）是不幸的。

她没有撰写出任何一句对高级时装设计师的要求以及对3 000名员工管理艺术的箴言。她对艺术家的所有慷慨使她正成为一位违背自己意志的传奇。当得知让·科克托在《屋顶上的牛》一剧中引用了她的慈善事例后，她对他大声吼道："每个人都把我当成一位慈善的修女。”当涉及自己的雇员时，她是吝啬的。她为科克托支付戒掉毒瘾的治疗费、资助迪亚吉列夫的芭蕾舞剧团、按月提供勒韦迪和斯特拉温斯基生活津贴，但每月给模特的补贴只有200法郎，还要收取1/10的服装费。当自1918年以来便一直跟随她的试衣间室长弗雷德太太说应该给模特们提高薪酬时，可可变得怒气冲冲。

“提高她们的薪酬，你的脑子出毛病了吧？”她回答道，“她们是漂亮的女郎，为什么她们不找情人呢。她们应该很容易找到养她们的有钱人。”

1915年，香奈儿在比亚里茨开办分店的时候就加入公司工作的玛丽-露易丝·德雷，是一位女缝纫技师。10年后，当她提出50法郎的加薪要求时，被粗暴无礼地解聘了。可可直截了当地告诉她，从本小姐身上，你别想多拿一法郎。她属下有65位女裁缝，除去每天一小时的午饭时间外，从上午9点工作到迟至晚上8点或9点，每个月工资只有500法郎。当德雷离开时，她的工人们都哭了。

对于那个时期而言，可可的工资并非不切实际。服装业是一个女性劳动密集型产业，要雇用成千上万的“女艺徒”——人们都这样称呼女裁缝，通常是在每年两次的时装展览之前突然大批量地雇用或者刚刚解雇之后的急需。（在1900年之前，妇女儿童劳动力的工作时间限定为每天10小时——男人们工作时间还是每天12小时——到了1906年，法律才规定每周休息一天。）

可可从来没有去过工作室，她只同裁缝技师们打交道。遭受她尖刻的语言、敏捷的智力和被针戳的是那些时装模特们。她们不是走T台的表演模特，也不是照片上的平面模特，而是全职的、内部的模特，除了有美丽的形象和美妙的身姿外，通常还懂得自己所穿的服装。

“立正，姑娘。”可可用含着针的口嘘声道，她们的个人衣着风格正在被创新再创新，效果是立竿见影的，改动是经过深思熟虑的。

从狭义方面讲，香奈儿从来就不是一位时装设计师。她设计的作品不是由草图变为衣服，而是在现场的模特身上精心制作，直接进行三维效果测量、剪裁、修改，并由她决定面料如何在身体上移动。

当试穿持续进行时，常常不间断地达到6—8小时，模特们因疲倦而委顿。可可则不受影响，不知疲倦。当最后宣布自己已经满意时，她喜欢说，“如果没有女人，就没有连衣裙。”

香奈儿时装公司的钱赚得很快，但是在工作室没有人知道沙龙里枝形吊灯的花销。可可有免费提供服装的女演员，有不付自己账单的贵妇和需要提供酒宴、小装饰品和香水的客户们。

“她对数字一窍不通，但是具有乡村交易老手的狡猾和奸诈。”她的律师罗贝尔·沙耶评价道。她不计算，可是却爱赚钱。她说：“我对钱并没有兴趣，但金钱是成功的象征。”

她不是唯一一位为宣传目的而炫耀自己生活方式的时装设计师，然而她花钱精打细算。银行家尽力约束波烈过度的花销；让·帕图赌博时输得很惨，只是在几年的时间里，就输掉了自己所有的一切。

女商人是不寻常的，因此她们总是会引起其他人带有优越感的微笑。香奈儿并不害怕在法律和金融这些男性世界里去保卫自己，她担心的是被欺骗，这使她在任何谈判中都持怀疑态度，并表现得冷酷无情。

可可·香奈儿进入了她巨大威望和声誉的第一个时期，从20世纪20年代中期持续到30年代晚期。1925年的装饰艺术博览会，其名称赋予了一种时尚的含义，可以想象处于极度激动的她和她的朋友们。

这对巴黎来说是难忘的一年。约瑟菲娜·巴克和《黑人评论》风靡整个城市。谢尔盖·利法尔正在布拉克制作布景的芭蕾舞剧《风神与花神》中翩翩起舞。斯特拉温斯基上演了他的独幕芭蕾舞剧《夜莺之歌》，其布景由马蒂斯设计。在蒙帕纳斯，超现实主义者们举行了首次展览，喧闹地庆祝他们最新的皈依者——科克托。亨利·伯恩斯坦的新剧《镜子长廊》——主演是一位新的日场偶像，名字叫夏尔·布瓦耶——成为这个上演期最受欢迎的戏剧，布景中最引人注目的部分是一幅伯恩斯坦拥有的戈雅的油画：《幼儿堂·曼努埃尔·德·祖尼加》，此画更以《红孩儿》而闻名。

期盼了10多年，被战争拖延的当代装饰工业艺术博览会意味着法国情趣和奢华的重新确立，为实用艺术领域内的新发展提供了一个总体概观。来自所有工业国家的展览用的临时建筑物从埃菲尔铁塔穿过荣军院前广场，横跨塞纳河；小精品店里展示着为富有主顾设计的作品，沿着亚历山大三世大桥排列开来。我们的视野中见不到一条曲线，这样的抽象设计取代了新艺术的繁盛。现代主义和实用的装饰艺术风格一方面包括了埃尔泰①的建筑风格，另一方面又包括了勒·柯布西耶的“建筑学上的裸体主义”。巨大的音乐喷泉在真人大小的立体玩具之中演奏，音乐从巨大的塔上冲刷而下。物体都是塑料或“钢筋混凝土”制作的。由贾科梅蒂制作的灯饰去掉了所有的金属曲线和荷叶花边灯罩。垂下来的帘子是由杜飞设计的手工编织物。画家索尼娅·德洛奈同毛皮加工工人雅克·埃姆一同合作，生产象征着爵士乐时代拼布工艺的杂色大衣。令可可和巴图震惊的是，博览会在雅宫展出了他们的女式礼服，而沃思、卡洛和朗万的服装却只在波烈使用和配置的三艘驳船上展示。

博览会使波烈的船只搁浅了。大祭司语气坚定地、戏剧性地放弃了豪华和触感优质的白缎、黄金、银箔、绒面塔夫绸、雪纺绸、罗缎和云纹绸等，装饰艺术使轻松和实用的时尚诱惑成为关键词。香奈儿理解这种变化。在她 1925 年的时尚作品中，有了长披肩和阵阵东方风格，她的模特们的眼睛都用东方的眼影粉来化妆，她知道如何用柔顺的针织紧身衣来塑造不受束缚的女性身体、如何设计制作更短的短裙。她新开发的香奈儿套装，有编结穗装饰的开襟无领针织夹克衫，贴身的长袖同优雅的裙子配套，价位齐全，适合各个阶层，比任何其他女装设计师设计出来的单件衣服更容易被人效仿。她的款式也隐约

① 埃尔泰（Erte，1892—1990），出生于俄国圣彼得堡的法国著名前卫艺术家、设计家、插图画家和版画家。——译者

展示着英国上层的影响：她给镶有皱条的灰色棱纹绉礼服装添加了英国运动装——针织套装、粗花呢大衣和在款式上绝对男性化的夹克衫。

格洛丽亚·斯旺森①主演了好莱坞第一部法美合作制片的《肆无忌惮的夫人》。美术专业毕业生勒内·于贝尔设计了斯旺森的戏装：拿破仑时代华贵的服饰。离开影坛的明星很快就适应了可可·香奈儿暗色的轮廓。伊娜·克莱尔是第一个在银幕上穿香奈儿时装的女演员（爱德华·斯泰肯身着全套香奈儿服装为《VOGUE》杂志拍摄了影星照）。继香奈儿之后，帕图、朗万、维奥内等都开设了运动服装店。《VOGUE》杂志关于她的“小黑裙”进行了首次专题宣传。

在皮尔·卡丹引领高档时装业进入成衣时代的40年前，美国版时尚杂志预测，香奈儿不加装饰的紧身连衣裙将会被广泛采用，因为它方便，或许更因为它质朴，其好处将超过女性怕被人看到穿同款连衣裙的担忧。没有署名的《VOGUE》评论将未来的服装与其他新的批量生产产品相比，比如汽车。有人因为汽车与别人的完全一样就拒绝买车吗？相反，相同的东西是质量的保证。“今天，除了在宫廷的盛会上，谁能仅从一个平民的着装打扮上认出国王呢？谁能从一位在休息日劳动的人身上辨认出贵族呢？当涉及着装的普遍效果时，谁能在周围的女士

---

① 格洛丽亚·斯旺森（Gloria Swanson，1897—1983），美国默片时代最著名的女演员之一。1950年凭《红楼金粉》获奥斯卡最佳女主角提名。——译者

行列中识别出身份最高的那位呢？一个有教养的人识别另一位有教养的人，要通过上千种的迹象：正如一位时尚鉴赏家只要对复制品扫上一眼，就能辨别出原始的杰作；但是对于外行来说，作为一个整体的世界此刻看起来都十分相像，正如世界上穿着同样裤型、同样裤料和身着穿脱方便的连衣裙的文明居民都趾高气扬地一起行走在大街上一样。当然，在这些服装里面的形体是有区别的，谢天谢地，总还有称为‘女王般的’外表和举止、广为人知的‘王子般的’行为和‘童话里的公主’那样楚楚动人的一笑一颦。但在日常生活中，人们无法发现任何将大众与社会等级区别开来的服装。”

勒韦迪对围绕在香奈儿周围的财富和声誉既着迷又排斥。尽管他声明仇恨所有的束缚，但还是住在了圣奥诺雷并接受了可可的钱。不过，他似乎感到令她尴尬是一大快事，他喜欢在她正在娱乐或接连几天消失不见的情况下突然出现在客人之中。他无法像科克托和漫画家塞姆那样杰出：1913 年，塞姆曾把香奈儿在玩马球的小伙儿卡佩尔怀里的情景描绘下来，现在他是圣奥诺雷大街的常客。“她非常爱他，并尽力让他影响她的性格，”作曲家乔治·奥里克后来说道，“但她懂得，她不能要求皮埃尔·勒韦迪同塞姆一起度过每个晚上。”

勒韦迪没有出席科克托的新剧作《俄狄浦斯》的彩排。可可再次为此剧制作了戏装。科克托版《俄狄浦斯与欧里狄克》的故事既滑稽又讽刺，这对儿情侣在他们向另一个世界出发之前是不幸的。该戏剧依靠的是新颖独特的指导、浮夸惑人的语言和各种各样的道具，但它神话时代的过去和现代世界的和谐一致是个了不起的成功。

科克托的舞台指示中讲道，服装“应该是与任何演出同时的。俄狄浦斯和欧里狄克穿着乡村服装，尽可能地朴实而不引人注目。一位非常年轻美丽的姑娘身着艳丽的粉红色晚礼服和皮外衣死去。发式、长裙、外衣、鞋子、姿势、常规的举止仪态，全都依赖于细节”。香奈儿的乡村服装同她高雅的晚礼服一样光鲜，在1926年6月的首场演出后，他们掀起了一场流行非正式服装的时尚。

勒韦迪没有参加《俄狄浦斯》首场演出。两个星期前，他就离开了巴黎，逃离了可可受人关注、经常见报的高调生活和她各色才华横溢的朋友们。将大量手稿烧掉之后，他搬到了诺曼底省勒芒附近的一个小村庄索莱姆，生活在圣本笃兄弟会修士们的盛名之下。甚至在丧失了信仰之后，他仍住在那里，有时和妻子一起住。在诗中，他描绘了在本质上孤独的人类，常常跪在地上，通过净化救赎，寻找悲剧命运的答案。“人们看不到那祷告人的膝盖。”他写道。

夜和黑暗是他诗中主要的一体画面，在标题和诗句中一再出现。人类永恒地面对笼罩着不为人所知的秘密的黑夜，这与此同时又刺激起人类好奇的欲望。随着夜幕降临，认真思考的生命就开始了。天黑之后，人们看东西更为吃力，他们思考和写诗。在香奈儿纯朴的“小黑裙”和勒韦迪不加渲染的诗句之间有什么联系呢？

她可能更多地混杂在时尚的自我陶醉之中，但也有清教主义习俗特征。对朴实大方的渴望，对开创一种持久的彻底简单、无缀饰和休闲高雅的着衣方式的追求，深深根植于她的内心。“我反对不能持续的时尚，”几年后她告诉记者，“我不能接受到了春天的时候，你就把一部分衣服丢弃。我爱服饰，因为它们像书籍一样，我能感受到它们，我能触摸它们。妇女们想要变化，她们错了。我追求幸福，幸福的构成是稳定不变的。”

香奈儿越来越确信持久力与时尚完整性相关、情趣与诚实相关；她确信衣服的美学应该仅仅是内在道德感和真诚情感的外在反映。时尚的真正目的也许不是重新定义我们是谁，或告诉自身我们是谁的那种方式。

十九

或许，她是未来的公爵夫人

1927年可可·香奈儿在伦敦的梅费尔区开了一家精品店。她的运动装——“即观看体育比赛时穿的服装”，她尖刻地评论道——在当时的时尚界产生了最强大的影响力。她的客户有约克公爵夫人、未来国王乔治六世的夫人、伦敦最有名的美女们：黛西·费洛斯[①]、巴巴·戴朗热和葆拉·盖利布兰德。

“为运动设计的时尚渐渐发展为乡村的日常穿着，接着这种时尚流行到了城镇，香奈儿的乡村粗花呢服装刚刚完成了此历程，”英国版《VOGUE》杂志报道，“她将一朵凸纹布栀子花钉在领口处。她‘女内衣的修饰润色’被到处模仿：绲边、鲜明对比的镶边、褶饰和胸襟褶裥饰带。她创佩戴人工珠宝首饰之先，到处都有佩戴之人，甚至在海滩上也随处可见。”她的精品店位于戴维斯大街，挨着威斯敏斯特住宅区，离克拉里奇的商店仅几步之遥。

在欧洲和美国，人们不断地推测，她将会是下一位威斯敏斯特公爵夫人。闲话专栏的记者们传言，使香奈儿成为自己的新夫人是公爵真切的希望。

“他不能随心所欲，我也一样，”可可说道，“我不想离开香奈儿时装公司，它完全是我自己创建并不断加以重组的。”闲话专栏报道了她的失控，“人人都想同威斯敏斯特公爵结婚。公爵夫人千千万，但是可可·香奈儿只有我一个。”

她否认了那些无聊的空话。“如果我说出像那样的话，公爵会发笑的。”20 年后她告诉马塞尔·黑德里希。

事实上，这个问题在他们之间仍旧含蓄地公开了。当 1925 年秋天来临的时候，威斯敏斯特公爵夫妇的离婚可谓纠葛不清。自 1923 年以来，英国法律允许妻子只因通奸本身就可与丈夫离婚，没有附加的遗弃罪和虐待罪，但维奥莱的律师指控了以上所有三项罪。有令人反感的证词作为本多尔在蒙特卡洛的巴黎大酒店被当场捉奸的证明。法庭作出了对他贵族地位不利的判决。有一阵子，他在白金汉宫受到冷遇，王室家族放弃了对伊顿大厦的拜访。

伦敦的上流社会和时髦的富人阶层获悉本多尔的小女儿玛丽即将到来的派对。这是会吓跑每个人的社交场合，或许将标志着巴黎女时装设计师支配地位的终结。尽管离了婚，维奥莱

---

① 黛西·费洛斯（Daisy Fellowes，1890—1962），20 世纪上流社会知名人士、小说作家、诗人、《时尚芭莎》巴黎版编辑。——译者

还是同意承办她丈夫与前妻所生女儿的盛大舞会。她以高雅的风度或是险恶的用心邀请了可可。

舞会之夜，可可陪伴本多尔和他的女儿们、丘吉尔一家、库图佐夫伯爵以及几个亲密的朋友参加了晚宴。到了去隔壁舞厅的时候，可可请求允许她离开，她必须更换一套合适的礼服。“我马上去找你们。”她说道。

过了一会儿，本多尔请求库图佐夫去看看为什么可可用了这么长时间。库图佐夫发现可可躺在床上。人们正在等着她，他强调道。她告诉他去告诉公爵阁下，她病了。多年后当回忆此事时，她透露，自己缺席了会使她成为晚会王后的那个夜晚，几位孀居的贵妇已经发誓，那场晚会将意味着永远结束她在伦敦上流社会的存在。

每个人都知道，本多尔的婚姻并不是多么希望将一桩绯闻频现的男女私情合法化，而是为了生育一位男性继承人。然而42岁的可可，她的育龄期已经屈指可数。

她咨询专家，听凭医生们的安排和指导，顺从她所信任的女仆们的照料。她的情绪时高时低，从希望的巅峰又陷入到绝望的谷底。为了提高受孕机会，一个助产士提出了一个被可可称为在做爱时“令人耻辱的杂耍”的建议。本多尔给她写了大量的信，有时一天就写两封，随信而来的总是鲜花。她不要求他送她什么名贵的鲜花，而是要他亲自采摘来的野花。他遵从她的要求，并把送给她的珠宝藏在那些雏菊和矢车菊之中。每一种爱的象征都使她相信，即使发生最坏的情况，她不能给他生个孩子，他也想要和她结婚。

幸福会永远与她相伴吗？她是时尚界成功的仲裁者，是王公贵族和上流社会男士们的朋友，是富豪和名人们的密友。但她也是男人只能爱却不能娶的女人，男人为她而将爱糟蹋得一钱不值、将爱化为难以置信的激情的女人。如果说有哪个男人能忍受她的自由精神、她的成功、她的坚定信念、她的独立见解、她对质朴和高雅的不可动摇的时尚观，那么他就是威斯敏斯特公爵。他是一位超凡脱俗的男人，一位风度翩翩、充满魅力并富甲天下的男人。

无论是她还是本多尔，都没有说过他们之间何等亲密，以至于达到了结婚的程度。可可能列举出所有不结婚的充分理由，但是她的女性朋友们都将步入婚姻的殿堂。玛尔特・达韦利最后还是嫁给了她亲爱的男爵；加布丽埃勒・多西亚已经成为左格布伯爵夫人并继续她的舞台和银幕生涯；薇拉・贝特已经和阿尔贝托・隆巴尔迪——作为当时最佳骑手之一的意大利军官——结婚。在长期以来的私情暧昧关系后，卡莉亚蒂斯和马塞尔・如昂多毅然决定正式结婚。如昂多是一位著作颇丰而性格古怪的作家，在他钦佩的作家中，特别重视安德烈・纪德、克劳德莫・里亚克、桑顿・王尔德和哈夫洛克・埃利斯。连阿德里安娜也即将进入婚姻状态。莫里斯・德・内克松的父亲即将离开这个世界，看样子最后莫里斯终于熬到能使阿德里安娜成为他正式妻子的时候了。可可答应会是新娘的证婚人。然而，直到 1930 年 4 月 29 日，莫里斯和阿德里安娜才正式结婚。

加布丽埃勒在王苑时期的一位朋友是本多尔高尚意愿的唯

一见证人。瓦莱里·奥利维耶在巴黎的时候，经常到康朋街拜访。有一天当他进入波尔多的优质鲉鱼餐馆时，看到可可和公爵正要点餐，他穿过去到他们的桌子旁打招呼。由于他是单独一个人，可可就邀请他和他们一起就餐。“交谈很热烈，在我看来，谈话的焦点集中在一个问题上，就是公爵责备可可不想嫁给他。”奥利维耶回忆道。

成为威斯敏斯特公爵夫人的可能性或许导致了加布丽埃勒必须采取行动以确保她的弟弟们不至于令人尴尬。一想到咄咄逼人的记者们发现烟草柜台后面的阿方斯和鞋摊儿上的吕西安时的那种情景，她就惴惴不安。很快，她就开始冷酷地着手制止记者们可能致使她遭受到的任何难堪。阿方斯是他们两个之中比较容易掌控的。金钱总是会使他做任何她想要的事。为了以他的再次消失换取一段像样的安静时间，加比——他还这样叫他的姐姐——不断地给他买新车，支付他的债务，然后指责他：她辛辛苦苦地工作，她不需要他制造任何麻烦。他太需要她的钱了，不得不同意离开她的生活区域。

他的女儿们，安托瓦妮特和加布丽埃勒，记得他带着自己的故事回到了瓦勒罗格。他描述了他们的姑姑在圣奥诺雷大街的“印度皇宫”、她身着晨燕尾服的男仆，以及当阿方斯有一次请求她让贴身男仆滚开时，她如何开怀大笑的样子。

吕西安则是另一种状况。他在要姐姐的施舍时还要一点脸面，因为他认为自己在以朴实的乡下方式做一件成功的事。在每个赶集的日子里，他都出现在克莱蒙-费朗的格拉斯大街和肖思捷大街之间的通道上，和妻子一起销售鞋子。

克莱蒙-费朗是一个有6万人的小镇，是轮胎工业中心和商业中心。在这个镇上，吕西安是一个受欢迎的商人。加布丽埃勒只能看着她值得信任的小弟弟落入记者们的手里。巴黎和伦敦都沉迷于这位鞋商香奈儿讲述的关于当今时尚界女王的童年。

因此她给他写信。她问道，为什么还不退休呢？她已经给他们兄弟俩赚足了钱。她不想让他继续工作了，他已经可以完全不愁生计了。为什么他不去找一所房子买下来，或许有个户外大花园然后安居乐业。他一直特别喜欢花园。她会送给他所需要的任何钱。他的老婆告诉他，退休是愚蠢的念头。他才36岁，他喜欢正在做的买卖。此外，一位制鞋商正要给他一份工作。

不管怎样，吕西安被姐姐的关心感动了，他不理会妻子的反对。他在写给姐姐的回信中说他看中了克莱蒙-费朗上方的一块地。

然而香奈儿也把一个亲戚介绍给了本多尔。或许是因为安德烈·帕拉斯是她和小伙儿卡佩尔曾非正式收养的一个孤儿；或许是因为他是受英语预科学校教育长大的。可可让妹妹朱莉的儿子认识了她的情人。安德烈已经长大了，他体型修长，懂礼貌，在某种程度上看起来面带病容。他已经结婚了，妻子正怀着他们的第一个孩子。

当他们的女儿降生时，安德烈给她取名为加布丽埃勒以表示感激之情。可可成为了这个侄孙女的教母。威斯敏斯特公爵成为“小不点儿”的教父。蒂尼是这个女孩儿的英文昵称。公爵在去世前，每年都送给她一份礼物。

认定在令人陶醉的环境下性诱惑力可能导致怀孕后，加布丽埃勒在位于地中海上游的高地罗克布兰购置了一块地产。1927 年 12 月，她和本多尔首先看到了那处叫拉堡萨的 5 英亩地产。通过一片橄榄林、含羞草和蓝花楹树，他们看到了一幢主房及其绝佳的景观。在房屋的左边，可以欣赏到芒通海岸和意大利边境的景色；在右面，可以俯瞰朝向摩纳哥的海湾；后面是跌宕起伏的阿尔卑斯山脉的山麓丘陵。他们得知，这个庄园包括两幢小别墅，是由一位有名的里维埃拉房客威廉森爵士开发的，目前为马扬家族所拥有。可可告诉房地产经纪人，她可能会拆除这幢主建筑，然后建造大致符合自己喜好的建筑。这处地产的价格是 180 万法郎。

“新爱德华七世时代的”群体、新美国人，甚至如一度想要可可嫁给他弟弟的雅克·巴尔桑这样的老相识，都住在附近。勒佐利亚德别墅是黛西·费洛斯的宅邸，埃斯蒙德·罗思米尔子爵在他的卡普马丁别墅招待过威尔士亲王、比弗布鲁克勋爵、萨姆塞特·毛姆和丘吉尔一家。在卡普丹蒂布，人们把时髦人物光顾里维埃拉的夏天这一功劳算在有钱的纽约人萨拉和杰拉尔德·墨菲身上，他们招待了 F·斯科特和塞尔达·菲茨杰拉德、科尔和琳达·波特、弗尔南·莱热和他的俄国妻子、埃内斯特·海明威。而孔苏埃洛和雅克·巴尔桑则定居在摩纳哥上方的埃泽。出生于美国交通业巨头范德比尔特家族的孔苏埃洛是著名的孪生姐妹格洛丽亚·范德比尔特和特尔玛·弗内斯的姐姐。她曾经是本多尔的朋友松尼·马尔波罗的第一任妻子，但是在 1921 年和公爵离婚后，她就嫁给了巴尔桑。当温斯顿·

丘吉尔厌倦了黛西·费洛斯的殷勤后，就喜欢同巴尔桑一家呆在一起。按丘吉尔的看法，他最好的风景画是在巴尔桑的花园里完成的，花园里“全都是闪烁变幻的魅人阳光和紫罗兰轻轻浮动时的阴影”。

罗伯特·施特赖茨是一位28岁的建筑师，他被邀请到“飞云号”游艇上为一栋地中海别墅提供建议。不到三天，他就带着一系列的设计规划回来了。

“我要求用最好的材料。”公爵告诉他。可可想要灰白色的粉饰灰泥墙、当地风格的屋顶、人工烧制的红瓦和一个豪华的大楼梯间。本多尔正在购买并且重建的事实导致了他购置拉堡萨是把它作为礼物送给可可的传言四起。尼斯按揭贷款办公室1929年2月9日签署的售地契约上只有香奈儿的名字。

施特赖茨和建筑开发商埃德加·马焦雷开始了工作。可可每个月从巴黎来检查一次工程进展情况。“当她来到罗克布兰时，总是带着最愉悦的心情，”马焦雷回忆道，“有一天，她在建筑工地滑入到一个泥浆池。她不但没有对毁掉的礼服感到惋惜，直到工人们把她从泥浆中拉出来时还在大笑。”像罗马别墅一样，房子在一个拱形入口处后面环绕着内院而建。外面的露台用10万块沙土色的砖铺成。

可可的套房和公爵的私人住处占据了楼上右面的侧厅。本多尔的房间是镶板结构，他那伊丽莎白时代风格的大床是用结实的橡木加工的。一间浴室将他的房间和可可的套房隔离开来。她的卧室是不加装饰的白墙和橡木护壁板，有一张熟铁床和一条大蓝地毯，塔夫绸窗帘在微微海风的吹拂下轻轻飘动。她不喜欢集中供热系统，因为在冬季的每天晚上烟囱中都有火。

丘吉尔一家来拜访。可可玩皮克牌，她知道这是一种只有两个人玩的纸牌游戏。同温斯顿一起玩，必定要一直输，要不然他就会心情不好。薇拉·贝特是丘吉尔、科尔·波特、萨姆塞特·毛姆和其余“盎格鲁-撒克逊”侨民的知心朋友。出于一时突发的慷慨，可可在花园的后面给薇拉和她的新丈夫——阿尔贝托·隆巴尔迪——提供了一所小房子。

加布丽埃勒在决定露面之前不想受到任何人的打扰。她的客人们享有同样的特权。房子左侧的厅房分成了一系列的两居室套房，给夫妇情侣们留有完全的隐私。“拉堡萨是我曾经住过的最舒适最轻松的地方，”模特和从前的《VOGUE》杂志编辑贝蒂娜·巴拉尔写道，“上午，这所房子极其安静……午餐是一天当中客人们成群聚集到一起的时刻，没有人会错过午餐——那太令人开心了。长长的餐厅一端有自助餐：热的意大利面食、凉的英国烤牛排、法国菜，简直是应有尽有。”

当拉堡萨完工的时候，香奈儿已经花去了600万法郎，比售价多出了三倍。孩子还是没有怀上。

那年夏天，加布丽埃勒46岁。她开始把自己看作是在侮辱和人为境况下的囚徒。回到巴黎，她又恢复了老习惯，回到了她的老朋友圈子。甚至皮埃尔·勒韦迪也从可可付费的索莱姆修道院生活中抽出时间，出现在圣奥诺雷大街的大房子里。

正如一年前曾经做过的那样，可可在家里为1929年迪亚吉列夫芭蕾舞团巴黎演出期的结束举办了一个豪华的盛会。花园里灯光闪耀，一个爵士乐队提供了娱乐演出，一位舞蹈演员特别喜爱装满（昂贵的）鱼子酱的汤碗。

迪亚吉列夫坐在女主人的对面。利法尔是公司的新星，在萨拉·贝纳尔剧院结束演出的那个晚上，利法尔跳了两场斯特拉温斯基的作品《阿波罗》和《勒纳尔》，还有普罗科菲耶夫的《浪子》。

“请记住这一天，塞廖日卡，一辈子都不要忘记这一天。”迪亚吉列夫告诉利法尔。在晚会结束的时候，男主人给利法尔一个金色的里拉琴别针作为礼物。年轻的舞蹈家立即把它给了他们的女主人。

“我们喝了大量的香槟，”利法尔记得，“同往常一样，可可开始攻击男人。她撅起嘴巴，让每个人都相信她容易被诱惑。接下来，她突然离席而去。凌晨2点她不见了。就这样，她不会错过她的美容觉。她让人们相信一切皆有可能，不要向任何事屈服。那是她的激情。她正在寻找幸福，寻找爱。她曾经找到了爱：小伙儿卡佩尔，一位英国美男，他拥有金钱和魅力，一切的一切。那么，声誉和成功反而成了（上帝对）她的复仇。”

二十

威尼斯之死

“大名鼎鼎的可可露面了，我一下子喜欢上了她——一个很能干又极讨人喜欢的女人——本尼还从未遇到过这样超强个性的女人。”1927 年，温斯顿·丘吉尔在米米藏本多尔的狩猎棚屋写家信的时候对他的妻子讲道。“她精力旺盛地打了一整天猎，晚宴后又驾车赶回巴黎，现在还要忙于在不计其数的人体模型上转来转去改进服装。在近三周内她总共弄好了 200 个人体模型，有些被改动了 10 次。她亲自动手做，用别针固定、剪裁、结环扣，等等。和她在一起的是薇拉·贝特，她娘家姓阿科莱特。‘你是总裁吗？’‘不是。’‘是一位副总？’‘不是。她就是她。仅此而已。’”

如果说加布丽埃勒能够应对与本多尔和他的朋友们在诺曼底猎野猪，每年两次推出包括 200 种服装设计款式的系列时装，能够既管理好她的时装帝国又处理好忙碌的社交生活，那确实是因为得到了有能力的内行支持。香奈儿在她的人体模特上设计和调整原型样装，但是实际上香奈儿时装的加工制作已委托给了主管 3 000 名女裁缝的那些技术熟练的高级技师们。主顾们是富有而奢华的独享群体，专门由女售货员、为时装模特装扮的服装师和为客户试装的试衣员们来打理。留给香奈儿的主要是与时代一致、同社会上最杰出女性比肩的建议决策人和时尚创新者这些极其重要和光鲜的角色。她理解，判断影响力并非要有说服力而是要有感染力。她在那里为时尚提供耀眼的光鲜、不断的灵感和强有力的主张。

角色的转换使加布丽埃勒尖酸刻薄的一面稍有缓和。在 1929 年夏季，她和本多尔带着米希娅一起在“飞云号”游艇上游览。8 年前，在小伙儿卡佩尔去世时，正是米希娅和荷塞·塞特带她一起进行蜜月乘船游览来安慰她，并向她介绍意大利。现在需要安慰的正是米希娅。

霍霍已经和她离婚，并在去年秋天同一位极其美丽的 22 岁俄国姑娘结婚了。她甚至将被遗弃的米希娅迷到去说服可可为她的婚纱礼服降低店中标价。

有一天鲁萨达娜·姆季瓦尼出现在霍霍的新工作室，当时她 19 岁，一头淡黄色的头发，蓝灰色的眼睛，身材高挑颀长，是位典型的美女。她说自己正在做雕塑，请问他是否知道在哪里可以租到闲置的工作室。“怎么有人能有这么宽敞的空间呢?”她环顾了一下塞特那相当大的工作室，脸上带着迷人的微笑问道。

霍霍一直是个装腔作势的人，他清理出工作室的一角。很快地，两人就一起共度每一个下午。“像一只机敏和爱嬉戏的小猫，鲁萨达娜一下子滚落到塞特的床上，”米希娅的传记作家叙述道，“艺术课变成了恋爱课。不久后，在塞特恶作剧的列表中，这最新的一项变得更认真了，他小心翼翼地对米希娅隐藏着这个事实。”很快他便成为了爱上一个 20 岁女孩的 50 岁男人。

他冷酷而又引人入胜的故事、他的博学多闻、他的光彩夺人的礼物都令鲁茜倾倒。她回之以富有感染力的笑声和冲动的拥抱。当得知她是一位公主，她的家族传奇值得他来上一篇奇谈漫文时，他对她的热情立时陡增。

在鲁茜英俊的哥哥戴维和梅·默里结婚以后，姆季瓦尼家族是不是真正的贵族这一问题在好莱坞比在巴黎的先锋派中引起的轰动更为强烈。默里以前是捷克夜总会的舞女和前齐格菲歌舞团中以丰满红润的双唇而闻名的踢踏舞演员。在波拉·内格里和格洛丽亚·斯旺森都嫁给贵族后，电影明星追求欧洲贵族头衔正在成为流行。在他们的出生地格鲁吉亚，家族的地位并不完全清楚。在阿扎尔斯坦，他们祖父的“城堡”仅仅是一堆废墟，但沙皇尼古拉确实任命了戴维、谢尔盖、鲁萨达娜和亚历克西斯的父亲扎卡赖亚·姆季瓦尼为巴统的总督。

戴维想要与一位富有的电影明星结婚，理由是布尔什维克革命和他们母亲所犯的重大失误（1917 年，在家族急奔土耳其边境时，姆季瓦尼夫人不小心带上了装有她衬裙的箱子，而不是装有家族珠宝的箱子）。姆季瓦尼家族极度的贫穷导致年轻的子弟们都效仿戴维，与美国的有钱人结婚。1931 年，亚历克西斯 22 岁的时候，娶了阿斯特女继承人露易丝·范·阿伦。18 个月后，他们离婚，他又娶了伍尔沃斯女继承人芭芭拉·赫顿。4 年后，谢尔盖和亚历克西斯抛弃的妻子露易丝结了婚。

米希娅实际上收养了她年轻的情敌。加布丽埃勒和鲁茜见过面，她承认这个年轻女人有魅力，但是她告诉米希娅，去玩这等危险的游戏是失去了理智。米希娅说她有种把人们引向毁灭的吸引力，她的目的是控制灾难性的结局。她失败了，当霍霍离开米希娅的时候，可可坚持要求她来和自己一起住在圣奥诺雷街。

霍霍和鲁茜都想来看望意气消沉的米希娅，但可可拒绝让他们来。当米希娅知道事情真相后，她很恼火。可可怎么敢禁止他们来访呢？她和霍霍已经认识 18 年了，她称鲁茜是年轻时的自己，是一位给她带来乐趣和活力的女孩。没有他们的生活将是一个没有生命的深渊。可可做出了让步，在保证不会指责米希娅之后，她邀请鲁茜共进午餐。

紧紧地拉着霍霍和鲁茜，米希娅假装他们即将举行的婚姻只不过是场游戏，因为霍霍是天主教西班牙的公民，因此并不存在离婚之说，她依然是真正的塞特夫人。但在他们的婚礼之后，她感激不尽地接受了本多尔和可可的邀请，和他们一起在伊顿大厦度过了 1928 年的夏天。昏暗的英国天空和半阴影的哥特式建筑留给米希娅的是忧郁和悲伤。她只想与霍霍和鲁茜在一起。

这对新婚夫妇没有认识到自己的过错，还邀请米希娅和他们一起乘船去爱琴海游览，傻乎乎的米希娅接受了他们的邀请。保罗·莫朗在意大利偶遇他们时，看到塞特和他的“两个妻子”，顿时惊骇不已。当米希娅意识到人们并没有将她误认为是三角关系中的一员时，她这才如梦方醒。

米希娅并不是唯一一位需要加布丽埃勒同情的人。同样，科克托也知道如何利用她关爱的慷慨。她让他和他的新情人，雄心勃勃的年轻作家让·德博尔德，住在圣奥诺雷街。在身体健康的日子里，科克托是可可举行晚宴的极好理由，但是他的鸦片嗜好令他们之间的关系增添了忧郁甚或邪恶。她不但要为他支付戒毒医疗费，还要尝试对他的生活强制施行某些约束。

韦森·布尔，一位年轻的美国人，在尼斯附近维尔弗朗什市的迎宾酒店度过了 1928 年的夏天。他记得科克托在旅店大厅的电话中几乎哭着在恳求某人。

“后来他对我解释说，他一直在恳求可可·香奈儿小姐允许他延长吸毒的时间，”布尔说道，“他正在一家私立诊疗所治疗。香奈儿小姐已经回复说‘不行!’科克托和德博尔德一天的大部分时间都在他们的房间里猛吸鸦片。因为充斥走廊的‘浓烟’过于明显，所以人们都知道他们吸食的时间。”

弗朗西斯·罗斯爵士是一位英国画家。他记得科克托和香奈儿要他共进午餐。“她给我的第一印象，”他 40 年后写道，“是看起来就像一位体型苗条的年轻人。当处于动态的时候，她给我的感觉就像是在看印象画派的一艘小黑船，带着明亮的红白条纹的船帆在颜色千变万化的水上漂动。香奈儿有很高的审美鉴赏力，她给科克托购买精致的礼物。她送给他一个纤巧美丽的古希腊彩陶器面具。这个面具，她带到迎宾酒店后就把它放在一个内衬垫有锯木屑的微型木板箱里。之后科克托就一直用这个箱子保存面具。她还送给他一些放在小白龟壳里置于脱脂棉之上的古代钱币；一条长长细细并非常灵活的铂金蛇链儿，他把自己的钥匙挂在链子上，为了不让它沉重地垂及裤袋，他会在脖子上缠绕上几圈。”

登上游艇后，“飞云号”带着本多尔、可可和米希娅环绕意大利进入亚得里亚海，然后沿着达尔马提亚海岸到达威尼斯。当离开南斯拉夫海岸时，传来了他们谁都不会怀疑的一个头版头条新闻，米希娅收到了一份敦促她速到威尼斯迪亚吉列夫处的无线电报。

自从6月可可为芭蕾舞团举行晚会后，公司就在柏林和科隆演出，迪亚吉列夫参加了剧团在伦敦的终场表演。他告诉舞蹈演员们他已经有了秋季演出的预约。在夏季演出暂停期间，迪亚吉列夫曾到巴登巴登参加音乐节；同斯特拉温斯基一起，去慕尼黑拜会年长的理查德·斯特劳斯。他独自到了威尼斯的海滨浴场大酒店，抱怨说无法入睡、吃不下食物、不能动。鲍里斯·科奇诺——他长期以来的秘书——和利法尔现在都在他身旁。医生所称的风湿病在困扰他。他的体温逐步升高，两个给他看病的医生都对他的状况困惑不解。

在“飞云号”进入威尼斯码头之后，米希娅和可可急奔大酒店。她们发现迪亚吉列夫躺在病榻上，科奇诺和利法尔正在争夺主人的遗产。两个女人几乎认不出迪亚吉列夫了，他为她们的出现所感动。“她们看上去那么年轻，”在她们离开以后他对科奇诺说道，“她们都穿着白色的衣服。她们是多么真诚！”

为了同利法尔轮流护理，科奇诺整夜都在迪亚吉列夫房间的一把大扶手椅上。几个小时的睡眠之后，迪亚吉列夫的身体更虚弱了，他说起要去西西里康复。下午，男爵夫人凯瑟琳·戴朗热，一位先锋派装饰师，来看望迪亚吉列夫，但是他不认识她了。他于第二天早上去世，终年57岁。

米希娅将她手头上所有的钱都给了利法尔和科奇诺，让他们去支付酒店和医生的账单；葬礼的费用是可可出的。贡多拉载着利法尔、科奇诺、米希娅和可可，跟在装有迪亚吉列夫棺材的殡葬贡多拉之后，从利多码头朝着位于圣米凯莱小岛丧葬处很小的俄国墓地行进。42年以后，当斯特拉温斯基在纽约家中去世时，他幸免于难的家人实现了他的要求，将他葬在圣米凯莱岛上迪亚吉列夫的墓旁。

第三部

二十一
降价

1929年10月29日星期二，“黑色星期二”，华尔街股票市场崩盘，其幽灵将影响一代人，但在大西洋的另一边，一年之后才感觉到这场危机的后果。1930年6月的时装季隆重推出了多年来最大型的化装舞会。其中规模最大的属黛西·费洛斯的化装舞会，它要求每个人都必须化装成另外一个人，而且必须是大家都认识的人，可可·香奈儿由于把年轻的名流男士打扮成巴黎的最知名女性而生意兴隆。

但经济萧条终于来临，首先受到冲击的是奢侈品行业。和平路上的珠宝商因突如其来的订单取消潮而损失惨重。《纽约客》的珍妮特·弗兰纳[①]报道，“依赖对美贸易的小公司两周内没有卖出去一件假冒的香奈儿时装”。真的香奈儿女式时装是巴黎最贵的，但到了1931年，就连看起来昂贵的着装都被认为没品味。依然富有的女人宁可选择穿便装、无皮草的毛料大衣、毛衣和宽松的裤子。经济型可洗面料大为流行，加布丽埃勒应邀到伦敦去推广棉布作为时装面料。香奈儿在1931年夏季时装展推出了35款带提花、花边、蝉翼纱或网眼的棉料晚装，为了降低成本，她开始使用拉链。她设计的年轻和清新气息的带波浪裙晚装最受英国社交新名流青睐。但在法国，时世依然艰难。在里维埃拉，美国富人几乎成了濒临绝迹的物种，华尔街的崩溃将大部分美国人驱赶回家了。同时，英镑的贬值又赶走了三分之二的英国人：仅尼斯一地，就有四分之一的豪华酒店关门大吉。香奈儿将沙龙价格降了一半，但即使如此也没挽回多少人气，因此她解雇了工人，自己去美国为电影行业设计服装了。

米希娅和德米特里促成了香奈儿与塞缪尔·高德温②的会面。高德温是一个极端以自我为中心的人，他和好莱坞好多人都认为，必须得让人们不再为大萧条忧虑。虽然有1 300万美国人失业，但高德温觉察到人们需要富丽堂皇、花里胡哨的音乐剧所带来的愉快，或者盗匪影片带来的刺激。

他说，高德温公司要有香奈儿，并镀上高德温色彩，然后去为他在联美电影公司制作的电影设计服装，以提升好莱坞的时装意识。在20年代中期，他不是将设计师埃尔泰拉去为他工

---

① 珍妮特·弗兰纳（Janet Flanner，1892—1978），美国记者、小说家、翻译家。成年后便在其情人索莉塔·索兰诺的陪伴下移居巴黎。她在《纽约客》杂志上开设了名为“巴黎信札”的个人专栏，并延续近50年之久。——译者

② 塞缪尔·高德温（Samuel Goldwyn，1882—1974），美国电影制片人，出生于波兰。他于1913年制作出第一部电影，1924年与路易斯·B·迈尔创立米高梅电影公司。——译者

作了么？15年前，塞西尔·B·戴米尔不是聘了法国人保罗·伊里巴①去为他的史诗片增加一点新气氛么？派拉蒙影业的塞西尔·比顿②不是在《VOGUE》里做了一个朵乐丝·德里奥和贾利·库珀版面吗？这位喜怒无常的制片人说，他只要香奈儿，不要别人，要她来专门给明星设计服装，包括台上和台下的服装。

可可以前从来没有见过电影制片人，高德温越热情、直率、俏皮，可可就变得越犹豫。高德温是一个来自像她童年所成长的市镇那种地方的人，一个乡巴佬，一个滑头。他给她提供了机会去做从来没有任何设计师做过的事：给电影明星在银幕上以及在星光闪耀的私生活里设计服装。她怀疑这些经常有着臭脾气且品味变化无常的女明星是否会同意从凌晨到半夜都只穿香奈儿服装。高德温夸夸其谈，说只要香奈儿将伊娜·克莱尔和格洛丽亚·斯旺森变成“香奈儿剪影”，她就能挣大钱。他还不停地谈到自己的广告如何优秀，并以埃尔泰为例：这位俄国出生的画家和装饰师已经成功地在百老汇为齐格菲歌舞剧设计布景，但一旦有了去好莱坞工作的机会，他就毫不犹豫地抓住了。可可说她在巴黎有业务。高德温立马表示，他将提供全世界的银

---

① 保罗·伊里巴（Paul Iribe，1883—1935），法国画家、漫画家、戏剧服装设计师、出版人。最早与美国电影制片厂商合作为电影明星设计戏服的法国设计师。在装饰艺术时期，他设计了许多艺术品，有摆件、首饰、面料、家具。——译者

② 塞西尔·比顿（Cecil Beaton，1904—1980），20世纪最伟大的英国摄影师，长期与《VOGUE》时装杂志合作，曾拍摄奥黛丽·赫本、玛丽莲·梦露、芭芭拉·史翠珊、可可·香奈儿、丘吉尔和伊丽莎白女皇等名人。——译者

幕作为她个人的宣传广告牌。

她还在犹豫。毕竟美国富人已经是她的主顾。

高德温说，埃尔泰一声不吭就接受了去好莱坞生活一年的邀请。这意味着香奈儿也得离开在巴黎的大本营一年之久。他提出，如果她愿意一年来加利福尼亚两次，为格洛丽亚·斯旺森、诺玛·塔尔梅奇、伊娜·克莱尔和莉莉·达弥塔设计全套服装，他将支付100万美元。

她被这个出价惊呆了。见她还在犹豫，他改变了策略，建议她接受他的邀请先来好莱坞作一次访问，看看电影到底能带来什么。

以此为条件，他们握手成交。

也许香奈儿去好莱坞是为了逃避不愉快的心境。她是和米希娅在一起度过夏天的。拉堡萨是香奈儿美丽、宁静和舒适的港湾。男人都离她们而去了，两个朋友在一起互相安慰。永远不能拥有孩子，这对可可来说是巨大痛苦的根源。可可总是知道如何克制自己的激情和欲望，但她还是深切感受到了本多尔的缺失。她曾经要他的全部，不愿与他的情妇分享，但也拒绝为他放弃自己的生活。对于他来说，威斯敏斯特公爵夫人经营自己的生意是不能为社会所接受的。而对于可可，男人为女人提供一种无所事事的生活，同时还希望女人对此感恩戴德，这是一种羞辱。她的怨恨可以追溯到艾蒂安·巴尔桑。她坚持不依赖他人、独立自主地生活，他对此也不能理解。

“上帝知道我渴望爱情，”她说，“但如果必须在男人和时装之间选择，我选择时装。工作对我永远像药。我有时也想，如果生活中没有那些男人，香奈儿会是个什么样子。男人不理解这个。他们告诉女人：‘我和你结婚。你不用担心，你再也不用工作了。’他们的意思是：‘你除了在我身边，其他什么都不用做。’”

当她80岁的时候，本多尔已经去世多年，可可引用西贝尔夫人的话，说夫人曾求她和她儿子结婚：“亲爱的，和本尼结婚吧。开头几年总是最好的。”加布丽埃勒记得曾对本多尔说：“我怀孕了就会结婚。”她把这当做一种威胁，没有孩子结婚有什么意义，结婚并不会保障两个人爱得更多一些。

加布丽埃勒更希望这是一次干净的分手，尤其当媒体报道威斯敏斯特公爵将和西桑比勋爵一世的女儿莉莉雅·玛丽·庞森比结婚时。然而，受伤的自尊心使他坚持要见可可，并被人看见他和可可在一起。她答应了，他们的情投意合也帮她挽回了一些面子。

莉莉雅是伦敦“出色的年轻人”之一，以化装舞会和对朋友的嘲笑评论著称。伊夫林·沃是其朋友之一，在他的最新畅销书《邪恶的躯体》中，她扮演女主人，“开化装舞会、野性舞会、维多利亚舞会、俄国舞会、马戏舞会、必须装扮成别人的舞会、在圣约翰森林里的几乎赤裸的舞会”。漫谈专栏作者记载了她和堂妹伊丽莎白·庞森比召开的泳池舞会，客人们穿着泳装在爵士乐队的伴奏下翩翩起舞。

威斯敏斯特公爵于1930年与庞森比女士订婚，之后立即赶赴巴黎将自己的未婚妻介绍给加布丽埃勒，并征求她的意见：这位年轻女人是否适合自己。

当本多尔在香奈儿公寓里不停瞎转的时候，可可在“面试”他28岁的未婚妻。莉莉雅带着尖酸的幽默回忆起当时的会面。

> 娇小、黑色、猴样，可可是她自己时装的化身。她穿着深蓝色套装、白衬衣和浅色的长筒袜（浅色长筒袜是她的信条之一）。这样描述听起来像个中学生，但实际上，在她身上看起来是极端的世故。

> 她或多或少发明了服饰珠宝，特别擅长极其诱人的仿珍珠串，间隔缀以成串的红宝石和蓝宝石。我见到她的时候，她佩戴着各种项链和手链，移动时叮当作响。她的客厅奢华大方。她坐在一把大扶手椅上，后面是一对高高的科罗曼代尔屏风，当做背景幕布。这对屏风现在摆放在她的巴黎展厅里。我坐在她脚边的小凳上，处于不利的位置，感觉好像正在被审阅，看我是否适合她的老仰慕者——我很怀疑我或者我的花呢套装是否通过了测试。

当坐在加布丽埃勒脚边，想找点什么东西说的时候，她唯一能想到的是，父母的朋友曾送给她一串香奈儿项链作为圣诞礼物。可可先让她描述那串项链，然后判断说那项链不可能出自她。“她做梦都不会卖那样的东西，对话由此砰的一声结束了。”

1930年2月20日，在伦敦婚姻登记处，本多尔和莉莉雅结了婚，温斯顿·丘吉尔作伴郎。

没有迹象表明埃尔泰曾向可可透露过他在好莱坞的经历。自从保罗·波烈在1910年将他带到巴黎后，埃尔泰一直住在巴黎。实际上，是路易斯·梅耶，而不是高德温，在1925年将埃尔泰带到好莱坞的。埃尔泰来好莱坞是为《巴黎》一剧设计服装。这剧的故事是关于一位生活在卢浮宫里的时装设计师。为了让制片公司最终确定剧本，埃尔泰等了足足9个月。在等待期间，他为内幕剧《百老汇逸事》设计了一个立体主义风格的化妆间，并因自己为《波希米亚人》一剧设计的服装和主演莉莲·吉许大吵了一架。他一怒之下撕毁合约回欧洲去了。在《纽约先驱报》巴黎版的采访中，他说美国电影仍然处在“野蛮阶段”，美国制片人没有“哪怕一丁点雅致、美丽或品味的概念；大多数电影明星是文盲、臭脾气、畸形、孤陋寡闻；剧作者除了他们自己的小圈子外对世界一无所知”。

可可有着更多的雄心壮志。通过高德温的影片介绍自己的时装是既有趣又有利的事。20世纪20年代中期的短装正在淡出，裙子的长度已经降到了一个广泛接受的尺寸：白天离地14英寸、下午12英寸、晚间齐踝。电影院是梦想之宫。让电影明星穿上自己柔软而流线型的斜剪服装在光鲜的环境中拍摄，这无疑是有益的。为什么她不能为电影提供权威和卓越的时装呢？

委托伊莱娜·戴凌思伯爵夫人负责时装精品店，带着米希娅做伴，香奈儿于1931年2月登上欧罗巴号轮船前往美国。3月4日，可可和米希娅抵达纽约。一场重感冒让可可在抵达新世界的十天内都无法走出酒店。然而就在第一天，记者们还是将她的酒店套房包围了，直至下午才散开。

“这次只是应邀来访，”她告诉《纽约时报》，“我将看看电影能给我带来什么，而我又能给电影什么。我这次不会制作一件服装。我连剪刀都没带。也许，晚些时候，等回到巴黎，我会提前6个月为高德温先生电影里的女演员设计和制造服装。我会从巴黎送设计过来，由我在好莱坞的裁缝来缝制。”

《时代》周刊记者发现，“对于挤在皮埃尔酒店客房里的众多采访者和接待委员会成员，她感到很迷惑”。记者描述她留有偏长的截尾发型，“穿一件红色紧身套衫，并配以在战时法国因她而盛行的短裙”。

可可回答了记者关于时尚的问题，她预测长发将会回归，高雅的女性懂得穿着，但不要穿着古怪。她说鲜花型香水在女人身上不显得神秘，用香精的男人令人厌恶；在战前，成熟的优雅人士引领时尚，而现在，年轻人决定时尚格调。

因为感冒耽误了行程，《时代》周刊安排了第二次采访。香奈儿谈到给予电影以时尚权威的思路，但承认她也不知道到了加利福尼亚会做些什么。“她指出，为高德温的影片工作在技术上是一个发展。在康朋街的服装精品店里，她从来见不到自己的客户。她的工作是客观的。一件连衣裙一旦设计出来，就意味着她的工作已经结束。她很少有机会看到这件衣服，更少机会了解客户的个人意愿。为电影工作自然正好相反。在好莱坞，你不仅是为某些明星设计服装，包括伊娜·克莱尔、格洛丽亚·斯旺森、诺玛·塔尔梅奇、罗纳德·考尔曼和埃迪·坎特等主演明星以及塞缪尔·高德温的其他女演员，而且同样重要的是，还要为在某个情景中的某个角色设计服装。会很难，不是吗?”

该记者发现香奈儿很活跃。“不是电影明星的那种活跃，而是一个精明的女商人的活跃，她有着女商人的精明。她不是在演说，她没有戏剧化的喜好和表现，她的回答简单、直接。”

时装和电影界的人们在赌可可·香奈儿是否能成功将她的时尚理念加之于电影明星之上，《科利尔》杂志透露。如果香奈儿给贝比·丹尼尔斯制作一套认真审慎的服装，那这位明星自己则可能会加上一枝大红玫瑰；克拉拉·鲍可能会在这套衣服上戴两枝玫瑰和一枚紫色领结，这仅仅是为了与众不同。《科利尔》杂志指出，当初莉莲·吉许就拒绝穿埃尔泰给她设计的服装；嘉宝[1]也和吉尔伯特·克拉克大吵，后者是伦敦时装公司老板达夫·戈登夫人的学生。他们预测香奈儿也会遇到类似的困难。另一方面，伯格多尔夫·古德曼的高端时装总监却相信，可可·香奈儿能够成功，也只有她才能成功。银幕明星可能不会听任何人的，但会听她的。“她们为她的创意发狂，”伯格多尔夫·古德曼的德·帕西法尔伯爵夫人说，“香奈儿永远不会缺乏创意。在过去的10年、15年，有价值的时装差不多都是她构思的。她将会获得巨大成功，这对电影行业也将有莫大好处。”

---

① 葛丽泰·嘉宝（Greta Garbo，1905—1990），电影女演员。生于瑞典斯德哥尔摩，逝于美国纽约。她是电影史上最著名的女明星之一。曾获颁奥斯卡终身成就奖。1999年，她被美国电影学会选为百年来最伟大的女演员第五名。——译者

二十二
好莱坞

加布丽埃勒一生很少写信，她和米希娅都不写日记。没有记录反映她们是如何看待经济极度萧条中的美国，如何看待为失业贫穷的美国人所建的由沥青纸板窝棚组建成的胡佛村，如何看待铁路两边货车上盯着她们看的男人们的眼光。跟随她们前往好莱坞的美国记者是为了报道高德温的这项时装行动。他们的电报全是关于香奈儿的优雅、货真价实的香槟和法国的风尚逸事。

在离开纽约中央车站之前，可可让莫里斯·萨克斯也加入了团队。这个年轻的作者在皮埃尔酒店突然冒了出来。他刚刚经历了一段宗教信仰危机，与一位美国牧师的女儿结了婚。他意识到这是一个错误，祈求可可将他带到好莱坞去。她通常不会被同性恋者讨好人的虚情假意所吸引，但萨克斯是一个很风趣的人。

经过4天共计2 985英里的旅行，他们终于到达洛杉矶总站。如同高德温引进的其他名人那样，可可受到了媒体的狂热欢迎。

在山姆和弗兰西斯·高德温夫妇家里举办的欢迎晚会上，可可和米希娅被介绍给了葛丽泰·嘉宝、玛琳·黛德丽①、克劳黛·考贝尔、弗雷德里克·马奇，以及导演乔治·顾柯和埃里克·冯·施特罗海姆。施特罗海姆代表了欧洲大陆对电影的影响力，体现了欧洲伦理所暗藏的邪恶。在他所编剧、导演和主演的电影中，他是一个行吻手礼、毕恭毕敬地利用和滥用女人的无赖。以十足的中欧式炫耀，施特罗海姆亲吻着可可的手，说道，“你是一位女裁缝，没错吧?”

可可原谅了他。“拙劣的表演，但多漂亮的风度。”她后来回忆道。米希娅为能见到所有这些好莱坞“王族”而愉快。而这些人也表示为能见到“有史以来最伟大的时尚天才”（高德温宣传策划主管霍华·戴兹语）而感到荣幸。

在另一个欢迎晚宴上，顾柯将可可介绍给一位年轻女士，这是他刚刚“发现”的影星。尽管缺乏常规的银幕魅力，他还是将她隆重推出。凯瑟琳·赫本②对裤子和宽松毛衣的钟爱、对

---

① 玛琳·黛德丽（Marlene Dietrich，1901—1992），德裔美国演员和歌手。1999年，她被美国电影学会选为百年来最伟大的女演员第九名。——译者

② 凯瑟琳·赫本（Katherine Hepburn，1907—2003），美国电影女演员。她被认为是美国电影与戏剧界的标志性人物、好莱坞的传奇：共获得过4次奥斯卡最佳女主角奖；12次奥斯卡奖提名。美国电影学会将赫本评为美国影视史上最伟大的女演员。凯瑟琳·赫本也因其机敏风趣、举止高雅、桀骜不驯，深受观众与影评人推崇。——译者

几乎所有人的明显蔑视，立即引起加布丽埃勒的兴趣。在这个脸型清瘦且长满斑点、渴望一切且坚持自己原则的 22 岁女孩身上，她看到了年轻时的自己。可可爱听顾柯讲她的故事：凯特派朋友去通报说她生病太重不能参加鸡尾酒会，而实际上却站在外面看着满屋子的客人。

高德温说，公众所需要的就是音乐剧来开心。米高梅已经以《百老汇旋律》引领新潮流，各大电影公司随后相继推出《画舫璇宫》（《演艺船》）、《椰子》、《蛋黄朝上》、《沙漠之歌》。《莱奥·莉塔》是由雷电华公司推出的第一部歌舞剧，耗资 250 万美元。这时联美正在推出《春风得意》，高德温要香奈儿为此剧设计服装。

服装设计部门的目的是加强和突出明星们各自不同的个性。可可观察了电影是如何拍摄的，也会见了服装设计部门的主要领导人，从他们的佼佼者中学到了什么是“上镜”以及如何能更上镜。她意识到摄影机是强化新典型和新面孔的引擎——比如有着深眼窝和修过眉的嘉宝，脸颊微陷的黛德丽，领结嘴型的琼·克劳馥。

可可和她的员工一道为此设计的服装，必须在两年后，也就是该片在海外放映结束前，都不会显得过时。她的助理是戴米尔的前任服装设计师米切尔·莱森，而莱森的助理则是一个带着法国习惯、名叫阿德里安的人。但和加布丽埃勒在一起的时候，阿德里安得承认自己并不是法国人，他出生于康涅狄格州的诺格塔克，出生时取名叫阿道夫·格林博格。他很优秀，为嘉宝的《玛塔·哈莉》设计的服装在影片公演时的1931年巴黎时装季有着同样对宽肩的强调。

爱德华·舒德兰是《春风得意》的导演。他本人曾经是演员，同时也是女演员露易丝·布鲁克斯的丈夫。可可认为布鲁克斯是银幕上最可爱的形象之一。即将成为好莱坞音乐剧导演的巴斯比·柏克利担任舞蹈导演。

《春风得意》是一部好心肠的喜乐情节剧，埃迪·坎特饰演一位困在女子健身房里的烤面包专家。这部戏的设计就是为了利用坎特在《狂欢》一剧中的巨大成功，展示一众穿着暴露的高德温女孩。在一个舞台上，舒德兰正在导演一系列快得眼花缭乱的动作戏；而在另一舞台上，伴随着热烈的健身房音乐“弯下腰，妹妹”，伯克利正在拍摄高踢双腿的高德温女孩。因为时间太紧，可可只来得及为饰演多动的健身房教练的夏洛特·格林伍德设计几套服装。

比华利山庄让可可觉得冷漠，残忍的影业制度把明星变成领工资的无足轻重的人，这把她吓坏了。她曾说，“明星是制片人的仆人。珍·哈露晃着屁股找富翁。嘉宝曾告诉我：‘没有你，就凭我的小帽子和雨衣，我成不了事。’我记得她的一双大脚。她明白晚礼服并不适合她，装谦卑对她有利。”

可可急于回到康朋街的精品店，而高德温更关心的是香奈儿这个名字能给他拉来的宣传价值，并不想让她待在鸽子城，于是便欣然同意。他想要香奈儿负责服装设计的下一部电影是百老汇名剧《歌舞青春》，由格洛丽亚·斯旺森主演。斯旺森这时正在伦敦出席她最新的电影《轻举妄动》的首映式。只要可可设计了很好的服装，高德温和联美老板约瑟夫·尚克同意在康朋街进行制作，并诱使斯旺森赶到巴黎去试装。

加布丽埃勒与米希娅回程时在纽约待的时间比去加州时更长一些，对于可可来说效率也更高。她约见并吸引住了《时尚芭莎》的总编卡美尔·斯诺①和《VOGUE》的玛格丽特·凯斯。《VOGUE》的出版人康泰·耐仕②也是高德温的朋友，他招待可可午餐。

她与这位优雅而又挑剔的出版商的关系一直不是很好。耐仕爱偷听对手谈话、控制同事和董事会，还以高雅王子的姿态诱惑、吸引和折磨员工。对于得罪了广告商的编辑和作者，他立马开除——因为把弗罗伦兹·齐格菲的妻子比丽·伯克主演的一部齐格菲音乐剧称为“长而无聊的夜晚”，多罗茜·帕克被开掉。纽约上层社会为了得到他在帕克大道的阔气聚会邀请而互相争夺。香奈儿没怎么在美国版《VOGUE》作广告，但在20世纪30年代曾几次禁止耐仕的记者参加她的时装展，其原因是她讨厌看见夏帕瑞丽在耐仕的出版物里得到跟她一样多的版面。

在1933年的纽约，最让香奈儿着迷的并不是耐仕在帕克大道1040号30间房间的顶楼公寓，而是作为商业的时装。她参观了第七大道服装区和百货店，包括萨克斯第五大道精品百货、

① 卡美尔·斯诺（Carmel Snow，1887—1961），美国版《时尚芭莎》的主编（1934－1958）和编委会主席。——译者

② 康泰·耐仕（Conde Nast），康泰·耐仕出版集团（Condé Nast Publications Inc）创始人。康泰·耐仕是一个总部位于美国纽约市的国际期刊出版集团。旗下众多出版物中，包括《纽约客》、《名利场》、《诱惑》、《VOGUE》、《GQ》、《现代新娘》、《康泰·耐仕旅行者》等知名杂志。——译者

梅西百货和布鲁明代尔百货。然而，最让她大开眼界的是克莱茵百货，这是位于联合广场的一家折扣商场。在第五大道卖 20 美元的服装在这里标价 4 美元。没有任何销售女孩在旁协助，女顾客自己在巨大的四面装有镜子的房间内试衣，周围英语、波兰语、意第绪语、亚美尼亚语的指示牌声明："禁止偷盗，我们的侦探无处不在。"衣服式样和百货商店时装专柜里的一样，只是材料不同。

可可被无情地抄袭。仿制总是让波烈愤怒，他甚至禁止客户借衣服给其他人，以防聪敏的裁缝学习他裁剪的秘密。而香奈儿则不同，她宣称仿制品不过是一种"自发的宣传"。正是在克莱茵百货，她意识到试图去抵制剽袭是没有用的，非法复制是成功者必须品尝的光荣苦果。

从美国回来后，加布丽埃勒觉得需要见本多尔，她安排了去英国的旅行。

而本多尔正在不开心。他对莉莉雅嫉妒得发狂，正如可可以及其他朋友所注意到的，他饮酒过度。在 14 年后与保罗·莫朗的交谈中，可可重现了如下的对话：

"'我已经失去你了，'他说，'我习惯不了没有你的生活。'

"我回答：'我现在不爱你。别告诉我你想和一个不爱你的女人睡觉。'最好的男人是那些我对其最严厉的男人。'

"从我这里，他学到了并不能总是得到自己所想要的一切。当一个法国小妇人可以说'不'的时候，公爵阁下就什么也不是了。这对他是一个震动，他由此失去了平衡。"

在英国，香奈儿推出了一个时装展，灵感来自她在纽约克莱茵百货的所见所闻。战争服务军团急需用钱，可可说服以前的情人让她使用他在伦敦的房子做一场时装展。因为迷人的世故以及与诺埃尔·考沃德的舞台合作关系，女演员格特鲁德·劳伦斯当时正成为伦敦的首席美人，她引领着由大约500位贵妇人、上层社会名媛和演艺界明星组成的团队每天来观看时装展。“许多观众都带来了自己的裁缝，因为展品不卖，”《每日邮报》于1932年5月14日报道，“香奈儿小姐授权复制。”

格洛丽亚·斯旺森在1931夏天来到巴黎，入住丽思酒店。伦敦对《轻举妄动》的评价还算礼貌，因此有理由将庆祝活动带到法国。和这位电影明星同来巴黎的有诺埃尔·考沃德和导演埃德蒙·古尔丁。

斯旺森的下一部影片是《歌舞青春》，这是一部极度伤感的剧，讲述一个年轻的歌唱演员与一位年长的贵族订了婚，却爱上了一个神秘的陌生人，这人其实是想要她签约去演歌剧的剧团团长。高德温想要把这部斯旺森电影制作成独具特色的铺张大片，为此不吝花大钱。

斯旺森在一周里天天都来康朋街做初步试装。她身材小巧，银幕形象是一个老练、安全和迷人的女人，她已经成为了20世纪20年代的最佳票房摇钱树，每一寸、每一刻都是明星范儿。然而，可可觉得她有点胖乎乎的，建议她在最后试装前减掉几英磅。最后的试装定在六周之后。随后，斯旺森去了戛纳，在一位英国花花公子的游艇上游览地中海。

当斯旺森再回来的时候，她长胖了。

当她穿不进6周前量好尺寸的黑色斜剪长裙的时候，可可对她怒目而视。斯旺森说穿件束腹紧身衣试试。她穿上站在可可面前，可以清楚地看到她大腿部位紧身衣的下边。

“把紧身衣脱了，减掉5磅，”可可厉声说道，“你没有权利在几次试装过程中让体重波动。明天再回来，我们完成带紫貂领的夜间外套。记得减掉5磅！”

格洛丽亚·斯旺森这时是一个走下坡路的明星。在银幕上，这位32岁、声音沙哑的女演员仍然是迷人女人的化身，但她与华尔街银行家以及新晋电影金融家约瑟夫·肯尼迪的长期暧昧关系导致了她第三次婚姻的破裂。她在经济和情感上艰难挣扎，与花花公子迈克·法莫尔在游艇上短暂约会的结果是她意外地怀孕了。

尽管已经是一个10岁女儿和领养的7岁儿子的母亲，她还是决定将孩子留下来，并让她的随行人员发誓保密。迈克·法莫尔在使劲追她结婚，但是在3次失败的婚姻之后，她对婚姻生活已经失去了信心。她现在想的就是如何尽快在显身孕之前把《歌舞青春》拍摄完。然后，她会休长假，把孩子生下来，并宣布是她领养的。

次日，她带着从医生诊所那里拿的几根松紧带回来找香奈儿。她解释说，她想要香奈儿公司做的是一件弹力内衣，这样束身内衣的痕迹就看不到了，这样可以让她在两个月内保持苗条，足够拍完这个电影。

可可不愿听，坚持说，“减掉5磅。”

斯旺森回答说，“也许我减不了。”

“为什么减不了？”

“也许是健康原因。就试试看吧，”她央求道，“如果不行，我会减掉5磅。”

在一个人身上，艺术气质难与金融敏锐相结合，但加布丽埃勒是这条规则的例外。她的名字代表了弃绝束身衣的一种时尚，但是，作为小商贩女儿的她又精明地在必要的时候选择更实际的办法。公司内部内衣专家将手术用橡皮筋缝成一条紧身内衣裤，用了3个助理才让斯旺森穿上它，但效果好得令人震惊。这位女演员带着好几箱香奈儿衣服和一沓结实的弹力紧身衣回好莱坞了。

可可跟着斯旺森到了高德温制片厂。在《歌舞青春》拍摄的时候，无论导演茂文·勒鲁瓦还是两位男主演费迪南德·戈特沙尔克和梅尔文·道格拉斯都没有怀疑到女主角居然怀孕了。在此期间，可可为佐伊·亚金斯的百老汇戏剧《希腊人有一种说法》（又名《三个百老汇女郎》）那部幽默风趣、老练世故的改编电影设计了服装。这是关于三个相互竞争的掘金女郎的故事，演员的选择很富有灵感：伊娜·克莱尔出演一个调皮捣蛋、意志坚定的掘金者，她一丝不挂地穿上一件皮草大衣出去勾引男人；琼·布朗德尔出演前者开心愉快、爱说俏皮话的好朋友；而玛吉·伊万斯则演一个优雅和有品味的女孩。高德温让导演洛威·舍曼一定要把让纽约戏剧观众所痴迷的优雅大气成功地转移到银幕。香奈儿设计的使人瞠目的长服、理查德·德伊铺张的布景，都由高德温的头号摄影师乔治·巴恩斯镜头记录了下来。

在两部影片进行后期制作期间，香奈儿回到了巴黎。高德温计划发布《歌舞青春》作为1931年圣诞片，但结果是一场大灾难，它加速了斯旺森事业的下滑。片后职员表介绍，“斯旺森小姐服装由巴黎香奈儿设计和制作”，影评也尽职地注意到了服装设计。《纽约客》推测香奈儿离开好莱坞是因为“他们告诉她，她设计的衣服不够轰动。她让一位女士看起来只像一位女士，而好莱坞想要让一位女士看起来像两位”。《希腊人有一种说法》获得巨大成功。《综艺》杂志写道：“它就是那样一个奇异的故事，几乎都是由女人所写。在这样的故事里，并不是那么优秀的女主人公总是又要马儿跑得快，又要马儿不吃草。对于女性行业，这个公式通常是可靠的。”行业评论没有提香奈儿服装，但是在屏幕职员表上注明了“服装由香奈儿设计，广而告之”。

二十三
竞争

香奈儿回巴黎有多个原因，尽管有《纽约客》的推测，但其设计的服装对好莱坞来说不够炫目并不是理由之一。是的，她确实觉得好莱坞有点乏味，并在晚年把它称为“胸和臀的神庙”，但高德温和她自己都只是把她在好莱坞的工作看成是临时的兼职。她绝不会关掉香奈儿公司，辞掉两千工人，而移民到电影之都。

经济萧条在深入，保罗·波烈关闭了他在香榭丽舍圆形广场的服装设计公司。他的债权人攫取了他所拥有的一切，并通过法院指令获得了他名字的所有权。香奈儿的竞争者们都在砍价。但作为好莱坞设计师，加布丽埃勒每年一百万美元的两年合约给了她经济上的安全垫。突然失去的英国和美国客户自然带来了损害，但依然有很多来自南美和印度的富有客户。即使在美国，第一波恐慌平息后，依然有足够富裕的人订购大量奢侈品。香奈儿深信，生存的最好方法就是保持高档时装的手艺标准。如果有任何可以让步的，那就是面料。让丝绸商气馁的是，她开始设计棉料晚装。

香奈儿在好莱坞的成功提高了她在本国的威望。《VOGUE》宣布，她能让伊娜·克莱尔仅穿一件最简单的白色缎子睡衣，香奈儿给好莱坞带来了革命性变化。香奈儿名字的威望之高前所未有。科克托想要她为一部新的歌剧设计服装，这是改编的亚瑟王神话剧《圆桌骑士》。国际钻石商会也请她设计珠宝。

香水和饰品配件是任何像样的时装所必需的一部分，但是，将设计师名字特许经营于从针织品、眼镜到葡萄酒、地毯、商务飞机内饰等所有方面的做法还是几十年以后的事。名人名字用于商业需要慈善这片无花果树叶来遮羞。钻石商人邀请香奈儿用真珠宝设计，并许可让她的名人朋友来参与设计。

她同意了。她找来设计饰品的“匠人”包括：艾蒂安·德·博蒙伯爵，他在10年前曾拒绝邀请香奈儿出席自己的时装晚会；米希娅，她在和霍霍离婚后生活情况不如从前了；上流社会女主人西博尔·寇法科斯夫人；以及室内设计师艾尔西·德·沃尔夫，据说是她让美国人了解了古玩。

在其位于法布街的家中展出了合作的艺术作品，媒体的关注甚至使钻石商戴比尔斯公司在伦敦交易所的股票上涨了20%。珠宝在科罗曼代尔屏风隔成的陈列室展出时，每个房间门口都有私人保安守卫。《纽约客》的珍妮特·弗兰纳评论这次展出：“香奈儿小姐的珠宝镶嵌以设计为主导，并运用精致天体物体。

壮观而不均衡的星星耳环，尾部环绕女士颈部的华丽彗星项链，柔韧的光线状手镯，月牙状帽子和发饰，独特的典型展品镶嵌在黄金上，这是从世上无与匹配的宝石中挑选的一组相似黄钻组成的辉煌太阳。”

虽然经济萧条在加剧，但以其独特的直觉，她知道要在别人都认为是低潮的时候出手，并预测真珠宝将变得时尚。在急速发展的20世纪20年代，她制作了玻璃饰品，“因为在奢侈泛滥的年代，它们没有一丝傲慢”，《纽约客》曾引用她的话说。而现在，她推广宝石，因为它们“在最小的量里含有最大的价值”。为了节省，她把一件件饰品做成可转换的形式。所有复杂的饰品都可以拆开：冕状头饰可以改成手镯，耳坠变成胸针，心形饰品可以改做锁扣。

为确保女人们还会买她那著名的人造珍珠，她为新首饰特别创意了几句格言：

> 女人应该真假珠宝搭配。要女人只佩戴真珠宝就像要她盖上鲜花，而不是印花丝绸。她会在几个小时内就凋落。
>
> 我喜欢假的珠宝，因为我发现它们富有挑衅性。只因为你富有就在脖子上带着价值几百万闲逛，我觉得很无耻。带珠宝的目的不是让女人看起来很富有，而是去妆扮她，这不是一回事。

可可快五十岁了，但还是极为有吸引力。“她聪敏、深色金发、宽脸、隆鼻，像一头小公牛，有着杜邦红酒般深红的脸庞。”戴安娜·弗里兰[1]如此回忆20世纪30年代中期的加布丽埃勒。

这位《时尚芭莎》和《VOGUE》的未来编辑当时是一位与银行家丈夫里德·弗里兰住在伦敦的闲散女人。他们夫妇被邀请到法布街参观。“这里有一个带喷泉的巨大花园，花园里开设最美丽的沙龙，大约有54个科罗曼代尔屏风将房间分隔成一道道最为出色的魅力小径。在这里，她接待整个世界。在她身边围绕着一个体面的团体——艺术家、音乐家、诗人——所有人都为她着迷。可可·香奈儿在这里，巴黎的上流社会，出人头地，完全是靠她的智慧和审美力。她的审美力可以说是令人敬畏的。她不可抗拒，绝对不可抗拒!”

玛丽·哈里曼是罗斯福总统特使威廉·埃夫里尔·哈里曼的妹妹，她记得香奈儿“不漂亮，个子小，但使人倾倒；有点像为恺撒所爱的克莉奥帕特拉。她的魅力和风格造就了她的美。她与同时代的女人完全不同，她比同时代的时尚更加时尚，因为她有一种伶俐的优雅，这后来被纽约女人效仿，使她们都带有一种类似商业性的伶俐和优雅”。

在著名的对香奈儿的口头表述里，科莱特把她描绘成一头黑色公牛。其他人的脸可能使我们想起动物的某一个部位，如鸟喙、猪鼻、鼻孔、狗嘴、躯干或马鬃，但“因她顽强的能量、她面对你并听你说话的形态、她有些遮挡脸部的戒备姿态，香

---

① 戴安娜·弗里兰（Diana Vreeland，1906—1989），美国知名杂志编辑和作者。从1939年开始先是在《时尚芭莎》做了23年，期间创立了《你为什么不……》的栏目，受到读者的极大关注。随后在1963年到了《VOGUE》。——译者

奈儿就是一头黑色公牛。她深色的头发是卷曲的，这是公牛犊的特性。一束头发往下触到她的眉毛，随着她头的移动而跳跃。据说她很富有。幸好，她的着装并不带有黄金的传染性恶臭，没有那种虚弱而又令人生厌的人身上发出的轻率光泽”。

科莱特捕捉到了加布丽埃勒的冲动性工作方式。“香奈儿工作的时候运用十指、指甲、掌沿、手掌、别针和剪刀直接在服装上修改，一种带长褶的朦胧的白色布料，上面的水晶吊坠噼啪作响。有时候，她在作品之前双膝下跪，紧紧抓住，不是为了顶礼膜拜，而是在给点惩罚，在她那天使模特大腿周围再将布料拉紧一点，抹平纱上的丰满。我在她脸上清晰可辨地看到，她从不拔的两道又长又黑的眉毛，专横、随时准备扬起、随时准备放低，但在一缕跳跃的发丝下垂骚扰时，会轻轻抖动。从眉毛开始，人的注意力会转移至嘴巴，在这里，我会犹豫，在精力集中或烦恼的瞬间，脸部中央好像被盖住，往中间收缩，往眉毛的悬挂下、往她头发的黑色拱形下退缩。在那一瞬间，就像一种强烈的撤退，一种短暂的静止，在这静止中，嘴突然逃跑。忧伤的、不耐烦的、顺从的嘴角和扭曲的嘴唇，受到咬着的牙齿的惩罚。”

她得回家扑火的另外一个原因是出现了一个新的竞争者，艾尔萨·夏帕瑞丽。可可将她称为“那个做衣服的意大利女人”。最初，可可选择忽视她，但后来发现夏帕瑞丽的展出变成了上流社会热切期待的事件。如果说可可是古典风格，那夏帕瑞丽就是巴洛克风格；如果说可可是解放的、简约的，那艾尔萨则再次引入了奢华的愚蠢。“我所创造的会为每个人所学习和仿效。”香奈儿坚持。“我所创造的无法模仿。”夏帕瑞丽反驳说。

其他的女设计师，如薇欧奈、朗万、露易丝·布朗热，以及年龄更大的卡洛姐妹，从来都没有构成过威胁。就算用过艾丽克斯或格雷夫人等名字的艾丽克斯·泽瑞斯科也是如此。但夏帕瑞丽不同。她的审美观也许与香奈儿相反，但她们两人都吸引同一类的女人，吸引20世纪30年代中期干净利落、强硬的风貌。加布丽埃勒的服装是精美、现代、便捷、无可匹敌的高雅。夏帕瑞丽则更像是成年女士衣服令人目眩的儿童幻象版。风格清新——裙装和匹配夹克的结合——但颜色是奇异的。她让熟悉的与料想不到的、漂亮的与古怪的相结合。她会混合紫红色、紫色、骇人粉色和黑色。她说：“好的设计总是在坏品味边缘走钢丝绳。”

比可可年轻12岁，因此更被蔑视，夏普或思嘉普——每个人都这么称呼她——出身于罗马贵族。她曾经历了与一位波兰梦想家的不幸婚姻，还和他一起去了美国，花光了自己的嫁妆，并留下一个孩子。开始的时候，为了在巴黎维持生计，她设计非洲艺术图案的毛衣，并说服亚美尼亚难民为她织毛衣。

如果说可可支付的是巴黎服装行业通行的少得可怜的工资，那么艾尔萨就是使用半奴隶劳工。如果香奈儿从来没有走进过她的工厂，那艾尔萨则是无法抗拒地诱惑她的针织女工没日没夜地工作，甚至周日也工作。但是如果交的货有什么错误的话，她就立马变成凶恶的那不勒斯鱼贩。思嘉普曾想将她的设计卖给波烈，但他拒绝了。后来她找到了安妮塔·卢斯作为经济上的赞助人。这位美国作者，《绅士爱美人》的作者，为思嘉普拿的第一个订单就是40件毛衣。就像可可在1912年的多维尔所做的一样，思嘉普在和平路一栋楼的阁楼上租了几个房间以设计运动装开始了她的事业。也像可可一样，她有一个英国贵族的关系，威灵登勋爵、印度总督的弟弟赞助了她在上格罗夫纳街的精品店。

夏帕瑞丽的设计可不适合胆怯者。泰尔紫是她最喜欢的颜色，她将它重新命名为“骇人粉色”，并以这个名字创造了自己最著名的香水。作为科克托和年轻的萨尔瓦多·达利①的朋友，她向他们寻求灵感，并在设计上引入超现实主义风格。她的时装展都围绕一个主题——马戏、蝴蝶、音乐、波提切利②——她让布料和饰品配件生产商模仿自己的主题。穿夏帕瑞丽就是亲近幻想，就是展示幽默感。她的客户包括葛丽泰·嘉宝、本尼托·墨索里尼的情妇和威尔士王妃。她在1935年搬到了旺多姆广场，她在这里开的时装展总是上流社会云集。夏帕瑞丽将展厅重新设计装修，而设计师是尚恩-米歇尔·法兰克，他富有个人风格的装饰和家具在大西洋两岸都拥有众多追求者。在自传《惊人生活》中夏帕瑞丽愉快地记载，这个新的室内装修会让香

---

① 萨尔瓦多·达利（Salvador Dali，1904—1989），西班牙超现实主义画家、版画家和雕塑家。达利是一位具有非凡才能和想像力的艺术家，以探索潜意识的意象著称。1982年西班牙国王胡安·卡洛斯一世封他为普波尔侯爵。他与毕加索、马蒂斯一起被认为是20世纪最有代表性的三位画家。——译者

② 桑德罗·波提切利（Sandro Botticelli，1445—1510），原名亚历桑德罗·菲利佩皮，是欧洲文艺复兴早期的佛罗伦萨画派艺术家。其杰出代表作包括《春》、《维纳斯的诞生》、《三博士来朝》。——译者

奈儿“像走过坟地一样发抖”。按照思嘉普的说法，可可在康朋街的沙龙是在丽思酒店的后面，她说：“可怜的香奈儿，我用了丽思酒店的前门，她只得用后门了。”

可可更大的肉中刺则是韦尔泰梅家族。香奈儿 5 号是世界上销售最好的香水——她本人就在纽约最好的百货商店看到了这种方形瓶子——但如果说专利费使她变得富有，那这款香水让皮埃尔和保罗·韦尔泰梅赚得更多。她控制了一个帝国，包括了位于康朋街的综合场所，位于多维尔、比亚里茨、戛纳和伦敦的时装精品店、布料和珠宝工厂，但最让她伤心的是香水不包括在内。

1934 年当韦尔泰梅兄弟推出一款香奈儿清洗乳液的时候，她看到了复仇的机会。1924 年设立香奈儿香水公司时的条款不是很清晰。她授予该公司权利制造和销售“目前已经销售的以香奈儿命名的所有香水，她所拥有版权的独家制造配方、方法和设计，以及该公司拥有独家权利生产和销售以香奈儿命名的香水、化妆品、香皂等”。另一方面，一个除外责任条款规定这些权利仅限于“香水行业通常销售的物品，限于香奈儿香水公司使用香奈儿名字销售上述产品”。

清洗乳液是香水产品还是化妆品？可可给韦尔泰梅兄弟的律师文件上要求新的香奈儿乳液停止使用她的名字。韦尔泰梅兄弟辩解说，清洗乳液通常被当作香水行业的产品之一。然而，什么是香水产品和化妆产品之间的区别？再说，他们也没有侵犯她时装方面的权益，比如推出饰品配件。

可可雇佣了一位年轻的律师，他具有法国和美国的家族遗传，无一丝瑕疵的家庭关系背景：勒内·德·尚布伦伯爵的父亲是一位前外交家、纽约第一国民城市银行的法国总裁；母亲是克拉拉·朗沃斯；舅舅是尼古拉·朗沃斯，众议院议长；姨妈是西奥多·罗斯福总统的女儿，爱丽丝·罗斯福·朗沃斯。勒内想专攻国际法，也成就了一桩政治婚姻。他的妻子乔西是法国总理皮埃尔·赖伐尔①的女儿。像香奈儿一样，他也来自奥弗涅省；也像她一样，他拥有农民的狡猾、坚韧、固执以及粗野；对后者，即使后来拥有巨大的财富和政治权利，他也从不以为耻。

勒内的父亲，阿德贝尔·皮尼顿·德·尚布伦在位于香榭丽舍大街上的城市银行总部给了他一间靠里的房间，并告诉他："这里有桌子和电话，安顿下来吧。"可可·香奈儿是尚布伦的第一个客户。

"你认识皮埃尔·韦尔泰梅吗?"她看了看简陋的房间，问道。

"知道名字而已，小姐。我更了解他著名的马，'菠菜'。"

"好，这个韦尔泰梅是个骗子。你准备好听我的漫长故事了吗？你准备好战斗了吗?"

"小姐，我事业刚刚开始，我前面还有很长的路。"

尚布伦调查了此事，迅速发现远在1924年时香奈儿就是自己最糟糕的敌人。为了确保韦尔泰梅家族不侵害自己的时装领

① 皮埃尔·赖伐尔（Pierre Laval，1883—1945），法国政治家，4次任第三共和国部长会议主席，德国占领期间两任维希政府首脑。法国解放后以叛国罪被处死。——译者

地，她以合伙公司的百分之十放弃了香水。

在可可让新律师研究的文件里——尚布伦后来声称香奈儿文件最后超过一吨——她在1931就签署了给香奈儿香水公司的授权委托书。也许这个委托是无效的。与韦尔泰梅家族的法庭之争将持续5年，香奈儿和她的律师会败诉。

二十四

伊里巴

加布丽埃勒称保罗·伊里巴为她所认识的最复杂的男人。她与这位多才多艺的艺术家和设计师的关系充满激情和矛盾。他爱上了她的名望，假装不在乎她的金钱，但心里却希望她能跌下神坛，依赖他生活。她想将他带入自己的职业生涯，让他作为搭档。她委任他为全权代表，让他主持争吵激烈的董事会来对付韦尔泰梅兄弟。

“他控制了她，她没有办法，”塞尔盖·利法尔说，“过了一段时间，她既爱他，又恨他。”

“他让我筋疲力尽，毁了我的健康。”她后来对保罗·莫朗回忆说。

作为战前的一位讽刺画家，他在好莱坞是塞西尔·B·戴米尔的布景师，度过了眼花缭乱而又使人心烦的10年。香奈儿觉得她代表了他在战后法国错过的一切。“他回来的时候，他爱我，我想，可能是无意识的，出于对他所错过的一切的报复。我代表他未曾拥有过的那个巴黎，那个被他和塞西尔·B·戴米尔在加利福尼亚烦人的制片厂工作的年代抹掉的巴黎。他认为我是他所该得的补偿。在他该占有我的时候，他没有，现在，他实施迟来的报复。对我们两人来说都太晚了，但对于一个只想抚慰过去固恋和情结幽灵的人来说，并不太晚。”

伊里巴出生于昂古莱姆，父母均为巴斯克人。他的真实名字为保罗·伊里巴尼伽热。伊里巴与加布丽埃勒同年，身体健壮，黑眼睛黑头发，眼睛看起来在蔑视整个世界。他宣称，世界上所有伟大的民族，在历史上的某一个时候，其伟大都应归功于比利牛斯山西麓的民族。从美国开始，克里斯托弗·哥伦布不是巴斯克人吗？诺亚不也是？巴斯克人在青铜时代来自小亚细亚。是巴斯克人，而不是像《罗兰之歌》所说的摩尔人，在公元 778 年将查理曼军队的后卫部队切成了碎片。

他是记者的儿子，早年在父亲的报社当学徒学习排版，但没多久就辞工去美术学院上建筑课。17 岁的时候，他将第一幅画作卖给了当时巴黎最知名的周刊《肥差》。1908 年他创立了自己的杂志《目击者》。世纪之交是讽刺画家和漫画家的黄金年代，除塞姆之外，没有人比伊里巴描绘时事的笔触更犀利。伊里巴的女性剪影引起了波烈的关注，这位时装设计师要他观看时装展，将他觉得特别有吸引力的模特画下来。结果便诞生了《保罗·伊里巴所绘保罗·波烈长裙》，由设计师最富激情的设计作品构成的赏心悦目的插图集。波烈将这本画册送给了欧洲各国的王公贵族。《目击者》同时也登载胡安·格里斯和科克托的作品，杂志坚持出版了4年。伊里巴开始设计家具、纺织品、地毯和珠宝，到1910年又成了广受欢迎的室内设计师。他与科克托一起，在1914年创立了一本新的杂志。战争爆发时，《格言》刚好推出创刊号，登载了伊里巴一幅引人注目的招贴画：一名法国炮兵面对着一尊巨大的德国大炮，大炮里正吐出一群不情愿的奴隶士兵。

伊里巴娶了简·迪里斯，一个滑稽剧和默片电影演员，但她在1922年死于肺结核。那时候他已经到了美国，很快与纽约的梅贝尔·霍根结婚。新婚妻子继承的大量财富缓和了他对第一任妻子去世的悲伤。派拉蒙的共同创始人杰西·拉斯基发现了伊里巴，将他带到好莱坞，并告诉戴米尔好好利用这位设计师的才能。伊里巴工作的第一部影片是根据亚瑟·施尼茨勒的超道德维也纳戏剧《安纳托尔》低调改编的《安纳托尔韵事》。该影片成为了戴米尔最成熟、最精湛的无声喜剧片，其功劳就是伊里巴的布景。尽管在摄制时吵闹不休，戴米尔在看到剪辑完成的影片时仍拥抱了伊里巴以示感谢。伊里巴所创造的“新艺术”气氛如此使人陶醉，艺术评论员在严肃的期刊上讨论了《安纳托尔韵事》。

《凶杀》是戴米尔一部过度紧张的情节剧，因伊里巴为主演丽特里斯·乔伊设计的服装而轰动。《换夫》给了伊里巴一个机会来执导神灵般的丽特里斯；而《摩西十诫》则赋予了他有史以来任何电影布景师都未曾做过的最大背景画布。

派拉蒙影业公司将伊里巴提升为艺术总监，负责制片公司的设计师和布景，但他是一个很难相处的人。戴米尔的助理米切尔·莱森——5 年后可可在高德温制片公司也将与他合作——对伊里巴的升迁就很有看法。这两人变成死敌，他们的工作关系也是一系列的争吵、喊叫和摔门声组成的。

为了《万王之王》，伊里巴开始设计基督时代的全景再现。而戴米尔则觉得这些布景太沉闷，他告诉伊里巴，他更感兴趣的是丰富的想象，而不是历史的准确性。两人为此争吵，最后戴米尔炒掉了伊里巴，让莱森接管。伊里巴与梅贝尔一道于 1926 年回到了法国，用妻子的钱在法布街开了一间店铺，为富有的客户定制家具和珠宝。

科莱特将伊里巴描述为“极为不寻常的家伙，巴斯克人，圆圆胖胖的，像只阉鸡；既有点像神学生，又有点像排字间的工头”。然而，他却无数次征服女性。在处于经济困境的时候，他不觉得对女友敲竹杠是什么了不起的事。当钱财流进口袋的时候，他买了一辆伏瓦辛汽车、一艘帆船，并在科莱特避暑之家附近的圣特罗佩斯买了一栋房子。漫长的经济萧条让他失去了汽车、游艇和房子。为了生存，梅贝尔帮他从卡蒂埃和香奈儿那里拿到了一些设计珠宝的订单。

可可觉得任由自己被伊里巴引诱这事儿很好玩。自信、拥有一种无赖的魅力和尖酸的机智幽默，他向可可提出上床的要求。对于他来说出身没有意义，在这方面他与小伙儿卡佩尔、德米特里以及本多尔恰恰相反。有一年之久，几乎无人知道这段风流韵事。伊里巴并没有任何迹象要和梅贝尔离婚，但有关香奈儿已经准备和他结婚的谣言在流传。

到了1933年的夏天，梅贝尔知道了丈夫的暧昧关系，在父母的压力下——虽然父母只知道女婿的挥霍——梅贝尔搬出了伊里巴在罗丹道的公寓。没多久，她就带着两人的孩子回美国了。为了离可可近一点，保罗搬到了凡登广场16号。

在很多方面，伊里巴都是一个理想的伴侣。自从香奈儿在多维尔开设第一家精品店到现在已经20年了。在这20年里，她经营一家时装公司、纺织品生意和一家珠宝店，一共雇佣超过3 000名工人，这是身心愉悦但没有休止的20年。依靠一个像伊里巴这样的男人是充满诱惑的。他有风度、机敏，腿脚也勤快。可可甚至决定让伊里巴来帮助她对付韦尔泰梅兄弟。

面对她的诉讼和律师获得的要求香奈儿香水公司所有账目的法庭传票，韦尔泰梅兄弟试图通过重组公司来挤掉她公司总裁的位置。1933年9月12日，可可获得法院指令，给予伊里巴全权授权，让他主持董事会。对香奈儿香水公司的业务毫无经验，对于公司法和会议程序毫无知识，在会议结束时，伊里巴拒绝在会议记录上签字。这已足够让董事会多数投票将其赶出去。

韦尔泰梅兄弟继续推行公司重组。1934年香奈儿本人被迫退下总裁职位。次年，香奈儿香水开始将权利出让给子公司和韦尔泰梅家族公司“夜巴黎”。可可雇佣了几位从香奈儿香水公司卸任的管理人员，她带着可怕的决然，密谋新的策略以报复皮埃尔·韦尔泰梅。

然而，可可·香奈儿在时装上的能力从未降低。1932－1933年时装季的最大新闻是香奈儿的闪光缎面电影套装——由塞西尔·比顿为时装杂志摄影——尽管她得与夏帕瑞丽分享时装舞台上的荣光：后者推出了铜夹纽扣、毛毡女帽。1934年的风格更硬朗、更帅气。可可以人造丝绸裙配开领白衬衫胜出。英国版《VOGUE》评论："既不像夏帕瑞丽那样的音乐戏剧，也不像伦敦时装公司巴斯万那样沉闷单调。后者已经收购了利维尔，其特征是厚套装、方形夹克、深色长筒袜和平底鞋。"重头新闻是弹性面料可以用来制作一系列服装而不使用系带，可可和夏帕瑞丽都推出了使用美国松紧（后来是乳胶）材料的服装。这种弹性面料从大方格褶痕类似绉纱的花呢到优质闪光细纱毛料，均以松紧纱作为面料设计的必要组成。

伊里巴为可可重新装修了法布街上的公寓。他们一起参加科克托最成功的戏剧《地狱机器》的开幕式，这是对奥迪普斯传奇的滑稽模仿。在此剧中，时装插图画家克里斯蒂安·贝拉尔作为舞台设计师实现了重大突破。

与大多数来自巴黎的艺术家、知识分子及有钱人一道，香奈儿和伊里巴在里维埃拉度过了1933年夏季。科莱特在圣特罗佩斯购物的时候，后面有人用双手蒙住了她的眼睛，她感觉到背后抱着她的女人的身体。"猜我是谁？"她知道是米希娅。

她们还没来得及问候，米希娅就脱口说出，"你知道吗？她要和他结婚了。"

"和谁？"

“伊里巴。”

无休止的流言蜚语似乎概括了一切。米希娅吐露秘密说，可可有生以来第一次真的恋爱了。

科莱特不喜欢伊里巴。她觉得他的亲吻有讨好的味道，他的态度像一个初出道的男人。他“瘦弱，满是皱纹，脸色发白，笑起来满嘴新牙。他像鸽子一样咕咕发声”。

科莱特给她的朋友女演员玛格丽特·莫雷诺写信：“我刚听说伊里巴要和香奈儿结婚。你不为香奈儿觉得遗憾吗？”

二十五
酝酿中的悲剧

约瑟夫·勒克莱尔是这桩即将到来的婚事的受害人。他的妻子玛丽在为可可服务期间去世，女儿在这个家里长大，这位男管家已经够牺牲的了。他曾看到她和小伙儿卡佩尔在一起，看到她和莱昂·德·拉博德一起赶赴卡佩尔去世的现场；他曾服侍斯特拉温斯基和威斯敏斯特公爵，也曾为德米特里大公爵服务，为勒韦迪开过门。可可不想从他那里听到任何比较、评论或责备。可可向他解释，因为经济萧条，她得放弃法布街上房子的租约，搬到公寓，只留下她的贴身女仆。

他们的分手是苦涩的。但约瑟夫是一个完美的忠诚仆人，他从未表达过对她的不满，从未出卖过他的备忘录，终其一生，一直在报纸上关注她的职业生涯。

香奈儿搬到了丽思酒店，住在丽思康朋街这边狭窄建筑里的一个两室套间。在对面的康朋街 31 号三楼她还租了一个公寓，把衣服留在那里。

她把持家的兴致集中在拉堡萨。花园建成了，增加了一个网球场，客厅也重新装修了。她的招待活动既挑剔又节俭。她说，“我讨厌墨守成规，但人们得接受习惯。”她的晚餐包括烤土豆和新鲜的栗子泥，餐具摆放在没有铺桌布的橡木桌上。她雇佣的厨师被明确告知，如果发现任何洋葱气味，他就别干了。“我不喜欢那些被吃掉后还和我说话的食物，”她说。她选择的葡萄酒是经典的——冷冻的雷司令、基安蒂、博若莱；给客人的话，是更尊贵一点的波尔多，比室温更凉一点饮用。在壁炉光照下，她偶尔来一点伏特加。

伊里巴说服加布丽埃勒资助《目击者》杂志的重生。他自任董事、主编和漫画家，1933 年 12 月 10 日创刊号，重点推出科莱特和让·季洛杜的文章、电影制片人阿贝尔·冈斯和演员路易·茹韦的评论。

伊里巴的画一点也没有失去原有的尖刻。仍然是尖酸的幽默、惊人的绘图和布局，但一切都是狭隘的民族主义。“法兰西”一词几乎出现在每一行字里。在他的卡通里，可可作为被折磨的法兰西自由女神玛丽安，坐在一排面带嘲笑的法官面前，他们是罗斯福、张伯伦、希特勒、墨索里尼。摆放在报摊、展开在桌上的，是完全可以辨认的裸体香奈儿，作为无能为力的法兰西化身。

大萧条将伊里巴变成了一个超级爱国者和精英主义者。在法国，无能力采取任何合理举措的笨手笨脚的国民大会加深了经济不景气。伊里巴和很多法国人一样，深怀敌意和怨恨：不是像在美国和英国一样，针对执政党；而是像在德国一样，针对共和国政权本身。在德国，民众的不满将希特勒推上了台；在巴黎，它催生了一批右翼“同盟”，其目标是推翻第三共和国，建立一个强势的统治政权，或者如夏尔·莫拉斯的《行动法兰西》所主张的，复辟君主制。伊里巴不是君主主义者，但他认为代议制政府是无效的。他从不为自己的精英主义观点找借口。他说：“品味总是来自上层。”

《目击者》加入了强大和过热的右翼媒体，挑起反对德国人、犹太人和浪漫主义，但最重要的是反对外国人。为了提高发行量，伊里巴用了一句简单的口号：“《目击者》说的是法语。订阅吧。”

加布丽埃勒从来就不是一个自由主义者，尤其是涉及在她工作室和沙龙里劳作的几千名妇女的报酬和权利的时候。她支持情人的世界观，从对政治漠不关心的立场，转到持未来受到来自左派威胁的观点。1934 年早期，就在窗户下面发生的事件加深了她的成见。2 月 6 日，由右翼协会和带有政治色彩的战时退伍军人在协和广场组织的示威变成了一场长达 6 小时的暴乱，4 万多乱民试图冲进国民议会，几乎推翻政府。由于被警察路障驱赶，一些暴乱者转向加布里埃尔大街，冲往总统府爱丽舍宫。可可闻到了催泪弹的味道，看到脚穿靴子、头戴贝雷帽的年轻人拿着绑有斩马刀片的拐棍追打骑警。当一切结束之后，16 名暴乱者被杀，665 名受伤；同时有一名警察被杀，1 554 名受伤。这是巴黎街头自 1871 年巴黎公社以来最血腥的遭遇。右翼同盟的微弱败局激励了左派，使整个国家进一步两极分化。到夏天，社会主义者和共产主义者解决了他们的分歧，成立了“人民阵线”来竞争 1936 年的选举。上层阶级感到失望，认为法国正在滑向一场布尔什维克革命。

可可与康泰·耐仕时冷时热的关系又开始吹热气，一个单名叫霍斯特、刚刚开始职业生涯的年轻德国摄影师被委任为香奈儿拍摄一个版面。

“我不知道她和康泰·耐仕上一次的争吵是什么原因，但她请我在丽思酒店共进午餐并讨论照片拍摄，”霍斯特记得，“珍妮特·弗兰纳非常喜欢我给她拍的一幅照片，她在《纽约客》的‘巴黎来函’中提到过，因此引来了耐仕先生的越洋电话。”

在约定的钟点，26 岁的摄影师来到了丽思酒店，完成了拍摄。在将照片寄回纽约之前，他回到丽思让她看看作品。

“很好的照片，很好的珠宝，但这不是我。”她告诉他。然而让他惊奇的是，她接着说，“我们再试一次吧。”

第二次拍摄的作品变成了霍斯特最著名的肖像照，他在 50 年后还在画廊里售卖。为香奈儿的侧面轮廓所触动，他让她只穿一件简单的黑色长裙，带着她最著名的珠宝，斜靠在安乐躺椅上，梦幻般地看向远处。

“我以为她爱上我了，”他回忆道，“我知道。我年轻。她带我去巴黎歌剧院。有一次送她回家的时候，我试图亲吻她，她拒绝了我。她说：‘不能这样。’她对我非常慷慨，总是送我东西。她把漂亮的家具送到我的住处。我和米希娅一起来和她晚餐。”

康泰·耐仕又派了一位更资深的摄影师，乔治·霍伊宁根-休内男爵到罗克布兰为香奈儿拍摄一组照片。霍伊宁根是一个具有极高世系的俄国贵族，他的父亲曾拒绝为德国皇帝威廉二世行礼，因为他认为霍亨索伦王室是暴发户。在英国版《VOGUE》里，伴随这组照片的文章报道，拉堡萨“是简约的精髓，没有任何多余的家具。这里的一切属于最完美之列——老式橡木桌、箱子、柜橱，空旷的卧室里是旧式意大利床”。

对于《VOGUE》给予夏帕瑞丽的关注，香奈儿感到不高兴。在一通打给纽约的电话上，可可与耐仕又吵了一架。结果这位出版商命令他的杂志不得登载可可·香奈儿的任何照片。

可可决定在罗克布兰度过 1935 年的整个夏天。伊里巴和梅贝尔正式分居了，但在夏天开始的时候他待在巴黎。电话里，可可宠着他，让他为她作出一些决定。她也在放纵自己，对于来自女工头的告密报告不理不睬。这些报告说夏帕瑞丽正在预展一系列军用服装，贴身套装、鼓手夹克和前倾“暴动”帽。更气人的是，夏帕瑞丽在为温莎公爵夫人制作服装。香奈儿的海滩睡衣在里维埃拉随处可见，但 15 年来可可第一次必须关注她的竞争者。她决定在度假之后给“那个意大利女人”致命一击。

普朗和利法尔来访问了。霍斯特也来了。

这是一个可爱的夏天，墨索里尼入侵埃塞俄比亚只是一个遥远的事件。对非洲领土的攫取最终会让意大利孤立于欧洲其他国家，但没有让意大利朋友孤立于罗克布兰，至少这个夏天不会。来访者包括卢奇诺·维斯康蒂①，他是罗马“黄金组合”

① 卢奇诺·维斯康蒂（Luchino Visconti，1906—1976），意大利电影和戏剧导演。他的作品包括《对头冤家》、《豹》、《魂断威尼斯》。——译者

的年轻成员之一。21 岁的米兰贵族和未来的电影导演发现了女主人忧郁的一面。他称她为“无情的美人”[1]，后来回忆起“她的痛苦、她从伤害中获得的快乐、她对惩罚的需求、她的骄傲、她的严格、她的讽刺、她的毁灭性狂怒、她从热到冷的性格专注、她的创造性天才”。对于他来说，拉堡萨是另外一个“金色世界”。可可举办愉快的招待晚宴，但从不会超过 10 或 12 人。“她的花园很特别，”他回忆道，“她是第一个种‘穷’的植物的人，如薰衣草和橄榄树。她抛弃了百合、玫瑰之类的花。房子的装饰是米黄色，皮革和麂皮沙发，完全过时的普罗旺斯和西班牙家具，一切都是浅色，像一幅苏巴朗的油画。”维斯康蒂爱上了霍斯特。

伊里巴从巴黎来电话说他就要来了。他会乘夜间快车上的卧铺，这样到达时就已经休息好了，可以在早上打一场网球。保罗·莫朗邀请他们网球赛后乘他的新船游览。

第二天早上，在可可的网球场上，悲剧发生了。可可过来开始打网球时，伊里巴正在热身。第一局中，她走向拦网去告诉他不要将球击得那么狠。他从太阳镜上方看着她，绊了一下倒地了，这是严重的心血管病。

他再也没有恢复意识，在芒通附近的医院去世，终年 52 岁。

---

① “无情的美人”（La Belle Dame sans Merci）来源于阿兰·卡尔提耶所作的一首早期法国宫廷诗。但更为知名的是英国诗人济慈以此句为题的诗。——译者

二十六

人民阵线

保罗·伊里巴去世后的几个月对加布丽埃勒来说是艰难的。又一次，米希娅跑前跑后，奉献安慰和同情的倾听。可可很少说话。她又一次成为只能靠自己的女人。又如童年以来每当灾难来临时，她就变得内向，默默地承受着悲伤。

自从1911年在艾蒂安·巴尔桑的公寓里卖帽子以来，她首次让下属打理自己的业务。通过长途电话，她告诉员工为春季时装展做准备，她得在罗克布兰待一阵子。那年，里维埃拉的9月出奇的美。

她在10月回到巴黎。1936年时装季看来至关重要，出现了几个男性竞争者——马萨尔·罗莎率先推出垫肩；曼波彻，矮小但有着无穷能量的美国人，他为好莱坞明星设计服装，因为满德夫人的推荐，温莎公爵夫人选他作自己的服装设计师。

然而，那个“意大利女人”在全面开花。夏帕瑞丽拥有英国版《VOGUE》的1935圣诞刊封面。塞西尔·比顿拍摄了卡兰·卡波塔拉公主，一位备受赞美的印度美女，穿着夏帕瑞丽设计的莎丽晚礼服，在超现实主义的布景下展示着一系列思嘉普外套和绉纱。

1936年的新时尚是短上衣，腰部收紧，外罩硬挺外展的无袖长衣，下配窄裙，通常是贴身褶皱，如绉纱。香奈儿的套装是贴身花呢外套，配开领白衬衫；而夏帕瑞丽的则是各种奇思妙想的飞扬。与萨尔瓦多·达利一起，她创意了一件晚装，裙子上印有真实大小的龙虾，上部点缀以绿色图案代表欧芹。让这位超现实主义画家非常遗憾的是，他想在衣服上溅些真的蛋黄酱但被阻止了。不过这件晚装因为塞西尔·比顿所拍摄的温莎公爵夫人穿着它的照片而引起广泛关注。

香奈儿和夏帕瑞丽不仅在分割同一个客户群，也在建立不同的时尚“流派”。加布丽埃勒是为犹豫不决、不够坚定自信的妇女服务的设计师。那些矜持内向、害怕没品味甚于一切的人穿香奈儿；放肆、自信、诱惑的人则以夏帕瑞丽服装为乐：红色睫毛、带猩红指甲的黑手套、粗糙的发网和小圆帽、黑色晚礼服转边下露出的淡蓝色缎子裤。思嘉普又增加了弗内斯夫人以及几个好莱坞明星客户，征服了包括法语版《VOGUE》、《伊周》以及爱报道两人之间对抗的几份巴黎日报在内的媒体时尚记者。“关注零零碎碎的细节的裁缝时代已经让位于数学家和建筑师的时代，”《VOGUE》热心地评论，新风格既不简约也不伤感，“而是休闲、大胆、厚实和现实的；面料粗糙而非平滑，颜色搭配巧妙”。

1936年4月26日星期天，法兰西在暴雨中投票选举，创纪录的85%的注册选民参加选举，结果左翼联盟取胜。人民阵线的来临被广大民众看成是激动人心的胜利，预示迟到已久的社会和经济改革即将到来；但胆小的右翼则认为国家已经到了共产主义边缘。富人看到他们的财富和特权受到威胁，而工人们则庆祝“五一”劳动节的到来。在红旗的光辉下和“国际歌”歌声中，他们宣布了对新明天的希望和承诺。联合政府的首领是社会主义者莱昂·布鲁姆①，他是一个受自我怀疑、自我批评所折磨的人，还经常向公众公开他的自省自问。在新国民大会的开幕式上，右翼国民代表弗朗索瓦·哈维尔-瓦拉嘲笑他的亲犹太主义。反动媒体抓住了反犹太主义的主题。布鲁姆就职次日，《行动法兰西》的社论标题就是“犹太人统治的法国”。布鲁姆及其政党从来都是反对党。刚过64岁，在毫无内阁经验的情形下，布鲁姆成立了政府，准备开始人民阵线实验。

因为即将解散的国民大会的任期要到5月底才能结束，按宪法布鲁姆必须在6月初才能正式就任。而长期顺从的工人越来越害怕选举得来的胜利会被抢走，要求社会主义政府立即兑现其承诺：带薪休假、延长家庭资助、失业保险和40小时工作周。没有工会的授权或左翼领袖的鼓励，工人们开始了一系列

① 莱昂·布鲁姆（Leon Blum，1872—1950），法国政治家，曾三度担任法国总理，也是法国首个社会党和犹太总理，曾推出多项重要的劳工改革措施。——译者

的罢工，并迅速成为浪潮。很可能布鲁姆还没掌舵，人民阵线这艘航船就被推翻了。罢工从各个飞机工厂开始，5月26日扩散到汽车工人。以美国的“静坐”罢工为样板，工人们占领工作场所，赶走管理人员；或者如发生在几个地方的情形那样，把管理者锁了起来。当罢工行动吞没了纺织工业，加布丽埃勒惊得发呆。罢工发生在她自己的公司，她把这看成是对个人的冒犯。好大的胆子！妇女居然罢工！她有什么对不起那些女孩的？没有她，她们会成什么？

6月6日周六上午，当可可从丽思酒店在康朋街的后门出来，跨过街准备去上班时，看到的情形让她惊呆了。精品店门前的人行道上站着十多个她的销售女工，面带微笑，正在向街对面的摄影记者挥手。在员工入口处，有50来个身着罩衫的女裁缝。车道门口挂着罢工工人传统的捐款箱，漂亮地装饰着彩带，请求路人的支持。

香奈儿看了一眼，转过身，消失在丽思酒店里。

那天上午晚些时候，香奈儿工人代表结队进入丽思酒店。她们没有使用后门，而是转了一圈，来到位于凡登广场的前门，越过穿着金色穗带的门童，要求见小姐。香奈儿让人传话，她拒绝见任何工人代表，但是在方便的时候，她会在办公室会见自己的工人。

勒内·德·尚布伦来到酒店。可可正在大发雷霆，律师建议她要节制。前天刚刚就职的布鲁姆总理已经安排了与业主及劳工领袖见面以结束罢工。

可可在经受前所未有的考验。在骚乱已成为传统的纺织行业，香奈儿时装公司是管理得最好的公司。她已经培养了一个强势的团队来运营生产和销售，而自己则集中精力于服装设计。“这个行业在上层有很多女老板不能容忍女工头的成长，但小姐不是那样的人。”尚布伦说道。

当她来到香奈儿时装公司入口的时候，工人代表不让她进入。那天早上，她第二次撤退了。

她告诉尚布伦，没什么可以讨论的。她咕哝着，坐在我的衣服上罢工！那是从你们美国来的主意，静坐罢工！女人屁股坐着，多下流！不要跟我谈工资。我给的工资完全合理，还要带薪休假！

她在米米藏社区靠近威斯敏斯特公爵住所的地方租了一处房产，每年都会送一些最消瘦的学徒去那里呼吸新鲜空气。听她讲得越多，尚布伦就越觉得她像伊里巴，或者像威斯敏斯特公爵：那个故意没必要地烧掉很多煤，以使煤矿工人能生活下去的人。

尚布伦建议她等到政府的行动结束。雷纳夫人从街对面过来，她从德米特里大公爵时代起就是可可的私人会计师。工人们认为她属于管理层，命令她离开。她报告，没有人真正坐在服装上，但她担心老板。巴黎很快就会落入暴民之手。黄昏时，律师派人过去看了看，大部分女裁缝都回家了，但香奈儿时装公司确实被“占领”了，正如门上的告示所说。

主要的雇主协会代表和劳工领袖周日下午在布鲁姆官邸马提翁大厦开会。法国历史上的首次劳资会议，讨论进行到深夜。

主要因为布鲁姆的强烈呼吁，双方于6月8日周一凌晨达成协议。以瓦瀚纳路上的总理官邸命名的《马提翁协议》是由一系列突破组成的：工人们从工场疏散结束罢工，雇主不得对罢工工人进行报复；工资增加7%至15%；工人享有集体谈判的权利、成立工会的权利；实行40小时工作周以及每年两周带薪假期。集体谈判的原则在希特勒之前的德国、英国和美国都已存在，但在法国，《马提翁协议》代表了激烈的变革。

劳工热情拥护《马提翁协议》，而最初呼吁布鲁姆启动谈判的一些大雇主说他们是在枪口下接受这些条件的。但工会领袖难以控制部下，协议达成4天后，罢工达到了新的高潮。

加布丽埃勒抗拒“谈判”这个词，但一个星期还未结束，她就在进行谈判了。她对要求执行《马提翁协议》的回应就是解雇了300名妇女。她们拒绝离开工场。双方的紧张势态在升级。工人的情绪有点过于兴奋：他们也许为了低得可怜的工资，在这个行业里不得不听从富人的奇思异想，但变革即将来临。劳动人民正在取得主动。他们选举了一个和他们有着同样抱负并试图付诸实施的议会和政府。

而加布丽埃勒内心则从工人的占领中受了致命伤害。她的工人在破坏她的成就，她们将她扔出了自己的公司。

巴黎其他地方的罢工在平息。可可提出将整个业务转换成工人合作式，但条件是必须由她管理，工人们都觉得不可思议。

和顾问一道，她意识到，如果不在7月底之前平息罢工，她就没有办法推出秋冬时装季。夏帕瑞丽的工人人数较少，解决起来比较容易，她已经和达利一起开始工作，准备推出一个引人关注的时装季。她的晚装包括科克托绘画的刺绣复制，头巾和帽子是用有关自己的报刊文章图案装饰的。即使不是嫉妒和自卫，怨恨也迫使香奈儿必须咽下她的自尊。

然而，她并没有宽恕。香奈儿时装公司是她的一切。尽管是从最卑微的一无所有中开始发迹，她仍不太可能想象员工的生活和处境。

几十年后，她仍然反对1936年的“疯狂”。“人们好像中了瘟疫，像西班牙流感。甚至那些农民。对于他们来说，应该不是工资，是吧？据我所知，土地不会付你工资。在西南部，农民走出去占领了葡萄园。你听见了吗？葡萄园。别告诉我这些人脑子没有问题。一场完全没有意义的闹剧，就像我的工人在我的服装上静坐罢工。静坐罢工。真体面，你说是吗？想想看，很诱人吧，妇女屁股坐地？我说，这些女孩真是些笨蛋！”

二十七

若无其事

可可试图装作若无其事。她选择以迷人的进攻姿态来抵抗失败，来应对被看见、被拍照、被谈论的情况。她痛苦、疲倦、消沉，开始花更少的时间待在香奈儿时装公司。

现代管理专家对于香奈儿时装公司的病症有个说法——成熟的市场和弱化了的品牌。她的产品“线”成熟了，也许她自己没感觉到，她的客户群也在成熟。没有任何时装设计师可以一成不变，还能保持客户的忠诚。然而，可可则相信她对时装的贡献是永久的，也许是她的运气差了。她咨询了一个算命者。她 54 岁了，要考虑趁顶峰之时退休吗？如果她坚持的话，是否害怕和波烈同样的命运？

如果说时装媒体对夏帕瑞丽的报道比对香奈儿更为热情，那是因为思嘉普在凡登广场的时装展比起可可在康朋街的事件报道起来更让人激动。夏帕瑞丽“仅供行业人士”的展出是一场感官刺激盛宴，奢侈、充满光辉和灿烂。拉格南·费舍尔是一个为斯堪的纳维亚儿家报纸报道巴黎时装业的记者，他记得香奈儿的时装展“极其庄重，但有一点沉闷”。名人客户占了最好的镀金椅，而时装记者则被挤在一个巨大的装有镜子的楼梯下。该楼梯是可可于1935年建造的，它变成了香奈儿时装公司时装展的标志。在整个展出过程中，人们并没看到小姐，她坐在自己最喜欢的地方，楼梯顶端的镜子之间。

“夏帕瑞丽的展出中，你可以和灵感以及非凡的自我宣言亲密接触，”费舍尔说，“我特别记得其色彩、歇斯底里和张力。真是了不起。”在以音乐为主题的时装展中，思嘉普精心策划了玩偶大小的小提琴、小号和曼陀林作为时装珠宝。她也鼓励在服装上佩戴昆虫——蚂蚱、黄蜂、蜻蜓，并在刺绣和吊珠上重复了这些动物。她不同寻常的珠宝获得了广泛成功，也被广泛地复制。

戴安娜·弗里兰记得她既穿过夏帕瑞丽也穿过香奈儿。“我太喜欢30年代的衣服了，”她在50年后写道，“我记得一套夏帕瑞丽的衣服，上面有假的乳房，那些小东西就在这儿挺出来。当你坐下的时候，它们就消失了……我要说的是它们特别的雅致。别问我为什么，但它就是。让我记忆深刻的另一件夏帕瑞丽服装是一件黑色紧身连衣裙，它的拖地长尾像一个垫厚的鱼尾巴，后来我把它给了吉卜赛·罗丝·李，她穿上这件衣服参加世界博览会，在时装伸展台上每天走六回。

“我很喜欢香奈儿的服装。当想到香奈儿的时候，所有人会想到套装。但那是后来的事。你可以看看我30年代的香奈儿服装，日装和晚装——轻快的吉卜赛裙、可爱的浮花锦缎、小巧的开襟短上衣、头发上的玫瑰花、带闪光鳞片的面纱，还有非常漂亮的丝带。”

时装媒体也发现了克里斯托巴尔·巴伦西亚加①，他是西班牙人，在乔治五世大道上开了一家精品店，从容不迫地展示他的西服套装。他是渔民的儿子，出生在靠近法国边境的圣·塞瓦斯蒂安，在20岁时就已经在圣·塞瓦斯蒂安开始了服装生意，后来扩张到了马德里和巴塞罗那。他是一个完美主义者，在工作间或和客户一起的时候，他绝不让步。极少有人见过巴伦西亚加。他从不在自己的沙龙里出现，从来不回信，从来不开派对，也从不应邀采访，几乎不想让杂志对他的时装展进行摄影。他为皇室名人制作了检阅服饰，尽管他们很富有，但他设计的服装既美观又朴素。他和香奈儿一样对预测下一时装季的时尚颇有天分。

帕图在1936年去世，这让吕西安·勒龙成为可可最直接的男性竞争者。勒龙没有被认为是一个创造天才，但女人穿他的服装感到安全，他的两个合作者在10年后都成为了顶尖设计师：皮埃尔·巴尔曼②和克里斯汀·迪奥③。他是新成立的巴黎

---

① 克里斯托巴尔·巴伦西亚加（Cristóbal Balenciaga，1895—1972），西班牙高端时装设计师，在20世纪50年代他对时装界迪奥的收腰新风貌转向更为宽松的服装做出了巨大贡献。他是以自己名字命名的时装品牌和公司的创始人。在中国，巴伦西亚加服装品牌被翻译为“巴黎世家”。——译者

② 皮埃尔·巴尔曼（Pierre Balmain，1914—1982），法国时装设计师。其服装以世故和典雅著称。其名言为“时装是运动的建筑”。其所创的时装品牌为“巴尔曼”。——译者

③ 克里斯汀·迪奥（Christian Dior，1905—1957），法国时装设计师，世界顶级时装品牌和时装公司之一“克里斯汀·迪奥”的创始人。——译者

时装商会会长，这个机构想同时成为管理机构和工会，行业内有分量的人物都是其会员。

可可的朋友大卫在1936年1月成为英国国王。他决定和华丽斯·辛普森结婚所引起的立宪危机在9个月后移到了加布丽埃勒的客厅。这一天，温斯顿·丘吉尔来到丽思酒店和她共进晚餐。国王爱德华八世已经起草了一个广播讲话，呼吁大英帝国支持他对华丽斯的爱，但首相斯坦利·鲍德温拒绝让他使用电波，同时报业大王比佛布鲁克勋爵建议暂缓决定。作为议会议员、热心的保皇党员、国王的朋友，丘吉尔也希望延误能使国王改变主意，放弃华丽斯。

为了晚宴的成功，可可邀请了让·科克托陪伴丘吉尔和他儿子伦道夫。晚宴设在她的套间，科克托记得丘吉尔喝多了，突然失声流泪。国王不能退位，他哭道："一个人不能就这么穿上别人的戏装。"12月10日，丘吉尔帮助大卫对他的退位演说做最后修改。

布鲁姆政府组织了一次新的世界博览会。1937年博览会主题是公共设施和技术，与1925年不同，这次并不是对法国奢侈品行业的肯定。

博览会于5月1日劳动节开幕。法国馆还有些地方没有准备好。但外国展览开幕了，苏联馆人满为患，门前的雕塑是前倾的两只手并在一起，高举锤子和镰刀。德国馆的正面向上延伸，指向一只巨大的鹰和纳粹党徽。而博览会的轰动事物则是《格尔尼卡》，这是毕加索对战争的猛烈抨击，悬挂在西班牙共和国馆内。

加布丽埃勒利用开幕式典礼和博览会聚会来与摄影师和记者搞好关系。在克里斯蒂安·贝拉尔的陪同下，她穿着一件非常轻柔的裙子来到博览会，媒体在惊叹那是什么面料做的。轻柔是她的新主线。她将这当成是对夏帕瑞丽的挑战。玛琳·黛德丽穿着思嘉普的俄国皮草，而琼·克劳馥则是薇欧奈的塔夫绸长礼服。

让·雷诺阿邀请香奈儿为他的电影《马赛曲》设计法国大革命时期的服装。这位电影制片人还想让她为《大幻觉》设计服装，但档期的冲突让他们之间的合作推迟至1939年的《游戏规则》。这部关于规矩的喜剧或许让可可想起了她在王苑度过的时光以及艾蒂安·巴尔桑和他的客人所发明的游戏吧。《游戏规则》讲的是一个大型的室内打猎游戏，仆人和主人在一起追逐并互相射击。香奈儿设计的服装与这种城堡生活残酷的一面吻合得天衣无缝。

在舞台剧方面，她为科克托的三部戏剧设计了服装，《地狱机器》、《圆桌骑士》以及《俄狄浦斯王》的重演。她为《俄狄浦斯王》设计的服装被喝了倒彩，人们认为太沉重太过时。

她继续支持科克托，为他支付卡斯蒂耶酒店的账单和戒毒治疗费用，甚至他在粗暴的同性恋求偶行为中受伤住院后亲自接他回家。他的情人马塞尔·基尔对他打得很凶残，把他肋骨都打断了。像他之前的拉蒂盖和代博尔德一样，基尔也回到了异性恋，并和一位女演员交往上了。在戏剧首演式上，与可可一起露面的常有斯特拉温斯基，还有她的新情人，一个叫法柯·德拉·弗杜拉的艺术家，他的西西里全名是法柯·弗杜拉公爵、桑托斯泰法诺·德拉·塞达侯爵。可可还继续资助重生的俄国芭蕾舞团，这时已改名为摩纳哥芭蕾舞团，由总理弟弟勒内·布鲁姆担任总监。她在《蓝色列车》时代的朋友塞尔盖·利法尔任剧团主演。她出席了剧团重生后的首演《第七交响曲》，该剧由莱昂尼德·马西涅担任舞蹈设计，克里斯蒂安·贝拉尔布景。在演出后，她和主要舞蹈演员、达利还有乔治·奥里克一起宵夜。

5月5日，可可推出其1937—1938时装季。英国版《VOGUE》报道："性吸引是巴黎时装展的首要动机，而性吸引已不再是一种隐秘的吸引。"香奈儿展出了一件带金丝的晚礼服、褶皱短夹克；夏帕瑞丽则制作了一件金线刺绣晚装头巾。然而，时装评论家注意的则是色彩。评论说，1938年女人服装的主调是色彩：深红色、翡翠绿、硫磺黄、夏帕瑞丽的骇人粉色、混搭丰满的褐红和金属金色。《VOGUE》报道："帽子看来很荒唐，罗缎堆成的塔状帽子、巨大的光环状和车轮状帽子、巨型宽边帽配下垂至腰部的黑色面纱，还有纯粹的幻想，如夏帕瑞丽的装满玻璃纸蝴蝶和花朵的柳条筐帽。"

可可攻击时装杂志的过热言论；在更加私下的场合，则攻击同性恋。以她的观点，这才是最主要的为害者。时装不是夸张，她说，而是技术、手艺、生意。

10年后，她与保罗·莫朗一起回忆20世纪30年代的时候，仍然激烈地抨击当时弥漫整个行业的同性恋心态。"当一个女人愚蠢的时候，她会在他身上看到一个弱者，在一起使人愉快，不是很危险；当她聪明的时候，她发现他是一个能真正理解她的人，会听她倾诉的人。既然所有女人，不管愚蠢还是智慧，都喜爱这种赞美的捕蝇草，既然鸡奸者知道如何操纵赞美之辞，有胆量或恶意地随时抛出毫无节制的爱慕之词，女人是他们当然的牺牲品。女人总是随时准备相信他们。他们说同一种语言，带刺的暗示、可憎的嘲笑和莫名其妙的伪善。

“他们往女人脖子上带上赞美的花环、华丽褒扬编制的项链，再用它来将她们勒死。他们的漂亮朋友则欣喜若狂。女人穿衣打扮不再是取悦男人，而是取悦鸡奸者，是让其他女人惊讶，因为男孩喜欢的东西太不时兴，已然过时。天哪，我所见过的死于这种‘可恶的同性恋者’影响之下的多少年轻女人——死亡、毒品、丑陋、毁灭、离婚、丑闻。为了毁掉竞争者和报复女人，真是无所不用其极。为了战胜她，他们如影随形、无所不在，甚至上床。同性恋变成舞台设计师、发型师、室内装饰师，尤其是时装设计师。他们仓促进入要命的怪异状态，进入他们自己人为的阴间。

“但我说鸡奸者，我指的是一种鸡奸者心态，后者流传更广。我们都知道他们同时也是同性恋的优秀的家庭男人、热心照顾婴儿的父亲、在成年礼舞会上为女人到处物色丈夫的父亲。同性恋者是上流社会的陪伴、堕落的生命力，是一种细菌，使人得这种着迷的传染病。是他们启示了那些没有女人敢戴的帽子，是他们在为那些无法穿着的服装喝彩，他们是踩着高跷的精明话唠子评论员，他们是装缎子家具的致命宣传员。只有他们这种男人才喜欢化妆和将指甲涂成红色。他们构成了这支背后伤人但观察敏锐的大军，相对于他们，那些留着大胡子、肮脏发结、指甲被咬掉的可耻的鸡奸者不过只是先驱。他们没有前辈的前卫品味，但他们承担着前辈与女性之间的链条，是他们构成了这个氛围和风气。”

香奈儿在罗克布兰度过了 1937 年的整个夏季。她为大卫的婚礼送去了合适的礼物，他现在是温莎公爵，他和华丽斯·辛普森的婚礼于 1937 年 6 月 3 日在巴黎南部都兰的冈蒂城堡举行，穿的是全套曼波彻服装。两周后，布鲁姆宣布辞职。

“我受够了，”他告诉罗斯福总统的法国大使威廉·蒲立德，“我试图做的一切都受到阻碍。”刚刚一年多一点时间，人民阵线就走到头了。有钱人从来对它没有信心，资本流出从来就没有停止过，导致法兰西银行几十亿法郎的损失。布鲁姆政府被强烈要求监管黄金和外汇的出口，像希特勒所做一样，但他担心对资本的限制会摧毁对经济的信心。另外，作为法国历史上的第一任社会主义总理，他决定信守诺言：“只在资本主义的框架内行使权力。”

那年夏天，可可有点爱上了一个美国人。她 80 岁的时候说自己差点和他私奔了。哈里森·威廉姆斯是可可喜欢的那种美国人，白手起家，起初在俄亥俄州的雅芳当有轨电车司机，后来才发了大财。他比她大两岁，住在长岛的贝维尔，美丽的社会名流妻子有时和他在一起。他大部分时间在佛罗里达的棕榈滩或里维埃拉。

可可认为他是她认识的男人里最为出色的。他的妻子梦娜是蒲立德大使以及温莎公爵夫人的朋友。塞西尔·比顿曾为她拍摄过杂志照片，也曾和她及其朋友一起在加勒比海和地中海上乘船游览。

“我妻子是一个时装模特，只是一个模特，”一天早上哈里森告诉可可，“和我走吧。”

“太迟了，亲爱的。”她回答。

一年以前她也许会这么干，她告诉她最后的知己克劳德·巴扬，“他有一艘游艇，那不是开始偷情的最好方式吗？我们在他妻子的房子里，威斯敏斯特仍然还活着。我唯一遗憾的事是没有和威廉姆斯私奔。”

卡米耶·肖当是一个软弱而又无能的中间道路政治家，他所组织的政府在复苏经济方面并不比人民阵线好到哪里去。法郎不断贬值，经济变得更糟糕，国民议会内的人民阵线则按照社会主义和共产主义的界线分裂了。当希特勒在1938年3月11日派军队进驻他的故乡奥地利的时候，法国竟然没有政府。肖当因为要求处理金融危机的行政权利而在前一天辞职。

4天之后，当维也纳人在欢呼声中迎来希特勒和他们的国家“加入”第三帝国时，布鲁姆再次成立政府。在他一生最为让人心碎的演说中，他呼吁各政治派别团结一致，成立国民联合政府。他说，难以想象，作为反对党的保守党派，有着长期的爱国主义传统，会拒绝和中左翼合作，从而给予国家所需要的团结。温和的保守党人保罗·雷诺[①]支持成立联合政府。当一些右

① 保罗·雷诺（Paul Reynaud，1878—1966），法国政治家，1938—1940年任财政部长，1940年任法国总理。——译者

翼分子抗议加入包含共产主义者的政府时，雷诺反驳说："今天不是斯大林进入了维也纳，也不是他要在明天威胁布拉格，而是希特勒。"然而，反对党大会以 152 对 5 票拒绝了布鲁姆的提议。布鲁姆的人民阵线政府维持了不到一个月。

尽管政治动荡，法国的上层社会还是继续一贯的生活方式。夏天的化装舞大会由艾蒂安·德·博蒙伯爵举办。为了纪念皮埃尔·拉辛诞辰 300 周年，客人们打扮成他戏剧里和那个时代的人物出席。莫里斯·德·罗斯柴尔德扮演成奥斯曼苏丹巴亚捷特，在他的头巾上佩戴了母亲的著名钻石，而腰带上则是其家传切利尼收藏中的一部分文艺复兴时期珠宝。可可则作为"无情的美女"而来。

塞尔盖·利法尔陪伴可可参加了美国大使蒲立德在大使馆举办的聚会。在凡尔赛，满德夫人（即从前的艾尔西·德·沃尔夫）为 700 位客人举行了盖茨比式的马戏表演聚会。穿着白色蝉翼纱的曼波彻礼服，带着海蓝宝石和钻石，女主人是马戏团指挥，围着她的是穿着缎子和闪光亮片的杂技演员、矮马和小丑。客人们跳舞的场地布满微型弹簧，随音乐节奏微微起伏。隐藏的聚光灯将花园变成梦幻景色。可可由阿尔芒·德·格拉蒙陪同。有人看见她和温莎公爵夫人交谈，公爵夫人的服装除了曼波彻、夏帕瑞丽、莫利纳之外，终于包括了几件香奈儿原作。温莎公爵夫妇完全在巴黎定居，他们在絮歇大道 24 号的家是布洛涅丛林旁边的一栋 4 层楼房。

可可在罗克布兰度过了夏天余下的时光。她的许多好友都在里维埃拉——保罗和伊莱娜·莫朗夫妇、贝拉尔和不可控制的科克托。温莎公爵夫妇在昂地贝海角租了一位英国报业大亨的房产。甚至莉莉雅，威斯敏斯特公爵夫人也在那里，尽管本多尔的夏天在“飞云号”上度过。但丘吉尔家不再在费拉海角度假，也没有和本多尔坐船出游。温斯顿正在忙着为迅速建立一支皇家空军而活动。他关于德国军备的严重警告仍然被内维尔·张伯伦政府所忽视，但事态的发展证实了他关于希特勒计划及其发展的信息是准确的。可可评论：“他就像那脚下有重量的不倒翁，你将他按倒得越狠，他反弹得越快。”

在康泰·耐仕的帮助下，霍斯特移民到了美国，在纽约为《VOGUE》全职工作。塞西尔·比顿曾来访问。霍霍和鲁萨达娜也来了。塞特夫妇在地中海坐船出游，在摩纳哥做了停留。可可几乎认不出鲁茜。曾经极好的女孩现在身体消瘦，面带愤怒，像从前的她的鬼影子。坐船航海是霍霍的点子。他不相信病痛。似乎是证实了海上空气的好处，32 岁的鲁茜能游好几个小时。可可对鲁茜持久发烧、咳嗽、不自然的消瘦感到吃惊，建议塞特夫妇去看看肺病专家。X 光照片证实了她是肺结核晚期。

医生坚持让鲁茜住进疗养院。当鲁茜拒绝的时候，可可将事情揽了过来。她说她自己也病了，求鲁茜陪她一起到瑞士泊航沙的一家诊所去。这个诡计管用了。鲁茜同意和可可一起去。当她们单独在蓝色列车包厢里的时候，鲁茜卷起毛衣，“看，这是塞特送的最新礼物，”她展示了身上深深的伤疤。霍霍对她的离开感到很气愤，狠狠地揍了她一顿。鲁茜住院了，米希娅从巴黎来看望她。当被告知她不能见鲁茜，因为任何小小的烦恼对病人都是致命的，她认为肯定是香奈儿不想让她见鲁茜。

1938年12月16日，鲁茜去世了，年仅32岁。

在回顾历史的时候，时装作者们也许会认为1939年的巴黎时装设计师有先见，好像他们已经知道战争的来临而在谈论有用的服装。然而，在当时，时装媒体将1939年的巴黎风格称为“对纯真的赞美诗”。“巴黎，世俗、世故的巴黎，在这里，一个女人不到35岁通常不会被看成是过得去的美女。就是这个巴黎，突然完全变得纯真、古朴、谦逊，如少女一般，”《VOGUE》在轻轻地哼唱，“为夜晚，你的穿着应该朴素典雅。你可以选择香奈儿上下套裙强烈的吉卜赛式朴素，或曼波彻的农民式朴素，或在每种时装展中都体现的18世纪朴素。”可可的时装是一种盛大的姿势，多种短而贴身的夹克，带兜的裙子，以大师级技艺展示的红-白-蓝的瞬间则更多是对伊里巴式爱国主义的敬仰，而不是对战争威胁的确认。香奈儿被美国NBC第一次在电台节目中直接从巴黎采访。思嘉普也出现在这档节目中，当然，女主持分别采访了她们。

有远比时装更大的事件笼罩着时装展。1月，弗朗西斯科·弗朗哥将军的军队到了巴塞罗那近郊，近50万西班牙共和国士兵与平民越过边境来到法国。一个月后，西班牙共和国政府逃亡法国，放弃了其残缺不全的军队和饥饿中的马德里，将他们的死活交给了法西斯主义者。3月13日，希特勒进入捷克斯洛伐克；3周后，墨索里尼入侵阿尔巴尼亚，意大利获得攻击希腊的跳板。作为联合政府总理，爱德华·达拉第启动紧急权力，法国和英国开始和苏联谈判三方同盟以阻止希特勒占领波兰。

当《苏德互不侵犯条约》的消息使欧洲力量往有利于希特勒的方向改变时，可可还在罗克布兰。使伦敦和巴黎惊慌的是，斯大林选择了与柏林缔约，这既让他避免了与德国的战争，又让他夺回了在波罗的海国家、波兰和罗马尼亚的领土，这些地方在第一次世界大战后在西方列强的压力下被从苏联手中拿走了。莱昂·布鲁姆相信法国共产党会因此分裂，但是当《人道报》和《晚报》这两家共产主义日报对斯大林表示一点点支持的时候，达拉第政府就把它们封杀了。

可可回到巴黎以便准备1930—1940年的冬季时装展。保守主义者没有任何诚意抵制法西斯主义，在私下里，他们宁可要法西斯也不要人民阵线。而现在，深感被斯大林背叛的共产主义者和右翼走在了一起。大部分法国人对达拉第政府没有任何信心，很多人觉得，既然抛弃了社会主义的奥地利和捷克斯洛伐克，还有什么必要为波兰而战。

法国于8月26日发布了总动员令。可可的外甥是被征集的100万男子之一。安德烈·帕拉斯的家在波城北面比利牛斯山中的小山村兰贝耶，住的房子是可可为他和他家人买的。他离开家里经过巴黎去入伍。出于突发的亲情，她要求见他。他的身体状况不是很好。长期在英国的生活可以让他在英军服役并且很快获得升迁，但他坚持要在法国军队中服役。

作为对希特勒入侵波兰的回答，英国和法国于9月2日对德国宣战，当时可可正在丽思酒店家中。3周后，她关闭了香奈儿时装公司。没有任何通知，她解雇了所有工人。只有销售香水的精品店仍然开门营业。

二十八

关闭香奈儿时装公司

在一个盛行夸大和炫耀的行业，关闭一家重要的时装公司成了香奈儿的背叛。她的工人试图阻止她。她们认为这是她对1936年的报复，于是立即向劳工联合会法国总工会发出呼吁。然而，政府有更紧要的事情要担心。秋天——巴黎几十年来最美的秋天——将尽，冬天开始之时，国家进入“虚假战争”状态。在波兰陷落之后，法德军队只是在莱茵河两岸隔河怒视。

前方的安静和后方鼓舞士气的需要改变了政府部门的心态。政府要香奈儿为了威望和宣传的价值，不要关闭时装公司。就像在第一次世界大战时一样，还会有慈善舞会和时装展示。

可可笑了，为军队设计高端时装？

她觉得伤心、疲劳和灰心。回顾起来，她有几个关闭时装公司的解释。她的成功归结于战争，另外的那场战争，那场大战，但她确信这次不一样，未来不是一个时装的时代。另外一个解释是，1939 年 9 月 2 日，她雇佣的几千个妇女突然消失了，因为她们都有丈夫、父亲或兄弟参加战争。“在几个小时之内，整个地方都空了。”20 年后她和马塞尔·黑德里希交谈时说，那时看来这么做是对的。“我告诉自己：‘你将一切安排得井井有条，去干点别的。’我错了。战争期间，他们从未停止销售时装。”

有谣言说夏帕瑞丽使她相形失色。一位遥远的朋友表示了对她决定的认可。皮埃尔·勒韦迪从在苏莱姆的隐居地写信告诉她，他在一份本地报纸上看到了她关闭时装公司的消息，在目前的状况下唯一能做的事情就是保持低调安定。他写道：“生活的目的就是在内在的不稳定中找到宁静。”

法军最高统帅莫里斯·甘末林将军有 85 个师面对敌人，但在一个敷衍了事的萨尔攻势之后，莱茵河上一直静悄悄的。英国两个师的小部队直到 9 月底还没有到达“前线”。通过高音喇叭和大标语，德国人责备前线法国人“为但泽而死”的荒谬，整件事情都得责怪英国人。“别开枪。你们不开枪，我们就不会开枪。”通常，法国士兵会举起粗糙的牌子表示他们的认可。有时候，隔河的德国国防军会为法国士兵在河堤上的足球赛喝彩。

可可有了外甥安德烈的消息。他在第一线防卫。至于其他的家族成员，她完全断绝了关系。10 月，她写信给吕西安告诉他香奈儿时装公司的关闭意味着她几乎接近贫困。“只要情况一直是这个样子，你就不能指望我什么了。”她写道。她是个百万富豪，但在关闭生意的时候，她觉得是时候切断对这个 51 岁退休老人的补助了。为她声称的贫困所感动，他写信回复说要将他的积蓄给她。她给阿方斯的信也类似。她破产了，阿方斯不能再将她当作自己的后盾。

大多数法国人觉得没有必要牺牲。只要德国人没有攻击，有什么必要为了但泽，这个波兰人的波罗的海城市，而让法国人流血？夜晚，为了防止空袭，巴黎实行了宵禁，发放了防毒面罩，但空袭并没有到来，生活几近正常。在战争初期关门的剧院、音乐厅和电影院又重新开张。塞尔盖・利法尔在歌剧院演出舞蹈；莫里斯・切瓦力亚和约瑟菲娜・巴克为巴黎娱乐城的满场观众演出。香奈儿为雷诺阿的《游戏规则》设计了服装，该剧 5 月份在香榭丽舍首演，因被喝倒彩而不得不草草收场；观众认为它是对道德混乱的描述，随后因担心它降低士气而被禁演。

莫利纳推出了一个简化版的时装展：通常的 15 个模特，他只用了 4 个；通常的 100 件服装，他只推出 30 件。不过三军统帅甘末林的夫人出席了时装展。

因为征兵，可可失去了司机。因为汽油配额和路况不明，她决定留在巴黎，但继续寻找新司机。如果情况继续恶化，她希望能够离开。

为了改善在丽思酒店私人住处的条件，她付钱给酒店让他们在两房套间里建一个矮梯伸到阁楼的卧室。她的新卧室很小很窄，像修道院的小房间，但她喜欢这样子。在壁炉架上，除了斯特拉温斯基送的一个肖像和一对雕像外，唯一的物品就是小伙儿卡佩尔大大的黑色手表，仍然在运转，仍然准时。

战争时期的丽思酒店有种似曾相识的幻觉。就如在 1914 年，有钱人把他们在奥特伊和讷伊的房子关了，搬到了丽思酒店。因为征兵而失去了男佣，他们把孩子也送到乡下去了，家里的珠宝名画藏在地窖和保险柜里。他们突然就发现郊区的大房子既遥远又冷清。除了科克托那可可为他支付的“兔子洞”房间外，永恒的丽思酒店还庇护着住在帝皇套间的满德夫人、住在王室套间的雷金纳德和黛西・费洛斯夫妇、夏帕瑞丽及其女儿荀荀、米依・德・蒙哥马利伯爵夫人、演员萨卡・圭特瑞，还有一些重要的政治家，以及死也不肯放弃巴黎的许多年迈妇女。

1940 年的 2 月份，法国竟然难得地经历了一场政府危机。当达拉第要国民大会对他的战争政策投以信任票的时候，300 名代表缺席。他出乎意外地失去了议会多数，这让精力充沛的财政部长保罗・雷诺登上了政治舞台。雷诺和他的朋友夏尔・戴高乐上校持一致的观点，即对待战争应更加严厉。他也和英国海军部长温斯顿・丘吉尔建立了密切联系，他认同丘吉尔的观点，也赞赏他的能量和想象力。很多人认为雷诺太“亲英”了。

战争的沉寂在 4 月份被突然打破。希特勒突然进攻并占领丹麦和挪威后，德国空军袭击了法国北部的空军基地。德国装甲部队越过了荷兰和比利时边境。德国坦克在两天内就穿越了所谓的“不可逾越”的阿登山区，并继续向默兹河、色当河碾压过来。5 月 16 日，盟军遭受第一场大败，在盟军统帅部和巴黎引起了一阵惊慌。3 周后，埃尔温・隆美尔将军的坦克部队席卷法国北部直至英吉利海峡。德国空军痛击了在敦刻尔克大洋边上的盟军残余部队。在伦敦，张伯伦辞职，丘吉尔成为首相，承诺“热血、辛劳、眼泪和汗水”。在绝望中，30 多万人从敦刻尔克海滩越过海峡被运至英国。

巴黎近郊在 6 月 4 日遭到轰炸，大逃难——即在德军到来之前的大规模平民外逃——开始了。6 天后，雷诺政府抛弃了巴黎，庞大的部长豪华车队往南逃至卢瓦尔河上的图尔。

在丽思酒店，可可将个人物品装进几只巨型箱子里，让服务生叫来酒店画工在箱子上印上她的名字。她预付了两个月的酒店费用，并解释说要离开一段时间。匆忙中雇佣的司机拒绝开可可的劳斯莱斯，结果她只得乘司机的车往南方去。数以百万计的人们放弃了家园、工作、朋友、邻居，逃往南方，带去一路的混乱和消耗殆尽的店铺。随处可见满载的豪华轿车、公共汽车、货车，还有背后装满家庭物品的自行车，满载着家具、顶上还坐着爷爷奶奶和婴儿的农用马车。6 月 10 日，意大利宣战。次日夜间，作为对英国皇家空军轰炸都灵的回应，意大利轰炸机对土伦和罗克布兰附近的两个里维埃拉城镇进行了一系列轰炸。轰炸机也攻击了逃难中的平民。

意大利对里维埃拉的轰炸使香奈儿改变主意，不去罗克布兰了。科克托和奥里克斯夫妇在普罗旺斯的埃克斯市吸食着最后一点鸦片，可可和她的司机决定开往西班牙边境。

丘吉尔和他的外交大臣哈利法克斯勋爵以及最高统帅部的成员飞往图尔。他在铃兰堡匆忙安顿下来，离此 100 多英里的北方，第一支德国军队正跨过巴黎下游的塞纳河，顺着马恩河挺进。当晚前去参加战略会议的雷诺一脸沮丧，而丘吉尔则精神振奋。丘吉尔获知，情况令人绝望。在他的想象中，巴黎人将顽强抵抗，去争夺一个个街区、一栋栋房屋、一个被烧毁的城市，驻防部队将拒绝接受失败。但一位法国将军冷漠地告诉他，将巴黎夷为平地也根本改变不了最终的结局。丘吉尔建议，如果统一指挥的战争无法实现，法国人可以实行游击战争直至美国人参战。这时，84 岁的亨利·贝当元帅反对说，等到美国打定主意，游击战争早就将法国变成废墟了。英国首相说，其他的选择也同样可怕。喝着咖啡和干邑，贝当告诉了丘吉尔他羞于向雷诺启齿的想法：法国必须和纳粹德国谈停战协议。

在飞回伦敦之前，丘吉尔将海军上将让·达尔朗拉到一边对他说："我希望你的海军永远不会投降。"海军上将回答，"我们不会将海军交给德国或意大利，事情危险时，会命令将船舰沉没。"

巴黎被宣布为不设防的城市，法国军队被命令往卢瓦尔河撤退，这时加布丽埃勒和她的司机刚抵达波城。下午的阵雨已经停息，阳光照在城堡陡峭的屋顶上熠熠生辉。就是在这里，30 年前，她爱上了小伙儿卡佩尔。她继续前往兰贝耶，那里有她给安德烈·帕拉斯和他家人购买的房子。

这是她第一次和教女长时间在一起。10 岁的"小不点"——本多尔给她取的外号传下来了——是一个有着自己独特性格的快乐孩子。几年前，安德烈曾带她到丽思酒店，可可扔给她一只球，并在喝茶的时候给她塞满了奶油巧克力饼。可可没有什么和孩子打交道的经验，但"小不点"更喜欢像大人一样说话。

雷诺政府离此没有多远。在混乱的波尔多地区的参议员和国民大会代表平分为两大阵营：一派支持政府撤退到法属北非，另一派主张留在法国。贝当元帅认为不仅是法兰西战役已失利，整个战争都已失败。英国是一个岛国，或许可以坚持抗战，但在欧洲大陆，德国人及其盟国意大利人从挪威到希腊都已取得胜利。皮埃尔·赖伐尔认为唯一能与希特勒谈停战协议的就是贝当——凡尔登战役的英雄。德军在6月14日占领巴黎两天后，又占领了波尔多，雷诺联合政府垮台，老战士贝当被提名为总理。戴高乐向他的老上司敬礼后，开车到了波尔多外的一个机场飞往伦敦。在丘吉尔匆忙为他安排的广播中，戴高乐提醒他的国人，包括几乎半个非洲以及加勒比海、太平洋上遥远零星领土的海外法兰西并没有落入敌手，部分海军在阿尔及利亚和摩洛哥港口安然无恙，成师团的军队从敦刻尔克海滩成功越过英吉利海峡，英国军队仍在抵抗。贝当也通过广播讲话，呼吁战争必须停止，他的讲话使撤退部队中仅剩的一点点抗战热情也消失殆尽。

希特勒在18日对巴黎进行了他仅有的一次访问。在凌晨到达，他的车队快速穿过空荡荡的街道。他在特罗卡迪罗小山的台阶上短暂停步，看了看塞纳河对面的埃菲尔铁塔。宣传部长保罗·约瑟夫·戈培尔的私人代表命令塞尔盖·利法尔次日晚间在歌剧院创作一场欢迎演出。利法尔不想做这件事，声称他的预算中没有这笔钱，再说他好久没有训练了。次日上午一早，希特勒来到歌剧院，利法尔之后吹嘘他和元首单独度过了几个小时。他将好色的手放在男舞蹈演员的胳膊上说，“只有两个人这样爱抚过我——迪亚吉列夫和希特勒。”然而，欢迎晚会被取消，因为法国接受了军事失败，次日将签订停战协议。在盟军于 1918 年强制德国接受停战协定条款的原址，贡比涅森林的一块空地里，6 月 21 日，希特勒带领将军们登上了福煦将军的卧车，向法军代表宣布了停战条款。

扮演难民不是可可的风格。每个人都在想方设法回家。她听说，安德烈身处被德国人关在集中营的 30 万法国士兵之中，将在未来的几周里被释放并遣送回家。可可见到了玛丽-露易丝·布斯凯，一个古怪而又精力充沛的巴黎女人，可可曾经在艾蒂安·德·博蒙的化装舞会上见过她。玛丽-露易丝的朋友包括贝拉尔、塞西尔·比顿和温莎公爵夫妇。她告诉可可，公爵夫妇已经逃到了西班牙，但英国政府不知道拿他们怎么办。

6 月份的最后一周，可可和玛丽-露易丝决定试试一起回巴黎。可可有司机和一辆车，玛丽-露易丝认识人可以弄到 60 加仑的汽油。汽油被装进扁平的油桶和其他能弄到的各种容器里，汽车里全是汽油味。

当他们抵达维希时，就剩最后一升汽油了。这是一座古老的矿泉城，可可曾经试图在这里成为音乐厅的歌女。这里当时是南部法国的首都，希特勒决定不予占领。贝当元帅和皮埃尔·赖伐尔政府临时分散在几家酒店里。美国大使威廉·蒲立德会见了新政府的一些官员，在给罗斯福总统的急件中，他写道：“这些法国领导人急于想与过去两代法国所代表的一切分开，他们在物质和精神上的失败是如此彻底，他们已经完全接受法兰西变成纳粹德国一个省份的命运。这个国家的普通老百姓一如既往地优秀，但上层社会已经完全失败。”

可可回忆道：“所有人都在欢声笑语，喝着香槟，女士们带着这么大的帽子。我说：‘真有意思，这是旺季哟。’一个男人转过身来问我是什么意思。我说：‘我的意思是这里的人好快乐。’这位先生身边的女士让他安静下来。”

玛丽-露易丝在洗衣房的折叠椅中度过了一晚，而有人让可可在晚上 8 点钟执勤的一个宪兵的床上睡了一晚。“一位先生让我睡他的床，条件是我和他一起睡。我对一个认识我的酒店老板甜言蜜语了一番。他们给了我一间阁楼房，那里真是热死啦。我每个小时都起来，去洗手间呼吸一下空气。”

贝当让皮埃尔·赖伐尔当他的总理，他们一起拍希特勒的马屁，希望他能放过这个失败的国家。在恐惧、失败主义和混淆中，他们废除了共和国，建立了法兰西国家，贝当作为元首，赖伐尔作为副首。

同时，他们也在某些方面让元首为难。维希法国应该是自由的，但希特勒不断增加新的条件，不断增加压力，让维希和德国合作建立欧洲新秩序。贝当坚决要求按停战协定条款，拒绝做希特勒最想要的一件事——交出法国舰队。希特勒可以用军事力量，但那意味着占领整个法国。

丘吉尔在 7 月 3 日先发制人地解决了这个问题：他俘获、打残和摧毁了所有法国战舰。在阿尔及利亚，停泊在米尔斯克比尔港的法国舰队拒绝接受英国的最后通牒，自沉所有战舰或被击沉；在法国战舰试图逃出港口的时候，英国皇家空军以炸弹和鱼雷攻击。共计1 300多名法国海军士兵身亡。维希政府充满了愤怒和怨恨。英国人的这种残忍，如果在法国沦陷前针对德国人，倒是会受到欢迎的。达尔朗想要向英国宣战了。

丘吉尔在众议院宣布了这一行动，对于他来说这是一种鼓励。英国人民这时在独自面对敌人，通过无情地攻击曾经的盟友，英国政府显示了它的无所畏惧和无所不用其极。

一位政府官员卖给可可一个汽油配额。她和玛丽-露易丝可以找到的能携带的食物是糖果和水果派，她们带上这些就往北进发。

在穆兰市，可可让司机开到一个户外市场，她的祖父母曾经在这里摆过货摊，但现在这里人迹罕至。她让司机往山上的村子开，来到了布尔蓬·拉刹尔部，这是一个古老的温泉村庄，最早是罗马人在这里开发了温泉浴。这个温泉度假地荒无人烟。酒店老板在发愁，所有房间都被预订了，但结果根本没人来。可可和玛丽-露易丝要了三个带浴室的房间。

在玛丽-露易丝和司机泡澡的时候，可可出去散步。墙上坐着的一个小男孩引起了她的注意。他坐着的样子看来很危险，当她走近的时候，他摔了下来。她赶紧跑过去。

小男孩一动也不动。一个怀孕的妇人带着另一个孩子跑了过来。“我是他的母亲！”她叫道。可可说，在医生检查过没有头部损伤和骨折之前，谁也不要动他。男孩在哭。他的母亲也哭了起来。可可打开手提包，拿出一张100法郎的票子。

小男孩一看到钱，立马停止哭泣。可可意识到这是一场骗局。“真难受。他把钱给了他母亲。她说：‘今晚我们有得吃了。’”

回到酒店，可可进了浴缸。对于一个痛恨肮脏和污垢的人，这个澡会长久记在心中。“当我起来的时候，水都是黑的。”

玛丽-露易丝问可可下午都干什么了。

“亲爱的，我给了一个男孩 100 法郎，他从墙上掉了下来，今晚他有东西吃了。”

对普通人的慈善不是加布丽埃勒的美德，多年以后，在复述这个故事的时候，她强调当时极端的情形。战争让人做出一些莫名其妙的事情，她暗示。给一个受伤而又挨饿的男孩 100 法郎是她试图赶走民族灾难的一种方式吗？或者说，她从小男孩和他母亲眼中看到的腼腆的感激和绝望，是她曾在这片山庄那孤独而凄凉的童年的景象？

二十九
施巴兹

可可、玛丽-露易丝和司机一行于1940年8月底抵达巴黎城边，奥尔良门设置了弯弯曲曲的沙袋障碍。杜芒尼大道上杳无人迹，但蒙帕纳斯大街可以见到一些人影，包括圆顶屋咖啡厅露台上坐在德国军官边上的女孩。里沃利路和协和广场上只有德国士兵。丽思酒店前面飘扬着纳粹的万字旗。没有德国人颁发的许可证，哨兵不让任何人进入酒店。酒店大堂里满是德国军官和平民，香奈儿站在大堂入口，想办法引起了酒店经理的注意。他来到门边，告诉她必须找司令部。

"就我这脏样子？"她问道。

接下来发生的事情有好几个版本。

一种说法是，当她走进大堂的时候，没有人阻止她。她漂亮的套间已被征用，但酒店经理想办法给了她一间在康朋街这边的小房间。她也没有要求更多。另一种说法是，她让酒店经理去告诉司令官她来了，在上楼换洗后，她将亲自去见司令官。还有一种说法，一位德国军官看到箱子上印有她的名字，说道，“如果这是时装和香水行业有名的香奈儿小姐，那她可以住这儿。”

不管我们相信什么样的说法，总之她在丽思酒店待了下来。

她打电话给米希娅。米希娅从来没有离开巴黎，她从霍霍·塞特公寓的阳台上看着德军从里沃利路上列队经过。对于可可还想住在丽思酒店，米希娅感到很愤怒，但可可反驳说，所有酒店迟早都会被占领的。

接下来，可可去了康朋街 31 号。一楼的精品店里全是德国士兵在买这里销售的唯一产品——香奈儿 5 号香水。库存卖完后，德国兵拿起货架上陈列的带有反向相交双 C 图案的瓶子，并为此付款，因为这也可以带回去送给小姐们，证明他们确实到过巴黎。

夏帕瑞丽和曼波彻已逃往美国，莫利纳逃往伦敦；但有 12 家时装公司准备了 1941 年时装季，主要卖给新近有钱的黑市商人、德国妇人以及那些大胆的德国军官的法国情妇。

作为时装协会主席，吕西安·勒龙成功抵制了德国人将巴黎时装行业整体打包搬往柏林和维也纳的企图。在微妙的谈判中，在不断增加的为德国战争工业供应劳工的压力下，他仍然想方设法保留了约 80% 的工人。被敌人占领造就了非常的团结。格雷夫人（艾丽克斯·泽瑞斯科最新的自称）和巴伦西亚加因为在某些服装中超过授权的布料用量而被勒令关门两周，其他服装公司联合起来帮他们完成了时装季。

奥托·阿贝茨，第三帝国驻法国大使和法国占领区的实际统治者，实施了第一批反犹太法律。贝当和赖伐尔比他走得更远。以法令执政，他们剥夺了在5月10日至6月13日期间离开法国的所有人的公民权，包括戴高乐和他的一小帮跟随者，并命令创立特别高级法院以审判那些背叛自己职责的前任部长，即达拉第和布鲁姆。他们开始对所有的入籍情况进行审查，不准所有其父亲为外国人的法国人担任公职。维希法令规定犹太人不得担任公职，不得在报纸、电台或娱乐行业工作。

通敌者，他们爱自称为现实主义者，在公开活动。阿贝茨和法国女人苏姗·德·布吕克结了婚。他希望法国能回到某种正常状态，在宣传部门帮助下，他允许报纸重新发行，出版社恢复出版，剧院重新开放，电影行业复工。然而，主要的作家仍然保持一定距离。安德烈·纪德、安德烈·马尔罗①、亨利·德·蒙泰朗、科莱特以及其他作家都隐居在蔚蓝海岸，照看着英国房东匆忙中留下的别墅。塞尔盖·利法尔成为歌剧院的芭蕾总监，因此迎接了最重要的纳粹进入巴黎。可可也许在丽思酒店看到过外交部长冯·里宾特洛甫及其随从，但利法尔招待了帝国元帅赫尔曼·戈林以及同行的希特勒秘书哥尔达·达拉

① 安德烈·马尔罗（André Malraux，1901—1976），法国著名作家、知识分子，曾任戴高乐时代法国文化部长，且被提名诺贝尔文学奖候选人。代表作小说《人的价值》以详述上海“四一二”事件为内容，颇受好评，且因此著作荣获1933年法国龚古尔文学奖。逝后葬于法国巴黎先贤祠。——译者

诺夫斯基。利法尔在6月份招待希特勒的故事被传到了伦敦，BBC的自由法国广播将他判处死刑。

虽然德国占领区的法国和维希法国之间的“边境”是封锁的，但德国人给利法尔发放了通行证，让他到维希法国采访贝当当局。在某次去过维希之后，舞蹈家告诉可可，赖伐尔副首要他照顾好她。在利法尔要离去的时候，赖伐尔副首说：“只要你在巴黎还有任何影响，请照顾好奥弗涅人，包括香奈儿和其他人。”

9月份，德国人开始释放临时停战时拘留的30万战俘。安德烈·帕拉斯不在被释放的战俘之中，可可决定去找在冯·里宾特洛甫的随从中见过的一个德国人，一个身材高挑、金发并有贵族气质、说完美法语、总是穿便装的男人。

当可可找到汉斯·冈瑟·冯·丁克拉吉的时候，他解释，之所以能说完美的法语，是因为一直担任黎尔路上德国大使馆的副官。在酒店共进晚餐时，举止高贵的丁克拉吉说，从1928年开始他便一直作为外交官住在巴黎。他出生在汉诺威，具有德国下萨克森州的绅士血统。母亲是英国人。他曾在多维尔打过马球。1935年离婚后，他吸引了一位巴黎贵妇，“非常富有，非常有吸引力，但不是百分之百的雅利安人”。他一边喝着咖啡和干邑，一边微笑着说。夫人刚和她丈夫离开巴黎，丁克拉吉搬进了他们位于佩尔戈莱塞路的公寓。

“叫我施巴兹吧，”他说，“我的朋友都这么叫我。德语的意思是‘麻雀’。”

当她说出自己的目的时，他说，他没有权力让她的外甥从德军监禁中释放出来，但他有一位孩提时的朋友也许帮得上忙。她为啥不见见莫姆上尉呢?

西奥多·莫姆是一位骑兵上尉。希特勒的战争需要从各占领区征集大量物资和服务，骑兵上尉莫姆的工作就是动员整个法国纺织行业，并将其资源吸收进德国战时经济里。莫姆家族经营纺织已经五代。他出生在比利时，父亲在这里管理一家染料工厂。可可和他的关系已经很好了，他想出了一个遣送安德烈·帕拉斯的办法。莫姆命令在圣康旦郊区的一家小型纺织厂重新开业。接着，他让上司相信这家工厂的老板就是著名的香奈儿，并说服有关人士说香奈儿小姐的外甥是经营这家工厂的理想人选。这样，朱莉的儿子就被遣送回国了。

施巴兹是一个讨人欢喜的伴侣。可可知道他比自己要年轻几十岁，但即使是58岁了，她还是认为自己是一个有吸引力的女人。世事非常，正如她在回巴黎的一路所发现的，人们都在做一些莫名其妙的事情。他们成了情人。

科克托回到了巴黎。比起这么多年来花钱戒毒的治疗，德国的占领对于他来说显然更为有效。他与日场偶像演员让·玛黑一起在法国皇宫庄严的四边形建筑的西翼租了一套很小的公寓，离科莱特在巴黎的居所咫尺之遥。

1940—1941年经历了记忆中最寒冷的冬天。燃料几乎用尽，人们白天聚在炉子前取暖，晚上则穿上所有衣服蜷缩在冰冷的被子里。找食物几乎占据了巴黎人的所有时间。颇有事业心的黑市商人搜刮了整个农村，而农民则想办法通过城里的亲属往巴黎销售农产品。食品是让巴黎人着迷的话题。

可可和冯·丁克拉吉很少光顾时尚餐馆。玛丽-露易丝·布斯凯开了一家黑市食品店，每周四提供午餐，一些能说法语“好的”的德国人会来光顾，包括宣传部主任吉阿尔·海莱尔和德国军官恩斯特·荣格尔，有时还带着诗人马赛拉·于昂多以及可可在第一次世界大战前的舞蹈家朋友卡莉亚蒂斯。鲁萨达娜之死让米希娅和霍霍破镜重圆，但在往返马德里的旅行中，和霍霍一起的是情人玛丽-乌尔瑟·史朵若，希特勒驻西班牙大使的夫人。与利法尔和科克托一起，加布丽埃勒是里沃利路上塞特夫妇家的常客，停电的夜晚，他们在烛光下享用简朴的晚餐。

霍霍讲述的故事给这些夜晚带来欢乐：在马德里，德国和英国间谍互相监视；德国人和英国人都穿便装，说西班牙语，开着美国大车；双方都希望保持力量均衡；如果英国阵营来了一个新成员，德国人就会得到政府许可增加一名间谍。

1941 年 5 月，犹太人被禁止从事几乎所有的商业和职业活动。莫里斯·古德凯，科莱特的犹太丈夫被监禁在王苑军营里，这是第一次世界大战的军营，后来曾经是艾蒂安·巴尔桑的房产，这时被改成拘留营。一个月以后，希特勒对苏联的进攻不仅让法国共产党松了一口气，还让他们开始了首次抵抗运动。而对于通敌者，东部战线的打开让他们将自己装扮成了西方文明对抗布尔什维克的卫士。

德国人对抵抗运动的报复是残忍的。任何一个德军士兵被杀，盖世太保就会枪毙一个法国人质。在波尔多，如有一名德军少校在街上被杀，那么这个比例将是50比1。流放集中营从1942年6月开始。5个月后，希特勒废止停战条款，占领了整个法兰西。

可可的生活不显山不露水。战时的日子重在随机应变，活在当下，马马虎虎过日子。尽管在1941年12月珍珠港轰炸后美国人参战了，但战争的结果并不明朗。施巴兹是她情感生活的中心。当人们告诉她要小心一点的时候，她回答说："他不是德国人，他母亲是英国人。"

可可差不多每天都和塞尔盖·利法尔见面，而与米希娅和霍霍·塞特、科克托及其情人让·玛黑则是每周两次。在这些亲密的朋友面前，她和施巴兹声明了对战争的厌恶。他们两人之间说英语，这略微有点惊人。他们相信战争是耻辱、庸俗和二流的。

可可痛恨沦陷巴黎的模棱两可，但生存的需要让她和很多朋友都没法质问自己对这种压迫的默认。他们想尽办法试图软化其残酷，掩盖其丑陋。

勒龙、巴伦西亚加、格雷夫人以及其他的设计师在这样的处境中也是尽其所能，在布料管制下拿到配额，一年两次推出时装展，并有苏姗·阿贝茨出席。当科克托带着希特勒的建筑师阿尔诺·布里克出席晚宴时，玛丽-洛尔·德诺瓦尔也感到很荣幸。尽管纳粹将毕加索归类为"堕落和黑人艺术"的最大代表，但他在奥古斯丁大帝路的工作间照样卖作品给德国军官。

露易丝·德·维尔莫兰的小说被拍成电影。莫里斯·萨克斯不敢去做犹太人登记，只得在占领者面前卖俏，秘密地属于盖世太保。保罗·莫朗有维希政府给他发工资，曾经一度任电影监管局局长；他的妻子伊莱娜曾经在1940年亲眼目睹苏联占领了自己祖国罗马尼亚的一部分，并公开地与德国搞好关系。在她举办的晚宴上，可可总能见到科克托、卡莉亚蒂斯以及无处不在的吉阿尔·海莱尔。剧院和电影院每场爆满，尽管因为宵禁的原因，演出得8点开始，11点结束。秘密舞会在地下室里举办，虽然有罚款和关闭的威胁，但酒店里不该有的都应有尽有。

香奈儿和施巴兹1942年秋天在罗克布兰待了一段时间。在那里，罗伯特·施特赖茨，拉堡萨的建筑师，这时已经是当地抵抗运动的一员，要可可想法解救一个在小镇穆冉的皮卡比亚别墅里被盖世太保逮捕的物理学教授塞尔盖·沃伦诺夫。施巴兹尝试了，后来又因为别人的斡旋，沃伦诺夫获得自由。在拯救被迫害人士方面，霍霍·塞特更为幸运，也更有能耐。6个月之前，通过西班牙大使馆的干涉，他成功将科莱特的丈夫莫里斯·古德凯从王苑的拘留营解救了出来。

尽管对这段阴暗的日子香奈儿没有留下日记，但其他人有。米希娅这时已经70岁，几乎接近失明，她开始口述自传，记录者是一个外交官的儿子，他因此成为她一生最后一位年轻的朋友。博罗斯·瑞丝泰尔俞贝体形修长、五官精致，为了遮盖脸部的惊人苍白，涂了一些奇怪的化妆品。博罗斯和米希娅有着同样的对音乐和毒品的喜爱，米希娅告诉可可，因为博罗斯不是她的情人，和另外那些和她有“激情纽带”的男人相比，她向他倾诉的更多。

博罗斯保留了战时日记，香奈儿在其中的几页里出现：

1941年1月5日：6点到达可可家。她正在用两根手指在钢琴上使劲弹巴赫，米希娅在似睡非睡，塞特带我们三人一起去晚餐。战前氛围，俄国乐队，红色长凳，大量的鱼子酱……每个人都在谈论让（科克托），我和可可因为他发生了争论。像她这样彻底地诋毁朋友是无法容忍的。这真让人难堪。我知道，她其实还很喜欢他，但这并不意味着她不会伤害朋友。我就觉得必须告诉她这点。

1941年1月8日：米希娅留我与安托瓦内特·德·哈科特和可可·香奈儿一起晚餐。尽管停电和缺少燃料，她居然在三分钟里就准备了一份精美的晚餐，并在烛光下和壁炉可爱的火焰旁享用。我们谈论乔治·奥里克和露露·德·维尔莫兰。这是不易引起争论的中性话题。

1941年1月26日：来到可可家，听到了最奇怪的音乐。两个红头发的歌剧女巫，一个在弹钢琴，另一个正靠在钢琴上，而可可则礼貌地听着她们的评论。

回到米希娅家的时候，她说："不可思议。"

"已经54岁了，她还在想象她的声音有表演潜力！"

科克托从1941年开始写战时日记，但在去世20年后才出版，其中描述了一个单一的艺术界的巴黎，稀奇古怪的德国人，如海莱尔，以非常矛盾的方式，负责监督艺术。科克托没有刻意去取悦德国人，但当作品面临查禁的时候，他会毫不犹豫地运用自己的关系网。

科克托的日记记录了 1942 年初的一件大八卦：香奈儿和科克托即将结婚。对于媒体的影响力和公众的轻信，科克托不知哪个更加可怕，但至少他 70 多岁的老母亲还不知道儿子的性取向。“到处都登着消息：让·科克托将与香奈儿小姐结婚，”他在 1942 年 3 月写道，“《窃听》上甚至还假装曾要求我评论，并说我未否认。我笑了，香奈儿也笑了。然而，我母亲说：‘既然都已经登报了，你为什么在我面前不承认呢？’”

1943 年，科克托要可可为他的歌剧《安提戈涅》在歌剧院的重演再次设计服装。索福克勒斯这部悲剧的改编由奥内热作曲，毕加索设计布景，香奈儿设计服装，曾在 1924 年引起不安。为这次重演，奥涅格和妻子从瑞士赶来巴黎，毕加索观看了彩排。“香奈儿花了一晚上为艾丽塔·谢纳堡小姐设计一个小巧奇特的帽子，”科克托在日记中写道，“昨天，奥涅格夫人走到她身边，把它从头上摘下来。香奈儿大怒。没有什么比这些小插曲更让我开心了。”

对于加布丽埃勒来说，1943 年 1 月《安提戈涅》的重演是长期无所事事生活的一个愉快的间歇。可可和施巴兹很少去科克托、利法尔、维尔莫兰和其他朋友可能去的餐馆吃饭。利法尔有时和她一起晚餐，他曾说，没有一个时装屋需要管理，她“回到了她的首爱：音乐和歌唱，自己钢琴伴奏”。

她也将注意力转到与韦尔泰梅家族的斗争。从 1934 年重组后，她已经不是香奈儿香水公司的总裁，原定于 1940 年的开庭日期因为战争原因而无限推迟。现在时机正好合适。德国人设立了一个犹太人事务委员会，负责夺取犹太人拥有的商业并转让到他们更喜欢的人手里。令人敬仰的卡尔曼-拉维出版社，曾负责《包法利夫人》、亚历山大·杜马和乔治·桑著作的出版商，就因为是创始人米歇尔·拉维犹太后裔的产业而被没收。德国占领法国为香奈儿提供了一个机会去解散她痛恨了十多年的合伙公司。她是雅利安人，而韦尔泰梅家族不是。

战争初期，韦尔泰梅兄弟及其家庭都藏在法国南部。他们在 1940 年越过西班牙边境，假道葡萄牙去了美国。他们的表兄雷蒙·波拉克是两次大战的老兵，拒绝离开法国，于是成了庞大的“夜巴黎”企业和其子公司香奈儿香水的临时管理者。

8 年前，当保罗·伊里巴被赶下公司董事会的时候，可可的律师尚布伦曾建议在董事会上安置一个密探，她推荐了乔治·马窦，1924 年至 1931 年的销售总监。香奈儿在 1943 年回到董事会，她要求委任前销售总监为首席执行官。她告诉波拉克，马窦从一开始就在公司，他了解公司业务。

马窦因此被选为首席执行官。

但韦尔泰梅的表兄比她想象的要快。几天之内，波拉克就找到了一位非犹太人飞机工业家，他愿意为韦尔泰梅家族充当门面。他还找到了一位德国军官愿意证明大量已经将签署日期提前的文件，以及文件交换都是正确无误、无懈可击的。当加布丽埃勒准备好出击时，新的老板已经就位。

菲利克斯·阿米欧是一位满头银发的飞机制造业先驱，他所制造的飞机推进器曾帮助赢得了第一次世界大战，他现在成了香奈儿香水公司的新东家。连珠炮似的文件转换让韦尔泰梅拥有了阿米欧飞机公司 50% 的股权，但不再直接拥有香奈儿香水公司的任何股权。阿米欧用来坐在董事会的几个稻草人包括罗伯尔·德·内克松，他是阿德里安娜的小叔子。由阿米欧控制多数的董事会将马窦拉下马，并提名内克松为首席执行官。

她在永恒的敌手面前再一次失利。但她并没有放弃，竞赛仅仅是推迟了。同时，在第三帝国的所有占领区，香奈儿 5 号继续通过法国公司销售；但她还有所不知的是，她的香水在美国正通过韦尔泰梅的独立公司大卖特卖。

香奈儿的传记作者夏尔-鲁在 30 年后写道，施巴兹之所以从不穿制服，是因为他是一个间谍，纳粹反间谍机构军情局成员。传记作者马塞尔·黑德里希则相对缺少戏剧性，认为英俊的冯·丁克拉吉不过是他朋友的纺织品采购业务的一个管理者。加布丽埃勒在谈论她的战时情人时，从不提他的名字，只说她在战前就认识他。而她的律师尚布伦则选择只记得莫姆。

汉斯·冈瑟·冯·丁克拉吉这条鱼太小了，不足以在 1945—1946 年的纽伦堡战争法庭受审。但因为他战前长期在法国居留，法国反间谍机构总参二局有他的档案。档案里的第一项记录始于 1937 年，也就是他第一次访问法国的 4 年后。1933 年 10 月他与妻子马克西米利耶娜·冯·舍尼贝克一起来到巴黎寻找工作，手头有大量闲余时间。

来到巴黎没多久，施巴兹就成了德国大使馆的随员，并作为外交官在上流社会受到欢迎。德国人圈子里的一些非重要人士则记得他是一个模糊的角色。在美国军队度过战争的霍斯特认为丁克拉吉是一个双料间谍，同时为纳粹和英国工作。有可能加布丽埃勒是在满德夫人或格拉蒙伯爵的晚会上认识施巴兹的，这些晚会铁定会邀请德国大使。

不管施巴兹在大使馆的使命是什么，是为戈培尔的宣传部工作，还是作为外交部长约阿希姆·冯·里宾特洛甫派往巴黎和伦敦以改善第三帝国形象的“魅力突击队”的一部分，还是真的只是一个使馆随员，他与妻子马克西米利耶娜于 1935 年就已回到了柏林。他们离了婚，一年后，施巴兹重回巴黎。然而战争爆发时，施巴兹在瑞士。8 个月之后，他又一次回到了沦陷的巴黎。

在 1942 年到 1943 年的冬季，德军的陆上攻势遇到挫折，他们没有攻占斯大林格勒。施巴兹有两个担心：被送到东部战线，或者被赋予某种特殊使命而掉进柏林高层阴谋的马蜂窝里。为了留在巴黎，他和柏林的上司玩了一个精巧的游戏。一方面，他显得并没有野心，避免引起关注；另一方面，他又巧妙地使自己在法国首都的存在变得很有必要。

有一次，加布丽埃勒和施巴兹以及莫姆在一起讨论战争未来的时候，香奈儿愤怒地打断他们，“你们德国人不懂得对付英国人！但我懂！”

她说出这句话的同时意识到，自己也许真能帮助早点结束这场战争。

三十

这一切将如何了结？

加布丽埃勒在1943年夏天满60岁。尽管第二次世界大战的决定性战役还在一年多后，但1943年是一个转折点。“民主的军火库”终于全面启动，坦克、飞机和船舰正以越来越多的数量走下美国的生产线。随着德国在斯大林格勒和北非的失败，德意日轴心国的运气开始衰落。

也许香奈儿是受到霍霍·塞特关于马德里的英国和德国间谍故事的启发，也许是受到施巴兹有关柏林上层圈子日益增加的恐惧言论的启发，她决定找莫姆上尉谈谈。她从不解释为什么要找莫姆而不找施巴兹；也许她觉得莫姆在一个更好的位置，可以将事情办好，毕竟他曾安排将她的外甥从战俘营里释放出来。

上尉来到她在丽思酒店的客厅，听她讲述她的计划，越听越震惊。她坚持说，德军统帅部必定有人认为希特勒对苏联的进攻是愚蠢的，而日本在珍珠港的挑衅将美国拉入冲突是第二个大错。在另一方面，战争也在摧毁丘吉尔的帝国，这是她非常了解的具有特权和传统的大英帝国，英国首相具有勇气和智慧，他必定会思考这一切将如何了结。

她想办法和他见面，丘吉尔不会觉得奇怪。就像在罗克布兰的旧日时光，她和本多尔常顺便走访正在度假的丘吉尔家。不说别的，也许她能说服丘吉尔听一听德军统帅部成员的和谈提议。"缩短战争，挽救成千上万，甚至几十万人的生命，难道不符合所有人的利益吗?"

看着香奈儿在他面前演绎她自己与丘吉尔的对话，想像着他的回复，莫姆越来越入迷。丘吉尔曾向不列颠人民承诺热血、辛劳、汗水和泪水，但这不足以让他获得历史地位。她会说："你必须挽救生命，结束战争，温斯顿，向和平招手，你将展示你的力量。"

"你是对的，可可，"她想像丘吉尔说，一边还效仿着他严肃地将雪茄上的烟灰弹掉。她向莫姆解释说，她会去西班牙。她认识塞缪尔·霍尔爵士[①]，英国驻马德里的大使。她会联系霍尔爵士，让他传递建议：在最保密的条件下举行英德谈判。

20 年以后，莫姆回忆起在可可狭窄公寓里的那个梦幻般的下午：她在房间里的踱步，她把与丘吉尔之间可能有的对话演绎

---

① 塞缪尔·霍尔爵士（Sir Samuel Hoare，1880—1959），英国保守党资深政治家，多次担任内阁大臣，曾任外交大臣和驻西班牙大使。——译者

出来。莫姆回忆 1943 年早秋，他带着可可·香奈儿的“和平提议”回到柏林。在狂热的纳粹眼里，仅仅提及与敌人谈判就等于叛国，为了减少自己的风险，莫姆决定先通知外交部。新任国务秘书斯特恩格拉赫特·冯·莫伊兰听后，礼貌地将骑兵军官请出办公室。斯特恩格拉赫特暗示，这不是随便什么人都能做的事。

军情局最年轻的纳粹党卫队领袖觉得莫姆的提议很有意思。对于瓦尔特·施伦堡少校来说，派可可·香奈儿作为特使去马德里很有希望。34 岁的施伦堡是一个精力充沛、善于观察、有吸引力的男人。他充满活力，语气和缓，还有点男孩子的稚气，和大部分党卫队员的恃强凌弱和死板形象完全不同。从 1941 年开始，他一直担任外国情报部的代理首脑，是军情局最高统帅威尔海姆·卡纳里斯上将的爱将。他将党卫队的黑色制服穿得很典雅，总是能够和外国人温和地打交道，并与外交部以及宣传部里的年轻官员交上朋友。他最大的财富是党卫队安保部门首脑莱因哈特·海德里希对他的信任。即使是早期的失败事件，包括 1940 年搞砸了的温莎绑架案，也对他的事业毫发无损。

在历史上，贝当与赖伐尔的懦弱和卑躬屈膝与丘吉尔在英国最光荣时刻的“奋斗到底”形成了巨大反差。但是，英国也有些政治家在思考这一切如何了结。1940 年 5 月 10 日，丘吉尔的外交大臣哈利法克斯勋爵在一次内阁会议提出通过谈判获取和平的观点。

丘吉尔坚决反对谈判。他下命令逮捕了前劳工部长、英国小型纳粹–法西斯党领袖奥思沃德·莫斯利爵士，同时警告他的老朋友本多尔不要参与任何认真的绥靖活动。对于保守党的一些杰出成员，首相的行为必须极其谨慎。丘吉尔知道塞缪尔·霍尔爵士也支持和希特勒谈判。为了将他调离权力走廊，丘吉尔提名霍尔为驻马德里大使。

在里宾特洛甫的柏林外交部，到 1943 年的时候，与敌人谈判已经成为一个秘密而又经常的话题。俄国人在利用斯大林格勒的胜利，而英美军队正在击溃陆军元帅隆美尔的非洲军团，希特勒的一些将领试图说服他考虑妥协的和平。

残酷的斯大林格勒战役带来了斯大林的和谈试探。威尔海姆·卡纳里斯上将，施伦堡的上司，受到斯大林和谈姿态的鼓励，觉得可以说服里宾特洛甫向元首递交备忘录。希特勒撕毁了备忘录，并威胁将处决任何擅自斡旋的人。他说，在德军重新获得主动之前将不会有谈判。他禁止里宾特洛甫再谈论此事。他说："相信我，我们会赢。我们承受的打击是一个信号，告诉我必须变得越来越坚强，付出一切代价。如果我们这样做，最后一定会赢。"

里宾特洛甫已经失去了对外交部情报部门的控制。1943 年 3 月，纳粹反间谍机构军情局并入内政部长海因里希·希姆莱① 保安局，扩张后的保安局更增强了希姆莱本来已经惊人的权力。他已经控制了盖世太保（或称秘密警察）、一支精英政治部队以

① 海因里希·希姆莱（Heinrich Himmler，1900—1945），德国纳粹领导人，纳粹党卫队头子，盖世太保头子，监管对犹太人的屠杀计划，二战结束时为英国人俘虏后自杀。——译者

及一支足以和陆军统帅部抗衡的军队——党卫队的武装部队。在东普鲁士希特勒总部外的树林里雪中散步的时候，里宾特洛甫和在伦敦的前任探员弗里茨·赫斯分享了他的可怕预感。里宾特洛甫说："我们现在能希望的，就是至少有一个敌人变得通情达理。英国人肯定会意识到把我们送到俄国人手里是极其疯狂的。"

当施伦堡坐在莫姆上尉面前听他解释可可·香奈儿的提议的时候，他对前面这些情形了解多少呢？在其战后的回忆录中，在围绕颠覆元首的活动中，施伦堡让自己扮演了有趣的角色。斯图尔特·格雷厄姆·孟席斯爵士，丘吉尔诡计多端的间谍头子——在战后几十年里他只是作为字母 C 被世人所知；在小说里，他被伊恩·弗莱明塑造成 M，被约翰·勒卡雷写成"控制者"——认为，施伦堡想把可可·香奈儿当作让丘吉尔了解德国政府内情的一个渠道。在斯大林格勒之后，即使是希姆莱也能接受施伦堡的温和论点，任何对西方联盟的姿态都值得一试，哪怕这事绝不能让希特勒知道。

施伦堡初步确定了香奈儿任务，并命名为"时装帽行动"。莫姆离开柏林返回巴黎前得到承诺，只要香奈儿所说的英国联系人得到证实，就会给她发放必要的旅行证件。

莫姆来见可可的时候，她立刻打击了他的热情。可可告诉他，她不会一个人旅行。她从来没有一个人旅行过。莫姆以为她会要施巴兹同行。然而，她要求的是薇拉·贝特。

她的选择充满了魔鬼般的狡猾。尽管薇拉已经和一个意大利装甲兵军官结婚住在罗马，但是作为英国人，她与英国皇室和贵族的关系很硬，她是剑桥侯爵的私生女。更重要的是，她与温斯顿·丘吉尔的关系要比可可更近。如果事情出了问题，薇拉与盟军的关系可以挽救她们两人。

对于选择哪个德国保密机构来将薇拉带到巴黎，可可则无法判断。可可只有她老朋友的罗马地址。也许为了安抚冯·丁克拉吉，她同意让他的军情局承担护送薇拉到巴黎的责任。

法西斯意大利正在崩溃。在进入西西里之后，英美盟军已经越过墨西拿海峡，将战事引入意大利本土。墨索里尼垮台后，薇拉的装甲兵军官丈夫阿尔贝托·隆巴蒂躲了起来，准备加入盟军。佩德罗·巴多利奥元帅成为墨索里尼的继承者。德国突击队解救了垮台的独裁者，号召他的追随者拿起武器，“给予意大利阳光下的位置”。

一位德国军官于 1943 年 10 月 23 日带着一束红色玫瑰花来到巴尔纳巴·奥利亚尼街 31 号，敲响了薇拉的家门。他被告知隆巴蒂上校不在家。德国军官解释说，他来见隆巴蒂夫人。

薇拉来到门厅，他解释说，玫瑰花是香奈儿小姐送来的，同时递交了一封信。

自战争爆发以来，她就没有收到过可可的消息。

信写在香奈儿的信头纸上，日期为 10 月 17 日，来信宣布香奈儿时装公司将重新开张：“我要回来工作，我要你来帮助我。一切听从给你送这封信的人的安排。尽快赶来，别忘记我会带着快乐和急迫等待你的到来。”在表达了对薇拉此时以画屏风谋生的同情之后，书信以英文的“爱你”结束。

薇拉拒绝了。“送信人”坚持着。她非常坚决，她的回答是不去。三个星期后，她被逮捕，并被转至罗马妇女监狱。

到了11月1日，可可·香奈儿和她的同伴还没有离开巴黎，施伦堡对此很生气。莫姆被招回柏林，他显然一点都不知道施巴兹想诱惑薇拉来巴黎而没有成功。施伦堡的情报人员迅速了解到薇拉·隆巴蒂被盖世太保逮捕的事实。但被问到为什么的时候，罗马盖世太保暗示是间谍活动。薇拉·贝特是英国间谍。

对这样的好运气，施伦堡只能微笑了。敌人的间谍，刚从监狱里释放出来，可以很容易被控制。在施伦堡的命令下，党卫军在罗马的头子释放了薇拉。没有任何解释，党卫军上校告诉她，她的朋友加布丽埃勒·香奈儿很迫切地希望在巴黎见到她。一切都已经安排好了。

在酒店里度过一晚之后，薇拉被带回家收拾旅途中需要的个人物品。为了让她感觉舒服一点，安排了一位老贵族朋友艾德华（艾迪）·俾斯麦同行。

薇拉不知该相信什么。她想留在罗马。她的丈夫在不远的地方，藏在教皇领地里的阿尔多布兰迪尼的产业里；她兄弟在英国军队，驻扎在萨莱诺，不用多久他们就能解救她以及整个罗马。

第二天，她改变了主意。她和他们走了，带上了她的狗泰格，一只巨大凶猛的驯犬。一行人开车到米兰，莫姆在这里和他们会合，然后带他们去了一个机场。

小飞机只能装得下飞行员、莫姆和薇拉。她表示抗议。泰格必须和她分开，但俾斯麦承诺为她照看好，直到战争结束。

飞行一路很颠簸。他们越过阿尔卑斯山的时候，机翼上结了冰，迫使飞行员在慕尼黑和斯图加特之间的乌尔姆降落。薇拉认为他们欺骗了她，这只是将她弄到德国的诡计。莫姆找到并征用了一辆车，将他们送到了火车站。在经过了斯特拉斯堡和南锡之后，薇拉终于相信他们到了法国。

火车开进巴黎东站后，莫姆直接将薇拉带到了丽思酒店，那里有可可迎接的拥抱。

加布丽埃勒和薇拉从第一次世界大战末就认识了，但当她们终于单独在一起的时候，两个女人都没有说实话。可可解释她们将一起工作，但不是在巴黎，而是在马德里，她们将在西班牙重建香奈儿时装公司。薇拉马上意识到马德里是她的逃生之路，一旦她们到达西班牙首都，她就会逃到英国大使馆。

时装帽行动开始了。

三十一

时装帽行动

罗斯福总统和丘吉尔首相从战事开始以来已经见过 6 次面商讨共同战略，在 1943 年 11 月，第三位领袖约瑟夫·斯大林总理在三巨头会议中和他们见面了。当可可·香奈儿和薇拉·贝特乘火车走波尔多-比亚里茨-昂代-马德里一线时，罗斯福、丘吉尔和斯大林正前往德黑兰。

所有入口封闭，街口用巨大的布屏风封住，宽大的铁门开启，两个大使馆合并成一个巨大的场地。足有 4 天的时间，三巨头在这里生活和工作，每天晚上一起共进晚餐，互相之间的距离从来没有超过 200 码。斯大林同意罗斯福的建议，第三帝国将被分解成五块，而丘吉尔原则上同意，但提醒必须考虑对历史和经济因素的深刻考量。

很难知晓，可可和薇拉带着德国通行证进入西班牙的时候，她是如何看待这项任务的，但可以肯定，她的目的不是为了帮助德国人。她可能是非常极端的法国爱国主义者，在她的一些针对外国人的挖苦言论中重复了保罗·伊里巴的精英国家主义，但关于英国理所当然的优越地位的理念使她渴望得到他们的欣赏。她也许有个德国情人，但终其一生，她对所有英国的事物显示了强烈的兴趣。是小伙儿卡佩尔将她带出了几近暗娼的狭窄圈子，爱护她并帮助她开始事业；是他在多维尔马球场上的那些同胞给了她尊重并激励了她最初的成功。她事业上最成功的时期至少部分与和威斯敏斯特公爵在一起的时间相吻合。他们一起建立了罗克布兰的房子，丘吉尔曾来这里玩纸牌。就是在她的公寓里，因为国王要和华丽斯·辛普森结婚的决定威胁到英国王室一事，丘吉尔痛哭流泪。老温斯顿无疑会很高兴再次见到她。

在马德里，她和薇拉入住丽思酒店。弗朗西斯科·弗朗哥将军的首都——和丽思酒店——有种一战时比亚里茨的感觉。在这里，贵族难民、阿根廷舞男和间谍全混杂在一起，互相监视。正如霍霍告诉她的，德国和英国间谍都穿便衣、说西班牙语。新的情形是，英国和美国间谍变得越来越多。弗朗哥政府已经意识到战争的运气正在向盟军这边倾斜，于是不再谋划控制间谍的力量均衡。不清楚盟军机构是否将可可和薇拉到达的信息传递到了相关当局，但在柏林，施伦堡立即就获得了信息。

战后可可对整个事件描述得非常谨慎。传记作者埃德蒙德·夏尔-鲁根据与薇拉和莫姆的访谈，声称可可马上离开酒店去了英国大使馆。时机成熟，薇拉只等了几分钟就向同一方向出发。按照这个版本，加布丽埃勒见到了霍尔爵士，几分钟后，薇拉被匆匆带进值班情报人员的办公室。

夏尔-鲁写道，香奈儿告诉霍尔大使她希望见到老朋友温斯顿，或者应该说，他希望见到她。她根本没有提到同在马德里的薇拉，她转告了施伦堡的信息，德国最高统帅部愿意，同时也准备好了与西方盟国进行秘密谈判。

走廊那头，薇拉正在向情报人员报告她在罗马被党卫军逮捕，并通过飞机和火车转到巴黎，全为了她老朋友香奈儿的时装公司在马德里重新开张。她告发可可为德国间谍。夏尔-鲁版本里发生了一个戏剧性的冲突，在他们开完各自的会议后，可可和薇拉在大使馆的楼梯上相遇了。双方都睁眼瞪着对方，不能动弹。夏尔-鲁写道："看来似乎是加布丽埃勒首先恢复了沉着。按这个说法，她说：'呦，真妙呀！我们要永远站在这里，像两只猫一样大眼瞪小眼？'"

于1985年解密的英国军情档案提供了一个不同的描述。按照这些档案，不是莫姆上尉，而是施博上校首先向施伦堡通告了让香奈儿去和丘吉尔取得联系的主意。在战争结束施伦堡被抓时，他告诉英国审问者是他安排将香奈儿带到柏林，和她一起来的还有老军情局一位"体面的通讯员"丁克拉吉。在会谈的时候，香奈儿提议，"有一位隆巴蒂夫人，出身于一个优秀家庭的前英国公民，现与一意大利人结婚，需从意大利拘留营予以释放，并派至马德里作为中间人。"施伦堡告诉审问者，可可不但没有故意对薇拉隐瞒，还让她的朋友参与到计划中，她同意只身前往大使馆送去香奈儿的信。时装帽行动之所以失败，是因为薇拉向英国当局“告发所有人包括香奈儿女士为德国间谍”。

显然，霍尔大使告诉香奈儿和贝特-隆巴蒂在马德里等候消息，他将向伦敦请示。可可和薇拉待在丽思酒店，指定给她们的联系人是一个年轻人，只知道他的名字叫雷蒙。有消息说，丘吉尔在完成三巨头高峰会后返回时将经过马德里，也有消息说首相生病了。

世界领袖的飞行计划是严格保密的，但丘吉尔在 12 月 2 日离开德黑兰前往开罗，当时正在地中海彼岸的是艾森豪威尔将军的总部。有关丘吉尔离死不远的谣言广为流传，唐宁街不得不在 12 月 16 日发布公告，告知英国人民首相刚刚度过了一个安静的夜晚，“情形有所改善”。官方版本是 69 岁的首相在开罗的时候严重感冒。但事实上，他在艾森豪威尔位于突尼斯海边的总部里患了肺炎，医生担心是胸膜炎。当丘吉尔出现心竭症状时，他的妻子和一支医疗队从外地飞来。

丘吉尔谁也不能见，这是霍尔能够也是他愿意告诉可可的唯一的事情。香奈儿只得听从。她的自尊心只能接受是丘吉尔的严峻病情使他不能见她。

她告诉薇拉她要回巴黎。薇拉说她会留在西班牙。在加布丽埃勒离开的前夜，薇拉离开了酒店，在一个意大利外交官及其夫人那里找到了庇护，后来找到了“雷蒙”。她 12 月份收到了来自可可的用铅笔匆匆写就的四页信函：

亲爱的薇拉：

即使有边界，一切的传播还是很迅速。我知道了你的背叛！除了深深伤害了我之外，从中你什么也得不到。

我尽我所能让你停留的时间少些痛苦。耐心、金钱等等。在意大利事务或德国事务上，我不能变得疯狂，听到或说一些只有智力呆痴的人才能做的下贱事。和敌人谩骂是自降身份。

无论怎么样，我的英国朋友都不能怪我，或者在我的所作所为中找出什么失误。

对我来说，这就够了。

我见到了M①。我没有说什么能给你带来麻烦的事。如果你想回罗马，在到达巴黎后的48小时之内，你就会和你真正的朋友团聚。

你在西班牙时对我的事情漠不关心使我没必要再和你讨论！但我有好消息和成功的希望。

我对你的朋友“雷蒙”有着愉快的回忆，尽管他在这件事上的帮助微不足道。

我也想告诉你我并没有被命令离开西班牙——我的一生中下过很多命令，但还没有接受过命令。我的签证到期了。S担心我会有问题。

我全心希望你重新找到幸福。

但是我很惊奇岁月没有教你对人多点信任，少点忘恩

① 我们不知道M和S是谁，但莫姆和施伦堡是很好的假设。

负义。像如此残酷和悲哀的时光应该能够产生那样的奇迹。

可可

可可到柏林去见施伦堡，具体时间不清楚。1943 年最后的日子和 1944 年 1 月是最可能的，但英国情报档案将这次会议放在了 1944 年 4 月，几乎就在德国崩溃的前夜。不知道这次她想达到什么目的，她在柏林待了多长时间，以及她告诉了施伦堡什么。在纽伦堡审判前的询问中，施伦堡透露会议发生在一次空袭过程中。

香奈儿在 1944 年的 2 月参与到了从德国死亡营解救马克斯·雅各布的活动中。从他隐藏的卢瓦尔河畔圣本笃修道院，这位曾经给香奈儿看手掌算命的诗人、梦想家和画家，在 2 月 2 日写信给科克托，问他和香奈儿是否能为他被监禁的妹妹出面："我想写信给香奈儿。也许你可以去见见她。你们两人可以一起救我的妹妹。"三个星期后，盖世太保在圣本笃逮捕了雅各布，并将他转到了位于巴黎东北的德朗西政治犯营地。加布丽埃勒把塞特也带入了挽救行动。他运用西班牙大使馆的影响力，而科克托见了报纸出版人乔治·普拉达，他认识奥托·阿贝茨。28 日，科克托在日记中写道："普拉达给我电话说我们有可能成功。"每天晚上满载难民的封闭火车从德朗西驶向德国集中营，雅各布的兄弟、妹妹和妹夫都是众多集中营里被灭绝的例子。但 68 岁的马克斯当时正患肺炎而在德朗西医院接受治疗。3 月 14 日，普拉达收到释放通知，但在释放令被执行前，雅各布于次日晚间去世。

盟军于1944年6月6日凌晨登陆了120公里长的诺曼底海岸线。巴黎人期待即将到来的盟军，但战斗很激烈。盟军三个星期才攻下瑟堡。6月26日戴高乐登陆，在法国领土上建立了一个新的政府。7月上旬，美军开进巴黎西南56英里的夏尔特近郊。

抵抗运动领袖有一个共同的意见：巴黎必须解放自己。当德军于8月18日在圣米歇尔大街上开过时，旁观者小声说："他们正在撤退。"但是，德国人仍然在逮捕大众，并送人去集中营，纳粹万字旗仍然飘扬在卢森堡公园的参议院上空。次日，警察局被解放。市政厅、里昂车站和大多数公共建筑在起义者手中。但一个星期后，德国人依然在这里。

施巴兹想要可可随他和德军一起撤退。他计划两人一起离开帝国崩溃的越来越严重的混乱，然后去瑞士。可可拒绝了。她从来就不是一个胆小鬼。她将承担后果。她无所畏惧。

德军卡车在8月17日就做好了疏散最重要的法国合作者的准备工作。塞尔盖·利法尔在听到德国人正在"邀请"他和德军一起撤退的谣言后，跑到了康朋街31号寻求避难。两万左右民兵和法国法西斯挤上卡车和军用火车，才知道东撤的路拥挤不堪，还得遭受盟军的轰炸和自由法国的破坏。莫里斯·萨克斯是少有的几个逃离法国的知识分子之一，他在汉堡的一次空袭中死去。在维希，贝当声称他是一个囚犯，在武装保卫下被运走，和他一起的有赖伐尔以及维希政府所剩不多的其他人员。贝当被送到斯图加特附近多瑙河上的前霍亨索伦城堡锡格马林根。有关对抗戴高乐及其外国资助人的法国逃亡政府的杜撰传奇一直持续到战争结束。

与其男仆、侍女一起，可可和利法尔亲眼目睹了最后一辆德国坦克开过里沃利路，听到撤退中的德军与法国内地军之间最后的巷战，看到消防队员在康朋街对面的歌剧院竖起法国国旗。他们从第一栋被俄国支持者占领的建筑物里，听到了司法部大楼唱起俄语“国际歌”。

8月26日，在里沃利路上霍霍和米希娅公寓的阳台上，可可和利法尔一起看着戴高乐的胜利队伍从凯旋门迈向市政厅。霍霍和米希娅又在一起了，似乎鲁萨达娜插曲从来就没有发生过，50位客人应邀观看阅兵式并一起午餐，大家分享了霍霍从西班牙进口的火腿、香肠和水果。利法尔和艾蒂安·德·博蒙伯爵参加了午餐，他们很担心自己广为人知的与德国人的密切关系；他们希望霍霍能成就一个逆转奇迹，就像曾以其西班牙人的身份、金钱和影响在德国占领期间保护其他人一样，这时能保护他们免受来自法国内地军的即决裁判。

由坦克、警察和手牵手从香榭丽舍大街的一边排到另一边的法国内地军引路，戴高乐将军在成千上万人的关注中漫步走向协和广场。正当戴高乐上车准备沿里沃利路前往市政府时，就在塞特家的阳台之下，狙击手的枪声响了。塞特家的客人赶紧藏在桌子底下，但霍霍在阳台上没动。结果是虚惊一场，米希娅、可可和其他客人回到霍霍身边，看着戴高乐的车开走。

两周后可可·香奈儿被逮捕。

三十二
流放

1944 年 9 月的一个清晨，两个带着法国内地军臂章、腰插左轮手枪的青年出现在丽思酒店，敲响了香奈儿小姐的门，要求把她带走。

她问，“谁的命令？”

“肃清委员会。”

肃清或清洗正在高潮中，这是一种民众愤怒和私怨复仇的混合体，那些有名的合作者或通敌者可能受到最糟糕的羞辱。嫌疑人可能被监禁几个月而不被审判；与德国人有性交往的女人被当众剃光头，财产被直接剥夺，仅凭道听途说就可以终止其职业生涯。戴高乐被老百姓释放的狂怒震惊，但当前非常脆弱的联合政府只能任凭这些复仇行为自动消耗。

香奈儿的女仆谢尔曼眼泪长流。可可盯着两个年轻人看了一会。她一言不发，拿起手套和手袋，从他们身边走过，来到走廊。她希望在他们进来洗劫房间之前赶紧出去，因为利法尔正藏在一个柜子里。这位俄国舞蹈家不再吹嘘希特勒对他的抚摸，而是在准备发誓他之所以想法接近希特勒是想刺杀他。“只是命运使我没动手。”在博罗斯·瑞丝泰尔俞贝为他写的自传里，利法尔如此说。

“可可的行为高贵得像女王，就像女王玛丽·安东瓦妮特被领上断头台，”利法尔回忆，“她昂首挺胸跟着来逮捕她的两个法国人走了。”

拘留持续了三个小时。她被要求看了一张冯·丁克拉吉的照片，问她是否认识，按照传记作者马塞尔·黑德里希的说法，她回答：“当然，我认识他20年了。”对于审问者的问题，“他在哪里?”她回答：“他是德国人。我想他应该在德国。他来告别的时候——因为他是一位绅士，所以来告别——告诉我，他要回德国。”

按塞西尔·比顿所听到的说法，可可被问到是否真的与一个德国人有性关系，她回答，“真是的，先生。我这个年纪的女人，当有机会获得情人的时候，是不能要求看对方的护照的。”皮埃尔·加朗特在战争年代是美国情报机构战略服务办公室的特务，他推测香奈儿被指控和德国人睡觉，作为辩护，她只需要和时装行业的其他人一比就行。她至少在战争爆发的时候就关闭了时装公司，而其他人，包括勒龙、格雷夫人、巴伦西亚加等从未停止。勒龙不是每年推出两个时装季?他的助理皮埃尔·巴尔曼不是为奥托·阿贝茨的妻子设计服装吗?更不用说韦尔泰梅家族信任的菲利克斯·阿米欧，他的机械制造与冲压公司不是为德国空军提供飞机推进器吗？

可可从来不谈论那三个小时的审问，她对戴高乐怀恨在心。如果有人胆敢谈论这个话题，她就会攻击抵抗运动。20多年后，她仍然会用那个年代的词句和语气谈论沦陷的岁月，不带任何为自己辩护的意味。她不觉得有任何必要为自己的形象抛光。她没有什么错。谁又有任何权利评判她？她又应当为谁负责？

自怜自怨可不是她的风格。

“他们让我发笑，”对于自由法国人，她这样说。然后她指出，在1945年和1946年她轻松地获得英国和美国签证，似乎想以此证明自己已经被清除所有怀疑。“我是第一个去伦敦的。先取道瑞士去取点钱，因为我没剩下什么钱了。”

去美国的签证审查很严，她吹嘘，但对她来说容易得很。“我见到了（美国）领事，对他说：‘先生，我明天就需要护照。’他要我填了一张问卷。我说：‘先生，你比我自己还了解我。’他说：‘至少你得留下指纹。’整件事花了一分钟。”

1972年无意中解密的英国外交部档案为她的迅速释放提供了不同的理由。如果说她在仅仅拘留三个小时后就自由了，是因为她掌握了英国人不想公开的秘密。

温斯顿·丘吉尔当时要来巴黎参加11月11日停战协定的纪念仪式。按计划，戴高乐将与首相一起乘车前往凯旋门为无名战士墓献花篮，然后一起从香榭丽舍大街走回。戴高乐迫切要求在即将到来的对德占领中分一杯羹，可不想发生柜子里冒出尸体之类的意外。

可可知道些什么让丘吉尔尴尬的事情呢？他违反了自己订立的与敌贸易法案，自 1940 年起，他一直在付给德国人报酬以保护温莎公爵的财产。温莎家族这时还逗留在百慕大，但他们在絮歇大道上的公寓无人敢动。德国人为昂地贝海角的大别墅支付租金，还周到地在草地周围挂上地雷以进一步保护它。《温莎公爵夫人》作者查尔斯·海厄姆这样说香奈儿，“如果要让她作为敌国政府的雇员而接受审判并有被处决的危险的话，她很可能会揭露一批通敌者，包括温莎家族以及上流社会的一些其他人。尽管白金汉宫痛恨温莎家族，但皇室可不能容忍一个家族成员被揭露。”

虽然法国内地军从来没有发现“时装帽行动”，但香奈儿在马德里的任务在英国情报人员中是众所皆知的。马尔科姆·马格里奇是 MI6 成员，解放后驻扎在巴黎，他对可可逃脱清算的方式感到很惊奇。“就是命运简单而又庄严的一击，曾让拿破仑成为如此成功的将军。她只要在自己大商店的窗户上贴一告示，说香水对现役军人免费，军人们排队领取香奈儿 5 号，如果法国警察敢动她一根毫毛，那这些军人就得闹翻天。赢取了呼吸的时间，她继而全力寻找帮助。工夫没有白花，她没有出现在被控诉通敌罪的一系列闪耀的名字中——莫里斯·切瓦力亚、让·科克托、萨卡·圭特瑞和其他知名人士。”

几天后，利法尔到肃清委员会“自首”，尽管耸人听闻的报纸标题曾说他在南美；或把他描绘成百万富豪，正在蒙特卡洛以香槟洗澡。利法尔被判处从歌剧院停职一年。对于保罗·莫朗的肃清要严厉得多，他曾任维希政府驻瑞士伯尔尼总领事。

缺席判决，他被剥夺公务员身份，作家版税被冻结。他不敢回法国。

在法国所有被解放的城镇，到处都有立即执行的判决，包括对维希官员的处决，但战争并未结束。纳粹德国依然占领着半个法国。10 月中旬开始下雨，似乎永不停息，盟军越是把敌军赶到靠近自己的国境，敌人的决心似乎越坚定。12 月，凸出部战役在比利时东部开始，这是希特勒巧妙掩饰的避免失败的攻势。20 万德国军队倾其所有在雪下开始攻击，直到 1945 年 1 月中旬，美军才取得战役的胜利，往莱茵河的推进得以继续。

当这一切发生时施巴兹在哪里？可可企图将他救出正在崩溃的德国。她曾从德国人手中救出了她的外甥，为什么不可以从盟军手中救出她的情人？希望不大，但从汉斯·希林格身上她看到了机会。这是一位正在休假的年轻现役军人，他来到丽思酒店找她，说他带来了霍斯特的问候。

“美国军队里有多少像你这样的德国人？”她开心地问道。希林格告诉她，霍斯特健在，且活得很好，战时在蓝岭山脉里的贝尔佛尔堡为军队杂志拍摄士兵。说来话长，战争前夕，霍斯特将希林格弄到了美国。希林格入伍时分配到了巴顿将军的第三军。霍斯特告诉他：“如果你到了巴黎，向可可转达我的爱。”

这个德裔美国人正要返回前线。在离开前，可可在他的圆桶包里塞满了香奈儿 5 号香水——它在黑市上几乎可以换任何东西。她坚信一旦战争结束，他流利的德语会对盟军总部很有价值。也许他会在审问敌人军官或战俘时被任命为翻译。如果碰到有叫汉斯·冈瑟·冯·丁克拉吉的人，她拜托他写一张明信片，很简单：巴黎，丽思酒店，可可·香奈儿。

纳粹最高统帅部接近绝望。1945 年 2 月，施伦堡再次试图与西方单独和谈。他安排了希姆莱与瑞典的福尔克·贝纳多特伯爵，后者当时来柏林寻求将集中营的挪威和丹麦囚犯释放并归瑞典红十字会监管。希姆莱还不愿意公开表明意见。

丘吉尔、罗斯福和斯大林正在雅尔塔开会。尽管施伦堡不可能知道这个，但他们确实讨论了，如果德国内部有某些团体，用斯大林的话说，“宣布他们已经推翻希特勒”，应该怎么办。丘吉尔认为，在这种情形下，三巨头应该立即互相通气，“如果这些人值得打交道，必须向他们把投降条款摆出来；如果不值得，战争将继续，整个国家将由严格的军事政府占领”。

罗斯福去世的那天，1945 年 4 月 12 日，希姆莱和施伦堡来到德国北部的吕贝克再次会见贝纳多特。到这时，希姆莱已经准备在西线，但不会在东线投降。贝纳多特说他不相信英国和美国会同意单独和谈，但以挪威和丹麦包括在投降条款里作为条件，他同意将提议交给瑞典外交部。

贝纳多特前往斯德哥尔摩，希姆莱开始考虑成立新政府，开始与施伦堡讨论即将取代纳粹党的新国民联合党。苏联和美国军队即将在易北河会师。贝纳多特返回后带来消息，盟军拒绝单独和谈，坚持无条件投降。希姆莱寻求单独和谈的消息于 4 月 27 日在英美电台广播。希特勒在柏林地堡听到了这个消息。希特勒对希姆莱的忠诚无限信任，连他都背叛了，这导致了几天后希特勒的自杀决定。

德国军队零零碎碎地投降。第三帝国比它的创立者多活了一个星期。

和平开始的几周内，韦尔泰梅家族从美国回来。他们发现“夜巴黎”公司、委托给菲利克斯·阿米欧的存货以及讷伊的总部原封未动。菲利克斯·阿米欧将股权归还给了韦尔泰梅家族，后者向他保证盟军不会知道他为德国人提供飞机部件的事。

皮埃尔·韦尔泰梅来见可可。这回该他高兴了，但他却说已把她应得的特许使用费存入她的瑞士银行账户了。

什么特许使用费？

他和兄弟在美国拼命工作。他们的第一个机会是和阿诺德·范·阿莫瑞根见面，他是国际香料香水公司的总裁。阿莫瑞根的女朋友，刚刚把名字从埃斯蒂·芬德改为雅诗·兰黛，正在积极地推销她自己发明的一款护肤乳霜。有了阿莫瑞根的帮助，韦尔泰梅兄弟将他们拥有的和能借到的每一分钱都投入到新泽西霍博肯的一家工厂。华尔街是复杂的。他们将香奈儿公司的股权卖给了一家叫香奈儿有限公司的新公司，开始生产香奈儿 5 号香水。他们没法从格拉斯那里拿到原料，但谁又会知道区别呢？他们借了 100 万美元用于宣传推广，让香奈儿 5 号征服了战时市场。现在你可以在任何一个军人合作消费社的店铺里找到香奈儿 5 号，从马尼拉到法兰克福，从安哥拉到迈阿密。

当他告诉她存在苏黎世账户的特许使用费共计 15 000 美元时，她明白韦尔泰梅兄弟赚了几百万。她又被骗了。

“我要报仇。”她告诉勒内·德·尚布伦。

对于一个几个月前还被指控为通敌的人来说，这不是最好的时机。她的律师战时一直与亲戚住在美国，他建议低调一段时间，在日内瓦或洛桑多住些日子。他微笑着说："对于一个法国人来说不能算是流放。"

可可在1920年曾经是战后年轻妇女投入激情燃烧的新时代的化身。现在，她却成了被掺假的香水后面的一个名字，成了一位战前时装设计师，不再拥有自己的时装公司，只有战后年代那狭小的视野。战后的清算和私人恩怨制造了自身的矛盾。保罗·莫朗成了一个无关紧要的人；而可可的朋友，曾于1940年随她一起回巴黎为"友好的德国人"举办"周四"午餐会的玛丽-露易丝·布斯凯，成了《时尚芭莎》的巴黎主编。

可可告诉尚布伦，她可以离开，但仍然想报复韦尔泰梅兄弟。律师解释除了起诉外她没什么太多别的办法。香奈儿香水公司现在是香奈儿有限公司的子公司，后者是韦尔泰梅兄弟在美国成立的公司。

她说，"但是我拥有香奈儿香水公司10%的股权，为什么我不能全部退出，撤掉我的资产，我的5号香水配方？"

尚布伦说："你不能那样做，但你可以起诉要求赔偿损失。"

尚布伦是皮埃尔·赖伐尔的女婿，而赖伐尔在1945年10月以叛国罪被处决，所以他有自己的理由保持低调。当可可坚持要他起诉时，他安排了律师协会主席梅特赫·科里泰共同受理本案。这位资深律师建议香奈儿起诉索赔，一旦胜诉，她可以请求法院恢复其资产，但他告诉她最好还是和解。韦尔泰梅兄弟不是没有胜算。他们确实是从她 1924 年的配方开始的，但他们往香奈儿香水公司投入了很多钱，并将它发展成为一个全世界的业务。

她问尚布伦和科里泰："告诉我，我能在自己的地方悄悄地想干什么就干什么吗?"

尚布伦说，"绝对的!"

"我能把我做出来的东西送给你妻子作为礼物吗?"

"没有法律禁止你这样做。"

几天之后，她回到了尚布伦的办公室。她说，她考虑过了。她从手袋里拿出几个小瓶子，并排放在桌子上。

她告诉尚布伦，"不是给你的，交给乔西，问她觉得怎么样。"

她不说是谁以及如何为她制作这些香水样品的。乔西·德·尚布伦认为这些香水很迷人。

可可找到了一个小规模瑞士香水作坊给她制作了这批样品。这些香水使人联想到其原版，为了强调这种相似，只在原品牌上加了"小姐"——"香奈儿小姐 5 号"；而埃内斯特·博 1924 年和 1926 年发明产品的新版本则叫做"香奈儿小姐俄罗斯皮革"和"香奈儿小姐小岛丛林"。

尚布伦确认她有权利将这些样品送给朋友。于是她送给了好莱坞的塞缪尔·高德温、伯纳德·金宝和内曼·马库斯。1946 年她开始在自己的精品店里销售这些香水。尚布伦坚信与香奈儿香水公司的合同并没有限制她这样做。然而，韦尔泰梅兄弟上了法庭，声称这是假冒。带着法院指令，他们派人来到康朋街的商店夺取了所有产品。

加布丽埃勒告诉律师，她在自己的房子里被人抢劫了。尚布伦和科里泰建议庭外和解。她坚决不同意，要他们开始诉讼。然后，她去了洛桑。

比制造一系列有竞争力的香水产品来激怒韦尔泰梅兄弟更重要的事使她来到了瑞士。一封来自汉斯·希林格、写给巴黎丽思酒店可可·香奈儿的明信片告诉她，施巴兹还活着，在汉堡。施巴兹曾经在战俘营，但希林格将他弄出来了。40 多年后，霍斯特说，“我不能告诉你希林格是如何做到的，但我能告诉你为什么。他之所以这样做，是因为可可·香奈儿曾对他很好；另一方面，也是为了让我高兴。我曾告诉他关于香奈儿的事，她如何给了我第二次机会让我拍摄了那张有名的肖像。在 1936 年我什么都不是，但她没有赶我走。她邀请我回来，说：‘我们再试一次。’”

不可能把施巴兹带到法国，但有可能把他弄到瑞士。开始的时候，可可和施巴兹悄悄地生活在一起。过了一段时间，可以看见他们在洛桑露面。可可有瑞士律师，在日内瓦、洛桑和苏黎世各有一位，她和施巴兹与他们都有交往。她还有一位叫提奥·德·皮瑞的医生和另外两名医生。这些记得施巴兹的人认为他是一个年岁已长的花花公子，贫穷但仍然样貌超群，举止优雅。

洛桑是各种流亡者的居住地，其中还包括被废黜的君主。在湖滨的美岸酒店里，可可和前西班牙女王互相问候，与意大利的玛丽-乔西公主共餐。可可的生活恢复了围绕巴黎、罗克布兰和洛桑的单调圆圈。她说，她喜欢严厉的瑞士人，他们避免战争的诀窍、他们严肃的工作规范、他们对金钱的尊重，与法国人盲目的激情和报复性的敌意是如此地不同。

可可将她的外甥和侄外孙女也带到了瑞士。安德烈·帕拉斯一直没有从战俘营里恢复过来，患了肺结核，可可认为瑞士的空气对他有好处。除了阿德里安娜外，安德烈和他的女儿是她最终承认的家族成员。阿德里安娜是内克松城堡的女堡主，家庭第一，她的家成了一些外甥的度假地。加布丽埃勒的兄弟，她只在战前见过，这时都已去世。吕西安在 1941 年死于心脏病，阿方斯在战争开始没多久就死了。阿方斯的儿子伊万去世后留下了几个孤儿，加布丽埃勒和安托瓦妮特将他们抚养成人。可可选择忽视所有这些人。

可可和施巴兹待在圣莫里茨、可罗斯特斯和达沃斯的酒店里，位于阿尔卑斯山的德语区。保罗和伊莱娜·莫朗离这儿不远，在 1945—1946 年漫长的冬季里，作家和时装设计师有很多时间在一起：主要是她在说，总结她的一生，而他则做记录。“我发现她无精打采，有生以来第一次，无所事事，随时随地可能大发脾气，”他写道，“用油脂铅笔描画的成拱形的眉毛下，仍然闪耀着光芒的眼睛里，忧郁地显示着巴黎曾错信的奥弗涅火山已经熄灭了。”

新闻报道说 68 岁的威斯敏斯特公爵与莉莉雅离婚了，他仍然想要一个儿子，于是将与安妮·苏利文，一位准将的独女结婚。香奈儿说她不后悔。“也许我单身并不是偶然。按出生，我是狮子座的，占星师知道这意味着什么。一个男人要和我一起生活是很难的，除非他特别的强势。我既不聪明也不愚蠢，但我不认为自己是一个会过平淡无奇日子的人。我不是一个生意人但在做生意。我不是一个为爱情而生的女人但我爱了。我爱过的两个男人，我想，将记住我，在此生或来世，因为男人总记得让他们担心或不安的女人。我已经尽我所能，对人，对生活没有规范，但喜欢公正。”

当她住在瑞士的时候，尚布伦和科里泰于1947年在法国和美国法院开始起诉香奈儿香水公司。这年保罗·韦尔泰梅去世，皮埃尔从他兄弟的继承人手里收购了所有股权。在法国，她起诉香奈儿香水公司制造低劣产品，要求该公司停止所有生产和销售，将产品、配方和制造的独家所有权和使用权恢复给她。美国法律比法国法律更保护小股东权益。在她的美国起诉书里，她指控美国子公司滥用信托权力，指控韦尔泰梅兄弟制造假冒香水。

可可和施巴兹搬到了洛桑附近的冬季度假地威拉尔-苏-罗伦。有人照了一张他们在雪地里的照片：她是一个穿大衣和靴子的瘦小女人，正在叠一块手绢，好像要戴在头上；他高高的头上神气地戴着一顶呢帽，正对着镜头微笑。

三十三
湮没的岁月

皮埃尔·韦尔泰梅的律师要求和勒内·德·尚布伦会谈。

"她想要什么?"当韦尔泰梅带着他的律师与尚布伦和科里泰见面的时候就发火了。

尚布伦闻到了胜利的气息，开始即兴设计和解条件。她以前也许会满足于战前法国销售的10%，现在她要全世界所有香水销售的2%，他说，她还要在瑞士生产香水的权利。

谈判一直持续到深夜，尚布伦给住在洛桑湖滨美岸酒店的可可打电话。这次，韦尔泰梅家族要和平。新的协议规定：首先，香奈儿有权以"香奈儿小姐"商标生产香水，只要她不在商标上加上5号；第二，冒牌5号香水的战时特许使用费提高到18万美元、2万英镑和500万法郎；最后，从1947年开始，可可每年将收到全世界所有香奈儿产品2%的特许使用费，大约

6 万美元。

在关于香奈儿帝国的封面文章中，《福布斯》将加入一个饶有兴味的脚注。如果说皮埃尔 · 韦尔泰梅选择在 1947 年和解，这份美国杂志说，是因为他害怕“一场法律的战争可能暴露香奈儿的战时活动，损毁她的形象和他的生意”。就好像他和可可被锁在一个浮士德式契约里一样。

在和解协议签字后，乔西和勒内 · 德 · 尚布伦在巴黎丽思酒店加布丽埃勒的套间里休息，加布丽埃勒和他们一起开香槟庆祝。她很高兴，她告诉律师，自己赚了很多钱，但也花了很多。她把双腿搭在咖啡桌上说，因为你，我再不用工作了。她一直在咖啡桌的抽屉里保存自己的商业文件，“我不再需要它了，给你吧，”她把桌子推向乔西。

皮埃尔 · 韦尔泰梅来到洛桑为和解做最后的正式认可。他的兄弟死了，他 37 岁的儿子雅克不是一个了不得的生意人，他诉苦道。可可认为年轻的韦尔泰梅是个冒失鬼，叫他“悲伤先生”。出于一时的直率，皮埃尔曾同意她的看法，他儿子并不是最让人开心的搭档。

她富有，但正从时尚意识中消退。只有记忆力很好的妇女才记得最近的香奈儿服装，1938—1939 年带珠宝纽扣的天鹅绒西装、金丝锦缎夜礼服和褶皱短夹克。一种确切的战后时尚还未形成：裙子短了，鞋跟高了，腰儿收紧了，但还有一种犹豫不决的气息。

1947 年 2 月 12 日，克里斯汀 · 迪奥在时装界爆发，仅仅一个时装展就结束了战争及其单调乏味的后果。位于蒙田大道 30

号全新总部大厦展厅的模特们与观众中的女人绝然不同。裙子上裹着好几码布料，模特在衬裙的沙沙声中转上秀台。

在新发现的浆硬尼龙布料的摩擦声中，50 岁的迪奥一举扫除了 13 年没有剪短的平肩、夏帕瑞丽式的军人风格。服装制作技术极其繁琐，一些是维多利亚式的，一些是新发明的。衬衣爆出褶皱，有时缝在臀部或在夹克裙弧形短边下像花朵一样开放。裙边在离地 12 英寸处沙沙作响。模特们穿着最轻最薄的长筒袜和最高跟的尖头鞋。

卡美尔·斯诺在玛丽-露易丝·布斯凯的陪同下坐在为《时尚芭莎》保留的位置上。海伦·戈尔东-拉扎雷夫，《ELLE》杂志主编，坐在《星期日泰晤士报》编辑欧内斯婷·卡特与《纽约先驱论坛报》尤金妮娅·谢泼德之间。而几张椅子之外《VOGUE》的镀金椅上坐着的是令人敬畏的法文版总编米歇尔·德·布伦霍夫。

次日，大罢工使巴黎报纸瘫痪，外国报纸率先报道并鼓吹这场胜利，并称之为“新风貌”。迪奥一个下午就恢复了时装界对于巴黎作为时装领袖的信心。

可可从瑞士报纸上读到这一切。她读到迪奥和他的团队要每天工作 18 小时才能满足需求，客户包括马格林、伯格多尔·古德曼，名人客户如温莎公爵夫人和伊娃·裴隆。既好奇又生气，她回到了巴黎，在克里斯蒂安·贝拉尔正进入丽思酒店时逮到了他——他曾给《VOGUE》上的新风貌配图——她立即指责他帮助摧毁了法国时装。

他生气地反驳，“不要再装作你就是巴黎时装了。”

迪奥的成功不仅仅是聪明的公关。优雅的巴黎女人正在撇下战时的痛苦。巴伦西亚加、勒龙、法特[1]和罗莎均推出了远比战前更为奢华的时装作品。“女人被剥夺一切已经有 5 年的时间了，她们像饥饿的野兽一样为时装所吸引。”艾米塔·德·拉·法蕾斯侯爵夫人说。

加布丽埃勒回到了洛桑，但仍然和法国的朋友保持联系。皮埃尔·勒韦迪给她送了一本新诗集《劳动力》，并为她题词签名：“最亲爱的可可，这是我亲手做的，我最好的作品。”

查理·卓别林成了她的邻居，他是好莱坞猎巫式政治迫害的难民。逃亡对他来说是苦涩的。他和可可在洛桑雇用同一个律师，见面的时候她问他如何找到小流浪汉服装的。

他回答说：“一点一点，在音乐厅，从捡破烂的人手里要。”

对于她关于为何选择放弃制作电影的问题，他回答：“我不能演一个老流浪汉呀。”

施巴兹在 1950 年左右溜出了她的生活，但她会继续资助他。可可不断旅行，在法国花的时间更多了，在罗克布兰、巴黎，但不断回到洛桑。在这里，她喜欢待在一起的朋友有玛格丽特·纳米塔拉·范·左伦，这是一个富有生气和言辞挑衅的埃及女人。她眼光闪烁，笑声带有恶作剧的味道，是比利时外交官艾格蒙特·范·左伦男爵的妻子。可可也找到了一些新瑞士朋友，一位叫菲利克斯·瓦洛通的医生和他的妻子，她邀请

---

① 雅克·法特（Jaques Fath，1912—1954），法国时装设计师，被认为是战后三大最具影响力的设计师之一（另两人为迪奥和巴尔曼）。——译者

他们到拉堡萨做客。这位医生后来回忆了香奈儿和玛吉·范·左伦一起唱世纪之交的音乐厅歌曲，而他妻子则记得可可从来不谈时尚和服装设计。

尽管视力越来越差，米希娅还是来到了瑞士。霍霍·塞特已于1945年去世，米希娅曾几次来到洛桑看望可可，也来买她现在非有不可的可卡因。卢奇诺·维斯康蒂也曾来访问，他正成为意大利电影业的领袖，考虑将莎士比亚的《皆大欢喜》拍成幻想童话剧，可可让他找萨尔瓦多·达利合作。

1950年9月，从瑞士访问加布丽埃勒回到巴黎后，米希娅就卧床不起。在朋友的提醒下，可可知道了这情况，并赶回巴黎，在这位78岁的老朋友弥留之际陪伴其左右。米希娅去世时加布丽埃勒做了一件她从来没有为任何人做过的事。她让人把遗体搬到霍霍·塞特带华盖的大床上，要所有人离开房间。她给朋友穿上白色的衣服，梳理头发，并化了妆，为她带上珠宝。一个小时后，当她打开门，聚在一起的吊唁者最后一次见到了优雅的米希娅。

法国文学界的老资格诗人保罗·克洛岱尔也来致意，他觉得米希娅看起来惊人的年轻。他在日记中写道："我钦佩让·科克托的双手，他也在那里；香奈儿看起来骨瘦如柴。"加布丽埃勒的姿态被伊夫林·沃用在其滑稽惊悚小说《亲者》中，作家是通过多莉·拉德西维尔公主知道这件事的，她向朋友详细描述了香奈儿如何清洗了米希娅的指甲，"但也许妆化重了一点"。

加斯顿·博纳尔很有可能成为可可的第一位传记作者。他在1950年夏天被邀请到罗克布兰和她小住，但很快放弃了。在科克托的提议下，安德烈・弗赖涅成为第二个来尝试的作者兼记者。科克托相信她会是很简洁的回忆录作者。1951 年她和弗赖涅开始了一系列的面谈，但很快也放弃了。

可可告诉朋友，她想要避免年老的潜在危险，尤其是自我中心，她相信这会导致女人老化加快。她养得起年轻的仰慕者，但认为年轻人的诱惑只有在能够抗拒的时候才有魅力。

她从前的情人和老朋友许多都已去世。德米特里大公爵在圣莫里茨附近的达沃斯战役时就因肺结核去世，享年 50 岁，在 20 世纪 30 年代他一度在佛罗里达的棕榈滩做香槟销售；克里斯蒂安・贝拉尔于 1949 年去世；1953 年，艾蒂安・巴尔桑也像小伙儿卡佩尔一样在一次汽车事故中死去；本多尔在 1953 年突然死于冠状动脉血栓，留下了第四代威斯敏斯特公爵夫人安妮，没有孩子；1954 年可可去见了弥留之际的科莱特；薇拉・贝特在罗马去世，过去事件的一个让人尴尬的见证人不在了。

但另一个令人不舒服的见证人出现了。1951 年 6 月，一个长途电话里的声音说他是瓦尔特・施伦堡。他刚出狱，他说。

在第三帝国崩溃的时候，希姆莱的这位狡猾的副手已经逃亡瑞典。在贝纳多特伯爵的帮助下，他准备了一个备忘录，强调他为了和盟国单独和谈所做的努力，这样当他被引渡去接受战犯审判时，就有了辩护的基础。他的审判持续了 15 个月，在纽伦堡审判的 21 个战犯中，他在 1949 年 4 月获得的 7 年监禁判决是法庭所给予的最轻处罚。

施伦堡和妻子这时用化名在瑞士避难。那些见证了希特勒末日的人都在发表个人日记且盛行一时，施伦堡也决定出版他的回忆录。阿伦·布洛克是一位英国播音员和纽伦堡审判专家，他已经编辑了里宾特洛甫的回忆录，也将协助施伦堡。

出版经纪人的情况让人鼓舞。施伦堡与布洛克和他们都谈了。希特勒的前任秘密警察头子没有把事情弄得很神秘，也没有试图隐藏他的真实身份。然而，他对可可说，也许她不想看到自己的故事出现在回忆录里。

在完成回忆录初稿后，施伦堡于1952年在意大利去世，终年42岁。可可付了一大笔钱给住在杜塞尔多夫的施伦堡遗孀。当施伦堡回忆录《迷宫》最终出版时，没有提到香奈儿。

加布丽埃勒在1953年春天去了美国。这是她在1946年访问纽约后首次赴美。香奈儿香水公司邀请她审查扩张后的纽约新办公室的设计装修，她充满热情地投入到项目当中：终于可以干点什么了。

她让人送来了一套科罗曼代尔屏风，坚持用米色地毯、蜂蜜米色秸秆布墙饰、米黄色木料——胡桃木、梨木——老式法国椅上铺玫瑰米色皮革，并饰以非洲青铜雕塑和亨利·鲁索及奥古斯特·雷诺阿的画。

她在纽约住了三个月。作为艾格蒙特和玛吉·范·左伦夫妇家的客人，周末或在长岛的哈里森·威廉姆斯庄园，或在霍斯特更为朴素的海边房子。哈里森·威廉姆斯曾是可可的仰慕者，在1939年的时候曾要她一同私奔，这时他已去世。他的上流社会妻子梦娜已和艾迪·俾斯麦结婚。1943年，俾斯麦曾在盖世太保的命令下，换上党卫军制服，护送薇拉·贝特从罗马到米兰。

可可和玛吉互相了解，言语中充满欢乐和讥讽。玛吉的女儿玛丽-伊莱娜新近与盖伊·罗斯柴尔德结婚，新娘的母亲在婚礼上针对上流社会说了一些最好笑的闲话——她把自己精力饱满的女儿与一个杰出家族法国家长的婚姻称为“火与水的结合”。

香奈儿以旁观者的身份见证了法国时装界的重大变化——战后男人成为顶级设计师。在1920与1940年间，最有影响力的时装公司都在女人手中。除了香奈儿外，朗万、薇欧奈、夏帕瑞丽、莲娜·丽姿和艾丽克斯·泽瑞斯科——首先以艾丽克斯后来以格雷夫人自称——都成功地管理着自己的时装公司。现在，时装设计越来越多地属于男人。

吕西安·勒龙、马萨尔·罗莎、让·帕图、爱德华·莫利纳、曼波彻、克里斯托巴尔·巴伦西亚加都在战前开设了自己的时装公司，但无畏的年轻人已经开始咬迪奥的脚跟了。于贝尔·德·纪梵希在皮埃尔·巴尔曼和皮埃尔·卡丹之后也开设了小型的时装工作室。

男人们不一样。他们在纸上工作，先画出自己的创意，而不是在人体模型或模特身上直接造型。他们的设计通常比女性设计师更加大胆，也许是因为他们不需要穿自己设计的衣服。对于男性设计师来说，效果惊人是第一位的，实用的考虑排第二位。“设计是想穿上妇女服装的强烈愿望的升华。”成衣品牌蔻依的优雅的老板雅克·雷诺阿说。“他们既不爱也不恨女人。他们很少恋爱，尤其是最成功的那些，像弗洛伊德在41岁就停止做爱，完全沉浸到他们的工作中去了。”

“新风貌”的成功给迪奥和法国时装界巨大的压力。接下来的三年，巴黎时装设计师们将这种风格发展成夸张的几何图案、大胆的非对称和风格化的方向。为了1948—1949时装季，迪奥推出“飞翔”系列，在紧身连衣裙上覆盖了一个丰满的天使形象。一年后，巴伦西亚加创作了泄气的南瓜状塔夫绸晚装，法特推出一款柠檬黄的帐篷式外套。“喇叭裙”从一个紧身点往下撒开，将一件全身晚装裙变成了鱼尾裙。

从商业的角度来看，所有这些都需要走钢丝一样高超的技巧。如果主要的设计师在其时装系列上有很大不同——迪奥在“飞翔”系列之后有公主系列、郁金香系列、A和H系列——将会导致购买者的混乱和恐慌；如果与之前的时装季没有什么大的变化，买者又会抱怨看不到领先的潮流。在回答自己提出的虚构问题时，“腰线哪去了？”《VOGUE》杂志说，“任何地方，但就是不在你期待的地方。”

有关可可·香奈儿将重开时装公司的谣言在1950年开始出现。这年夏帕瑞丽放弃了，关闭了她的时装公司。复出的主意看起来很荒谬。除了那永恒的香水，香奈儿已成为历史。两年之后，谣言又出现了。报纸上有关于1954年2月开张的消息；有人推测香奈儿公司将作为成衣精品店重新开张；而其他人则说它将会推出有史以来最为奢侈的时装系列。

说服可可重回时装界归功于玛吉的女儿玛丽-伊莱娜·德·罗斯柴尔德。因为皮埃尔·韦尔泰梅认为她已经是一个老女人，应该靠她的财富过日子，香水公司得付钱。

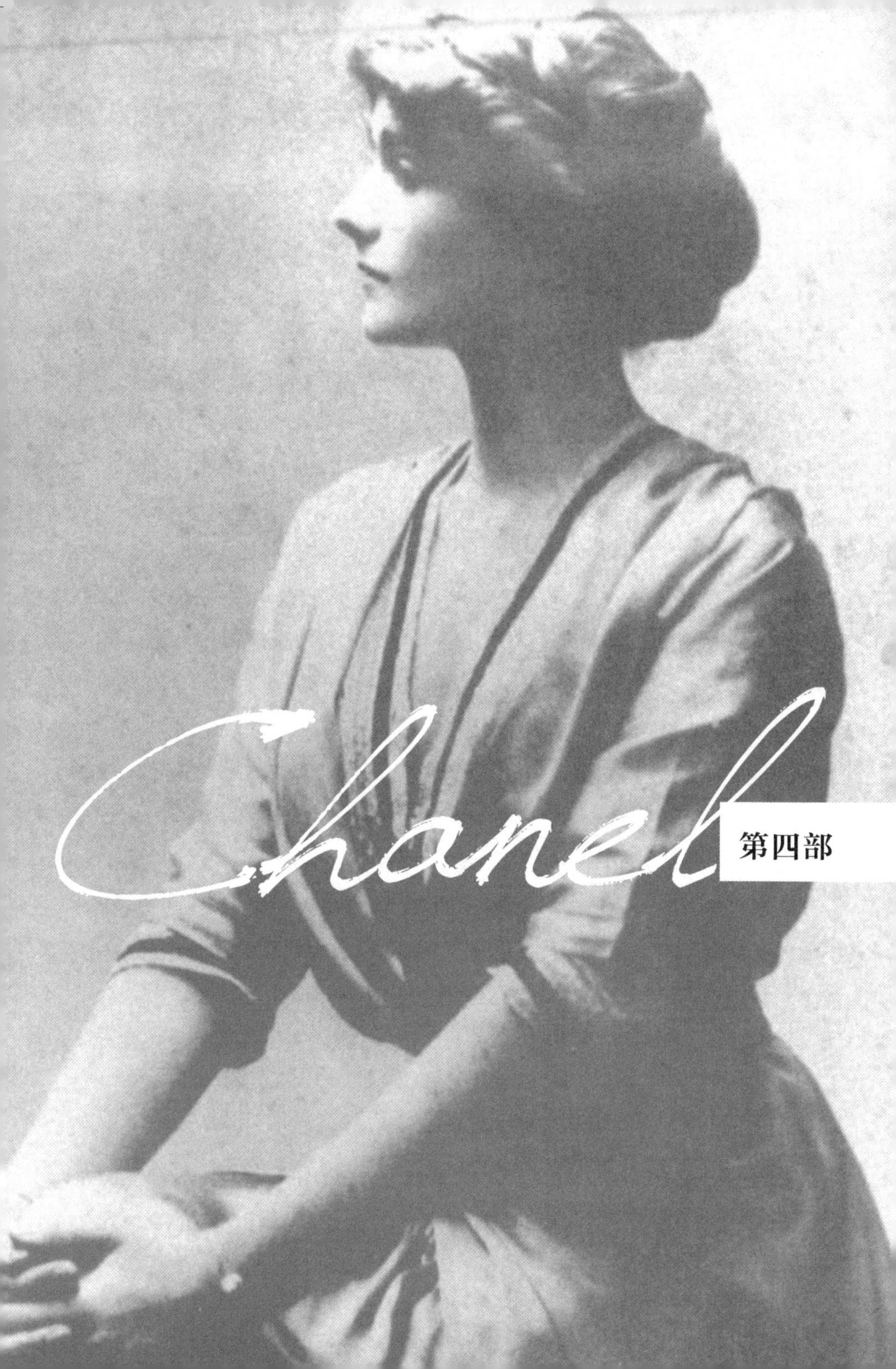

第四部

三十四

东山再起

70 岁的加布丽埃勒身材消瘦，总是带着珠宝。宽而精明的脸庞上，突出的是她的大嘴、布满皱纹的下巴、有棱角的下颌以及重重描过的眉毛。除了偶尔用来遮挡眼睛的硕大眼镜，她看起来与 1939 年关闭香奈儿时装公司的时候没什么不一样。有力的、指关节突出的双手，强壮但没有涂指甲油的手指仍然展示着她的倔强。她的声音更深沉，依然用一种熟悉的沙哑声不断自言自语。

玛丽-伊莱娜·德·罗斯柴尔德为 1953 年最重要的派对买了一件奢华的舞会礼服。

“太可怕了!”当年轻的子爵夫人穿着这件无肩带齐胸晚礼服出来展示的时候，可可惊叫道。她觉得没有什么比紧身束胸衣更丑的了。

玛丽-伊莱娜只有可可三分之一的年龄，买衣服时靠的是冲动的勇敢。可可认为玛丽-伊莱娜从母亲那里继承了凡事过火的性格，于是给她临场发挥，用一块巨大的深红色塔夫绸窗帘布另外制作了一件晚装。

舞会次日，玛丽-伊莱娜告诉可可，每个人都在问她的设计师是谁。“是这件事让她决定东山再起。”玛丽-伊莱娜在20年后声称。

用深红色窗帘布改制舞会礼服只是挑战的一半；另一半来自皮埃尔·韦尔泰梅，尽管她还未意识到。

韦尔泰梅在1953年夏天来到洛桑湖滨的美岸酒店看望可可。他决定当面告诉她坏消息。虽然时装杂志引用了玛丽莲·梦露的名言，她穿着上床的只有香奈儿5号，但事实是30年以来销售额首次出现下滑。

当可可听到消息后依然很平静，他松了一口气。

在他返回巴黎前，两人在湖边散步，她建议推出新款香奈儿香水。

他不认为这是一个好主意。香水和化妆品是一个容易挫伤的竞争性行业。香型的生命周期年年在缩短，巴黎制造的品牌并不自动意味着领先。幸运的是，美国人还没有要求新的香奈儿香水。他说，5号的收入还是相当可观的。

让他惊奇的是，她并没有坚持。他回巴黎的时候想，她终于成熟了，在70岁时接受了她的金色黄昏。

几天之后，她回到了丽思酒店。

15 年的休止状态压制了所有奢华生活的欲望。她将罗克布兰的别墅卖了。买者是埃默里·里夫斯，温斯顿·丘吉尔的出版经纪人。这有点讽刺意味：二战中她在马德里花了那么长时间、费那么多功夫想见这位英国政治家；而结果他却在晚年用很长时间在拉堡萨，在这屋子里写了好几卷战争回忆录。

可可回来是为了重整旗鼓，重开时装公司。

她感觉时机正好，相信自己的经典系列有无可抗拒的吸引力，虽有一次次的改良，但从未根本改变。她相信一种明白无误的风格，即让女人更美，穿着舒适，永不过时。一件服装不应该是伪装。如果时装没有为所有人认可，为所有人穿着，那它就不是时装，而是一种古怪的衣服。

根本性改变正在对这个行业起着重大作用。在第一次大战前香奈儿事业开始的时候，基本的面料有丝、毛、棉，而现在有几十种可替代面料上市——抗油腻、永久褶皱、反光、防缩水、防水、可洗。尼龙改变了服装业。人造丝、腈纶、粘胶纤维以及其他可晾干合成纤维让女人每天都能换上干净衣服，这曾经被认为是约瑟芬皇后的怪癖。

她想站在这场革命的前沿。新面料和成衣所代表的新规模生产系统加快了整个时装业的节奏。为风尚而制，变革不仅将信息从设计师的工作室发送出去，同时也从市场将越来越富有时装意识的大众影响带回来。可可一直相信没有为大多数妇女所采用的任何时装都是彻底的失败。看到她自己在街上被剽窃是最大的赞美。

9月的一天，“夜巴黎”的法务部长罗贝尔·沙耶接到勒内·德·尚布伦的电话。

“我有一个好消息给你。她又重新开始啦。我想你应该告诉老板。”

皮埃尔·韦尔泰梅不仅仅是感兴趣。香奈儿形象在时装界的复兴将推动香奈儿香水的销售。更重要的是，香奈儿小姐是香奈儿时装的唯一拥有者，这意味着她可以将自己的名字特许经营给任何或所有的产品，从尼龙袜裤到浴巾，从而降低香奈儿香水的声誉。

香奈儿5号的声誉是无价之宝。美国版《VOGUE》的新任编辑戴安娜·弗里兰用一种没有任何文案写手可以模仿的文字赞美道，“对于我，香奈儿5号仍然是女人理想的香水。她们可以在任何时候、任何场所用它，每个人——丈夫、情郎、出租车司机——每个人都喜欢它。没有人超越香奈儿5号。”

可可不是在等香奈儿香水公司资助她开张。她让玛丽-露易丝·布斯凯去问纽约《时尚芭莎》的老板关于在第五大街成衣店直销香奈儿原版之事。1953年9月24日，卡美尔·斯诺发回电报：

> 认识一流成衣厂家有意复制你的系列/玛丽-露易丝细节不清/你的时装季何时准备好/你是否带时装展来纽约/你是否提供面料/将很高兴帮助你/。

6天后，尚布伦办公室起草了可可的回复：

1953年9月30日

纽约市麦迪逊大街572号

时尚芭莎

卡美尔·斯诺夫人

亲爱的卡美尔：

我收到了你的电报，确认我的回复。

夏天我在想回来工作也许很有趣，因为工作是我的生命。我无疑已经告诉你迟早有一天我会重操旧业，并根据新的生活方式创造新的风格，我在等待机会成熟。这个时刻已经来了。

现在巴黎的情况是，越来越多的女人看到了她们买不起的时装，这促使我去做些完全不同的事情。

我的首要目标之一是让一位美国制造商以专利使用费的形式制作成衣系列。我想这将在全世界引起相当的兴趣。

我的第一个时装展将在11月1日准备好，我相信，在收到你所认识的一流生产厂家的报价前，不做任何承诺是审慎的。也许，他能飞来巴黎是最好的。当然如能同时见到你就最开心了。现在来说，我不准备在美国展出时装，但未来我不会说不，这个要晚一点。

永远的

加布丽埃勒·香奈儿

可可和她的律师小心地将美国成衣的想法透露给韦尔泰梅家族。结果，皮埃尔·韦尔泰梅决定赞助香奈儿的复兴。他同意香奈儿香水公司支付这个时装展一半的费用。这将算在香水宣传推广预算里。为了签署这项协议，可可和尚布伦驱车前往讷伊路上的韦尔泰梅府邸。韦尔泰梅在门口迎接，并将他们引领至楼上。

可可坐在桌子的一端，旁边坐着罗伯尔·德·内克松，阿德里安娜的小叔子，他仍然是香奈儿香水公司的首席执行官。在谈价钱的时候，内克松礼貌地转向小姐，问大概要多少。

她说："超过1 500万就是夸张了。"一年以后，她和香水公司亏损了这个数字的6倍。

可可以满腔热忱投入到工作中。她卖掉了康朋街31号周边的建筑，同时让该楼通风，做好开工的准备。一楼的精品店从来就没有关闭过，不过只是在销售香水，这时也装修一新。大部分女店员都不知道1939年前的香奈儿时装公司。她们以微笑欢迎小姐，并告诉她，她们很高兴不会再孤孤单单的了。从她们这里接过话题，她告诉记者，她准备重新开始一家时装公司，而不是博物馆。二楼大沙龙里的陈旧大镜子已换新，楼上两个工作间也已准备好。从前的一些员工已找回，包括露西夫人，她自己在皇家路上开了一家精品店。露西夫人关掉了自己的店，当看到新工作室的时候她竟然热泪盈眶。

尽管仍然在丽思酒店睡觉，可可开始住进这栋楼里。三楼的公寓重新粉刷过，她在这里用餐和会见朋友。周边摆满了她的宝贝：科罗曼代尔屏风、壁炉上方的镜子、黑人雕塑、青铜小鹿和一座公元前四世纪的阿弗洛狄特女神雕像。维纳斯旁边是一座野猪雕塑、一块几千年前在中国陨落的石头；还有用珍珠母、乌木、象牙、黄金和水晶制作的东西以及一面墙的善本书；房里充满晚香玉的气息。

为了表示重出江湖，在一系列干净利落的访问中，她刻薄地批评了迪奥和其他设计师。在与每个记者的“独家”采访中，她声称曾告诉过迪奥：“我热爱你，但你给女人设计的衣服像是给靠背椅穿的。”当被问到她的时装将是什么样子的，她厉声答道，“我怎么知道？我会一直改，直到最后的一刻。”

她奋力对待每一件服装。四面墙的镜子是她唯一的证明：她拆开又缝上，剪短了又加长，或剥光，或润色，全面配合身体的功能与逻辑。

她的双手在模特身上飞舞、线缝，面料在这里像手绢一样叠成数层，在那里弄得膨胀宽松。她说，“我不想看见髋部。看看背后，面料会收紧，会往上跑。”镜子里，模特在发笑。

她喜欢反复说，她不是在“创造”，“服装设计不是艺术，它是商业”。她不知疲倦也有时分心。她让模特把头发扎成发髻。“你有一张漂亮的脸，漂亮的眉毛，为啥要藏起来呢？”

六七小时后，模特们尽管年轻、精力充沛，也累垮了；而小姐接着工作，她似乎不知疲倦。下面一批身穿白色罩衫的模特坐在镀金椅上等着试衣。

玛丽-伊莱娜帮她找到了这些模特。可可想要家教好、气质优雅的上流社会女孩。与身材、仪态和优雅漫步的能力相比，脸蛋不算什么。玛丽-伊莱娜找到了一个 19 岁和她同名的女孩，玛丽-伊莱娜·阿诺德。谣言说，这女孩是可可的外孙女，安德烈·帕拉斯与一个荷兰女人所生的两个女儿里面大的那个。没有人能确认这是事实，时装媒体报道，阿诺德是罗斯柴尔德银行一位董事的女儿。

《VOGUE》派了塞西尔·比顿过来。这位名人摄影师最近又加上了好莱坞服装设计师和布景师的称号，他对于能获准拍摄未完成的作品感到很惊奇。大部分设计师会让工作人员宣誓保密，在百货店得到授权复制前，禁止发表时装展照片。但香奈儿极为有信心，质量取胜——真正的香奈儿服装在一大堆山寨中一眼就能被认出来。

比顿讲述了一个不连贯的故事，说一位年轻的女人在疯狂追求他。这个人可可认识，原本还有可能成为她的女儿，他一只眼眨了眨说。

“琼爱我爱得发狂。”他说。

当可可的好奇心被挑起时，他说，琼·奥斯本是钢琴师弗朗茨·奥斯本的遗孀，同时也正是小伙儿卡佩尔的女儿。戴安娜·卡佩尔，后来的韦斯特摩兰伯爵夫人，在1920年小伙儿去世后几个月生下了这个女儿。按说她还真是贵族：无忧无虑，言语幽默，同时有一个正在上学的儿子。

可可就这事问了阿布迪女勋爵，结果全是真的。显然，33岁的琼还知道比顿比她大16岁，而且是个同性恋。

用了130个模特的时装展并未在11月1日准备好，12月1日、1月1日也没准备好。同往常一样，可可决定在5日，也就是她的幸运日展出，首展定在1954年2月5日。展出前夜，她让模特列队在面前走过，而她则趴在地上看裙边是否有问题。她订了成箱的花、丝带和纽扣，必要的时候就加上去。但通常她不是增加东西，而是拿掉一些已有的细节。

下午两点的展出是巴黎最热门的事件，一楼的沙龙提前半小时就已人满为患。兴奋的时尚名流、买家、媒体记者、摄影师济济一堂。露易丝·德·维尔莫兰和她姐姐玛皮·德·图卢兹-罗特列克一起来了。鲍里斯·科奇诺与苏菲·利特维克、卢奇诺·维斯康蒂和安妮·吉拉尔多均联袂而来。卡美尔·斯诺坐在菲利浦·德·克罗塞特旁边，菲利普的父亲弗朗西斯在王苑时代曾爱过可可。康泰·耐仕出版集团派了美国版、英国版和法国版《VOGUE》的编辑出席。《战斗》杂志的时尚“预言家”吕西安·弗朗索瓦带领整个巴黎媒体。伊莱娜·泰尔齐耶夫带领她在法国新时装月刊《ELLE》的团队出席。伦敦报纸也派出了他们自己的作者阵营。在观众里年轻面孔不多。

第一个模特从T型台走过，让聊天声静了下来，注意力集中起来。到处都看不到小姐，像往常一样，她总是停留在装满镜子的楼梯顶端，在这里能精确地观察到掌声的节奏变化。一位摄影师抓拍到她在楼梯顶端，身穿白色长衫、黑色丝绸背心和紧身裙，一言不发地注视着下面。模特们头后扎着蝴蝶结，一个个走出来，相互间隔6步，直到一共有七八个站在一起。每个模特的映像都显示在墙上的镜子里，顿时，整个屋子里充满了女性的魅力。个儿高的模特走得慢一点，而小个模特走得快一点。

这次时装展有点古色古香。买家、记者和时尚爱好者已经习惯了迪奥展出的活力。迪奥的展出里，模特戴着手袋、手套，甚至雨伞，移动得很快。而在这里，观众看到模特入场、摆出造型、停顿一会让坐在前排的编辑有机会摸摸面料、再次造型、缓慢地转身，在这过程中一只手中一直拿着一张号牌。

观众们在交换明了一切的眼神。新闻在哪里？提前的宣传让人们期望的绝不是没有改变的简单。时装展在冰冷的沉默中结束。人们突然涌向大门，好像每个人都着急，担心赶不上另一个约会。有几个朋友想上楼来。可可走下楼梯和他们见面。有人说，她是成功者。祝贺声听起来更像是同情的安慰。她咕哝了一句像是解释。年轻人已经不知道她是谁了。

拜访者被告知："小姐已经极其疲倦了。"露西夫人留下来待了一晚上。在她面前，小姐开始思考自己是否已经落伍了。

翌日的评论是毁灭性的。《战斗》的弗朗索瓦以"20 世纪 30 年代的可可·香奈儿落伍了"的标题打头阵："从第一件服装开始我们就知道香奈儿风格属于过去。收腰的裙子、灯笼袖、圆形袒胸低领，只能是对过去时代遮遮掩掩的回忆的幽灵，这无疑是难以重现的 1929—1930 年。香奈儿在理想化的记忆里生活得太舒服，我们忘记了她的时装在 1938 年就受了致命伤。但是，这里并没有 1938 年的服装，只有 1930 年的鬼魂！"《费加罗》写道："场面很让人怜惜。你感觉好像回到了 1925 年。"

伦敦媒体并不比这好多少。《每日快报》以"惨败——观众惊愕！"为大标题报道了这场香奈儿复兴，并说想再次经历战前风格还太早了。一位更为"克制"的伦敦评论员则称之为"母亲的服装"。最大的下午报刊《法兰西之夜》的西蒙娜·拜伦设法抓到了可可，并得到她的反应。“我能告诉你什么呢？人们不再知道优雅是什么。当我工作的时候，想的是为其设计服装的妇女，而不是时装公司。人们如何能错成这样？我曾经帮助妇女解放。我将再次这样做。”

当皮埃尔·韦尔泰梅到康朋街去见可可的时候，他发现，穿着一身黑色的可可正在为下一个时装展忙着。她承认自己疲倦极了，而且很失望。他一直待到她准备关门，并和她一起走过街来到丽思酒店。

她告诉他：“你知道，我想继续，不断继续下去。”

“你是对的，”他说，“继续下去是对的。”

韦尔泰梅的律师沙耶认为可可很有尊严地接受了失败。“她认为妇女们很聪明，她们不会总是拒绝她的设计，”沙耶回忆道，“她看起来好像是别的什么人出了问题，受到迪奥或其他男性设计师，也就是她所说的‘小同性恋者’的影响。没有任何苦涩，她说，这不是她或那些帮助她的人的责任，是记者们的责任。”

只有在追溯过去的时候，韦尔泰梅家族继续支持香奈儿的决心看来才是一个令人钦佩的商业决定。当时，香奈儿香水公司的好几位董事坚决反对：香奈儿已经 71 岁了，相信她还能复兴，她的时装还能适合这个时代，这是愚蠢的。

韦尔泰梅一生有过许多情人，已经习惯为女人支付个人开支。事实上，可可一直打不定主意，她到底希望皮埃尔将她当作商人还是当作女人。其结果就是，他对她的态度就像一个情人对不再受宠的情妇所展示的冷淡耐心。他还有点怕她，在她重出江湖10年后，还得打电话给安插在康朋街的密探询问可可的心情。如果她心情好，他就约她去午餐。美餐、葡萄酒、烈酒、好雪茄，然后皮埃尔可能就打瞌睡了，这是一件让她恼火的事。她会问，“皮埃尔，你在听吗？”将他惊醒。

韦尔泰梅否决了所有的反对意见，与加布丽埃勒重新协商了合同。可可从韦尔泰梅那获得的协议规定，香水公司将支付康朋街的所有费用，香奈儿香水公司也将支付她的个人开销以及她应当支付的所有法国税务。作为回报，公司重申对香奈儿名字在香水上的使用权。1947年和解协议中关于她只要不使用5号就能生产和销售香水的条款被取消，她将瑞士作为制造和销售新香型的私人领地的特权也被取消。

通过重新谈判合同，她从他那里获得诸多让步。韦尔泰梅想要她亲吻他一下，以便让媒体摄影记者拍照。他邀请她上新游艇，但她拒绝了。当他的小雄马“薰衣草”赢得了爱普森德比时，她相信他一定会变得让人难以忍受。然而，他几乎等不及与她分享好运气，一回到巴黎就立马赶去她公寓。在他后面，跟着慢吞吞的尚布伦。为了调顺呼吸，他瘫在轮椅上。

假装没有听说他的赛马场胜利，她说：“皮埃尔，你看起来不太妙呀。”

他站起来，张开双臂，笑容满面地说：“你不亲我一下吗？”

巴黎报刊登载了一张合众国际社的新闻照片，带着高帽子的韦尔泰梅和他的马一起走向优胜者场地，但可可装作一点都不知道。

“你不知道我赢得了德比？”

带着不老实的微笑，她说：“你为什么不给我电话呢？”

三周之后，《生活》杂志引领了美国媒体的热情好评。在一个4页报道的引言中，这本周刊画报写道，香奈儿“作为世界上最著名的香水身后的名字”没有失去一丁点战前的技艺。“她的风格使人想起30年代的最好作品——带蕾丝的晚装拥有足够的优雅；还有舒适轻便、气象清新的贴身套装，与那种‘浇灌’起来的样子绝然不同——同时也有尼龙这样的创新。”

法文版《VOGUE》杂志三月刊接踵而来。封面人物是玛丽-伊莱娜·阿诺德，她身着垫肩海军蓝套装，内穿挺括的白色衬衣、蝴蝶领结，头上向后斜带着平顶直边草帽，双手插在裙子口袋里。

三十五

无可辩驳的影响力

妇女们并没有像巴黎时装媒体那样在意时装的历史，她们觉得香奈儿精简的设计年轻随意，比起迪奥精心设计的世故和巴伦西亚加雕塑式的正式更加富有真正的现代感。经历了6年紧束腰身和构架得几乎可以独自站立的服装，能够让人自由运动的优雅服装才是有新意的。让玛丽-伊莱娜·阿诺德登上封面的《VOGUE》主编贝蒂娜·巴拉德确信香奈儿风格对大众将具有无可抗拒的直接吸引力。香奈儿就是香奈儿，明白无误，她设计的服装给妇女安全感。衣着得体比过于盛装打扮要好，香奈儿风格安全，因此显得更漂亮。

法文版《VOGUE》主编的继任者弗朗辛·克雷森特曾回忆巴拉德解释为何选择她那套香奈儿衣服。巴拉德在战前曾拥有几乎和封面上一样的套装，她还想拥有一套。“贝蒂娜相信如果别的女人看见这些衣服，她们也会想要。”克雷森特回忆道。

卡尔·拉格斐当时是一个学徒设计师，他也认为香奈儿是对的。刚从家乡汉堡来，17 岁的拉格斐是行业协会设计学校的学生，他看到了香奈儿新设计的服装。“你感觉到看到的是史前的东西，但我喜欢这种风格，这让你联想到战前的世界。虽然我对此一无所知，但它比现时的时装更让我沉醉，”25 年后他回忆说，“香奈儿充满活力和灵感，她在自己的风格和 50 年代的流行之间找到了合适的平衡。”

1954 秋季举行的第二届香奈儿时装展的反映仍然是不冷不热，但它将巴黎时装界分裂成两个阵营。迪奥、纪梵希、巴尔曼和法特——法特品牌由雅克·法特的遗孀吉纳维芙继续经营——以他们自己的体形设计服装，而这些服装因为“衣架魅力”而受店铺欢迎。香奈儿领导第二个阵营，她们设计的服装以柔性面料为主，如紧身套衫和丝绸花呢，一般以穿着者的体形定型。巴伦西亚加的日装、帕图和朗万属于这一阵营。一年之后，时装开始赶上可可。在对她所创造的时装革命做了第二次的、更深入的考察后，《VOGUE》说，除法特之外，整个巴黎时装界“充满了这种穿着舒适、未过分设计的服装，这正是香奈儿主义在其高峰时的基础”。

“其他服装设计师以今天的版本诠释香奈儿，”这份时装杂志在 1954 年春天写道，“香奈儿自己则紧跟其 1939 年的理念。公众由于出色的事前宣传而充满了疯狂的激情和期待，看到未曾改变的简单设计吃惊得发呆，很多人感到失望。他们期望她再次如 1919 年那样创造时装奇迹，那时她在复杂而过分设计的时装世界引入了‘非正装’理念。1954 年时装界又在寻找另一个惊奇，但并没有出现。如果说她服装系列的简约并不新鲜，也许更适合那些一丝不苟的私人客户而不是震惊大众，那么其影响力是明白无误的。无论时装展对香奈儿来说是一个‘美好的姿态’，还是职业生涯的回归，它曾是，而且仍然是，巴黎时装界令人兴奋的事。”

罗斯柴尔德家族其他成员跟随玛丽-伊莱娜进了香奈儿的门，可可的客户包括了当代穿着最好的女性：格蕾丝·凯利、劳伦·白考尔、英格丽·褒曼、伊丽莎白·泰勒及丽塔·海华斯都跟着玛琳·黛德丽来到了康朋街 31 号。

黛德丽在 1933 年的尺寸还存在档案里，店员坚持说一点都没有变。

黛德丽被称为“演出界最美丽的奶奶”。她在拉斯维加斯开始了第二次职业生涯，穿着紧身、凸显身段、接近透明的丝绸服装，吼出低沉的歌声。

“你为什么又重操旧业呢？”在试衣的空隙，玛琳问道。

“因为我无聊得要死。”

“你也这样吗？”

对于香奈儿香水公司来说，香奈儿时装正在变成一个财务黑洞。香奈儿风格很受欢迎，但高级定制时装已经不像过去一样赚钱。事实上，高级定制时装已经完全不适合如今穿了就扔的快速淘汰式消费时尚和时装新品味。有钱人赚的是大规模生产的成衣和服装配件，香奈儿时装复兴的声望并没有立即提升香奈儿5号的销量。

对于要向韦尔泰梅以及香水公司高管负责，可可深恶痛绝，她称他们为“讷伊的绅士们”。她在1954年春天将韦尔泰梅招来见面。她建议重新谈判，一见他同意，就马上想获得先手，自己念叨着如果把时装公司卖给一个外国人会怎么样。当然，她不想那样，她已经老了，她随时都可能死。韦尔泰梅知道她一个字儿都不相信自己说的这些，但他明白她是什么意思。将香奈儿时装卖给新老板也不符合他的利益，新老板也许对于利用香奈儿标志有别的想法。

1954年5月24日，他买下了她的全部股权。

获得时装公司百分之百的股权，意味着香奈儿香水公司将收购她的时装公司、康朋街的房产、她的纺织厂、有香奈儿名字的一切，包括自从保罗·伊里巴去世后就停业的香奈儿出版社。收购价格从来没有公开过，但按照新合同，她保留了香水的特许经营费，包括韦尔泰梅正在生产的香奈儿首个男士香水系列（“Pour Monsieur”）收入的一部分。在她死后，特许经营费将属于香奈儿香水公司。她保留对时装设计和合作者的唯一控制权。“我们支付了一切费用，”香奈儿香水公司的律师沙耶说，“丽思酒店、她的秘书、佣人的费用，还包括电话费和邮费。”

阿德里安娜于1955年去世，留下了伤心的鳏夫莫里斯·德·内克松。除了安德烈·帕拉斯之外，阿德里安娜一直是可可唯一在乎的家庭成员。她已经抛弃了其他亲戚。在重开时装沙龙之后没多久，可可的两个侄女，加布丽埃勒和安托瓦妮特·香奈儿来到了康朋街31号。阿方斯的这两个女儿都是20多不到30岁。她们刚好在巴黎，从瓦勒罗格上来，就想问个好，见见姑姑，或者至少看看她的服装。她们被告知小姐不在，得有邀请才能看服装。

她们询问姑姑什么时候才能回来。来不是为了要什么，她们坚持说。没有人知道小姐什么时候会回来。

可可拒绝见两个侄女，但在安德烈·帕拉斯去世后和他的女儿保持联络。当侄外孙女结婚并生了一个儿子后，可可邀请他们来丽思酒店看望她。加布丽埃勒·勒布鲁尼记得可可突然问她7岁的儿子在学校是否用功。

"'犀牛'怎么写?"她问到。

在小男孩犹豫的时候，她改变了话题。次日，小男孩收到一本漂亮的动物画册，其中犀牛的照片用红笔画了一个圈。

现在她终于和韦尔泰梅达成了协议。可可·香奈儿需要再找个人斗一斗，她挑选了巴黎时装行业协会。这是吕西安·勒龙成立的行业协会，和其姊妹机构成衣行业协会一起，巴黎时装行业协会既是行业管理机构又是工会。时装展排期和认证等工作由协会协调，但行业协会最重要的工作是监控非法复制。法国第一个专门为保护时装设计的法律在1920年通过，赋予了时装设计几乎等同于文学、电影和专利发明的保护。

山寨版服装一直就是个问题，可以追溯到18世纪，当时凡尔赛的高等名妓试图贿赂玛丽·安托瓦妮特的裁缝，以在女王第一次穿着之前获得其最新服装的详情。尽管对于买家、媒体和私人客户有严格的筛选，但自20世纪30年代以来，盗窃设计已经变成一门艺术。时装展出禁用相机，但会有两三位素描画师一组分别负责一件服装——一人专注于衣袖，一人负责衣领，另一人只管裙子。展出后，他们会拼凑出整体效果。

香奈儿觉得试图去保护时装设计理念是没有用的。她声称曾抓到过在康朋街翻她垃圾的工业间谍，他们试图找到一些样品来了解她所使用的面料和颜色。她喜欢讲的一个故事是，她的员工曾在一个户外市场发现街头小贩在卡车后面卖假的香奈儿时装。可可说，50法郎一件，这些衣服很抢手。

她决定忽视协会关于时装展“只对行业内人士开放”的规定，允许摄影记者对其设计拍照，这使她与协会主席雷蒙·巴赫巴发生了正面冲突。

巴赫巴为协会的规定辩护，这是为了让所有媒体成员有同等的机会，确保为设计付了钱的买家在将时装摆进商店前不会被山寨。

可可不认同，她告诉媒体：“来我这儿，你可以把我所有的创意偷走。时装不是为了保存。保存起来的时装很快就会过时。”她手中高举一封来自法国某地缝纫女工的信，这位女士买不起香奈儿服装，请求允许看一眼她的时装。

这场争论不断升温。加布丽埃勒声称，制假其实是成功的奖励，只会让你感到荣幸。爱好公众宣传的时装设计师们居然要求封锁媒体，这简直就是伪君子。巴赫巴身披法国国旗反驳道，山寨导致金钱的损失。可可回应，如果说有人被协会的规定所伤害，那就是那些可怜的法国缝纫女工。她气愤地写了一封辞职信：

主席先生：

请允许我递交辞呈，这正是您想收到的。您只是为了顾全我的某种体面，才在犹豫是否要求我递交。

现在，我和协会面对的冲突就算解决了。

香奈儿（签字）

纪梵希和巴伦西亚加在香奈儿之后也允许了对其时装展的摄影报道。行业协会悄悄地放弃了媒体封锁的规定。

香奈儿的首要竞争者迪奥疲劳过度、苦恼不已。自 1947 年以来不断的期望给了他巨大的压力。他已经犯过两次心脏病，体重不断增加，有时不像只是 50 多出头，而像是 70 多岁的人。他没有什么财务或家庭方面的忧虑，但得“出成绩”。迪奥时装公司在 5 个国家注册，还在另外 5 个国家有特许经营，他自己得不断地做推广。他的助理是一个来自北非的腼腆年轻人，名叫伊夫·圣·罗兰①。

迪奥 1956—1957 冬季时装展的反映仅仅是有礼貌而已。那个季节大众关注的是皮尔·卡丹。他自 1949 年开始业务，第一客户就是克里斯汀·迪奥。迪奥为化装舞会订购了一件狮子服装，这也是艾蒂安·德·博蒙伯爵的最后一次化装舞会。

---

① 伊夫·圣·罗兰（Yves Saint Laurent，1936—2008），法国时装设计师，1962 年开设自己的时装公司，其品牌以其名字命名。——译者

为了确认圣·罗兰真是一个创造者，而不仅仅是运气好的年轻人，迪奥要求他独立设计1958年春天的时装季。然而，迪奥根本没有来得及评判。1957年10月，在意大利蒙特卡蒂尼温泉度假村，迪奥死于心脏病突发。

迪奥管理层决定招进一个有经验的设计师，但已经来不及了，于是让20岁的伊夫接任。

可可当时在得克萨斯州的达拉斯，作为斯坦利·马可斯[①]的客人，来接受“过去50年最有影响力的设计师”这一时装行业奖项。《ELLE》是香奈儿风格及其理念的热情拥护者，作为对这次旅行的预告性述评，将可可及其出生于得克萨斯的模特苏茜·帕克登在了杂志封面上。《纽约客》杂志在可可返回巴黎前，在沃尔多夫·阿斯托里亚酒店约见了她，并觉得她“极为好看，深褐色眼睛，明亮灿烂的笑容，并有着二十多岁的不可遏制的活力。在和我们有力握手的同时说：‘我非常非常疲倦了。’说这话时的自信，只有知道自己说了也没什么问题的女人才会有”。当被问到为何曾退隐这么多年，她露出了愤慨的表情。用带着法国韵味的英文，她告诉访谈者，在内心她从来没有真正退隐。“战争时期，没有人会想着做漂亮衣服，”她说，“战后，我看着时装设计师，尤其是年轻的男人们，如何设计。我到处旅行，享受在瑞士的乡村生活。但没什么真正的事情做让我很无聊。我总是很关注新款服装。最后，我悄悄地、平静

① 斯坦利·马可斯（Stanley Marcus，1905—2002），总部位于达拉斯的精品商店内曼·马可斯公司总裁及主席。1938年设立的内曼·马可斯奖项是颁发给时尚界的卓越服务奖。——译者

地但以极大的决心，设计了一个漂亮的时装展。在巴黎展出时，有很多人批评。他们说我过时，不属于这个时代。而我总是在内心微笑。我想，我会让你们看到的。我在美国有着巨大的热情，而在法国得搏斗。但我不在乎。我很喜欢战斗。现在在法国，人们开始适应我的理念。”她说，时尚永远属于这个时代。“它并不是可以独立存在的东西。”

戴安娜·弗里兰邀请她共进晚餐，她接受了，但一再确定不用多说话，这将是她、她的伴侣、戴安娜以及里德·弗里兰的一次私密晚餐。可是到了之后她却一直说个不停，晚餐进行到一半，她问是否能让赫莲娜·鲁宾斯坦饭后加入他们。韦尔泰梅曾说起过鲁宾斯坦，说她能在房间里倒立行走，因为从小在马戏团长大。鲁宾斯坦来了，两人去了里德·弗里兰的书房。“两人一晚上都在房间里，上帝才知道她们说了些什么，”戴安娜写道，“我不时进去看看她们。她们从没有坐下来。她们像男人一样站着聊了好几个小时。我从来没有见过这么强的个性力量。两人都是。两人都不是什么绝色美女，也都是白手起家，都比我们今天所说的大多数富人更加富有。该有的她们全有。当然，她们的生活中有过男人帮助，但每一分钱都是她们自己挣来的。你问她们是否幸福，这不是欧洲人的性格。知足，母牛就是这样。但我想她们是幸福的，至少在她们有权的时候、掌舵的时候、运营一切的时候。这些她们确实都有。”

加布丽埃勒回到巴黎之后三个月，报纸头条声称伊夫·

圣·罗兰挽救了国家，伟大的迪奥传统得救了。尤金妮娅·谢泼德写道，1958 年 1 月 30 日的展出“是我所看过的最好的迪奥时装展”。之后的星期天，《周日法兰西》告诉全世界，在那个决定性的日子，一位迪奥女店员生下了一名 6 斤 4 两的男孩，并立即将他命名为伊夫。

圣·罗兰第一个独立迪奥时装展的支柱是梯形线，一件简单的黑色丝绸或毛料裙从很窄的肩带垂下，形成短而宽的裙边。在 50 年代，裙边是一件至关重要的事。没有一个女人会忘记，仅仅是一个时装展，迪奥就让她的整个衣柜全部过时。到 20 世纪 50 年代末，女人们对过于突然的裙边升降是比较防备的。据说巴黎坊间有这样的默契，每个季节裙边的长度变化不得多于两英寸。

被越来越多的人称为香奈儿小姐，她是 1958 年时装季的心理赢家。她的服装将裙边多多少少保持在原来的位置，也就是盖住膝部，舒适轻便、从头到脚容易辨认的风格在 6 个月之后还不会显得过时。此时这样的风格成了精明的选择。她的长袖开衫毛衣、用链子加重的夹克下边、漂亮的衬里、可以装香烟和钥匙的真口袋，给予穿着的女人许多自信。

圣·罗兰的梯形线很畅销——1958 年迪奥的销量比巴黎其他时装公司销量总和的一半还多——但似乎为了证实香奈儿对简约那坚定不变的信念，这位卓越成就者的后续作品都差强人意。在奇迹再现的重重压力下，圣·罗兰推出了 1958—1959 年冬季时装展，将裙边下放到膝下三英寸。这位 22 岁设计师的信心在媒体强烈的喝倒彩声中一下子就被摧毁。《VOGUE》以最仁慈的词语介绍了这个时装展："当迎接新时装系列的是愤慨的叫喊声时，这是健康的迹象……它说明时尚界还活跃。"75 岁的可可知道怎样伤人。"圣·罗兰有卓越的品味。他复制我的东西越多，展示的品味就越好。"

时尚媒体终于追上她了。在回归仅仅 4 年之后，她又被称为世界上最主要的时尚影响者。"如果说时尚转向女人，无人可以否认这个变化的推动力主要来自可可·香奈儿——凶狠、智慧、奇妙和完全自信的香奈儿，"《VOGUE》杂志在 1959 年 3 月写道，"并不是说巴黎其他时装展就像香奈儿。它们不像。但女人比她所穿着的衣服重要，需要卓越的设计才能做到这点。这个让人沉醉的理念在过去 40 年一直是香奈儿引擎的燃料，现在则弥漫了整个时尚世界。"

香奈儿的 1959 年系列与其他年份没有什么不同，像往常一样，精妙之处在于细节。她的运动套装和运动夹克衫贯穿全系列，同时也推出了男士衬衫、珠宝袖扣、金链和圆形浮雕、镀金和珍珠耳环、布列塔尼式水手帽、鞋尖颜色反差的露跟女鞋。女人们效仿她模特的发型，把头发高高梳起而不是压平在头上，并剪短刘海。

关于她的一些神话，可可漠不关心。"我为什么要关心人们说些什么？每年他们都会捏造一个新故事。我永远不会起诉的。"很多年来，她带着小精灵似的欣喜，为自己的故事增加一些日期、地点和人名。有时候，她对这些问题不理不睬。回忆是一件浪费时间的事。

托马斯·奎恩·柯蒂斯当时为《纽约先驱论坛报》报道巴

黎的文化界，他认为香奈儿的故事就是杜巴瑞夫人[①]生平的20世纪版本。就像国王路易十五这位最后最可爱的情妇一样，可可也是在修道院里受的教育。她做过店员助理，当过作为战争供货商发大财的男人的情妇。玛丽·让娜·贝库嫁给了军火商人加斯科尼贵族让·杜巴瑞。对比这样的经历，可可有她作为艺术家和文学家赞助人的慷慨。“可可总是在丽思酒店餐馆阳台上的同一个桌子午餐，身边总是围着一群人。”柯蒂斯回忆道。

她有可能发怒。当《纽约客》记者赞美她的衣服，又问她白色内衣上的袖扣时，她厉声说道，“斯特拉温斯基30年前送给我的。为什么？出于仰慕。我对他的那种仰慕，你说怎么样？”

一个女人的年纪没什么意义，她坚持说。“你20岁的时候可以是美丽灿烂的，40岁的时候魅力无穷，之后可以是不可抗拒的。”她也说，20岁女孩的脸是上天赋予的，而生活塑造了30岁女人的脸；到了50岁，女人的脸则是它该有的样子。私下里，她的箴言更加残酷：“30岁的女人必须在脸部和臀部之间做出选择。”

也许是为了提醒她人最终不免一死，1960年6月，保罗·勒韦迪在索莱姆的本笃会修道院去世。

他们是同龄人，在40岁的时候就互相认识了。他们走了不

---

① 杜巴瑞夫人（Madame du Barry，1743—1793），原名让娜·贝库，是一个女裁缝的私生女。后来成为高级妓院和赌场老板让·杜巴瑞的情妇，开始结交上流社会，并成为交际花。她也是国王路易十五最后的情妇，是法国最后一个有强大影响力的“非法女统治者”。法国大革命后，她被处死。她的故事成为文学艺术作品描绘的主题。——译者

同的道路，但过去的日子让他们建立了持久的友谊。他的新书一出来总是给她送来一本。但他给妻子和索莱姆的神父留下了严厉的遗言，不得通知任何人。加布丽埃勒在报纸上看到了他的讣告。当在被要求发表评论，她说，他的去世是最难承受的事情。

一年之后，伯莎·卡佩尔去世了。在经济上，她从来没有后悔过自己和赫尔曼·米彻勒姆之间仓促安排的婚姻。她过了悠闲的一生，也很少见到智力略有迟钝的赫尔曼。一次他们两人碰巧都在里维埃拉同一个酒店用餐，赫尔曼感觉他模糊地认出了几张桌子之外的女士。他站起来，悄悄地问管家那是谁。

他的男仆回答说："老爷，那是太太。"

据说赫尔曼听到后赶紧走了。

在经历重大变革的20世纪60年代，可可·香奈儿没有爆出什么令人惊奇的创意，只是在她的经典风格上有所改进——无领短夹克，略有闪光的裙子，总是在膝部附近的裙边。她嘲笑"迷你裙"和"超长裙"；而反过来，她又被安德烈·库雷热嘲笑，他是巴伦西亚加的前任助理，以色彩鲜艳、短于膝盖的太空时代裙和"月光"配件而开创了历史。"我是法拉利，香奈儿是古老的劳斯，虽然还能跑，但已经没有活力。"库雷热说。作为这个时代的特征之一，他的时装公司有50%为欧莱雅所拥有。

她为女人，而不是少年设计，可可反驳说。"我痛恨那些老女孩。"她指那些30岁以上还穿着迷你裙的女人。她觉得讲究穿着的杰奎琳·肯尼迪品味有问题。"她的品味很可怕，还将这种风格传遍了美国。”她在1967年这样品论杰奎琳·肯尼迪，这是在批评于英国鲁尼米德举行的约翰·肯尼迪纪念会上总统遗孀所穿的由库雷热设计的白色服装。

加布丽埃勒的选择性记忆让她忘记了肯尼迪夫人在1963年11月22日访问达拉斯时穿的是香奈儿套装，覆盆子色的毛料上沾染了她丈夫的鲜血。

戴高乐的继任者夫人，克洛德·蓬皮杜，穿香奈儿服装。蓬皮杜总统邀请可可到爱丽舍宫共进晚餐，她告诉克洛德·蓬皮杜，作为第一夫人她不能再穿红色。

科克托1963年去世，可可叫上塞尔盖·利法尔一起去参加葬礼。之后，他们在丽思酒店一起享用了奢华的香槟晚宴。带着灿烂的笑容，她说，“让走啦!”并举杯为幸存者庆贺。“让是一个诗人？真好笑。真正的诗人是苏佩维埃尔和勒韦迪。现在没人提起勒韦迪了。科克托没有什么新发现。给我一本他的书，我能给你找出他从别人那里偷来的词句。”

她对勒韦迪从来没有失去信心。为了将他从忘却中挽救出来，她向蓬皮杜总统请愿将勒韦迪加入学校的诗歌课本中。她声称，勒韦迪曾经给予她第四维、来世、一切都没有消失的理念。

三十六

青春骚动[①]

可可在1963年7月19日满80岁，但她选择忘记自己的生日。为英国版《VOGUE》拍摄的照片里，她头戴硬草帽，脖子套的带子上挂着剪刀；尽管有严重的关节炎，手指还是握得紧紧的，按照该杂志的说法，她是“强者更强”。

戴安娜·弗里兰记得20世纪60年代中期在可可那里试衣。“她才华出众。这个女人的机敏！她的魅力！你会就这样爱上她。她非常有吸引力、奇特、令人惊讶、充满智慧。”关于香奈儿的时装，这位《VOGUE》编辑写道：“战后的这些香奈儿套装，上帝知道是什么时候设计的，但是其裁剪、线条、肩部、腋下、下身——从不太短，在女人坐下的时候从不会显得不得体——就是今天仍然适合穿。”

也许其卓越地位最强大的体现是，富有女人对设计的独特性引以为傲，同时却不在乎工作女性也穿着同样设计的服装。两个群体的妇女都想，也都愿意，以不同的价格，为香奈儿风格花钱。那些知名人士，虽然出得起价格——以20世纪60年代的货币约1 000美元一套——但也经常在自己衣柜的原版香奈儿之外再加上一些山寨版。

到1968年，时装公司的工资单上员工已达400人。在因保密性而臭名昭著的法国时装行业，数据是很难获得的。不过在香奈儿年近九旬的时候，《时代》周刊估计其时装帝国，包括香水，产值每年有1亿6 000万美元。

香奈儿统治其时装沙龙像国王统治宫廷一样。她越来越变化无常、任性，有时还言语刻薄。年轻的模特有时把她比作昆虫，满身带刺。她的鹦鹉嘴不断说出自己的想法。员工们争取她的喜爱，担心做得不够好，时刻准备她突然改变主意。玛丽-伊莱娜·阿诺德在她喜欢的众多模特中排第一位，之后便有谣言说可可是个女同性恋。

“你疯了，”可可厉声说，“像我这样一瓣老蒜。这些人是从哪里得到这种想法的?”她说有一个合作者拼命讨好她，相信小姐对女人有喜好。“已经剧终了，我既不要女人，也不要男人。”可可回答道。她说，她不喜欢女人，在生活的游戏里，女人就是骗子。“女人从来引不起我的兴趣。我不能成为她们的朋友

---

① 青春骚动（Youthquake）是20世纪60年代的时装、音乐和文化运动。该词语是《VOGUE》总编戴安娜·弗里兰于1963年创造的。伦敦是这一运动的中心。青少年支配了时装和音乐界。青年骚动的时装代表着快乐、精神和青春——迷你裙和跳伞服。——译者

（她们不知道友谊是什么）。除此之外，在法国是不适合有友谊的。女人不知道‘尊敬’一词意味着什么。”

关于她是女同性恋的谣传还在持续着。“这是大家都知道的事。”《女装日报》常任巴黎通讯员瑟尔玛·斯威汀伯格说。写作略有刺激性畅销小说的好莱坞作者杰奎琳·苏姗坚持说可可对她有性爱表示。她小说《玩偶谷》里的一个角色，不是女性，而是女主人公的第二任丈夫，就是以几位双性恋设计师为原型，其中包括香奈儿。

“是，我的女孩们是漂亮，这就是她们为什么会做这份工作。如果有脑子，她们就不会做。”她喜欢身边围着一群漂亮年轻的女人，这也是催生同性恋谣言的原因。时尚行业的许多人都接受她是同性恋，至少在晚年。有些人会说他们认识谁谁谁，她曾经是小姐的情人。这些消息人士回避说出香奈儿倾注激情的女人的名字，或者只是笼统地含糊应对。

霍斯特否认她是一个同性恋。“不是那样的。”她曾笑着对他说。霍斯特回忆道，“对她来说都不是肉体的关系。苏茜·帕克到处叽咕，但她在香奈儿丢掉工作的原因是怀孕了，她没告诉可可就和情人结婚了。”

香奈儿的工作方式需要触摸和感受女人的身体，这也许可以解释这些有关同性恋的推论。在其他时装公司，一件服装从设计草图开始，缝起来之后才会试衣。在香奈儿这里，衣服在模特身上设计，按照模特的形体反映和运动。可可在模特身上工作，运用剪刀和针线，直到一件服装变成身体和面料的共生体。

她通常要在模特身上造型20回才能搞定一件服装。袖孔是她的担忧，也是她夹克的工艺秘密。“袖孔不怕高，她会将袖子装6次。”波士顿出生的模特洁姬·罗杰斯回忆道。“高位的袖孔让夹克显得更利索、更合身。”

“一张草图不是身体，”她说，“在这里，我们不是卖纸片儿。一件衣服要漂亮，穿这件衣服的女人得看起来在衣服下面是裸体。”

她的模特是巴黎上流社会的年轻女孩和国际美女。咪咪·阿卡哥女伯爵和奥狄莱·德·克罗伊公主加入了玛丽-伊莱娜·阿诺德的行列；而妮可儿·弗朗肖姆和保乐·里佐也紧跟苏茜·帕克的步伐。她们记得她的天资、尖锐辛辣的口舌、不可言状的魅力和工作能力，尤其是在试衣过程中无休止的自言自语。以一触即发的机敏，她不断提供忠告。（“有些时间是用来工作的，有些时间是用来谈恋爱的。那就没有时间做别的了。”这是她经常被引用的箴言。）还说出自己的故事片段，让自己显得在不同情景中都看来很不错。听她讲述自己的故事，在她的时代，她没有什么没抓住的。

把这一切都写下来的想法使她又联系上了露易丝·德·维尔莫兰。像加斯顿·波诺尔和安德烈·弗赖涅这样的记者没有成功的地方，优雅风趣的小说家应该能成功。香奈儿钦佩维尔莫兰的轻松和清澈中还结合一丝收敛的嘲弄。马克斯·奥菲尔斯刚刚将她的中篇小说《伯爵夫人的耳环》拍成电影，达妮埃尔·达黎欧担任女主角，夏尔·布瓦耶出演女主人的丈夫，维托里奥·德·西卡演情人。这是一个爱情故事，以自恋的调情开始，以绝望结束。

维尔莫兰60岁了，但社会生活仍忙得不亦乐乎。她正与安德烈·马尔罗进行着一段夕阳之恋。后者时任文化事务部部长，正将卢浮宫珍宝做世界巡展，请夏加尔重新给歌剧院的天顶画画，让可可在卢浮宫设计并装饰了一套展厅以展出博物馆收藏的40件杰作。维尔莫兰这时候并没有在写作什么，于是答应每天来丽思酒店做访谈，以期最终出版香奈儿回忆录。她温文尔雅、聪慧、世故老练而没有说教式的自命不凡。

然而，合作结果成了两个充满紧张和情感的自我的直接冲突。露易丝讽刺道："跟我来讨论'我'。"维尔莫兰被香奈儿关于童年和早年的谎话搞得绝望了；而可可则对作家向她借钱的行为很反感。露易丝试图劝说可可阅读《维多利亚公爵》，这是本多尔富有传奇色彩的祖父的传记。"为了要理解本多尔不具备什么，你得知道他祖父干了什么。"露易丝告诉可可。在维尔莫兰放弃之后，香奈儿用她上述的话给后来的传记作者推荐《维多利亚公爵》。

她们仍然是朋友。维尔莫兰送了一本自己的新书《出租车内的信》给可可的一周之后，可可说她要上门拜访，告诉她，她连最初的10页都看不下去。露易丝生气了。为了安慰她，加布丽埃勒说："亲爱的，你知道得很清楚，我是文盲。"

皮埃尔·韦尔泰梅于1965年去世，其巨大的商业帝国失去控制。他的儿子雅克变成了香奈儿企业的首脑。尽管已经55岁，可可仍然叫他"孩子"。雅克·韦尔泰梅成年生活的大部分时间是在赛马房度过，可以说没有什么商业经验。

他和家族的受托管理人认为，可可喜欢活泼的玛丽-伊莱娜·阿诺德，她可能最终继承可可的产业。于是阿诺德的父亲从罗斯柴尔德银行被挖走，并被任命为香奈儿时装公司的董事。但是这个主意出了意外。由于太关注玛丽-伊莱娜，公司总部犯了“冒犯罪”，可可将她炒了鱿鱼。

玛格·麦金泰尔出生在西雅图，先前给格雷夫人做模特，20 世纪 60 年代开始做自由模特。她记得香奈儿喜欢上流社会的女孩，因为她们似乎更在乎服装。然而，在和朋友私下里聊的时候，可可说这些贵族女孩来给她工作是因为她们无聊。她说：“她们的母亲和祖母有其自娱自乐的方式。贵族男人不工作，他们能像伯恩斯坦话剧里一样有迷恋和激情。这些女孩相互打电话。‘我们一起去给香奈儿当模特吧，我们能在那儿找到一些女孩做朋友，我们可以穿上美妙的衣服！’所以，她们来做展出，呆下来，也始终没有找到可以恋爱的人。”

她不在乎模特借她的衣服外出。“我不喜欢衣服待在这里睡觉，我喜欢看它们出去走动。”

在贵族模特时代之后是德国时代。可可喜欢个儿高、骨感和有乡土气息的德国女孩，因为她们会走路。其次就是美国女孩——难以捉摸，但被用心栽培，她们总问太多的问题。

“我们从来不在上午工作，”麦金泰尔回忆，“小姐很少午前来。她一进来，所有人都知道。”一旦摆架势开始——这是一件件衣服创意和再创意的过程——没有人能随便离开。小姐很可怕，命令、嘲笑、捏掐、看、站起、坐下、跪下、趴下。

“你们已经累了?”几个小时后，她驱使着模特们。“香奈儿服装是给女人穿着活动的。走!”对于她在一件服装上不知疲倦的修改，最后一分钟仍增加配件和修剪多余的部分，作为时装系列的最后总结——产生新时装的创意阵痛——可可的朋友塞尔盖·利法尔将这一切称为她的“剖腹产”。

当有人问她多大年纪了，她或者会说100岁了，或者说“得看你是哪天问的”。她一把一把地吃维生素，声称如果不吃的话半夜她会胃痛而醒。因为关节炎，她有时会把针扎到手上。吸着出血的拇指，她有时会想，为什么还干呢。“有时候我想放弃一切，”她在1969年说，“法国人不会在乎。而美国人会觉得关闭香奈儿时装公司是一个损失。我不断地工作、工作。有时候，我觉得如此要求很可笑。”

“优雅并不是穿上一件新衣服。你优雅就因为你本身优雅，新衣服跟它没关系。你穿裙子和毛衣都可以优雅。每家时装设计公司曾经都有自己的风格。我也发展了自己的风格，我不能逃脱这种风格。我不能穿不是自己制作的服装，就像不能制作我不能穿的服装。我总是问自己同一个问题：我能穿这个吗?我现在无需问这个问题了，这已成为本能。”

阿伦·雷乃在1962年拍摄了前卫电影《去年在马里昂巴德》，可可为女主角德尔菲娜·塞里格设计了服装。媒体的大人物，从朱丽叶·格蕾科、阿努克·艾梅、罗密·施奈德到弗朗索瓦丝·萨冈都是她的客户。让娜·莫罗同时还是朋友，两人的友情一直持续到这位女演员和皮埃尔·卡丹同居。“我以前所有的衣服都是从香奈儿来的，”莫罗在1966年说道，“但有一天我去看卡丹的时装展，我爱上了他的一切。然后，我遇见了卡丹。从那开始，他替我设计个人服装和电影里的服装。”

可可从来没有停止对迷你裙以及同行的批评。巴尔曼也许可以原谅，她说，因为“总得有人给荒村野妇设计服装”。她将帕科·拉巴纳称为“冶金家”。她痛恨卡丹，因为他是特许经营之王，他将自己的设计，或至少是自己的标志，授权给任何可以穿的、吃的、喝的或用完即弃的产品。有一次在剧院首映式的中场休息时，有人介绍他们认识。

事后她说：“他真是一个可爱的男孩，但至于干的事嘛，他会是时尚的终结。”

比她小12岁的巴伦西亚加是唯一的例外，这是她敬仰的一位时装设计师。20世纪60年代早期，他曾来康朋街晚餐。他们进行长时间深入的讨论，尽管她不一定认可，但尊敬他的观点。

“克里斯托巴尔，我们结婚吧。”有一天晚上，可可对巴伦西亚加说。这是《费加罗》时装编辑奥古斯丁·达巴蒂的说法。

当他脸上显出惊愕和奇怪的神情时，她说，当然这是在开玩笑，不过告诉媒体他们将结婚这个主意很好玩。

他们一起外出，在圣克劳德午餐。她说她将有一个新闻发布会。她想要他来，但他说他痛恨媒体。

他记得她的知心话语，以及在她的讽刺和抱怨背后他所感觉到的对孤独的恐惧。“她说：‘这是我的最后一次时装展。’我说：‘你每次都这么说。’她说：‘如果我不工作，我会干什么？我会无聊到死。我在洛桑买了一幢房子，不是在湖边，湖上的鹅有臭味，很可怕。是在苏瓦布林湖，在山上的小房子。你不能住在一所需要两个以上仆人的房子里。'"

不过，她没有待在自己的房子里，而是喜欢上了洛桑皇宫酒店。她喜欢坐在酒店大堂里的高背椅上，想象在这里无人能发现她，而她可以观察自己富有的女客户。"在你看到别人糟糕品味的时候，你了解了区别。"她在1964年告诉和塞尔盖·利法尔一起来和她共进午餐的记者安托万·利维奥。

这是利法尔的60岁生日。在他和利维奥到达酒店前，舞蹈家告诉了他年轻的同伴有关他与小姐过去不简单的关系：不仅是他自己，而且是整个俄国芭蕾舞团都欠她良多。利法尔告诉利维奥不要让小姐发现他是记者。当他们相互介绍的时候，看到年轻人很难为情，她很开心，因为他得承认自己既不是舞蹈演员，也不是编舞；既不是设计师，又不是摄影师。她放弃了，并改变话题说了几句关于科克托的难听的评论。

"你不能和他吃午餐，"当他们坐下的时候她说，"你在吃，他不停地说。一顿饭没多一会就结束了。他只说话，几乎不吃，他像细铁丝一样瘦。"

她的幽默感里都是嘲弄和刻薄，利维奥回忆，"她有鹰一样的双眼，不遗漏任何东西。"她不喜欢那里的女人穿的衣服，无论她们是外国人还是洛桑当地医生和工业家们的太太。"她们所需要的是简单，也许是想要我们相信她们不是没有钱。她们缺少的是气质。"她说，她喜欢男人做伴，"因为他们的外表让眼睛得到宁静"。

她与巴伦西亚加的关系时冷时热。有时他们在一起共享漫长而奢华的晚餐，各自表示为对方解除了恐惧和消沉的情绪。在青春蔑视一切的力量、诱惑和能力之下，他们两人都感到痛苦。除了年轻人的无上美丽和天才，媒体几乎不谈别的。

青春创造时尚，风格是一种心境。伦敦正在成为最富有创造力的时尚领袖。卡尔纳比街正在成为家喻户晓的名字；美国的牛仔服成了全世界，包括法国年轻人的制服。设计师源源不断地从艺术和设计学校流出，充满了新观念。到 1967 年，英国的玛丽·奎恩特一人就向法国出口服装三万件；三年内，芭巴拉·呼兰尼基的彼芭精品店取得了国际性成功。

巴伦西亚加高傲地坚持传统；香奈儿说，制作永不过时的服装既不是异端邪说，也不矛盾。但他们两人都感到精疲力尽。当她对他的沮丧态度有闲言碎语时，他们的友情终结了。“当我们说晚安的时候，我们还是最好的朋友，至少我这么想。”巴伦西亚加告诉巴拉迪：“但两天之后，我在报纸上看到：她与巴伦西亚加共进晚餐，但可怜的克里斯托巴尔是这样的疲倦，她无法理解他如何能够推出时装展。我非常生气。她三次打电话给我。我让人跟她说我不在。我再也没有见过她。我很难过，我想她也很难过。”

然而，香奈儿闲聊中告诉媒体的，确有几分真实。因为巴伦西亚加发现革命的 60 年代正在将高档时装设计转变成时代错误。妇女们都想要看来像她们的女儿，成衣制造商不再信任定制设计的领先地位。更年轻而又弹性的设计公司，如迪奥、库雷热、温加罗和伊夫·圣·罗兰继卡丹之后在全世界各大都市开设成衣精品店。1968 年，巴伦西亚加悄悄地关闭了自己的时装公司。

尽管有卡丹和圣·罗兰的挑战，香奈儿仍拥有明星作为客户，从索菲亚·罗兰到凯瑟琳·德纳芙和伊丽莎白·泰勒。阿努克·艾梅为她做模特。玛米·范多伦觉得她面色有些苍白，专横。“她带着一层层下垂的珍珠和项链，点缀着全黑的外套和全白的丝绸内衣，”这位女演员回忆着1964年一次对康朋街的拜访。“她深色的眼睛似乎看透了我，打量着我身上黑色带羽毛的裙子。在她上下观看的时候，眼睛里微微流露出调皮的神色。最后，她说：‘啊。’”

香奈儿看来一点不显老。她是一个有个性的人，几乎成了一种样本。1966年，她允许记者对她的生活提几个问题。回想自己漫长的经历，她对妇女有什么忠告？

“也许我会让你吃惊，但不管怎么说，如果一个女人想幸福，最好还是遵循常规的伦理道德，”她说，“不然的话，她需要超出常规的勇气，而结果得付出孤独的可怕代价。对于一个女人来说，没有比这更糟糕的。孤独能让男人找回自我，却足以毁掉一个女人。”

她谈到性，说她喜欢的一个故事是墨西哥农民用斗篷将妻子绑在树上，并将她的一条腿吊在树枝上，站着和她做爱。“这是一件有关展示的事。躺在床上你不会下垂。一个女人不应该顺从。性是功能。”

当被问到为什么从来没有结婚，她说，理由无疑是自己的工作。“我所爱的两个男人从来没有理解。他们很富有，从来没有意识到，一个女人，哪怕是一个富有的女人，会想做自己的事情。我永远不可能放弃香奈儿时装公司。这是我的孩子，我白手起家创立了它。至于说男人，我永远不想成为他们肩上哪怕重于一根羽毛的负担。”

或者让一个男人给你负担？

“逃避无聊让人发胖。很少人知道这点，但我从来都不幸福，除了在17或18岁的时候经历过的时光。再说，你见过完全幸福的人吗？”

女权运动让她困惑。追求与男人的平等似乎使女人能接受任何事情。看到一些年轻模特与男人同居，还在经济上养着他们，她感到惊愕。“这些男人真可悲。女人已经不知道什么叫爱情。她们对男孩的裤裆比对男孩本身或她们自己更感兴趣。我连让这些男孩给我擦鞋都不屑。

“这些男人甚至连为女人做些疯狂的事情都办不到。女人们正在走向大灾难。工作，总是工作。逃跑，避免生孩子，因为这使你处于不利地位；追求金钱，并假装能比男人做得更好。中国人知道这个，俄国人也知道。他们将女人送上太空了。女人能承受一切。想像一下男人生孩子，他不可能活下来。男人一有个伤风感冒就废了。今天，男人才是蜂王。”

新闻媒体最喜欢收集她的独白或警句了，尽管他们经常搞不清她忠告里的讽刺意义——她在告诉女人抓住那些她自己从来没有从男人手里得到的东西。

1967年2月13日，她又一次出席新闻发布会。媒体人喝着她的香槟，而她身穿沙色套装，坐在小山羊皮沙发上。她说，如果她说得太多，“是因为我害怕听别人说话。如果我哪天死了，我知道肯定是死于无聊”。

她怎么看时装？

“时装已经沦落到了裙边高度的问题，”她开始说，“高端时装设计已经完蛋了，因为它被不喜欢女人而且只会嘲弄女人的男人所控制。

“从前，40 岁之后，女人失去青春但获得仪态和魅力，这个进化过程并不会让她们受损。但现在，她们以荒唐的武器和年轻女孩抗衡。她们唯一没有尝试的是辫子和学校小书包。

“男人穿得像女人，女人打扮得像男人，没有人以自己本身所有为快乐。我知道我在说什么。我有 300 个女人为我工作。无聊已经成为一个制度化的常规。战前，没有人听说过弗洛伊德固恋或忧郁综合症。我能告诉你什么呢？我们很浪漫。也许很可笑，但恋爱确实更好玩。”

唯一真正有意义的时装是“能走上街头”的时装。只能待在客厅里的时装和化装舞会上的礼物一样没有意义。

关于受过教育的女人，她说：“女人的教育由两个方面组成——不穿长筒袜绝不离家，不戴帽子绝不出门。”

关于时装作者：“她们应该先上学，学会如何剪布料。”

关于电影：“当下，只是无休止的废话。”

关于孤独：“可怕。”

关于朋友：“永远想和你借钱。”

关于医生：“他们以吻手礼开始。”

关于她的工人：“她们偷我的东西。”

关于她的模特：“你以为跪在这些女孩面前好玩吗？她们并

不好闻。”

关于情人：“如果你成为了男人激情的对象，就从窗户跳出去吧。不要梦想什么烈火般的激情，那不是爱情。爱是温暖、亲切、喜爱。爱和被爱的形式太多了。”

关于纽瑞耶夫：“如果你认识尼金斯基，你就不想见纽瑞耶夫。”

关于尼金斯基：“他除了在《玫瑰花魂》那一跳之外，其他还有什么可说的？”

三十七

可可，还是凯特

人们不是来要她的钱，就是来要她的故事。弗雷德里克·布瑞森是一位百老汇制片人，他1962年来到康朋街31号，希望说服可可将其人生故事改编成一个多媒体套餐，包括音乐剧和电影。

“这一直是我的梦想。”他告诉她，并保证费用由派拉蒙电影公司支付。

“由谁扮演我？”她怀疑地问道。

“赫本。”

可可以为他说的是奥黛丽·赫本，那意味着这是一个关于她的青年时代以及她和小伙儿卡佩尔罗曼史的故事。

“不是奥黛丽·赫本，”这位制片人纠正说，“是凯瑟琳·赫本。”

“她扮演我，太老了。呦，她应该有快60岁了吧！”

这不是好莱坞第一次想要可可·香奈儿的故事。在1936年和1940年间，米高梅就提出过，但被她拒绝。是她1954年的复出促使布瑞森的妻子罗莎琳德·拉塞尔敦促丈夫去找香奈儿。

她告诉丈夫：“我不懂你，你为什么不去把香奈儿的故事弄到手？这是一位七十四五岁的女人，但她没有带着猫咪坐在阴凉下，而是在征服新的世界。”

布瑞森非常有说服力。他曾诱使伊格纳西·帕德雷夫斯基在电影《月光奏鸣曲》里演奏钢琴，这也是这位钢琴家、作曲家和政治家出演的唯一影片；还曾说服哈罗德·品特让他将《看门人》搬上百老汇舞台。他和歌词作者艾伦·杰伊·勒纳[①]从20世纪60年代早期就在寻求赞助，以便将香奈儿传记改编成音乐剧。可可不知道勒纳是谁，直到制片人告诉她勒纳写了《窈窕淑女》。

“糟透了——我指的是服装、布景。”她讥笑道。

“塞西尔·比顿。”

“你应该看看真正的爱斯科宽领带是什么样子。”

布瑞森原本想让自己的妻子在舞台和银幕上扮演可可。他们以前就这么干过：在一系列的百老汇戏剧和电影中，他担任制片，而她主演，如《不要向女兵挥手》、《女孩热》、《睡衣游戏》和《家离恨天》。但当可可似乎同意了布瑞森的恳求时，急

① 艾伦·杰伊·勒纳（Alan Jay Lerner，1918—1986），美国歌词作者、作家和抒情诗人。著名作品有《窈窕淑女》。——译者

性关节炎却让罗莎琳德不得不退出，不能再考虑出演可可了。

丹麦出生的布瑞森会说漂亮的法语，每次到巴黎都向香奈儿示好。他的妻子，人称罗兹，也一起来。她曾回忆晚餐宴会上可可的侃侃而谈。“她做着有力而富有表情的手势，我记得有一次她的手镯从胳膊上飞了下来，可她毫不理会，接着说了下去。男管家弯腰，用餐巾捡了起来，香奈儿伸出胳膊，仍然接着在说，管家把手镯给她带上。”

罗兹并不认为香奈儿很美，但她给可可介绍的男人们没有一个不被折服。可可对于见什么人很挑剔，但布瑞森夫妇的绅士朋友总是能受到欢迎。当布瑞森夫妇与这样的男士离开康朋街 31 号公寓的晚宴时，罗兹只需要等着一成不变的情景：“男人都会说：‘嘿，真愿意和她发生一点风流韵事。’”

布瑞森认为自己已经诱使可可出售她的人生故事时，皮埃尔・韦尔泰梅仍然在世。有人警告他最好问一下韦尔泰梅。

弗莱迪不担心。“除了香奈儿，没人能拥有香奈儿。”

但他仍然审慎地调查了一下香奈儿时装公司。确实，看来韦尔泰梅拥有一切带有香奈儿名字的东西。当下属告诉布瑞森公司首席执行官不想见他时，他决定去堵韦尔泰梅。

只能在下午 3 点和 4 点之间在讷伊总部见到韦尔泰梅。除了去马克西姆吃午餐，他其他时间都在马房。他的马房听说比阿加可汗的还要大。布瑞森终于得到预约被带进韦尔泰梅的办公室，这位“夜巴黎”的老板告诉他，“你没必要坐下。你不会在这待太久。我不会让你去运作香奈儿的故事，对不起。”

可可听说这件事后非常愤怒。她命令韦尔泰梅来到康朋街，告诉他她要以牙还牙。如果不能拥有掌控自己生活的权利，她就不干了。就这样，之后再没有时装展了。韦尔泰梅在去世前不久让步了。他不会干涉、起诉或制造麻烦。布瑞森可以开始他的演出，只要韦尔泰梅不出现在音乐剧中就行。

音乐剧就叫做《可可》，安德烈·普列文被任命为作曲。布瑞森带着勒纳来到巴黎，试图说服加布丽埃勒同意一切安排。她邀请了做记者的朋友埃尔弗·米勒一起，与布瑞森和勒纳共进晚餐。在勒纳看来，这个故事是关于一个女人为了独立而牺牲了一切，但当她获得了独立后才意识到，孤独是必须付出的代价。

米勒说："这可是一个悲剧的主题。"

词作者回答说："好吧，算是音乐悲剧吧。"

加布丽埃勒认为音乐剧应该是关于她青年时代的故事。布瑞森和勒纳在离开前向她保证，音乐剧将包含20世纪20和30年代，但直到1966年的春天，可可还没有被完全说服，不知是否应该将自己的人生故事"变成音乐剧"。为了得到她的同意，布瑞森将勒纳和普列文带到了巴黎，在康朋街的沙龙里，勒纳在普列文的钢琴伴奏下，唱了几首歌曲。

香奈儿的态度仍然不明朗，但认为音乐剧应该有这样的开始：父亲俯在摇篮上，逗弄着她，并给她取小名叫可可；奶奶这时入场，认可了这个小名，并在摇篮旁预言了这个新生女孩荣耀、富贵和孤单的一生。

百老汇大牌音乐剧都要求明星出演。凯瑟琳·赫本不会唱歌，但1967年她同意出演，加布丽埃勒也同意了。制作迅速进入高速运转，预算接近90万美元，这使该剧成为百老汇历史上成本最高的制作，但派拉蒙影业为电影版权支付的275万美元足够应付。

为了让《可可》一剧适合凯瑟琳·赫本，青年时代被放弃了，几次修改将音乐剧变成了70岁香奈儿东山再起的故事。银幕上一系列预先拍摄的电影闪回镜头回顾了可可过去的爱情生活。在这个故事里，她对一个年轻模特有着母亲般的关爱，在牵涉她自己、模特及其情人的微妙三角关系中，她成了一个爱管闲事的参与者。一个“远超同性恋”的恶毒设计师给她制造了一两个麻烦，却无法威胁她的东山再起。

可可想自己来设计舞台服装，但布瑞森坚持要让塞西尔·比顿来为她的时装制造戏剧化的效果。勒纳和比顿曾经合作过，以比顿设计布景和服装为条件，勒纳才同意为科莱特作品《琪琪》的舞台和银幕版作曲。《琪琪》以可可的老朋友玛尔特·达韦利和糖业大亨康斯坦·赛的真实爱情故事为蓝本。

当时，比顿很热门。他刚刚完成艾伦·勒纳的另一部音乐剧《姻缘订三生》的服装设计，派拉蒙又想要他去参与《俄宫秘史》并设计服装，但他仍几次专程来巴黎与可可会晤。1967年2月他在日记中写道：“可可正在以一种有趣的方式慢慢变得疯狂。”1969年6月，他与她一起度过了折磨人的5个小时，他发现，在一天开始的时候她很慢，“但到了下午3点，她就被激活了，还原了她的名人本色”。

比顿设计了两个基本场景，加布丽埃勒的公寓和下面排满镜子的沙龙，两者以著名的镶镜楼梯相连。布景建在一个巨大的转盘上，整体或部分可以升降、分开和转动，沙龙的布景设计中镜子和展台可以向不同方向转动，适合做一场充满活力的时装展。

在音乐剧于1969年秋天开始彩排前，赫本飞到了巴黎。对于即将到来的、被她所扮演的传奇女人的审视，她感到恐惧。“我必须会见这个时装界的伟大人物——你看我！这件外套我已经穿了40年了！”

穿着自己最好的裤子和外套，赫本走进了丽思酒店。香奈儿从头到脚地打量她，然后给了一个微笑，这位女演员放松了下来。赫本喜欢可可的机智敏锐和风度。在离开可可公寓后，她又想起忘记了什么而返回，发现可可正躺着小睡。赫本说：“我现在知道自己能演她了，她也是人！”

加布丽埃勒承诺出席纽约的首演式。

显然，她将除了睡觉的所有时间都奉献给了时装公司。她痛恨周日。因为在周日，她不能穿过康朋街去为时装展的准备而疯狂工作。除了狂热的工作，她与任何一个老妪无异。没有什么人给她打电话。当埃尔弗·米勒过来聊巴黎一些最新的八卦时，她说没兴趣。她对幸福婚姻中的夫妇很反感。新闻秘书丽露·格鲁巴赫得陪她一起午餐，晚上护送她回丽思酒店，甚至坐在沙龙里等小姐入睡。然而，丽露只要一提到在《快报》周刊做编辑的丈夫菲力普·格鲁巴赫，可可就很生气。丽思酒店住着的老人让她生气，但她在电视上观看了1965年温斯顿·丘吉尔的国葬和1970年夏尔·戴高乐的葬礼。

大多数周日，可可让司机将她的凯迪拉克开到酒店前门，午餐后开到拉雪兹神父公墓。像在儿时曾经做过的那样，她在墓碑间漫步，与亡者对话。没有任何与她有关联的人安葬在拉雪兹神父公墓，但亲友们均已离去——朱莉、安托瓦妮特、小伙儿卡佩尔、米希娅、本多尔、德米特里、伊里巴、勒韦迪、阿德里安娜、科克托。

某些周日，她邀请新朋友克劳德·巴扬一起同行。对于香奈儿来说，这位年轻的女人像一种让人轻松的消遣；而对于巴扬，她本身是一位心理医生，父亲也是一位知名的心理医生，可可有着无穷的吸引力。“她充满了激情，如此有魅力，我立即本能地抓住并且保留住她香水散发的气味，那种从她未变的青年所释放出来的深层芳香。”巴扬说道。

巴扬知道如何让香奈儿谈论她的年轻时代。在她们多次去墓地的过程中，可可谈到她的童年和朱莉。这时，即使是安托瓦妮特也从可可的唠叨中消失了，朱莉是她唯一承认存在过的亲属。她谈到“姨妈”和每周例行公事般的洗浴：“你得穿着宽松的睡衣洗澡，看着身体洗澡是有罪的。”

“姨妈们教会我爱清洁，表里如一，诚实可靠，但最重要的是说话没有一丝口音，对于这些我永生感激。”

赛马是另一个打发空洞周日的方式。香奈儿买了一匹小雌马，取名叫“浪漫”。它参加了奥特伊、万森、龙骧的赛马。她不去参加称重，但喜欢去遛马场闻闻青草的味道。记者和摄影师抢到她参加 1964 年戴安娜大奖赛时和训练师乔治·马特手挽手的镜头。“浪漫”没有赢得比赛，可可说，她将让其退役，转而做传种母马。“我的马生来就是我的，不是买的。”她对媒体说。她觉得马房主让马夫来命名小马驹儿是不合适的。“魅力歌手！怎么能给你的马取这么一个庸俗的名字。”

当牡马“罗马风”在圣克卢赢得比赛，她来到了会员区。“罗马风”筋疲力尽，马夫正给它用樟脑按摩。“小伙子们很好，它喜欢按摩。马比人要好。”

一个新的男人进入了她的生活。弗朗索瓦·米宏涅最初是作为男佣被招聘的，后来成了她的管家、知己、学徒，在孤独的夜晚也是伴侣。他是一个只有她三分之一年龄的已婚男人，值得信任，总是称呼她为小姐，也明白自己的位置。他来自卡布尔，靠近她年轻时候的多维尔。她所喜欢的是他身上的乡村气息，他真诚的圆脸、幽默和鸡蛋饼。当没有外人的时候，她让他脱掉管家马甲和她一起坐下来。她很宠他，把保险箱的钥匙给了他，带他去赛马，送他去瑞士减肥，给他钱买车买房。她从来没有见过他的妻子，但想见他的母亲。

在空洞无聊的夜晚，她靠电视打发时光，尤其是在无休止的不眠之夜，电视更是避免梦游的唯一办法。某天早晨，有人发现她在酒店走廊里疾走，表情疯狂、迷惘，但睡衣穿戴整齐、一丝不苟。酒店人员把她领回房间，但没有弄醒她。当可可在自己小小的卧室里试图入睡的时候，丽露·格鲁巴赫和管家弗朗索瓦就在沙龙里打牌。他们的陪伴让她安心，但也使她更难入睡。在管家休息、格鲁巴赫也不在的夜晚，酒店安排可可的贴身女佣让娜·瑟琳等到她睡着了，再将她锁在公寓里。

香奈儿说她的梦游和童年时代有关。“在我小的时候经常发生，”她告诉巴扬，“这样梦游的时候，人们得把我拴起来。”她对黑德里希说，父亲通常把她领回床上，但不会弄醒她。让娜·瑟琳曾经看着她梦游进洗澡间，试图弄断一把梳子，然后放水。“生病的时候，我想的事情就是放水洗澡。”她相信在身体里，好的和坏的微生物正在进行生死搏斗。

一次巴扬短途旅行回来，发现香奈儿在丽思酒店卧床，身体痛苦，情绪沮丧。可可说她在街上摔了一跤。她想去埃菲尔铁塔旁边紫罗兰路的诊所，发现那地方太脏，于是没看医生就离开了。巴扬叫了医生，将可可送进了医院，照了 X 光片，发现三根肋骨骨折。医生让她脱掉上衣，她照做了。但事后她说，光着身子坐在医生面前，让她想给那医生一个耳光。

因受失眠症的折磨，香奈儿注射了药物。她体重减轻，手指上戒指都戴不住了。她想搬出丽思酒店，因为送餐服务部送来了小牛肉配芦笋（“屋子里整天都会是芦笋的味道！”她投诉说）。后来她呆下来没有搬，但对于食物的味道越来越挑剔。当她来到楼下的剑鱼餐厅，即丽思酒店西餐厅用餐时，餐馆经理得进行一系列战略性挪移才能让她和其他客人之间能隔几张空桌。“吃饭的时候闻着别人的食物，这太可怕了！”她不断地重复着。

她还和另外一个女人交往。弗朗西斯·帕提基·斯泰因是《魅力》杂志的时装编辑，她获得许可到康朋街登门拜访，之后便对可可充满了深深的敬仰。“她是一个老女人，但一举一动都如此有诱惑力、如此有女人味。”斯泰因回忆道，“她不停地轻触自己和首饰，或将手插进口袋。她理解，服装只需要最简单的线条、最简单的配件。她完完全全是现代的。”

在纽约，《可可》一剧进入彩排，以确保 1969 年 12 月 27 日的首演。音乐剧的主要曲目有“世界属于年轻人”、“康朋街街角”、“可可”、“奥尔巴克、布鲁明戴尔和塞克斯”、“永恒的小姐”。公关策划想让大家认为该部音乐剧是不可抗拒的。“香奈儿和赫本两人都固执而有魅力、狡猾多端而又技艺娴熟，她们知道自己在工作中充满智慧。”《VOGUE》杂志在首演前一个月就写道。私下里，比顿并不乐观。在给秘书的信里，他写道，剧写得很糟糕，音乐很老气。“赫本的歌声真的很糟糕，除了可怕的评论外我不认为演出还能得到什么。”

为了出席百老汇的首演式，加布丽埃勒制作了一件装饰有闪光片的礼服。但当出发日期临近，她变得越来越紧张。她不能飞。乘“英国女王号”，她说。在出发前一周，她患了一次小中风，右臂瘫痪了。她觉得无比羞辱：尽管双手都有关节扭曲和关节炎，可她一生的工作全靠它们呀。

记者挤满了门口。她被转移到讷伊的美国医院。下午醒来的时候，她发现一个天主教神父站在床边。

“太早了。”她厉声说道。

三十八

永远 100 岁

《可可》在马克·赫林格剧院的首演得到了一个好评和 8 个不冷不热的评论。按照评论员的说法，勒纳的故事几乎没什么情节，对话偶尔显得诙谐风趣，而普列文的音乐几乎不成曲调，麦克·本瑟尔的导演缺少色彩和动力。以“《可可》：关于可可还是凯特？”为标题，《纽约时报》沃尔特·科尔说这个夜晚是关于一个名叫凯瑟琳·赫本的现象。“如果你想知道真相，这并不是说戏剧化了或没有戏剧化的事件与赫本小姐的过去有什么关系。她的生活不会如此没有生气，但每次女演员从楼梯上下来——不管是怒气冲冲、平静安详、如装甲兵冲锋一样，还是醉醺醺的——她都是作为赫本的样子展示在我们面前的：两腿分开，双手插在口袋里，头高昂着，这是我们对她的印象，也恰是她想要我们留住的印象，绝对是真实的。”

至于比顿的设计,《时代》玛丽莲·本德尔毫不留情:“比顿的香奈儿服装比之于香奈儿自己的服装,就像是超市货架上的炸鱼球罐头和大威福餐馆里的梭鱼球。模特诺埃尔穿的那件粉红色带闪光片的香奈儿简直就是一针一线从迪威臣街抄袭过来的。”

赫本的快乐无忧和她的声音(“信仰、爱与喉炎的有序结合,难以忘怀、难以置信但令人愉快。”《纽约邮报》的克利夫·巴恩斯写道)令音乐剧持续到1970年9月。达尼埃尔·达里尤接演主角,但奇迹没有第二次发生。赫本已经做好了准备将音乐剧搬去伦敦,但因为没有找到令她满意的伦敦剧院而使演出没有成功。

经过三个月的治疗,加布丽埃勒的右手恢复了正常。她抱怨说,美国医院这么贵,她在那都不敢吃。更糟糕的是,医院安排的晚班护士呼噜打得太响,让她整晚上睡不着。香奈儿回到丽思酒店时,瑟琳在度假,替班女佣是一个“老女士”。

加布丽埃勒恢复了工作,右手用黑色弹力腕带保护。她的工人和模特假装没有看见腕带。塞尔盖·利法尔来看望她,并介绍了他所认识的一位瑞士治疗专家。她让利法尔马上把那个人带来巴黎。已经70岁的利法尔每天锻炼两个小时,这让她印象深刻。为了让手更加有力量,她在考虑学习弹吉他。巴扬送来一位执业按摩师,但她拒绝见面。“一旦让那样的人接近你,你就真的下滑了。一个女人在你大脚趾上钉上一颗钉子,然后问你:‘感觉到了吗?’感谢上帝,我能感觉到。”

她变得越来越迷信。有一天,巴扬正好在场,前台接待打电话上来说预约的律师到了。

“他是一个间谍。”可可在律师进来之前说道。“他脚踩两只船，为了香奈儿香水公司任何事情都做得出来。有一天我会对他说：‘先生，你是一个恶棍。我知道，因为我也是。’”

香奈儿雇了一个新的律师，罗贝尔·巴丹特尔。她告诉管家弗朗索瓦，要用这个年轻的律师换掉勒内·德·尚布伦，因为她觉得尚布伦这些年没有提供很好的服务。巴丹特尔后来成为密特朗政府的司法部长，和香奈儿关系很好。香奈儿明白地告诉他，她不在乎他是犹太人。他有宁静的影响力，不论是什么正让她恼火，他都能让其舒缓，确保她是快乐的。

香奈儿与巴丹特尔既近又远。曾在几个场合里她和他聊生活中的一些亲密细节。她也曾和他讨论过，希望将她的财富变成一个资助年轻艺术家的基金，但最终没有什么结果。

她一直在担忧继承的问题。对男性朋友——利法尔、高级时装记者马塞尔·黑德里希和埃尔弗·米勒——她说起过需要一个人来帮忙打理她的“帝国”，某个她可以依靠的人。但他们提到雅克·韦尔泰梅的时候，她显得很沮丧。

“我屋里没有男人。”她叹气道。

在家里，她越来越依靠管家弗朗索瓦·米宏涅。她教了他珠宝制作的一些基本技巧。有一天她告诉黑德里希：“弗朗索瓦正负责珠宝业务，因为他，我们的销售额增加了。”

弗朗索瓦仿制了威斯敏斯特公爵送给加布丽埃勒的一条项链。当他给她看的时候，她把原版的红宝石送给了他。这个作法很够意思。

他告诉她，如果有一天她真残废了的话，他不会允许任何人把她送到收容所，他会带她到卡布尔与他父母一起住。她真的很感动。她要他摘掉白手套，坐下来和她一起晚餐。她带他去看赛马。在她乘坐罗斯柴尔德的私人飞机去阿姆斯特丹出席朋友玛吉·范·左伦的葬礼时也带上了他。

她借钱给弗朗索瓦买了一辆车，尽管知道他可能永远也不会还。他有她在酒店保险箱的钥匙。他从来没有越过管家身份。当巴扬、米勒和黑德里希来访问的时候，他从来没有试图阻止。他们看不透他。他们看见他成功，但他诚实的面孔和简单的礼貌让他们放松了警惕。再说了，他们是谁？有什么资格反对？可可有他很开心。

电视台来采访她。雅克·夏佐，一位由前芭蕾舞演员改行的电视人，想做一个知名女性系列。在一次招待会上，他见到可可，和她说了他的计划。她想知道都会包括哪些人。他说有玛丽亚·卡拉斯、摩纳哥王妃格蕾斯、玛琳·黛德丽和弗朗索瓦丝·萨冈，并随意地问是否有兴趣成为他的知名女性系列人物之一。使他惊奇的是，她回答说有兴趣。但更令他讶异的是，她同意不事先提供问题清单，如果可能，也同意在一次采访中完成。半小时的节目是夏佐对她的采访，另外半小时是预先录制的对她早先时装展出的介绍。影片部分将在康朋街公寓里拍摄，用最少的人员——两个摄影师、一个音响工程师，没有别人。她和夏佐不停地谈了25分钟。当他要说“停”的时候，她说，“哎，如果他们还觉得不够好的话，他们要什么？”

夏佐决定就让这成为她的结束语。

1969年8月的电视观众听到了她妙语如珠的访谈和对话。夏佐说她让妇女剪短头发，从而开始了一场女性革命。这时，她厉声回复说："我自己也剪了头发，这不是一回事……她们剪了头发，因为她们看到我剪了头发后看起来更有吸引力。是我改变了，而不是时尚。我才是时尚的人。"对于一个总是以为自己独立于男人的人，她三次重复，一个没人爱的女人什么也不是。"不论她是什么年龄，年轻、年老、母亲、情人，不论你要什么，一个没人爱的女人是一个失败的女人。"她接着说，"你死了，那也绝对不意味着什么。"她说这些的时候，是在想自己的身世吗?

她说到过让伊夫·圣·罗兰作为自己的准继承人。她反复说，时尚不是艺术，而是一个需要行为准则的生意。她痛恨曾经时髦的中山装，也反对迷你裙。"你认为一个女人露出膝部或大腿就会显得更年轻吗？庸俗、下流，这是我最恨的两件事。"

如果说她在不断地工作，那是因为她害怕无聊。"如果不是在工作的话，我也会像四分之三的女人们一样去打牌。你看怎么样——我没有发疯。"

这个电视特别节目给她带来了源源不断的观众来信，大部分认可香奈儿的说法。有一封信来自一个女人，声称她在1909年是一个学徒，记得安托瓦妮特·香奈儿边做帽子边哼着歌，可可让她遛狗的时候从馥颂①带点心、从银行带钱回来（"装在

① 馥颂（Fauchon），巴黎知名点心和食品店，创立于1886年。目前在全球拥有近500家店铺。——译者。

尼龙袋里，多不明智！”）。

加布丽埃勒·勒布鲁尼——威斯敏斯特公爵曾叫她“小不点”，是这个大家族里唯一让可可一直保持联系的家庭成员。可可曾在 1946 年去美国的时候带上了这个侄外孙女，她们的关系很亲切。然而，她却给管家弗朗索瓦和丽露·格鲁巴赫留下了嘱咐，关于万一她死了该怎么办。

“你们两个把我放在车后座，”她告诉管家和长期的助理，“如果边境的人问什么问题，你们告诉他们，‘这是香奈儿小姐，不要注意她，她老了。你们两个可别犯傻。我会和你们同在——在另一个时空。’”对她的苏黎世律师阿尔弗莱德·埃尔，她说，她的死不想有太多的公众关注。“我渴望安息，”她告诉他，“我死后，希望你不要打搅。”

二战以来，她有几年住在瑞士。1965 年，她在洛桑为自己买了一块墓地。她没有直系继承人，去世后香奈儿时装公司将变成韦尔泰梅家族的财产。她仍然不能接受自己的个人财富消失在法国财政部的金库里。埃尔告诉她，作为避税港，列支敦士登比瑞士更好。

一个取名叫“苟嘎”的列支敦士登基金会以可可 - 加布丽埃勒名义设立，地点在瓦杜兹[①]。这个葡萄园环绕的乡村首都乃是 5 万多家控股公司、信托和基金会的法定注册地，大部分这些难以追溯的空壳实体在列支敦士登的资产不过是某家本地律

---

① 瓦杜兹（Vaduz），列支敦士登首都，人口为 5 000 多人。——译者

师抽屉里的信头纸。

她的遗嘱有三行字：

> 这是我最后的遗嘱和誓言。
>
> 我唯一和全面的继承人为瓦杜兹的苟嘎基金会。
>
> 洛桑
>
> 1965 年 10 月 11 日
>
> 签字　加布丽埃勒·香奈儿

关于继任者，她不像雅克·韦尔泰梅所想象的那样，在那些修养高雅、上层社会出身的模特中找，也不是在她的员工中找，而是在她声称痛恨的竞争对手和记者中找。她试过将皮埃尔·贝尔热，圣·罗兰的商业合作伙伴和密友，从年轻的设计师那里诱惑过来。趾高气扬的贝尔热正将伊夫·圣·罗兰变成一棵摇钱树，于是很快就拒绝了充当这个从属于韦尔泰梅利益的角色。马赛尔 ·黑德里希这时已经是法国头号女性杂志《嘉人》的总编和法国首要电台《欧洲一台》的时装评论员。1970年可可邀请黑德里希做香奈儿时装的共同董事。感觉到香奈儿所需要的是一个可以支使的人，而不是一个可以分享决策和责任的人，黑德里希拒绝了。

到夏天她就 87 岁了，但还在坚持努力。《女性家庭杂志》时装编辑安妮·张柏林写道，仅次于巴士底日的焰火，香奈儿时装展前的几周是巴黎令人眼花缭乱的奇观之一，但只能为少数幸运者所目睹。

“在大展厅内，小姐安坐在金色舞厅椅上，颈上挂的绳子吊着剪刀，身边的椅子上放着一盒别针。她说要看看第一件服装，娱乐由此开始了，”张柏林写道，“她患有风湿病和关节炎，但仍然可以赤手空拳地对付每一次试装。双手在这里拉拉、那里按按面料，这里订一支别针、那里拆掉一道线；或让女裁缝流着眼泪滚到屏风后面去，她们只好往模特身上扎针来报复。”

记者告诉她，塞西尔·比顿想要她为计划中的服装博物馆捐献一件作品。为了鼓励富有和知名女人捐赠原件，比顿讲了一个骇人的故事：有一位芝加哥的百万富豪，他已故世的母亲和妻子都是有名的时尚人士，但他已经把这些衣服全给烧了。听了这个男人烧掉整箱没有开封的巴伦西亚加、波烈、薇欧奈服装，还有一件福尔图尼、一堆香奈儿的故事，可可不为所动。她这样说比顿：“他想做的事情只是把它送给哪个女人。”

记者坚持说所有这些都是认真的。

“《可可》的服装他失败了。每个人都这么说。”

香奈儿准备了1971春季时装展，于1970年8月5日向300多位买家和媒体记者展出。服装正在变成纯粹的装饰，如果说新的年代有什么主题的话，那就是没有主题、没有趋势或风格。时装变成了节目。服装可以是粗豪的、民族的、流行的、好莱坞的、经典的、富有魅力的、经营惯例式的或怀旧的。圣·罗兰推出了斑点衬衣配瓦状图案褶皱裙，外加一件百衲针织背心。有来自日本的影响，如高田贤三的褶皱衬里白色棉布和山本宽斋的歌舞伎剧场缎子。蔻依的卡尔·拉格斐让踢踏舞者穿上女式丝绸运动型长内裤。

香奈儿坚持经典，并又一次成功。巴黎、伦敦、罗马以及略带犹豫的纽约都曾赞同“超长裙”，或者说裙边到脚踝部位。商店受到了威胁，很多都想在高档时装和销售额之间达成妥协，将裙边长度选择刚好在膝下这个位置。从迪奥的新风貌以来，世界从未如此关注时装。封面故事、访谈节目、晚会交谈都是关于超长裙和消费者反叛——以对抗如格洛丽亚·斯泰纳姆所言的“德意志式的、胡萝卜加棍子下的”顺从。赌超长裙胜出的成衣厂家损失惨重。纽约的《女装日报》调查显示，妇女更喜欢香奈儿的服装以及中长裙，尽管有观察者认为她的裙边比通常的要略短一点点，这是典型的香奈儿式不循常规。

加布丽埃勒将《女装日报》的文章剪了下来装在钱包里。她说：“为什么她们在法国不这么说?”

永远在斗争中成长，她和雅克·韦尔泰梅及其律师又开始了一场新的斗争。她想推出一款新的香奈儿香水，也在考察男士香水。“不是什么东方香型——麝香和香料式女性香型。”她告诉沙耶。“你看，香水就得像是打一个耳光，没有人会等三个小时来决定它好不好闻。它必须是醇厚的，能让男士香水显得强壮有力、富有肌肉感，这得花很多钱。”

在香水行业没有人想让香奈儿5号有竞争对手。她自己威胁着要生产和推出一款新香水。雅克·韦尔泰梅让步了。

新香水在1970年推出。开始的时候，加布丽埃勒想把它叫做“可可”，就像音乐剧的名字，但韦尔泰梅的律师罗贝尔·沙耶劝她放弃了。

“听起来不怎么样，”他告诉她，“听起来像共产、我的可可、洛可可、可卡因。”

她最后同意以她的生日命名，19 号。正如在差不多 50 年前推出 5 号时一样，她把香奈儿 19 号送给众多朋友和客户，并询问她们的看法。一个认可的微笑就会让她高兴不已。如果女士们保持礼貌的沉默，她就准备给“夜巴黎”的生产经理打电话，取消整个项目。新款香水制作起来可不容易，它的主要成分是玫瑰精油，但里维埃拉的地产投机已经使尼斯附近的山坡地所剩无几。在可可和埃内斯特·博发明 5 号的时候，农民一年能卖掉 2 000 公吨茉莉花，而现在格拉斯的产量降低到了不足 30 万公斤。虽然在突尼斯和埃及找到了新的供货商，但香奈儿香水公司新任首席调香师雅克·博尔吉抱怨进口鲜花缺少“个性”。“就像葡萄酒一样，最重要的是土壤。”

新款香水在一次新闻发布会上首次登台。加布丽埃勒告诉记者们，她自己已经用了几个星期，这款香水甚至让一个路人在丽思酒店外面拦住了她。她本已准备用伞狠狠地给那个男人一下，但那美国人——她从口音知道的——只想知道她用的是什么香水，他想给两个女性朋友买一点。她补充说：“到我这个年纪，在街上被男人拦住可不是坏事。”

她说话的时候用仍然灵活的那只手做着姿势，一个像是苦行僧的骨瘦如柴的胳膊在她前面挥舞。配着紫色的宽松连衣裙，她的口红红得不大得体。

当有人问她多大年纪了，她厉声说，“100 岁，永远。”

然而，“永远”被减少到了只剩几周。

三十九

逝于安息日

1971年的元旦，她独自在丽思酒店度过。当克洛德·巴扬打电话来祝贺新年快乐时，可可诉说了她是如何痛恨节假日的。这年假期特别长，因为元旦是在周五，周一（即元月四日）之前所有店铺都关闭了。她痛恨这几乎半空的酒店：极少的几个酒店员工和餐厅里孤独而无人理睬的圣诞树，尤其厌恶不能去工作的感觉。

“平安夜半的弥撒、新年前夜、美好的昔日，光这些词就让我受不了，”她唠叨着，“它将一切都扰乱了，尤其是生意。我真想说去它的，都是些什么烂事……明天，你会看到我在康朋街工作的。”

她整天都在房间里阅读，但到周六就受不了了。她打电话给一个叫玛依的高级裁缝，说服她来上班。这位女士开始是给她做学徒，现在仍然在为她工作。秋季时装展已经定在2月5日，于是两个女人周六一直在检查服装。

尽管疯狂地需要工作，需要忙碌，但她其实非常虚弱，看起来一阵风就能把她吹倒。没人敢和她顶嘴，但在防卫装甲下，她显得那么容易受伤。

“一切考虑在内，你做的是对的，”她告诉侄外孙女加布丽埃勒·勒布鲁尼，“你有丈夫、孩子。我什么也没有，只有几百万和孤独的自己。”

周日，巴扬来看望她。这位年轻的心理医生发现可可在镜子前搽面霜，梳头发，说即使只有两个客户她也得去工作。贴身女佣让娜·瑟琳拿着她最喜欢的套装给她穿，但可可说还是等时装展再穿，于是换上了一件裙子。

在慢慢吃过午餐后，香奈儿邀请巴扬驾车一起去逛逛。司机带着她们走上香榭丽舍大街，穿过森林，来到龙骧赛马场。当她们开车返回时，冬日发白的太阳开始落山，这使她感慨自己痛恨落日，说应该带着太阳镜的。

当天夜晚，加布丽埃勒感觉不舒服。瑟琳帮助她上床，并给她打了一针镇静剂。然而到了周一早上，可可又开始工作了。整个一周她都很忙。周五下午她让人拿来一部收音机放在沙龙里，这样可以一边工作一边还听马赛尔·黑德里希在电台里讲她对超长裙的胜利和报复。

周日下午，她再次邀请巴扬一起坐凯迪拉克游车河。后来巴扬与她在丽思酒店门口分别，可可说：“明天，我会工作。”管家弗朗索瓦和丽露·格鲁巴赫没在客厅里打牌等她入睡。但这天不同的是，她感觉特别疲倦，衣服都没脱就上床躺下了。瑟琳想法把她的鞋子脱了。可可看了一会电视就让女佣把灯关了。

“她睡了一会，”瑟琳之后说，“过了一会，她起来，拿起送餐菜谱说，‘我要点东西来吃了。’”

突然，可可叫道：“我不能呼吸了！瑟琳，把窗户打开。”

瑟琳跑到卧室，发现小姐手里正拿着一直放在身边的注射器。可可已经没有力气打开药瓶了。瑟琳接过注射器，给她提起衣服。

“他们要杀了我。”可可结巴着说。她脸上流满了泪水。

瑟琳在香奈儿的大腿上打了一针，然后打电话叫酒店的医生，但因为是周日晚上，他不能马上到。

加布丽埃勒一直到最后都是清醒的。她最后的话是：“你看，死就是这样的。”

瑟琳让她闭上了双眼。

逝后的世界

在去世20多年后，加布丽埃勒·波诺尔·香奈儿的无穷吸引力仍然如日中天。香奈儿标志无所不在，以前所未有的热情被神化和拷贝。时尚而不前卫，香奈儿套装重新流行并恰到好处，其风格显得富有、优雅。基于绅士元素的女装、像毛衣一样合身的带夹克套装、取代严肃真品的大量仿制珠宝、小黑裙、清爽白裙、金色纽扣、带褶衬衣、海军夹克、夹层包以及黑色高跟吊带鞋已成为职业妇女衣柜里的标配。

在时装潮流偏爱奇特和夸张的年代消沉，在缺乏自信和追求确认的年代旺盛，香奈儿时装一度被认为是永远摩登的。死于周日，她的朋友说这是唯一能要她命的日子。可可·香奈儿在她的时代就是一种影响力和传奇。她统治了长达近六十年的时间。死后，她的统治延伸到整个世纪。香奈儿第一。

具有某种讽刺意味的是，职业妇女的香奈儿风格暗含效率和完美，但其发明人却直言不讳、独立、无畏地生活在艺术家、知识分子和贵族圈子里。不过时尚从来都不是理性的。时尚的历史从来都不是常识编年史，而是权力意识和美的历史。新奇既是模仿又是对抗。香奈儿证明，创新可以是基本的，便服可以是优雅的；穿着摩登时不必和当下的执迷相比，而应与过去的卓越相较。

香奈儿相信，魅力是天赋，是高雅的形式；服装是伪装，用以表现我们的形象，以精确地显示我们想要别人看到的自我。对服装的选择令其他人理解我们的性格、心灵、信念和生活态度等许多方面。只有在一定的规范内，个人才会勇敢和创新。最优秀的观念通常为别人所采纳，然后成为新的规范。

可可·香奈儿先拥有影响力，然后才拥有财富。她是哈美林的吹笛手，将妇女从复杂、不舒适的服装引领到简约、整齐和休闲的衣着，休闲风格就是她名字的同义词。

丽思酒店要求尽快搬离遗体。加布丽埃勒·勒布鲁尼，她的侄外孙女，执行了她的遗愿：不得让任何人看到她死后的样子。弗朗索瓦和格鲁巴赫两人没能将香奈儿的遗体从凯迪拉克车后座立起来运载到瑞士，但他们一直跟着棺材到了香奈儿在洛桑的最后安息地。

1971 年 1 月 14 日，在离康朋街几百米的玛德莱娜教堂所举行的追悼仪式是一个很少人参加的国葬。灵柩上覆盖着以白色为主调的鲜花，玫瑰、栀子花、兰花以及卢奇诺·维斯康蒂和高级时装协会送来的红玫瑰。她经常嘲笑的大部分同行都出席了，包括巴尔曼、巴伦西亚加、圣·罗兰，卡丹没有出席。和他们一起入座的还有安托瓦妮特·伯恩斯坦，她第一次进入香奈儿精品店是在1912年的多维尔，还是在她母亲带领下。在座的还有塞尔盖·利法尔、萨尔瓦多·达利、阿布迪女勋爵、让娜·莫罗、几位罗斯柴尔德家庭成员以及所有的香奈儿模特。

香奈儿被静静地安葬在洛桑主公墓里，一块简单的大理石墓碑，上面刻着“5”（她的吉祥数字）条狮子，以纪念她的星座。从传统的2月5日提前到1月25日的香奈儿最后一场时装展成为了充满情感的回顾，观众深深地感受到其主人已消失在装有玻璃的大螺旋梯顶端。法国第一夫人克洛德·蓬皮杜主持了时装展。开场是淡色花呢套装，之后是轻柔礼服、定制套装、束胸上装、两件套毛衣和夹裙，最后是香奈儿服装展的传统压轴戏：三件白色晚礼服。模特都将头发挽起，在后面打了一个结，上面扎着黑色蝴蝶结，记者们认为这是一种不引人注目的哀悼方式。服装展的最后是漫长的掌声。“观众依旧坐在沉闷的狭小空间，瞄着那著名的螺旋梯，好像他们可以用掌声召唤那个永不凋谢的人物出来鞠躬。”《纽约时报》如此写道。

顾客和记者都关心香奈儿时装将来会怎么样。时装公司宣布，一切将会继续。加斯东·波特洛，前任迪奥设计师，将会继任为总设计师。韦尔泰梅家族拥有一切，但他们选择继续遮掩自己的控制力。

香奈儿的财富问题引起了大众的兴趣和臆测。1月25日的《时代》周刊估计在香奈儿去世时，香奈儿时装王国的收入超过160亿美元，但是财富到底有多巨大，没有人能猜准。在晚年，恐惧和孤独使香奈儿想去拥有和控制：买不了别人的爱戴，就买他们的公司。许多人成群结队到罗贝尔·巴丹特尔的律师事务所诉说小姐的所谓承诺。

没有直系继承人，她最亲近的是侄外孙女勒布鲁尼，但似乎弗朗索瓦·米宏涅将继承一切。这位男佣说，他被叫到巴丹特尔办公室，律师让他坐下，并对他说，“弗朗索瓦，你可以继承小姐的遗产”。然而，支持这个说法的遗嘱一直没有找到。米宏涅坚持说遗嘱是在非常神秘的情形下失踪的。

这笔财富安置在列支敦士登，由阿尔弗莱德·埃尔和他的苏黎世律师事务所管理。1971 年 2 月 17 日，洛桑巡回法官确认了 1965 年的最后遗嘱及誓言的合法性。该遗嘱将一切留给了苟嘎避税机构。在遗嘱中，香奈儿指示执行人给曾为她提供服务的人分配金钱并帮助有需要的人；还有，正如她曾告诉巴丹特尔的，捐助有才华的年轻艺术家。但是遗嘱细节很模糊：一个诚实的律师可以在一周内就将全部财富给出去；或除了给特别提到的前职员遗赠外一分也不给，理由是没有什么人真正值得已故时装设计师的慷慨。

在瑞士银行传统的保密之外，据称香奈儿还要求律师谨慎，于是律师回避有关苟嘎基金会的所有问题。“小姐喜爱瑞士，因为我们国家提供了安全，瑞士让她有信心。”管理遗产的律师事务所合伙人马蒂亚·奥尔说。放在列支敦士登首都瓦杜兹的一个信托里，由苏黎世郊外臭名昭著的避税港格拉洛的律师奥尔和阿尔弗莱德·埃尔管理，苟嘎基金会避开了公众的目光，奥尔会虔诚地说：“小姐的愿望是身后不被打搅。我尊重她的遗愿。”

但是，财富到底有多少？

米宏涅曾起诉，但庭外和解了。19 年后，米宏涅说：“小姐的财富是 990 亿法郎。”“所有的钱都存在瑞士的银行，确切地说，是瑞银。”然而韦尔泰梅家族宣称，香奈儿的银行是瑞信，遗产超过 3 000 万美元，或者以 1990 年的货币是将近 9 000 万美元。

1971 年西塞尔 ·比顿在伦敦维多利亚和阿尔伯特博物馆举办时装展，一位英国妇女捐献了可可 · 香奈儿为她出席 1919 年和平会议特制的礼服。7 年后，可可的个人衣柜和珠宝在佳士得以 13. 7 万美元拍卖。奥斯陆的一家博物馆以 4 500 美元买了一件套装。华盛顿的史密逊研究所为一个手袋花了 800 美元。

行业内在猜测没有了“小姐的铁腕”，康朋街工作室还能维持多久。没有了香奈儿，没有了韦尔泰梅家族的指导，香奈儿时装公司在 70 年代早期逐渐陷入危机，最后只剩下香水产品和康朋街上的精品店。1974 年，阿兰 · 韦尔泰梅，皮埃尔 25 岁的孙子接管了时装公司，他从没有见过加布丽埃勒。监管家族股权的老监事们支持年轻的韦尔泰梅。

加布丽埃勒爱被人拷贝，阿兰 · 韦尔泰梅狂热地护卫着香奈儿这个名字，拒绝特许经营，起诉任何假冒香奈儿商标的人。1977 年，他将香奈儿时装扩张到成衣系列，聘用了菲利普 · 盖宝热来设计。1980 年，他选择凯瑟琳 · 达雷西奥来管理时装业务。为了在成衣时装系列创造一些亮点，达雷西奥把卡尔 · 拉格斐从蔻依挖了过来。

克洛德·巴扬写了一本香奈儿小传，这是对香奈儿的朋友及其世界的直接追忆。这本书的标题被搬上银幕，1980 年成为电影《孤独的香奈儿》[①]。乔治·卡曾德导演，曾出演《表兄妹》的玛丽－弗朗丝·皮西尔饰演香奈儿。该影片展示了好人、金钱、珠宝、古堡、鱼子酱、香槟和爱，但缺乏必须的东西——魅力。《孤独的香奈儿》讲述香奈儿的早年生活，提摩西·道尔顿饰演小伙儿卡佩尔，鲁特格尔·哈尔演艾蒂安·巴尔桑，布丽吉特·弗西演阿德里安娜。演员阵营最闪光的角色是由卡伦·布莱克饰演埃米利安·达朗松。卡曾德拍外景的地方在王苑城堡，这里刚被贡比涅镇收购并改造成了公园。

韦尔泰梅家族现在完全拥有香奈儿时装公司，往香奈儿形象注入了大量资金和资源。阿兰·韦尔泰梅起诉了该电影，声称电影使用香奈儿名字涉嫌“侵犯商标权、不公平竞争、侵犯形象权、盗用、商标淡化、伤害商业声誉”。巴黎法官驳回了所有请求，并称该诉讼是浪费资源。但评论家们也不接受这部电影，称电影失望、过时，责备皮西尔演的香奈儿没有活力。《纽约时报》说：“卡曾德的影片根本没有注意到女主人公非传统的一面，她也许说过‘我宁可被人重视，而不只是正派’，但电影里她的行为却缺乏这类宣言的胆识。”

香奈儿聘用自己的香水师、工艺师和珠宝设计师。为了确

---

① 《孤独的香奈儿》（*Chanel Solitaire*），中文也有译为《香奈儿的一生》。——译者

保品牌形象的独家排他性，韦尔泰梅聘请了美国律师事务所来协助时装公司在不违背联邦商业机会平等法律的前提下将香奈儿 5 号从折扣店中撤出来。他聘用卡洛尔·布盖，一位高颧骨的女演员，开展了一场昂贵的“分享幻想”广告宣传。在与拉格斐发生过一次冲突后，达雷西奥被从时装部门调离。到 80 年代中期，拉格斐已经是巴黎最热的设计师之一。1981 年，韦尔泰梅将运营总部搬到纽约，美国广告业管理人阿里·科佩尔曼取代了达雷西奥。

由于信奉 20 世纪 80 年代后期的并购理论，香奈儿时装公司扩张到了时装之外的行业。人们在想，当香奈儿时装公司于 1989 年收购英国高端枪支制造商“霍兰德和霍兰德”公司时，香奈儿本人会作何感想。尽管一些观察师认为阿兰对时髦猎枪的爱好是这次收购背后的力量，但韦尔泰梅坚持说收购该公司是为了让香奈儿进入繁荣的男性配件和化妆品市场，同时把香奈儿品牌保留给女性时装。《福布斯》杂志在 1989 年做了一期封面故事“香奈儿背后的男人”，阿兰·韦尔泰梅曾威胁要起诉，警告说他或将故事交给其他一家商业出版物。他拒绝讨论祖父和香奈儿的关系以及业务的目前估值。《福布斯》估计香奈儿帝国“价值轻易超过 10 亿美元”。香奈儿是声誉，韦尔泰梅是财富。

除 1988 年荒唐的一季外，拉格斐积极卓越地令经典香奈儿复兴，使其标志性饰边、珍珠、轻舞鞋保持朝气和时髦。到 20 世纪 90 年代末，只要是香奈儿款式的东西，不管什么价格全世界顾客都愿意购买，这不仅是因为香奈儿时装公司。在巴黎和罗马，设计师如克里斯汀·拉克鲁瓦、伊夫·圣·罗兰、卡丹、弗兰科·莫斯基诺均以各自的方式向香奈儿表示敬意。在纽约，安妮·克莱因、奥斯卡·德拉伦塔、卡尔文·克莱因、卡罗琳·罗姆都推出海军运动夹克和宽松长裤，就像香奈儿 1925 年在罗克布兰穿的那种——海军蓝或淡黄色真丝开襟毛衣，金色纽扣水手裤与贴身小礼服形成反差。拉格斐也得承认香奈儿方案是一个“公开的秘密”，时装在公众领域是通用的。

基于只能让极少数妇女买得起真货的理论，韦尔泰梅将产品价格提到了行业最高：香水 180 美元一盎司，高端时装起价 11 000 美元，短衫 500 美元，经典手袋 960 美元，芭蕾女拖鞋 220 美元，多串仿制珍珠 360 美元，全部陈列在世界各地的香奈儿精品店里。“没人相信，但我们得限量供应手袋，每名顾客三个。”旧金山麦丁巷的香奈儿精品店经理茱莉·卡拉拉在 1989 年如此说。刚聘用拉格斐来设计高档时装系列和成衣系列时，香奈儿有 19 家精品店；到 1990 年已达 40 家。我们不禁猜想，香奈儿本人对印有香奈儿 5 号香水瓶的短衫和多层小钱包形状的吊坠耳环作何感想。但并不是所有人都喜欢这种视觉玩笑以及挑逗的性感。设计师阿尔道夫说拉格斐的创新让香奈儿风格更有新闻价值，但真正的香奈儿风格是永恒的。到 90 年代末，《纽约客》编辑霍莉·布鲁巴赫写道，可可昭示给世界的主旨超越时装，而拉格斐的香奈儿风格只涉及时装本身。“虽然唯我论跟得上时代，但绝对与香奈儿本人所主张的相冲突。”

拉格斐在磨砺自己。他在香榭丽舍剧院推出的 1989—1990

高档时装系列时，伴随着斯特拉温斯基“春之祭”音乐展出的是定制夹克、中长夹裙、珍珠串，不那么强势，但更优美，更加布丽埃勒·波诺尔·香奈儿。他的1989—1990冬季系列，以加布丽埃勒元素的变形成就了他的巅峰之作。

科罗曼代尔屏风仍然装饰着位于纽约五十七街西的香奈儿办公室，在1910年就爱上这些屏风的是一个先有影响力后有金钱的女人，是一个不止一次破坏规则而中止时装表演的人，是一个坚持挑战自己的成功和他人的设想的人。时装史学家把设计师分为纯粹主义派、表演娱乐派、奢侈派和现实主义派。如果夏帕瑞丽被归为表演娱乐派、薇欧奈为现实主义派、圣·罗兰为奢侈派，那么香奈儿和巴图、格雷夫人则一起属于坚持设计的纯粹设计师。但她的纯粹主义并不是什么教条。她拒绝财富的傲慢自大，教导富人如何混合真品珠宝和仿制品。从贡比涅森林里骑乘艾蒂安·巴尔桑的无鞍纯种马开始，她就认识到没有任何东西能比打扮富气、华丽和傲慢的表情更让一个女人显得衰老。即使在坟墓里，她的名字也足以彰显一双鞋、一顶帽、一个小钱包、一件套装和一款香水的特征。它传递了声望、质量、品味和明白无误的风格。它是卓越的象征：女人想要时尚，但无需苦求时尚，而应凭其细腻的感觉得到满足。

香奈儿的人生比她的传说要阴暗。那些希望模仿她看来有教养和安全感的生活方式的现代妇女，几乎是香奈儿本人的讽刺漫画。她曾生活得自由自在、无拘无束，爱上了一个男人，但他野心太大，不能和她结婚。她是一个对抛弃和贫穷感到恐惧的孤儿。在童年和老年时，她找墓地里的死人说话，她被绑在床上以防于睡梦中走失。她到达了顶点，曾建议自己的百老汇人生故事应该这样开始：父亲弯腰看着摇篮中的她，奶奶预言她将获得的一切——财富、名声和孤独。

她是一个坚定地创造自我的人。最初的成功源自她的敏锐、漂亮以及一连串有文化、影响和财富的情人。在小伙儿卡佩尔死后，爱情躲避着她。尽管有热情的邂逅，但爱情最终落空。“砍掉头部，我看起来像13岁。”她说。可可·香奈儿是一个言辞刻薄的女人，她永远是那个13岁的女孩，带着突发的愤怒、狡黠的微笑和对爱的渴望。

在她内心深处，斗争的因素要比大多数人更多样。这种冲突生气盎然而充满绝望，但同时更加鲜明，揭示了她经历里的矛盾和希望。作为一个年轻妇女，她的火热目标是逃离贫穷和屈辱。对她来说，工作就是逃脱，就是胜利，她绝不放弃。她的作品拥有朴素、知性和严肃，带着一缕纯洁、一丝姨妈的碱水肥皂和手织床单的味道，以及小伙儿卡佩尔在马球场上的自信和天赋。

正如她的朋友科莱特所说，“我们必须在她作品的秘密中寻找这位沉思的征服者。”

资料来源注释

本书对那些认识加布丽埃勒的人们进行了大量采访，包括老律师勒内·德·尚布伦、她的瑞士律师、伊夫·圣·罗兰、卡尔·拉格斐、索菲·德·威尔莫兰、霍斯特、弗朗索瓦·米宏涅以及其他许许多多的人士。早期关于香奈儿的法语书籍和时尚文章亦是本书的重要资料来源。书中所涉及的法文由作者译为英文。所有引用资料在参考书目中均已列出。书中某些叙述部分的辅助文献引用如下：

1. 为社会所遗弃的家庭（1883—1894）

可可·香奈儿祖先、出生和童年时期的详尽资料是作者在巴黎、伊苏瓦尔、库尔皮埃尔和维希等地调查的基础上，加入几位传记作家对香奈儿的评论，仔细斟酌后得出的。作者会见了香奈儿的老律师勒内·德·尚布伦、业务法律事务代理莱昂·莱维纳和索菲·德·威尔莫兰。威尔莫兰告诉了作者阅读露易丝·德·威尔莫兰人生故事记录时香奈儿的各种反应。马塞尔·黑德里希《可可·香奈儿》第31页引用了香奈儿的原话："我？一个对神父都从不说真话的人！"有选择性的对香奈儿的回忆，使有关她的出生、家庭、地域和名字等问题都蒙上了层层迷雾。在1971年1月11日《纽约时报》的讣告中，伊妮德·内米报道，香奈儿的年龄永远无法被证实，但普遍为人所接受的是，她出生于1883年8月19日。库尔皮埃尔公证人当年曾为阿尔贝·香奈儿和让娜·德沃勒拟定婚姻契约的执笔人，作者从他的继承人让·克罗凯那里得到了她的出生登记，证明了加布丽埃勒·香奈儿于1883年8月19日出生在索米尔济贫院，在那里住了1 600小时。皮埃尔·加朗特《香奈儿年鉴》的卷首插图证实了香奈儿的祖父母、父母和兄弟姐妹的婚姻状况、出生情况以及她本人的出生证明文件。埃德蒙德·夏尔-鲁《香奈儿》第7页，"起源于蓬泰伊的家族"。1946年保罗·莫朗与香奈儿数段的问与答，载于保罗·莫朗《香奈儿的风格》① 第18—27页中。在《孤独的香奈儿》第17—21页中，晚年的香奈儿同巴扬详细地谈到她的早年生活。黑德里希在书中的第25页引用了香奈儿在索米尔出生的轶事以及她讲到自己同父异母弟

① *Allure* 一词在法语中有"风格"、"态度"、"时尚"等意思，一语双关；段慧敏女士将此书译为《香奈儿的态度》，这里译为《香奈儿的风格》似乎更贴切些。——译者

弟的故事。安德烈-路易·迪布瓦告诉作者，香奈儿曾说她是在列车车厢里降生。香奈儿对莫朗坦言她常在墓地玩耍，见莫朗著《香奈儿的风格》第17页。

2. 孤儿、弃婴和私生女（1894—1900）

各种各样香奈儿的采访者在讲到她早年青春期时提到了她的缄默。当谈到她的“姨妈们”时，有些人详细地描述了她说漏嘴的事。黑德里希《可可·香奈儿》第267页记述，她说姨妈们同意抚养她，但是不爱她，因为她不是一个乖孩子。莫朗《香奈儿的风格》第18页讲述了她的父亲如何把她带到姨妈家的故事；在第23页上引用了她的话“我始终对可憎的姨妈们不领情”。在《领路者米什兰》中记录着一些无关紧要的传言以及有关欧巴济纳、欧巴济纳的艾蒂安和中世纪生活历史的描述。香奈儿在欧巴济纳的岁月有几种详尽的描述，其中以夏尔-鲁的《香奈儿》最为著名，在书中第40—44页里，他扼要地记述了香奈儿听到母亲被称为“可怜的让娜”时的厌恶感；香奈儿讲过“在一生中你不只死一次”。巴扬著作《孤独的香奈儿》第196页，叙述她父亲从美国寄来的妓女装。黑德里希《可可·香奈儿》第35页，详细地叙述香奈儿青春期偏爱皮埃尔·德库尔塞勒的小说。

3. 可可（1900—1904）

晚年的香奈儿在大量场合都对在奥弗涅度过的少女时代充

满了回忆。她向巴扬坦露道："没有人能容忍暗淡的地平线。"1893年版的《小拉鲁斯词典》中提到穆兰的主要工业时列有家具制造、女帽业和醋生意。《里西斯霍芬的重骑兵》由H. 纳泽和维尔梅作词，弗朗西斯·沙赛涅作曲。皮埃尔-奥利维耶·瓦尔泽编，《法国文学：20世纪卷》第一卷（1896—1920）：记述世纪初的流行娱乐。作者在1900年的维希温泉疗养地访问了旅店老板H. D. 韦尼斯，发现了穆兰时期的材料。夏尔-鲁《香奈儿》第56页，记述了德布坦夫妇对修女们推荐的女孩们的偏爱。莫朗著作的第26页，记录了香奈儿对姨妈们的军马牧马场的回忆。夏尔-鲁《香奈儿》第64页，讲述了裁缝店里的军官们。"谁见到过可可"的歌词作者是博迈内和布隆德莱，埃德·德朗萨尔作曲。

4. 巴尔桑（1904—1907）

巴尔桑家族的显赫地位延续至今，作者访问了艾蒂安·巴尔桑的侄子弗朗索瓦·巴尔桑。作者分享了黑德里希的推断：一次意外不幸的堕胎可能是香奈儿不育的原因。香奈儿很少提到她的生殖器官，但确实谈到过因为"狭窄"使她的女性器官与少女无异。1961—1962年以及1972年的《法国名人录》中扼要地介绍了巴尔桑家族。加朗特著作第26—27页以及黑德里希著作第42页，他们的书中详述了艾蒂安·巴尔桑的青年时代和军役生活。莫德·马居埃尔的描述基于某一阶段的照片，香奈儿家女孩们同莫德·马居埃尔的友谊在家庭的照片上有证明；在黑德里希著作的第46页和夏尔-鲁《香奈儿》的第80—84页亦有所记载。

5.“凤凰女”和克罗迪娜

在香奈儿来到王苑的时候，艾蒂安·巴尔桑享有“积极进取的富有青年”这一良好声誉。埃米利安·达朗松是一位臭名昭著的交际花，她的故事出现在大量描述中，包括马塞尔·普鲁斯特的小说之中。加朗特著作第32页，引用了国王利奥波德二世讲述的埃米利安，“我打算去苏格兰猎松鸡……”香奈儿对埃米利安极为敬重，尊敬地讲到她的幽默感和干练。在伊丽莎白·德·格拉蒙的《回忆录》中关于1905—1910年赛马界和赛马场的描写颇为详尽，见回忆录第2卷《开花的栗树》第176—178页。夏尔-鲁:《香奈儿》第93页，记述了艾蒂安见到香奈儿直到中午还待在床上大为惊讶；香奈儿对女人一定要跨坐骑马的解释。香奈儿通过“我什么都不懂”的话语说明她作为乡下人的轻率；她对上层妇女的反应以及当他们在赛马场上从一位异常美丽的女士身旁路过时，她问艾蒂安，“你认为她漂亮吗?”见黑德里希著作第56页。科莱特著作《监狱与天堂》第159—163页，对香奈儿进行了描绘。加朗特著作第34页中引用了瓦雷里·奥利维耶对王苑时期年轻香奈儿的评价。格拉蒙著作第168页，列出了赛马界的一周：“星期一在圣克卢、星期二在昂吉安……”夏尔-鲁《香奈儿》第66页和黑德里希著作第57页，都叙述了巴尔桑家族的艾蒂安与香奈儿的风流韵事，艾蒂安与她在“办公室”共餐。黑德里希著作第56页记述了她对“迷人欺诈行为”的反应。加布丽埃勒·多西亚在戏剧和电影业的职业生涯在《电影词典》第135页中有所概括。

6. 王苑（1907—1912）

香奈儿对巴尔桑的回忆发表在《嘉人》1958年10月号。黑德里希著作第55页，引用了香奈儿对雅克·巴尔桑关于她应该同艾蒂安结婚的反应。雅克·沙左在1969年的一次法国广播电视公司节目中请香奈儿讲述了她的第一次汽车旅行。夏尔-鲁《香奈儿》第144页，叙述了吕西安·香奈儿1909年在坎佩尔找到了他的父亲阿尔贝。加朗特著作第34页，艾蒂安·巴尔桑对香奈儿未来向往的回应。香奈儿对大量的采访者讲述了她想要逃离王苑被包养身份的强烈愿望、制帽的天赋以及她在巴黎艾蒂安的临时居住地以无规划的方式销售女帽情况。夏尔-鲁《香奈儿》第110页和加朗特著作第34页，详述了香奈儿同艾蒂安的谈话，主题有关她的前途和他将马勒塞布林荫大道单身公寓借与她使用的问题。

7. 小伙儿卡佩尔（1910—1911）

香奈儿和亚瑟·卡佩尔在波城郊外森林骑马时的对话以露易丝·德·维尔莫兰同香奈儿的谈话为依据，是由维尔莫兰的妹妹索菲·德·维尔莫兰向作者讲述的。香奈儿讲到她如何认识亚瑟·卡佩尔的故事，她对大量作家讲到她的那句“你要离我而去吗?”莫朗著作第32页和巴扬著作第20页，记述了她追着卡佩尔到波城火车站。在1922年版的《大不列颠名人辞典》中，列出了米彻勒姆第二男爵赫尔曼·艾尔弗雷德·斯特恩，1919年他同去世的亚瑟·约瑟夫·卡佩尔的女儿伯沙·伊莎贝拉·苏珊娜·弗洛拉结婚。香奈儿告诉莫朗（莫朗著作第34页），小伙儿是“我的弟弟、我的父亲、我所有的家人”，并叙述了艾蒂安从阿根廷回来后，小伙儿和她怎么去见巴尔桑。黑德里希著作第64页，表明香奈儿的感情从巴尔桑移到了卡佩尔身上是一场“绅士风度的”浪漫，他们可能是“三人世界”（第67页）。巴扬讲述，艾蒂安有了失去她的经历后，他才发现他爱她（第21页）。弗朗西丝·肯尼特在《可可》一书中讲述到巴尔桑给香奈儿戒指一事（第26页）。莫朗叙述了她对那些希望小伙儿甩了她的女人们的反应，还有关于她外貌的对话（第36页）。

8. 康朋街（1911—1912）

加朗特叙述了小伙儿卡佩尔在康朋街21号为可可买下营业权（第43页）。格拉蒙在她的《回忆录》第4卷《社会巨变》中叙述了小伙儿感到他需要独占可可（第237页）。莫朗记述香奈儿弄清楚是小伙儿的信贷使她保持业务经营时感到很生气（第41页）。巴扬引用了香奈儿的原话：“我坚信我正在赚钱。”（第24页）莫朗讲述香奈儿吩咐助手未经她的授权不得花钱，香奈儿厌恶一定要同客户打交道，她意识到过于随叫随到的态度会破坏她的某种吸引力（第 41 页）。夏尔-鲁《香奈儿》第 111 页和加朗特著作第 26 页都详述了香奈儿和小伙儿收养安德烈·帕拉斯，当在塞纳河上看到运煤驳船时孩子的惊叹。莫朗引用了香奈儿关于她和卡佩尔的社交生活（第 50—51 页）以及在她为他们创建的环境中与她相爱。香奈儿对大量记者讲述了钟爱乌木屏风的起源和伯恩斯坦夫妇对她一流的内部装修的反应。香奈儿在多种场合谈到了 1913 年 5 月 13 日出席斯特拉温斯基《春之祭》的首演。黑德里希讲到了香奈儿看到俄国芭蕾舞团的狂喜。

9. 踏上成功之路

1913 年夏季期间，在多维尔的贡托比隆路加布丽埃勒·香奈儿服装店开业，香奈儿商行出版部发行的文献和夏尔-鲁的记述中都有详细的记载。黑德里希谈到了卡佩尔给香奈儿朗读哲理诗《巴加瓦德·吉塔》（第 119 页），讲到法兰西晚报出版商皮埃尔·拉扎雷夫没有安排与奥本海默的会见时香奈儿的失望（第 121 页）。巴扬引用了她的话，“什么都不会死去……”（第 29 页）。加朗特引用了安托瓦妮特·伯恩斯坦在多维尔服装店第一次见到香奈儿时的描述。伊冯娜·德朗德尔告诉作者 19 世纪晚期时尚史和帕坎夫人的历史。乔治娅·豪厄尔在《VOGUE》杂志（第 10 页）上追溯了让娜·郎万和玛德莱娜·维奥内的兴起。在大量的场合，包括 1938 年 9 月在法国《VOGUE》杂志上的“箴言和警句”中，香奈儿都重复自己的表达：“从起步的时候开始，我就不同自己的客户们谈话。”在纵览时尚时，卡罗琳·雷诺兹·米尔班克在《时装：伟大的设计师》中强调香奈儿个人风格的国际性和她意识到作为声誉的基础，她需要正确的时间和正确的地点。凯瑟琳·奥尔曼在《香奈儿：马赛时装业的开端》中，探讨了香奈儿对布料的选择。她自己对踏入时装界的描述见莫朗著作（第 45 页）。黑德里希引用了香奈儿论自己的第一次销售（第 72 页）和她的那句“我确信他爱我”（第 68 页）。

10. 战争（1914—1916）

第一次世界大战前，保罗·普瓦雷的生涯，包括他与迪亚娜·德·罗斯柴尔德男爵夫人的争论，在普瓦雷的《时装时代》和帕尔默·怀特的《奢华的普瓦雷》中都有详尽的描述。伊丽莎白·德·格拉蒙讲述了随着战争的爆发，夏天的绸缎连衣裙从多维尔衣架上消失了。香奈儿告诉莫朗“销售瘦身装”。伊冯娜·德朗德尔和弗洛朗斯·米勒:《时尚史》叙述了对高领衫的创新利用。加朗特叙述了卡佩尔带香奈儿到国民大会（第 54 页）。巴扬著作（第 292 页）和黑德里希著作（第 35 页）简要叙述了在比亚里茨的高尔夫球场会见德库尔塞勒。加朗特引用了玛丽-露易丝·德雷关于香奈儿比亚里茨商店开业、香奈儿的工作方法以及她职员的神态和 1915 年的生活方式（第 49 页）。德朗德尔和米勒描述了香奈儿利用针织高领衫作为典型范例临时取代了战时的创新（第202页）。夏尔-鲁在《香奈儿》中描述了可可尽力让她的妹妹和姑妈帮助监管扩张的香奈儿精品店（第152页）。加朗特引证德雷的那句“我们做了可爱的事情”（第52—53页）。

11. 米希娅和娱乐（1917—1918）

香奈儿向来是米希娅·爱德华兹·塞特的朋友，特别是最初，是她一个要好的羡慕者。这两位女性都经常意味深长地相互谈到对方，谈起她们的友谊和米希娅的情人——很快成为了她丈夫的荷塞·塞特，谈论谢尔盖·迪亚吉列夫和伊戈尔·斯特拉温斯基。1917年5月，她们在女演员塞西尔·索雷尔的晚宴上相识，米希娅·塞特《米希娅人生之旅》（第140—141页），阿瑟·戈尔德和罗伯特·菲兹戴尔《米希娅》第239—240页，莫朗著作第63页中有所记载。戈尔德和菲兹戴尔著作第197—202页，包括了有关香奈儿的一章，明显的是应香奈儿的要求，从她的自传中缩写而成。乔治·佩因特《普鲁斯特：晚年岁月》第162页引用了德加的话“多么西班牙……”多米尼克·德桑蒂《疯狂年代的女性》第203页，引用了瓦伦丁·格罗斯有关米希娅的叙述。作者在描述塞特唤醒米希娅性快乐时对戈尔德和菲兹戴尔的原意进行了解释。莫朗引用了可可重述对阿德里安娜认识米希娅的反应（第67页）。亚瑟·卡佩尔《对胜利的反思——联邦政府专题研究》在1917年5月10日的《泰晤士报文学副刊》上得到评论。1917年，克雷孟梭升任法国首相，在菲利普·埃朗热的《克雷孟梭传》第481页中有详尽的记述。保罗·莫朗《一位外交专员的笔记（1916—1917）》第228页，讲述斯特拉温斯基被委托创作一首新的俄国国歌。黑德里希描述了香奈儿看到《马戏团》的反应（第90页），并引用了她的话“这舞剧太新潮了”，以及她见到毕加索的反应。格拉蒙著作第4卷第190页，评论了在前线医院和食堂的上层妇女。

12. 初遭遗弃（1919）

格拉蒙讲述了“高贵和举止有礼的女士们”（第4卷，第181页）。作者在家庭照片上描绘了戴安娜·利斯特·温德姆。在莫朗《香奈儿的风格》第33—34页上，香奈儿讲述了她对卡佩尔的感情。1918年的《大不列颠名人录》列有里布尔斯戴尔和温德姆的族谱。加朗特简要叙述了安托瓦妮特·伯恩斯坦对卡佩尔婚姻决定的反应，“小伙儿是一位非常有魅力的男人……”（第61页）。夏尔-鲁详述了香奈儿选择东京港公寓（第169页）。曼努埃尔·比吕斯讲述莫朗如何发现香奈儿“非常孤独……”参看《保罗·莫朗：20世纪的游客》第59页。伯莎·卡佩尔同米彻勒姆勋爵之子赫尔曼·斯特恩结婚，小伙儿卡佩尔参与其事，匆忙安排婚事，在科林·辛普森的《精明的搭档》第173—176页中有详尽描述。关于战后痴迷于快速汽车的描述见上面提到的比吕斯著作第89页。1918年12月13日，伦敦《泰晤士报》发表了对亚瑟·卡佩尔公司法律判决的详情。

1919 年 1 月 9 日，卡佩尔被任命为英帝国指挥官。夏尔-鲁详尽地叙述了卡佩尔之死（见《香奈儿》第 178—179 页）。卡佩尔的讣告刊登在 1919 年 12 月 24 日的《泰晤士报》上，葬礼安排的通告见 1919 年 12 月 29 日《泰晤士报》。

13. 哀　　伤

莫朗：《香奈儿的风格》第 54—55 页援引了对小伙儿卡佩尔之死香奈儿的悲伤之情。夏尔-鲁：《香奈儿》第 194 页讲述她命令管家约瑟夫·勒克莱尔用黑色装饰她的卧室。1920 年 2 月 10 日伦敦《泰晤士报》发表了卡佩尔的临终遗嘱。误算了一年的时间，夏尔-鲁在《香奈儿》第 153 页中暗示新娘怀孕两个月；事实是卡佩尔夫妇唯一的孩子琼生于 1920 年初，而不是 1919 年初。雨果·维克斯在《塞西尔·比顿》第 427 页上讲述了戴安娜后来如何成为威斯特摩兰伯爵夫人。戈尔德和菲兹戴尔关于塞特夫妇和香奈儿出现在费尔迪南·布吕芒塔尔夫妇举办的化妆舞会和对艾蒂安·德·博蒙晚会的排斥，引自米希娅未发表的“香奈儿篇”。米希娅·塞特《米希娅人生之旅》第 202 页描写了博蒙夫妇。标准音乐百科全书，包括格罗夫编著《音乐和音乐家词典》第 18 卷讲述：1920 年夏斯特拉温斯基将他的家从瑞士迁移到了布列塔尼；9 月香奈儿把她的家安在了巴黎的郊区加尔什，由他自由支配。黑德里希讲到了在比亚里茨作为吸引力中心的多西亚、达韦利和香奈儿（第 85 页）。夏尔-鲁的《香奈儿》第 199 页引证达韦利的推测：香奈儿能让德米特里大公成为她的情人。加朗特引证玛丽·洛朗森对香奈儿温和圆滑的处世态度的评论（第 81 页）。香奈儿加入米希娅和霍霍·塞特的意大利蜜月之旅，这在几部传记中都有叙述，见戈尔德和菲兹戴尔第 161 页和理查德·巴克尔《迪亚吉列夫》第 366 页。巴克尔讲述了一个残酷的笑话：大公夫人玛利亚·帕夫洛维娜将沦落到一文不名的地步，但肯定会有人提供膳食（第 324 页）。莫朗《香奈儿的风格》第 67 页，援引了香奈儿对作为旅伴和导游的塞特的评论。戈尔德和菲兹戴尔著作第 277 页、巴克尔著作第 368 页、黑德里希著作第 93 页和鲍里斯·科奇诺《迪亚吉里列夫和俄国芭蕾舞团》第 178 页，对香奈儿给迪亚吉列夫承担《春之祭》的费用都引用了不同的数字，但最常提到的是 30 万法郎。参阅斯特拉温斯基《书信选》第 2 卷第 155 页，香奈儿在伦敦会见杰拉尔德·蒂里特。

14. 斯特拉温斯基（1920—1922）

米希娅未发表的“香奈儿篇”和可可与莫朗的谈话详述了香奈儿和斯特拉温斯基的风流韵事。莫德《香奈儿的风格》第 121 页讲述了米希娅偶然发现了他们幽会的场面。作家依据大量的资料概述香奈儿对 20 世纪 20 年代的影响，其中包括访谈德朗德尔、伊夫·圣·罗兰、卡尔·拉格斐和托马斯·奎因·柯蒂斯。德朗德尔、米勒、豪厄尔、德桑蒂和内米将香奈儿的突破放到 20 世纪 20 年代时尚发展的历史背景中来评价。1969 年 12 月的《VOGUE》杂志援引了博尼·德·卡斯特拉内的妙语：

“女人不再存在；所有留下来的都是香奈儿创造的男孩儿。”加朗特著作第75页、德桑蒂著作第23页，特别提到《假小子》的影响。莫里斯·萨克斯《梦想的10年》第134—135页，包括了香奈儿的肖像。莫朗《香奈儿的风格》第123页，引证了香奈儿评论塞特夫妇正视斯特拉温斯基和他们自命为她的美德卫道士所持有的态度。薇拉·斯特拉温斯基和罗伯特·克拉夫特《电影和文献中的斯特拉温斯基》第235—237页，详细地叙述了薇拉·德·博塞与作曲家相识的背景。莫朗《香奈儿的风格》第115页引用了“我已经挥霍了数以百万计……”第124页她在举办的晚宴上同大公德米特里的谈话。戈尔德和菲兹戴尔著作第280页，简要概述了米希娅发给斯特拉温斯基的电报和迪亚吉列夫给香奈儿的电报。夏尔-鲁《香奈儿》第204页，描写了1922年可可和德米特里在阿卡雄愉快恬静的生活。薇拉·斯特拉温斯基和克拉夫特著作第210页，称香奈儿和伊戈尔·斯特拉温斯基的情事为“她人生晚年回忆的炫耀”。戈尔德和菲兹戴尔引用了1933年作曲家给米希娅的信（第230页）。沙皇尼古拉给他母亲的一封信，被罗贝尔·K·马西在《尼古拉和亚历山德拉》中援引，讲述了他担心皇室家族的其他成员可能会效仿保罗大公。在许多场合，香奈儿都重复她的时尚箴言，包括“时尚不是仅仅存在于服装……”德桑蒂著作第64页，解释了在《安提戈涅》彩排期间科克托与香奈儿的争辩。德桑蒂著作第311页，简要描述了香奈儿关于妇女与时尚的格言。莫朗著作《香奈儿的风格》第75—76页，援引了香奈儿关于“亲爱的”的嘲讽和她的话“在女性的行业中谋生……”

15. 炫目的光彩与香奈儿5号（1922—1923）

香奈儿迁居到了圣奥诺雷街，她对天才音乐家朋友的慷慨见莫朗详细的叙述《香奈儿的风格》第98页、夏尔-鲁《香奈儿》第210页、加朗特著作第105页、萨克斯著作第133页和罗丝·福塔西耶《法国作家与时尚》第208页。肯尼特著作第45页引用了香奈儿“那些大公们……”玛尔特·德·比贝斯科公主《连衣裙的典雅》第195—205页，描述了香奈儿的影响。夏洛特·热雷《玛丽·洛朗森》第24页，引用了洛朗森“不像某些沙龙……”莫朗《香奈儿的风格》第102页，描述了香奈儿1922年的圣诞节晚会，香奈儿对不诚实的上层社会人士的评论；第86—90页讲述了她与洛尔·德·舍维涅的友谊；第127页叙述了香奈儿给大量巴黎女性名流赠送礼服。亨利·拉齐莫《莫里斯·萨克斯》第110—111页、弗朗西斯·斯特格米勒《科克托》第274—276页、阿尔贝勒斯《当代小说史》第88页和第327页都详述了雷蒙·拉迪盖的文学起步和同科克托的友情。香奈儿5号格拉斯开发联合会的起源和埃内斯特·博的生平，作者依据的是“香奈儿数据库”提供的文献。加朗特著作第38页写明科莱特把香奈儿介绍给香水调制师；第80页引证了香奈儿对综合香味的渴望，博和他的试管让她着迷。巴扬《香奈儿》第59—60页讲述了香奈儿和博创建了香奈儿5号数据库，以及香奈儿发明香水的重要纪念日期。戈尔德和菲兹戴尔著作第244—245页，引用了米希娅声称给香奈儿推荐的一款香水。加朗特著作第90页援引了香奈儿推出她新款香水的宣传策略；第166—167页提及泰奥菲勒·巴德尔针对她关于在拉法耶特大百货店销售香水的建议，介绍皮埃尔·韦尔泰梅和保罗·韦尔泰梅与她相识。

16. 韦尔泰梅家族

加朗特著作第168页，援引了同韦尔泰梅兄弟的会见和最初的协议；第165页介绍了两兄弟给她的绰号。为了理解韦尔泰梅家族，作者依据了同阿兰·韦尔泰梅和律师勒内·德·尚布伦及莱昂·莱维纳等的访谈。封面故事，“香奈儿后面的男人：阿兰·韦尔泰梅”发表在1989年4月3号的《福布斯》杂志上。格拉斯市国际化妆品工业博物馆的管理员给作者提供了埃内斯特·博为香奈儿调制的其他香水的信息。莫朗《香奈儿的风格》第78页，简要叙述了香奈儿的贵族雇员和费奥多罗夫娜公主的故事。肯尼特著作第50页，援引了香奈儿对大公夫人的评论。拉齐莫著作第112页以及斯特格米勒的《科克托》讲到了科克托的毒品嗜好。巴克尔著作第399页，详细地叙述了迪亚吉列夫在瑞典芭蕾成功后的压力；第432—443页介绍了《蓝色列车》初期彩排，以及香奈儿决定第二套戏服。莉迪娅·索科洛娃《在迪亚吉列夫芭蕾舞团的岁月》第222页，回忆香奈儿的泳装和芭蕾女演员的临时便帽。尼内特·德·瓦鲁瓦《出演芭蕾舞之邀》第48—49页，引证了香奈儿的话“墙面板式发型，女士”。加朗特著作第111页，引用了阿布迪女勋爵对香奈儿的看法。塞尔盖·利法尔在《我的一生》第156页中详细地叙述了对香奈儿终生的性情。夏尔-鲁《香奈儿》第235页，讲述了香奈儿在米希娅的战后晚会上只记得到场的艺术家。

17. 本 多 尔

莉莉雅、威斯敏斯特公爵的第三位夫人和后来的康西尔的林赛女勋爵，援引了报纸上登载的公爵与维奥莱·玛丽·纳尔逊婚姻的结局，见纳尔逊的回忆录《优雅与宠爱》。温斯顿·丘吉尔对威斯敏斯特公爵的颂词发表在1953年7月22日的《曼彻斯特卫报》上。可可在伊顿大厦的生活，见莫朗《香奈儿的风格》第154页；第149页讲述了她在1923—1924年之间的圣诞节和在新年假日期间通过薇拉·贝特认识了公爵。科林·辛普森《精明的搭档》第206页，叙述了杜维恩销售威斯敏斯特的《蓝衣少年》。诺埃尔·科沃德在纳尔逊的回忆录《优雅与宠爱》的序言中写到公爵的健康帅气。莫朗《香奈儿的风格》第150—151页，引用了香奈儿的“让我说明他是谁……”纳尔逊叙述了公爵的赌瘾和对怪异动物的爱好。威斯敏斯特公爵与香奈儿结婚的传闻被广泛传播开来。1926年7月，P&A图片社报道，“香奈儿女士的名字再次与威斯敏斯特公爵联系在一起”，伦敦新闻界的推测达到了高潮。夏尔-鲁《香奈儿》第250页，讲述了威斯敏斯特的求婚，以及香奈儿会见威尔士亲王爱德华。加朗特著作第119页记载，威尔士亲王说“叫我戴维”。科克托在他1942—1945年的《日记》第404页中写道，威斯敏斯特建议诗人撰写公爵宠物狗的历史。夏尔-鲁《香奈儿》第253页，引证了香奈儿想与伊顿大厦身着盔甲的骑士握手。巴扬著作第48页，扼要地叙述了香奈儿猎熊发生意外以及带着猴子和鹦鹉回到巴黎的故事。加朗特著作第117页，叙述了当香奈儿拒绝公爵的珠宝，将它们从船上抛下水中时，利法尔对威斯敏斯特和香奈儿航海的评论。

18. 诗人（1925—1927）

对诗人本身和他的诗作，作者依据杰拉德·博霍利耶《皮埃尔·勒韦迪》。勒韦迪的“人类与黑夜”这句诗出自《风之源：诗集》（日内瓦：三峰版，1929年）。夏尔-鲁《香奈儿》第261页和黑德里希传记第116页都援引了威斯敏斯特对勒韦迪的评论。加朗特著作第147页，引用了阿布迪女勋爵的猜测：为了引起威斯敏斯特的妒忌，香奈儿让勒韦迪成为她的情人。勒韦迪的许多诗句都出自《风之源》。黑德里希著作第117页叙述了香奈儿对勒韦迪的建议：把诗写在单张纸上，像画家一样，每页都签上名字。第116页记述了香奈儿将她的格言交给了勒韦迪。在“格言警句”的标题下，法国1938年9月号的《VOGUE》杂志上刊登了香奈儿的格言。1971年1月11日《纽约时报》香奈儿的讣闻中讲述到香奈儿那句“提高她们的薪酬，你的脑子出毛病了吧？”当涉及她自己的雇员时，香奈儿的悭吝如同她对艺术家们的慷慨一样成为了传说。作者访谈了她从前的客户埃米塔·德·拉法莱兹侯爵夫人和模特玛戈·麦金蒂-格林伯格。

加朗特著作第93页描述了1925年玛丽-露易丝·德雷被解聘；第100—101页，律师罗贝尔·沙耶评论她在财务上的精明。安妮·张伯林在1963年10月号的《妇女家庭杂志》上援引了香奈儿的“立正，姑娘”话语。1969年，香奈儿在法国广播电视公司的广播中对电视访谈人雅克·夏左重复了她常说的“如果没有女人，就没有连衣裙”。1926年5月1日，《VOGUE》杂志刊登了爱德华·斯泰肯拍摄的伊娜·克莱尔身着香奈儿套装的照片。1925年11月1日《VOGUE》杂志发表了关于未来服装加工业的评论文章“服装中的民主”。加朗特著作第108页，引述了乔治·奥里克关于香奈儿对勒韦迪的爱。黑德里希著作第173页，援引了香奈儿的话“我反对不能持续的时尚……”

19. 或许，她是未来的公爵夫人（1927—1929）

香奈儿在伦敦服装专卖店开业时对休闲运动装的评论被豪厄尔在《VOGUE》杂志第86页上引用。黑德里希著作第106页详细地叙述了香奈儿否认她大量被引用的流行话：威斯敏斯特公爵夫人有很多，但是可可·香奈儿只有我一个。加朗特著作第125页和巴扬著作第44页，都详细地叙述了玛丽·威斯敏斯特初次进入社交界的宴会和香奈儿躲避舞会的策略。夏尔-鲁《香奈儿》第255页、加朗特著作第130页、黑德里希著作第106页，都扼要地讲述了香奈儿无生育能力。夏尔-鲁叙述了有关香奈儿“令人耻辱的杂耍”。加朗特著作第128页，扼要讲述奥利维耶在波尔多饭店偶然遇到了香奈儿和威斯敏斯特，公爵明显在责备香奈儿不想同他结婚。夏尔-鲁《香奈儿》第256页，列举了阿方斯的女儿们关于他去圣奥诺雷街拜访以及香奈儿写信给吕西安，提供钱让他歇业。巴扬著作第52页和加朗特著作第127页，都讲到了威斯敏斯特参与拉堡萨的重新装修；第134页叙述了罗伯特·施特赖茨关于参观工作场地之事。马丁·吉尔伯特《温斯顿·S· 丘吉尔》第三部分，关于巴尔桑家的花园，引用了丘吉尔1922年1月4日致克莱门蒂娜·丘吉尔的信。贝蒂娜·巴拉尔《我在时尚界的日子》，描述了拉堡萨。利法尔著作第93页，讲到1929年《浪子》首演后香奈儿举办的晚会。

20. 威尼斯之死

在肯尼特书中的第71页，引用了丘吉尔的信。1929年夏季期间，本多尔、可可·香奈儿和米希娅的亚得里亚海之旅以及姆季瓦尼家族的背景包括在香奈儿、米希娅和迪亚吉列夫的传记中。戈尔德和菲兹戴尔著作第302页，描写了霍霍和鲁茜的风流韵事。格洛丽亚·斯旺森《斯旺森论斯旺森》第278页记述，当涉及姆季瓦尼家族贵族身份的真实性时，好莱坞持保留态度。莫朗在《威尼斯：回忆录》第78页讲述了他见到塞特夫妇和鲁萨达娜·姆季瓦尼时的尴尬。斯特格米勒《科克托》讲述了科克托吸食鸦片的问题；第389页引用了韦森·布尔关于诗人哀求香奈儿给他的吸毒时间再多一点儿的记述。弗朗西斯·罗斯爵士在1969年12月号的《VOGUE》上发表了对香奈儿的回忆。利法尔著作第97—100页叙述他见证了迪亚吉列夫人生最后的日子。黑德里希著作第 96 页、巴克尔著作第 539 页记述了利法尔和科奇诺的竞争；以及迪亚吉列夫发现可可·香奈儿和米希娅看起来是那么年轻、那么纯洁。

21. 降价（1930—1931）

马丁·马特斯比《三十年代的装饰艺术》第 39—41 页，讨论了大萧条对装饰艺术的影响。珍妮特·弗兰纳在《纽约客》上报道了不断扩大的经济萧条对巴黎奢侈品行业的影响，重印于《昨日巴黎：1925—1929》。《科利尔》1931 年 4 月刊报道了塞缪尔·高德温和可可·香奈儿的会面。他以 100 万美元邀请她来好莱坞一事得到广泛的宣传，包括《纽约时报》1931 年 3 月 13 日刊。查理·斯潘塞《埃尔泰》第 12—14 页讲述了埃尔泰在好莱坞的岁月。黑德里希著作第 106 页引用了可可·香奈儿的话“上帝知道我想要爱情”。巴扬著作第 46 页引用本多尔母亲要可可·香奈儿和本多尔结婚的话。莉莉雅著作第 159 页讲述了作为威斯敏斯特的未婚妻被引见给巴黎的可可·香奈儿。埃尔蒂关于文盲电影明星的评论出现在《纽约先驱报》1926 年 12 月 16 日刊。《纽约时报》1931 年 3 月 5 日报道说可可·香奈儿到达美国，并引用了她的话“这次只是应邀而来……”《时代周刊》对可可·香奈儿的采访刊登在 1931 年 3 月 15 日刊。加朗特著作第 184 页引用了福塞维尔伯爵夫人关于可可·香奈儿到好莱坞机遇的评论。

22. 好莱坞（1931—1932）

关于20世纪30年代早期的高德温、他的制片厂及其作品作者采访了威廉·惠勒和小杰斯·拉斯基。可可·香奈儿的接待在拉齐莫著作第186页和亚瑟·马克斯《高德温》第176页有介绍。加朗特第189页再现了埃里克·冯·施特罗海姆的那句“你是一个女裁缝”。由霍华·戴兹办公室散发的宣传小册子将可可·香奈儿描绘为“最伟大的时装大脑”。巴扬著作第105页引用可可·香奈儿的话“明星是制片的仆人”。《综艺》在1931年9月29日评论了《春风得意》，在1931年12月22日评论了《歌舞青春》。加朗特著作第192页讲述了可可·香奈儿对克莱恩折扣商场的印象。莫朗《香奈儿的风格》第158页引用了可可·香奈儿对威斯敏斯特的评论“他从我这学到了……”，斯旺森著作第429页再现了在《歌舞青春》试装期间她和可可·香奈儿的对话。1931年12月22日的《纽约客》臆测香奈儿离开好莱坞是因为她的服装不够轰动。《综艺》在1932年2月9日评论了《希腊人有一种说法》。

23. 竞争（1932—1933）

莫朗《香奈儿的风格》第145页引用可可·香奈儿将好莱坞称为鸡肋：食之无味，弃之可惜，“胸和臀的神庙”。《VOGUE》1936年5月1日刊发表了一张斯泰肯拍摄的伊娜·克莱尔穿着可可·香奈儿晚装的照片，并说可可·香奈儿让女演员穿白色缎子睡袍令好莱坞魅力发生了革命性变化。可可·香奈儿在多个场合重复说，尤其是在雅克·夏佐1969年的采访中说，佩戴真珠宝是“挑衅性的”。弗兰纳对可可·香奈儿珠宝展的评论以及可可·香奈儿关于珠宝和仿制品的格言出现在《纽约客》1932年12月14日上。戴安娜·弗里兰在自传第130页描述了可可·香奈儿；玛丽·哈里曼对20世纪30年代的可可·香奈儿的回忆引用于《VOGUE》1969年12月刊。科莱特对可可·香奈儿的描绘出现在《监狱与天堂》第161—162页。艾尔萨·夏帕瑞丽的《惊人生活》第33页说“好的设计是在走钢丝绳……”伊夫·圣·罗兰被认为制造了夏帕瑞丽关于可可·香奈儿得用“后门”进丽思酒店的名言。摄影师霍斯特重复了可可·香奈儿经常被引用的关于夏帕瑞丽是“那个做衣服的意大利女人”的话。加朗特著作第124页引用了可可·香奈儿断言她创造的作品将被广泛的复制和艾尔萨·夏帕瑞丽的反驳：“我创造的不可效仿。”勒内·德·尚布伦告诉作者自己如何遇见可可·香奈儿并成为她的律师。

24. 伊里巴（1933—1935）

保罗·伊里巴的背景、好莱坞岁月和在巴黎作为广告设计师、卡通画家、编辑、装饰师的成功在几个20世纪30年代的回忆录里有详细的记载，包括米希娅·塞特、塞尔盖·利法尔、让·季洛杜以及雷蒙·巴肖莱、丹尼尔·博尔代和安娜-克劳德·勒列厄尔所著《伊里巴》。加朗特著作第161页引用利法尔“他控制了她，她受不了……”帕尔默·怀特《完美的波烈》第104页详细介绍了伊里巴给波烈的工作。科莱特《给玛格丽特·莫雷诺的信》第122页包括对他的描述：“巴斯克人，象阉鸡一样胖乎乎的。”莫朗《香奈儿的风格》第103页引用了可可·香奈儿所说伊里巴对她生活方式的批评。巴肖莱，博尔代和勒列厄尔著作第203页详细介绍了伊里巴和可可·香奈儿的短途旅行以及他的健康恶化。皮埃尔-奥利维耶·瓦尔泽《法国文学：二十世纪》第1卷（1896—1920）第112页将《目击者》归类为“舆论杂志”，将伊里巴归类为重要漫画家。英国版《VOGUE》对1934年可可·香奈儿风格的评论在豪厄尔著作第137页中引用。科莱特的信写于1933年3月15日，在《给玛格丽特·莫雷诺的信》中发表，第232页讲述她在听到可可·香奈儿计划与伊里巴结婚后的担忧。

25. 酝酿中的悲剧（1933—1936）

夏尔-鲁《香奈儿》第292页引用了可可·香奈儿解雇1918年左右开始为她服务的男管家约瑟夫·勒克莱尔的理由。巴扬著作第14—15页讲述了可可·香奈儿的饮食习惯和“我不喜欢食物吃完后还和你说话……”霍斯特告诉作者他与可可·香奈儿的几次见面。豪厄尔著作第116页重复了英国版《VOGUE》对拉堡萨的描述。加亚·塞尔瓦迪奥《卢奇诺·维斯康蒂》第50页引用维斯康蒂将可可·香奈儿称为“无情的美人”。巴肖莱、博尔代和勒列瓦尔著作第 210 页和巴扬著作第 53 页讲述了 1935 年伊里巴的崩溃以及在可可·香奈儿网球场上的死亡。

26. 人民阵线（1935—1936）

《VOGUE》1935 年 3 月 15 日报道了巴黎高端时装设计界与香奈儿、夏帕瑞丽的对抗。巴特斯比著作第 210—211 页详细介绍了夏帕瑞丽的时装。威廉·L·席勒《第三共和国的崩溃》第 268—312 页描写了人民阵线的选举胜利，以及莱昂·布鲁姆社会主义联合的就职和改革方案。楔石新闻社的照片展示了 1936 年 6 月 6 日康朋街 31 号前罢工的香奈儿工人。尚布伦告诉作者在香奈儿公司罢工期间给可可·香奈儿的建议和对她作为行业老大的评论。巴特斯比著作第 210 页讲述了夏帕瑞丽-达利的合作。夏尔-鲁著作的《香奈儿》第 299 页引用可可·香奈儿对工人的吝啬态度和对 1936 年疯狂的反感。

27. 若无其事（1937—1939）

拉格南·费舍尔告诉作者香奈儿和夏帕瑞丽时装展的区别。弗里兰著作第 95—96 页描述自己既穿夏帕瑞丽时装又穿香奈儿。在《日记，1942—1945》里，科克托于 1942 年 4 月 17 日写道，他想起了可可·香奈儿 1936 年年末在丽思酒店的晚宴：晚宴上温斯顿·丘吉尔喝多了，痛惜爱德华八世要和华丽斯·辛普森结婚的决定。英国版《VOGUE》在 1938 年 8 月刊评论了

1937—1938 年巴黎时装展和其性吸引主题。斯丁格穆勒著作第 428 页报道了科克托与马塞尔·基尔的风流韵事以及可可·香奈儿对诗人的持续赞助。莫朗《香奈儿的风格》第 110—111 页引用了可可·香奈儿对时装行业内同性恋的谴责。席勒著作第 307—309 详细介绍了布鲁姆在资本主义框架内实施权利的愿望。巴扬著作第 54 页讲述了可可·香奈儿与哈里森·威廉姆斯的风流事。时装媒体报道了化装舞会。罗杰·绍尔所摄可可·香奈儿与斯特温斯基、贝纳尔德和达利的照片登载在 1938 年 5 月 15 日的《VOGUE》上。利法尔著作第 156 页提到他陪伴可可·香奈儿出席美国大使威廉·蒲立德的宴会。查尔斯·海厄姆《温莎公爵夫人》第 262 页和豪厄尔著作第 117 页描述了满德夫人的凡尔赛派对。《费加罗》的奥古斯丁·达巴蒂告诉作者可可·香奈儿的亲丘吉尔情绪以及她将这位英国领袖比作“大玩偶……”戈尔德和菲兹戴尔著作第 334 页详细介绍了鲁茜·塞特的病情和可可·香奈儿劝说她去瑞士疗养。巴扬著作第 160 页引用可可·香奈儿关于鲁茜在火车上给她看伤痕的原因。《VOGUE》1939 年 3 月 1 日以“从巴黎展飘出的一丝新气象——纯真之风”为标题报道了巴黎时装展。

28. 关闭香奈儿时装公司（1939—1940）

黑德里希著作第 127 页引用可可·香奈儿关于 1939 年 9 月 2 日失踪员工事件的讲话。勒韦迪写给可可·香奈儿的信中认可她关闭公司的行为，该信件发表于《杂闻》第 32 页。夏尔-鲁

《香奈儿》第 307 页引用可可 · 香奈儿于 1939 年 10 月致吕西安的信，在脚注中提到该信件以及她给兄弟的汇款地址都是马勒塞布大街 160 号，这是自从巴尔桑给她开第一家帽子店时就一直保留的公寓。《VOGUE》1940 年 1 月 1 日发表了阿延公爵夫人的题为“当今巴黎的生活”的文章，提到可可 · 香奈儿重新装修她在丽思酒店的套间。席勒著作第 785 页讲述了丘吉尔与雷诺政府在卢瓦尔河畔的会议以及首相和达尔朗在一边的对话。利法尔著作第 225—228 页描述了希特勒于 1940 年 6 月对巴黎歌剧院的访问；戈尔德和菲兹戴尔著作第 357 页引用利法尔讲述希特勒对他的爱抚。蒲立德从维希给罗斯福和国务卿科代尔 · 赫尔的外交信件引用于奥维尔 · 布利特《致总统，个人及私密》第 481—487 页。黑德里希著作第 128—129 引用了可可 · 香奈儿关于大逃亡，即她和玛丽-路易丝 · 布斯凯经维希返回巴黎的经历描述；第 130—131 介绍了可可 · 香奈儿在布尔蓬 · 拉刹尔部给一个似乎受伤的男孩资助。

29. 施巴兹（1940—1943）

可可 · 香奈儿在几个场合描述了德军对丽思酒店的占领和在 1940 年 8 月底返回巴黎的经历。黑德里希著作第 129 页引用了她说在见德军指挥官前得换洗。夏尔-鲁《香奈儿》第 319 页讲述德国军官在康朋街 31 号购买香奈儿 5 号。利法尔著作第 230 页讲述“自由法国”在 BBC 上判处他死刑；第 242 页讲述在维希皮埃尔 · 赖伐尔告诉他关照香奈儿。黑德里希著作第

137—138页描写汉斯·冯·丁克拉吉的背景，包括他与一位非100%雅利安人种的巴黎夫人的关系，引用可可·香奈儿的话“他不是德国人，他母亲是英国人”。黑德里希著作第139页详细讲述了骑兵上尉西奥多·莫姆的生涯和他为了安德烈·帕拉斯所进行干涉。吉阿尔·海莱尔《一位在巴黎的德国人，1940—1944》第62页记录了玛丽-露易丝·布斯凯的“周四”。戈尔德和菲兹戴尔著作第340页和第359页详细记载了塞特的战时记录和他对中立马德里的间谍战的认识，引用了博罗斯·瑞丝泰尔俞贝未出版的“日记”。黑德里希著作第138页讲述丁克拉吉和可可·香奈儿在一起讲英语的情况。加朗特著作第212页介绍了丁克拉吉和可可·香奈儿为塞尔盖·沃伦诺夫所做的努力。让·科克托的整个《日记，1942—1945》记录了沦陷中巴黎人的态度。科克托十多次提到可可·香奈儿，包括1942年3月关于他们要结婚的谣言。加朗特著作第213—214页和夏尔-鲁《香奈儿》第320页涉及可可·香奈儿想把乔治·马窦安排到香奈儿香水公司董事会，雷蒙·波拉克的对抗行动和菲利克斯·阿米欧的强势进入。夏尔-鲁《香奈儿》第314页将丁克拉吉定为德国间谍。黑德里希著作第137页认为施巴兹不仅仅是一个行政人员。加朗特著作第210页引用了法国军情二局德档案资料。

30. 这一切将如何了结？（1943）

作者依据的主要是同勒内·尚布伦的访谈和最近解密的英

国军情局MI6档案。后者见诸安东尼·卡夫·布朗《C：斯图尔特·孟席斯的秘密生涯》和查尔斯·海厄姆著作给作者介绍的可可·香奈儿1943年“和平使命”细节。尚布伦引用了战后来自莫姆的信件，其中包括了可可介绍的计划。夏尔-鲁《香奈儿》第326页引用了可可·香奈儿所想象的与温斯顿·丘吉尔的对话以及莫姆回柏林的使命。外交大臣哈利法克斯勋爵在1940年5月26日的内阁会议上介绍：“现在的问题不是要不要迫使德国全面失败，而是保卫我们自己帝国的独立，如果可能，还有法国的独立。”海厄姆著作第274页涉及了丘吉尔对塞缪尔·霍尔和平提议的保留态度。约翰·托兰德《阿道夫·希特勒》第853页引用了元首的话“我们最终会赢得胜利”，以及里宾特洛甫向弗里茨·赫斯表达英国人不想把德国交给俄国人的想法。瓦尔特·施伦堡在《迷宫》中给自己在颠覆希特勒活动赋予决定性的角色。布朗著作第565—566页讲述了斯图尔特·孟席斯爵士的理论，即施伦堡是利用可可·香奈儿以使丘吉尔知晓德国政府内部的密谋。夏尔-鲁《香奈儿》第332页引用了可可·香奈儿致薇拉·贝特的信，以及贝特前往巴黎的细节。

31．时装帽行动（1943）

历史性的1943年德黑兰会议和随后丘吉尔的病情在莎拉·丘吉尔战时和其父亲同行的回忆录《继续舞蹈》和马丁·吉尔伯特《温斯顿·丘吉尔》第三部第1178页中均有描述。战时马德里的描述部分来自荷塞·塞特的目击叙述，在戈尔德和菲兹戴尔著作第341页和利法尔第330页中有记载。夏尔-鲁在《香奈儿》第39—40对可可·香奈儿和薇拉·贝特-隆巴蒂找塞缪尔·霍尔大使一事有描述，但与之有冲突的是布朗著作第566页的记录。后者引用了施伦堡在纽伦堡审判问讯时所说，时装帽行动失败是因为贝特-隆巴蒂告诉人们可可·香奈儿是德国间谍。可可·香奈儿致薇拉的信在夏尔-鲁《香奈儿》第342—343页里出现。英国档案和瓦尔特·施伦堡在纽伦堡审判的简报确认了可可·香奈儿在1943—1944年冬季在柏林的事实。科克托《日记》第481—487讲述了挽救马克斯·雅各布的努力。利法尔著作第340页讲述了通敌者的恐惧和他前往康朋街31号寻求庇护。戴维·普莱斯-琼斯《第三帝国时期的巴黎》记载了德军占领的最后日子。戈尔德和菲兹戴尔著作第351页讲述了荷塞·塞特的光复聚会和参加的人员。利法尔著作第341页描述了他藏在香奈儿公寓里以逃避“自由法国”追捕。雷蒙·阿隆《回忆录》第270页描述了戴高乐车队沿里沃利路的行进。

32. 流放（1944—1946）

可可·香奈儿对于1944年被捕的沉默给了传记作者一定的自由。夏尔-鲁《香奈儿》第345页描述法国内地军来到丽思酒店。黑德里希著作第139页重现了部分问讯对话。利法尔著作第98页描述了她的高贵姿态。塞西尔·比顿《20世纪40年代回忆录》第20页记载了可可·香奈儿的回答“啊，真是的，我这样年纪的女人……”加朗特著作第217页比较了可可·香奈儿的战时行为和其他设计师如勒龙、格雷和巴伦西亚加的无所不为。可可·香奈儿对戴高乐的厌恶在她20世纪60年代的记者招待会上有详细的记录。“他们让我发笑”和她轻易获得英美签证的言论在黑德里希著作第142页有引用。海厄姆著作第318—319提供了在德军占领期间付款给德国人以保护温莎公爵和公爵夫人法国财产的细节；第358页记述了如果可可·香奈儿被迫接受审判将会得到什么待遇的臆测。马尔科姆·马格里奇《魔鬼园林》第242页叙述了与可可·香奈儿的会面。利法尔著作第348—349页描述荷塞·塞特如何假装不认识她，不知道她被捕。马纽埃尔·布鲁斯《保罗·莫朗》第148—159页讲述莫朗的法律困境。施伦堡和平姿态的细节出现在阿伦·布洛克《希特勒：暴政研究》中。战后施伦堡在瑞典的投降记载在福尔克·贝纳多特伯爵《幕布落下》第332页。布洛克引用了纽伦堡审判档案“帝国”3734－PS来证明希特勒对希姆勒的无限信任和对希姆勒和谈建议的反应。作者与勒内·德·尚布伦和勒维纳·莱昂德对话，李·伊斯拉埃尔《雅诗·兰黛》第27页详细记载了韦尔泰梅在美国的成功。加朗特著作第225页介绍了韦尔泰梅的和解提议、可可·香奈儿的拒绝，记述了可可·香奈儿希望全面推出香奈儿香水公司和尚布伦的起诉建议。黑德里希著作第149页讲述了可可·香奈儿自己的香奈儿小姐5号在专卖店1946年的销售情况，以及韦尔泰梅声称其为造假香水并在康朋街31号对商品加以没收。加朗特著作第226页引用尚布伦谈到可可·香奈儿将样品寄给塞缪尔·高德温、伯纳德·金宝和内曼·马库斯。可可·香奈儿的外甥安德烈·帕拉斯全家来瑞士之事在加朗特著作第 221 页有描述。莫朗讲述了他和可可·香奈儿在瑞士的流亡并引用她的话“我没有遗憾”。

33. 湮没的岁月（1947—1954）

尚布伦和《福布斯》1989 年 4 月 3 日刊关于 1947 年庭外和解的条款意见一致。加朗特著作引用韦尔泰梅及其律师的话“她到底想要什么?”尚布伦告诉作者在丽思酒店的香槟庆祝和韦尔泰梅前往洛桑最后完成和解协议。圣·罗兰告诉作者克里斯汀·迪奥 1947 年 2 月 12 日“新风貌”的胜利。加朗特著作第 232 页讲述了可可·香奈儿在碰到克里斯蒂安·贝拉尔时的反应和他的反驳。艾米塔·德·拉·法蕾斯告诉作者女人们“像饥饿的野兽”扑向衣服。托马斯·柯蒂斯告诉作者可可·香奈儿与查理·卓别林会面并询问他的职业生涯。巴扬著作第 130 页引用可可·香奈儿询问卓别林如何发现小流浪汉。霍斯特告诉作者可可·香奈儿喜欢旅行，曾经给玛吉·范·左伦旅行建议，在去纽约期间曾去他在长岛的周末住所做客。塞尔瓦迪奥著作第 223 页提到卢奇诺·维斯康蒂访问可可·香奈儿。戈尔德和菲兹戴尔著作第 360—363 页叙述了米希娅的最后岁月。保罗·克洛岱尔在其《日记》第二卷第 750 页记载他于 1950 年 10 月 15 日拜访米希娅·塞特。多莉·拉德西维尔的描述引用于哈罗德·阿克顿的《南茜·米特福德：一段回忆》第 147 页。福塔西耶著作第 209 页提到安德烈·弗赖涅曾试图与可可·香奈儿合作写她的回忆录。作者在慕尼黑电影制片人里特尔·格里格处获得被释放后的施伦堡对可可·香奈儿敲诈的细节。雅克·雷诺阿告诉作者有关男设计师占主导地位的弗洛伊德式解释。《VOGUE》1953 年 8 月刊报道了可可·香奈儿评论香奈儿香水公司纽约新办公室的重新装修。比顿斯著作第 45 页记载梦娜·威廉姆斯与艾迪·俾斯麦的婚姻。豪厄尔著作第 227 页引用英国版《VOGUE》的话“腰线到哪去了?”

34. 东山再起（1953—1954）

居伊·德·罗斯柴尔德《财富奇想》和黑德里希著作第 157 页讲述了罗斯柴尔德旋风般追求伊莱娜·范·左伦以及可可·香奈儿为新娘改造舞会礼服。加朗特著作第 239 页详细记载了皮埃尔·韦尔泰梅 1953 年到洛桑拜访可可·香奈儿，第 239—240 页讲述她希望推出新香水系列。可可·香奈儿的时尚观念和重开香奈儿公司的理由在一系列时装媒体采访中有记载，包括 1953 年 1 月美国版《VOGUE》杂志上的一个长篇专题报道。克莱门蒂娜·丘吉尔《回忆录》第 608 页提到可可·香奈儿将罗克布兰别墅卖给丘吉尔的出版经纪埃默里·里夫斯，温斯顿爵士曾待在这座里维埃拉的房子里。作者与伊夫·圣·罗兰的采访以及豪厄尔《浪潮中》第 208—209 页是描述 20 世纪 50 年代中期时装行业变化的主要依据。加朗特著作第 242 页和黑德里希著作第 164 页均复制了卡美尔·斯诺致可可·香奈儿的电报，以及略带差异的可可·香奈儿回电的法语翻译。尚布伦告诉作者与韦尔泰梅的合同条款。加朗特著作第 244 页引用了可可·

香奈儿的话“超过1 500万就是夸张了”。设计师工作方法的细节来自作者对伊冯娜·戴斯朗德和圣·罗兰的采访。巴扬著作第76页和黑德里希著作第221页引用可可·香奈儿的话“时装设计不是艺术，是商业”。《VOGUE》1954年2月15日刊描述了可可在康朋街31的新公寓。《费加罗报》、《ELLE》、《巴黎竞赛画报》、《纽约先驱论坛报》和《法兰西之夜》在1953年11月和12月都发表了对可可·香奈儿的“独家”采访。雨果·维克尔《塞西尔·比顿》第552页介绍了比顿的观察，为可可·香奈儿及其时装拍照，以及琼·卡佩尔·奥斯本与他的调情。巴黎时装媒体报道了香奈儿公司重新推出的1953—1954时装季细节。巴黎和伦敦的日报详细描述了1954年2月5日的时装展以及对可可·香奈儿复出的反应。《法兰西之夜》在1954年2月7日刊发表了可可·香奈儿的反应。卡尔·拉格斐和圣·罗兰为作者提供了展出的细节。加朗特著作第255页引用了沙耶对可可·香奈儿反映的看法，以及香奈儿认为她的客户足够聪明，不会不喜欢她的东西。夏尔-鲁《香奈儿》第367页和加朗特著作第254页都描述了韦尔泰梅对可可·香奈儿的访问。尚布伦和罗贝尔·巴丹特尔记载了重新谈判的合同细节。阿兰·韦尔泰梅披露了祖父与可可·香奈儿关系的细节。《生活周刊》在1954年3月1日发表了评论。

35. 无可辩驳的影响力（1954—1958）

可可·香奈儿东山再起的概况和历史主要有赖于作者与弗

朗辛·克雷森特和科莱特·格罗斯的采访。圣·罗兰给作者介绍了他为迪奥工作的几年、设计师两大阵营的划分、成衣系列成功的经济原则。《VOGUE》1954年3月1日分析了香奈儿令人惊奇的力量。加朗特著作第250页讲述了玛琳·黛德丽的轶事。巴丹特尔讲述了韦尔泰梅决定收购可可·香奈儿的股权。夏尔-鲁《香奈儿》第308页提供了加布丽埃勒和安托瓦妮特姐妹来访的细节。加朗特著作第323页记述了可可·香奈儿与加布丽埃勒·勒布鲁尼的关系。奥古斯丁·达巴蒂为作者提供了可可·香奈儿和行业商会斗争的细节。圣·罗兰提供了迪奥去世和他掌管迪奥时装公司的情形。《ELLE》以可可·香奈儿和苏茜·帕克为封面的一期在1957年9月出版。《纽约客》1957年9月28日发表了对可可·香奈儿的采访。弗里兰第132—133页讲述了晚宴聚会和其间可可·香奈儿与赫莲娜·鲁宾斯坦的对话。尤金妮娅·谢泼德对1958年1月20日演出的评论发表在1月30日的《纽约先驱论坛报》。《周日法兰西》关于男婴取名伊夫的消息出现在2月1日版。在1958年9月刊《VOGUE》礼貌地评论了圣·罗兰为迪奥设计的1958—1959时装展。圣·罗兰告诉作者可可·香奈儿那常为人引用的话，即他在拷贝她的时候有杰出的品味。《VOGUE》的1959年3月15日刊分析了“香奈儿力量”以及穿着者比衣服更重要的理念。豪厄尔著作第246页引用了英国版《VOGUE》对可可·香奈儿复出4年后的重要性估计。托马斯·奎恩·柯蒂斯告诉作者可可·香奈儿在丽思酒店的午餐习惯。“香奈儿信息”发表了一系列可可·香奈儿的格言。夏尔-鲁《香奈儿》第370页报道了勒韦迪的遗嘱及其去世。作者与圣·罗兰、安德烈·库雷热、卡尔·拉格斐、弗朗斯·德·迪厄勒弗、克雷森特和戴斯朗德的访谈是描写20世纪60年代时装行业概况，以及可可·香奈儿地位的基础。黑德里希著作第138页引用了可可·香奈儿关于30岁女人的选择更为粗鲁的格言。可可·香奈儿对1963年第一夫人在达拉斯穿香奈儿的评论出现在《纽约时报》1971年1月11日可可·香奈儿的讣告中。利法尔描述了可可·香奈儿对于让·科克托去世的态度。她将对这位诗人的挖苦评价告诉了巴扬，第144页。可可·香奈儿对勒韦迪的尊敬记载在夏尔-鲁《香奈儿》第214页。

36. 青春骚动（1960—1968）

戴安娜·弗里兰在其自传第128—129页里描写了80岁的可可·香奈儿的活力。《时代周刊》1971年1月25日刊讣告估计了可可·香奈儿的收入。关于可可·香奈儿同性恋倾向的臆测和她与模特的工作关系是基于作者对《女装日报》前任巴黎通信员瑟尔玛·斯威汀伯格、前任模特玛格·麦金泰尔－格林博格、洁姬·罗杰斯、科莱特·格罗斯和克劳黛·凌思的采访。黑德里希著作第182页引用了可可·香奈儿对于同性恋传言的反对："你肯定是疯了……"莫朗《香奈儿的风格》第130页引用了可可·香奈儿说不喜欢女人。芭芭拉·希曼《可爱的我》第244页和第293页讲述了杰奎琳·苏姗对可可·香奈儿所谓性爱表示的反应。安德烈·马尔罗和索菲·德·维尔莫兰告诉作者，露易丝·德·维尔莫兰曾撰写可可·香奈儿的传记。维尔莫兰给可可·香奈儿建议的书是吉瓦斯·赫胥黎《维多利亚公爵》。黑德里希著作第209页引用了可可·香奈儿对维尔莫兰的回答："亲爱的，你知道我是文盲。"《福布斯》1989年4月3日以阿兰·韦尔泰梅为主题的封面故事复述了皮埃尔·韦尔泰梅在1965年去世后韦尔泰梅家族的故事。麦金泰尔-格林博格告诉作者在20世纪60年代曾在巴黎作为一个自由模特工作。黑德里希著作第181页引用可可·香奈儿的话，无聊的年轻贵族妇女出来做模特。加朗特著作第284页描述了可可·香奈儿驱使模特们长时间工作。可可·香奈儿告诉雅克·夏佐的电视观众"有时候，我想放弃一切……"并讲述了她的优雅概念。巴扬著作第76页描述了可可·香奈儿允许模特在下班时穿她时装展的衣服外出，以及她的关节炎和训练方法。黑德里希著作第185页讲述了可可·香奈儿偏爱德国模特。让娜·莫罗在1966年7月告诉《时尚伊人》她抛弃香奈儿时装而投向皮埃尔·卡丹。圣·罗兰和戴斯朗德告诉作者可可·香奈儿对同行设计师的评论。加朗特著作第272页引用了她对皮埃尔·卡丹和皮埃尔·巴尔曼的评论。达巴蒂告诉作者有关可可·香奈儿和克里斯托巴尔·巴伦西亚加的关系。加朗特著作第275页记载巴伦西亚加对可可·香奈儿的愤怒："我满腔愤怒。"安托万·利维奥写信给作者讲到1960年塞尔盖·利法尔60岁生日时与可可·香奈儿一起午餐。圣·罗兰和库雷热讲述巴伦西亚加对20世纪60年代时装的厌恶。玛米·范多伦《玩尔场》第197—198页描述了1964年的可可·香奈儿。可可·香奈儿关于现代女人与男人、婚姻、社会习俗和时尚的观点来自她时装展前的新闻发布会：1966年2月5日和1967年2月13日。她在1967年2月13日新闻发布会的评论是完整摘录。

37. 可可，还是凯特（1968）

弗雷德里克·布瑞森告诉作者他为了故事版权和百老汇剧《可可》的制作与可可·香奈儿和韦尔泰梅的谈判细节。另有如下资料的补充：维克尔《塞西尔·比顿》第539页，罗莎琳德·拉塞尔和克里斯·柴斯《生命是一场盛宴》第226—228页，安妮·爱德华《凯瑟琳·赫本：一位杰出的女性》第361—365页。埃尔弗·米勒告诉作者他对勒纳简述可可·香奈儿人生故事的反应，"那是一部悲剧的主题"，以及可可·香奈儿建议音乐剧由父亲俯身在摇篮的场景开幕。维克尔著作第539页引用比顿的日记，1967年2月3日，"香奈儿逐渐发疯了"，以及比顿1969年6月30日致戴安娜·弗里兰的信，说"到下午3点钟，她就充满了电"。拉塞尔和柴斯著作第227页讲述赫本与可可·香奈儿的会面，以及可可·香奈儿对女演员年龄的评论。詹姆斯·斯帕达《赫本：图片人生》第172页引用赫本的话"我现在知道我能演她了"。黑德里希著作第223页和巴扬著作第175页有关可可·香奈儿越来越孤独以及她痛恨周日的记述。巴扬著作第179页讲到可可·香奈儿对马的评论。克里斯蒂安·马康、丽露·格鲁巴赫的兄弟告诉作者可可·香奈儿与其新闻秘书之间的关系，以及她对快乐夫妻的反感。在《孤独的香奈儿》第7页的序言中，巴扬写道，她发现可可·香奈儿“如此充满激情，如此迷人”。索菲·德·维尔莫兰告诉作者关于可可·香奈儿的最后岁月，以及她无聊而困难的周日。巴扬著作第164页和黑德里希著作第205页引用可可·香奈儿关于儿时梦游的话。巴扬著作第169页讲述可可·香奈儿因为食品味道而威胁搬出丽思酒店、她在街上摔伤，以及吃饭时闻别人食物味道的“可怕”的情形。弗朗西斯·帕提基·斯泰因告诉作者在20世纪60年代看到过可可·香奈儿。《VOGUE》1969年12月刊评论《可可》预演，以“香奈儿和赫本：两位伟大的女性，‘可可’的两位明星”为标题。比顿在其1969年11月致秘书艾琳·霍斯的信中写到他对《可可》的批评和他对“可怕评论”的预感。巴黎媒体报道了可可·香奈儿的小中风和她不能出席《可可》的百老汇首演。

38. 永远100岁（1968—1970）

《纽约时报》和《纽约邮报》均在1969年12月28日评论了《可可》。巴扬著作第171页记录了可可·香奈儿对讷伊美国医院医疗费用的抱怨，第172页记载了利法尔关于瑞典治疗法的建议；第140页讲述了律师的来访以及可可·香奈儿说“他是一个间谍……”男管家弗朗索瓦·米宏涅告诉作者可可·香奈儿与巴丹特尔的关系，以及他自己在香奈儿晚年生活中的重要地位。电视制片人雅克·特雷布达为作者提供了1969年电视录像的细节。黑德里希著作第231页记述了可可·香奈儿对丽露·格鲁巴赫和弗朗索瓦·米宏涅的遗嘱：死后将她安葬在洛桑。作者根据与荷嘎基金会的信托人马蒂亚·奥尔和阿尔弗莱德·埃尔的访谈获得可可·香奈儿设立瑞士和列支敦士登避税庇护和1965年遗嘱的细节。皮埃尔·贝尔热告诉作者关于可可·香奈儿诱惑他去管理公司的情况。黑德里希著作第223页提到可可·香奈儿要去“修正”自己的商业帝国。《女性家庭杂志》登载了安妮·张伯林1963年10月的报道。巴扬著作第144页描述了当比顿想为维多利亚和阿尔伯特博物馆展览索要香奈儿服装时可可·香奈儿的反驳。作者在《伊夫·圣·罗兰》第180—181页详细介绍了《女装日报》关于超长裙的论战。《快报》杂志1989年6月16日刊引用雅克·博尔吉关于香奈儿19号香水原料和种花行业减产的情况。《国际先驱论坛报》报道了香奈儿19号香水的推出。

39. 逝于安息日（1971）

米宏涅告诉作者关于可可·香奈儿的最后一周。巴扬著作第208页叙述可可·香奈儿痛恨圣诞节和新年。加朗特著作第325页引用了可可·香奈儿对她侄外孙女的反思，“考虑到一切……”巴黎媒体和合众国际社引用了让娜·瑟琳关于可可·香奈儿最后时刻的叙述、她的临终遗言，以及1971年1月10日在丽思酒店的去世情形。

逝后的世界（1971—1990）

圣·罗兰描述了 1971 年 1 月 11 日在玛德莱娜教堂的葬礼。《纽约时报》1971 年 2 月 8 日报道了她身后的时装展，以及人们怀疑“没有小姐的铁腕”这些展厅能持续多久。作者 1988 年在苏黎世采访了马蒂亚·奥尔。米宏涅告诉作者他被定为可可·香奈儿财富继承人以及可可·香奈儿的所谓最后遗嘱和证词的失踪。豪厄尔著作第 306 页提到比顿的维多利亚和阿尔伯特博物馆展览。香奈儿有限公司对霍兰德与霍兰德公司的收购在《纽约时报》1989 年 7 月 11 日刊公布。《福布斯》1989 年 4 月 3 日封面文章详细介绍了阿兰·韦尔泰梅接管香奈儿有限公司及其重组。《综艺》杂志、《好莱坞报道》于 1981 年 10 月 7 日评论了电影《孤独者香奈儿》。《洛杉矶时报》1981 年 10 月 16 日刊、《纽约时报》、《芝加哥论坛报》报道了聘任卡洛尔·布盖为香奈儿 5 号香水的“新女人”。《纽约客》1989 年 4 月 3 日发表了霍莉·布鲁巴赫对可可·香奈儿的重新评估。《福布斯》1989 年 4 月 3 日报道香奈儿公司的市场营销策略和价格。《旧金山纪事报》1989 年 7 月 12 日报道了“为香奈儿疯狂的世界”和香奈儿手包的三比一配额。《纽约时报》1989 年 7 月 26 日引用萨克斯第五大道艾琳·萨尔兹曼的话，将拉格斐的 1989—1990 冬季时装展称为“也许是有史以来最好的卡尔版香奈儿”。

香奈儿及其品牌大事记

该大事记系译者根据公开发表的资料和信息整理，并不试图包含香奈儿一生以及香奈儿时装的所有重要事件，错误和疏漏之处难免，在此致歉。

1883 年

8 月 20 日（19 日），加布丽埃勒·可可·香奈儿出生在索米尔的一个济贫院里。

1908 年

加布丽埃勒·香奈儿在巴黎其情人艾蒂安·巴尔桑的公寓里开设了一个女帽店。

1910 年

在她的新情人小伙儿亚瑟·卡佩尔的资助下，可可在康朋街 21 号开设了女帽沙龙，“香奈儿女帽店”。后来香奈儿时装公司兼并了康朋街 27、29 和 31 号。可可·香奈儿的营业执照为“女性时装设计师”。

1913 年

加布丽埃勒·香奈儿在海滨度假胜地多维尔设立了一家以其名字命名的女帽女装精品店。第一次世界大战爆发后巴黎精英来到海边，妇女的战时工作需要使得香奈儿的休闲和运动装得以畅销。

1915 年

高端时装设计沙龙“香奈儿比亚里茨”在法国西南部海边城市比亚里茨开张。

1916 年

秋天，香奈儿推出首个高级时装展。

1917 年

带大口袋的两件套套装推出。

1918 年

镶边皮草服装因战时皮草短缺而畅销。

女性休闲睡衣和开襟毛衣推出。

1919 年

加布丽埃勒·香奈儿正式登记为“女裁缝”，其时装商号地址为康朋街 31 号。

1920 年

与俄国大公德米特里·帕夫洛维奇的浪漫史激发了一段为期 3 年的俄国民俗图案风。

香奈儿首次访问威尼斯，引领水手装潮流。

“科罗曼德红”口红推出。

1921 年

香奈儿与香水师埃内斯特·博合作推出由 83 种以上原料配制的香水——“香奈儿 5 号”。这是首款以设计师名字命名的香水。

反向相交的双“C”标识推出。

1922 年

香奈儿推出一款带有刺绣山茶花主题的女士衬衣。

宽松沙滩睡衣推出。“香奈儿 22 号”香水推出。

香奈儿为科克托改编的索福克勒斯《安提戈涅》设计戏装。

香奈儿推出反传统方形领口。

1923 年

《纽约时报》报道香奈儿的运动装毛衣。

1924 年

香奈儿香水公司在“夜巴黎”化妆品公司老板皮埃尔·韦尔泰梅出资下成立。新公司由韦尔泰梅占大股，拉法耶大百货商店创始人占有 20%，香奈儿仅 10%。

“俄罗斯皮革”香水推出。

防晒乳霜和“香奈儿红”口红推出。

珠宝设计沙龙工作室推出看起来真实的仿制珠宝。

香奈儿引领下降腰线的潮流。

1925 年

“栀子花”香水推出。

1926 年

“小岛丛林”香水推出。

香奈儿佩戴了一对混搭的珍珠耳环，一黑一白，并由此引发潮流。

“小黑裙”诞生。

1927 年

香奈儿伦敦精品店开张。

1928 年

香奈儿纺织公司成立。

1929 年

香奈儿配件精品店在康朋街开业。

1930 年

电影大亨塞缪尔·高德温邀请当时最昂贵的时装设计师香奈儿为其明星演员设计戏装和服装。

1931 年

中性女裤推出。

1932 年

香奈儿时装在伦敦威斯敏斯特公爵公寓展出，“授权复制”。

为国际钻石协会设计珠宝并展出。

1933 年

今天为我们所熟知的香奈儿茶花主题在黑色套装上首次正式出现。

1937 年

香奈儿再次为科克托戏剧《俄狄浦斯王》和《圆桌骑士》

设计戏装。

1938 年

香奈儿为让·雷诺阿的电影《马赛曲》设计戏装。

1939 年

香奈儿为达利的芭蕾舞《酒神节》和让·雷诺阿的电影《游戏规则》设计戏装。

第二次世界大战开始后，香奈儿时装公司关闭，但康朋街31号的精品店一直开门，销售香水和配件。

1940 年

“香奈儿米色”香水推出。

1954 年

香奈儿香水公司获得香奈儿名字及其产品权益的保障。

当玛丽莲·梦露被问到睡觉时穿什么时，她回答，只有几滴“香奈儿5号”。

2月5日，她的幸运日，香奈儿回到装修一新的康朋街，东山再起。

1955 年

“香奈儿绅士”香水推出。

为纪念诞生的月份和年份的2.55带包裹金色链带绗缝手包推出，并成为香奈儿品牌最持久的经典之一。

1957 年

内曼·马库斯授予香奈儿时装行业杰出服务奖，称她为本世纪最有影响力的设计师。

两色开普托高跟鞋推出，并成为香奈儿品牌的标志性产品。

1959 年

“香奈儿 5 号”香水瓶在纽约近代艺术博物馆展出并被永久收藏。

1965 年

皮埃尔·韦尔泰梅去世，其子雅克接管公司。

1968 年

“嫣红”润唇膏推出，并成为香奈儿最畅销的美容产品之一。凯瑟琳·德纳芙形象代言香奈儿品牌，并将持续代言近十年。

1970 年

以其生日命名的“香奈儿 19 号”香水推出。

1971 年

1 月 10 日：加布丽埃勒·可可·香奈儿去世，享年 87 岁。两周后，其最后的时装展开幕。

香奈儿时装公司为韦尔泰梅家族全部拥有。

1974 年

雅克·韦尔泰梅的儿子阿兰接管公司。

“水晶恋”香水推出。加布丽埃勒·香奈儿最喜欢的红色唇膏被复制并以“香奈儿红”的名字销售。

《体育画报》泳装模特形象代言“香奈儿 5 号”。

1975 年

“香奈儿彩妆”系列推出。

1978 年

香奈儿成衣系列推出。专卖成衣和配件饰品的精品店从美国、欧洲到亚洲迅速兴起。

1979 年

凯瑟琳·达雷西奥出任香奈儿美国区总裁，并于 1984 年获得美国时装设计师协会特别奖。

1981 年

香奈儿“力度男士”香水推出。

1982 年

“极致红”深度口红系列推出。净白肤色修饰粉霜推出，并使市场发生革命性变化。

卡尔·拉格斐被委任负责高端时装设计。

1983 年

大众期待的拉格斐首个香奈儿高端时装展开幕。拉格斐同时负责设计成衣系列。

1984 年

美国首家独立香奈儿精品店在火奴鲁鲁开张。

1985 年

安迪·沃霍尔给“香奈儿 5 号”香水瓶赋予了流行歌曲风格。

“可可”系列香水问世。

1986 年

“香奈儿 5 号”淡香水版本推出。

1987 年

香奈儿腕表问世。

法国女演员卡洛尔·布盖形象代言“香奈儿 5 号”。

1988 年

拉格斐和香奈儿时装赢得美国时装协会的国际时装特别奖。

1990 年

“小姐”腕表系列推出。

“自我”男士香水推出。

德国金发模特克劳蒂亚·雪佛被拉格斐指定为香奈儿品牌形象代言人。

1991 年

香奈儿绅士淡香水精致喷雾香水问世。

1992 年

香奈儿时装公司支持艾萨克·麦兹拉西的扩张并拥有该美国品牌的股权。

1993 年

香奈儿重新推出 1932 年珠宝展的部分产品和经典的“栀子花”系列香水。

1994 年

加拿大出生的模特莎洛姆·哈洛形象代言香奈儿的“可可”香水系列。

1995 年

明星产品限量版化妆品系列推出。

“荡妇”系列唇膏推出，随后推出指甲油等。

1996 年

香奈儿“倾城之魅”系列香水推出。

1997 年

香奈儿珠宝精品店在巴黎旺多姆广场附近开张。

1998 年

“倾城之魅男士”和“香奈儿之花”香水推出。

1999 年

香奈儿珠宝推出“时光”系列。

可可·香奈儿被评为《时代周刊》20 世纪 100 个最有影响力的人物。

2000 年

J12 彩色钛陶瓷腕表推出。

香奈儿运动系列推出。

2001 年

凯特·莫斯成为“可可小姐”系列新形象代言人。

香奈儿收购钟表制造商柏莱士。

2002 年

“香奈儿珍珠”系列推出。

法国女演员安娜·穆格莱莉形象代言“倾城之魅”香水，并成为香奈儿品牌形象大使。

香奈儿概念精品店、珠宝与腕表旗舰店、鞋包精品店相继在伦敦开张。

香奈儿首个高端手工坊精品系列问世。

2003 年

“邂逅”香水推出。

2004 年

“香奈儿 5 号诱惑精油”香水推出。

香奈儿在东京银座的 10 层楼超大精品店开张。

2005 年

“珍珠彩带”系列腮红推出并赢得好评。

2006 年

“感性魅力”香水推出。

俄罗斯第一家香奈儿精品店——莫斯科旗舰店开张。

“黑缎”指甲油问世。

“香奈儿珍珠”系列高级珠宝问世。

2007 年

年轻的英国女明星凯拉·奈特利取代凯特·莫斯成为“可可小姐”系列的新形象代言人。超模弗莱娅·贝阿·埃里克森取代达莉亚·沃波依成为品牌新形象。

“香奈儿限量”香水系列推出，包括 4 款经典香水（“栀子花”、“香奈儿 22 号”、“俄罗斯皮革”和“小岛丛林”）和 6 款新香水。

手工完成的带绗缝皮革点缀自行车问世。

2008 年

法国影星奥黛丽·塔图成为“香奈儿 5 号”最新形象代言人。

“香奈儿无限”系列手袋和配饰问世。

“香奈儿 5 号低调奢华版”推出。

2009 年

20 世纪 70 年代出生的超模洁芮·霍尔为手袋做模特。

“水晶恋绿意”香水、“伦敦风情”化妆品系列、“翡翠”指甲油推出。

香奈儿上海旗舰店开张。

2010 年

“香奈儿可可保湿唇膏”面世，凡妮莎·帕拉迪丝形象代言该系列。

“香奈儿装饰画”文身贴推出。

卡尔·拉格斐接受法国荣誉勋章。

2010 年

“香奈儿 19 号淡雅倾心版”推出。

“香奈儿文化”回顾展在上海开幕。

纪念小伙儿卡佩尔的“香奈儿-小伙儿”手袋系列面世。

参考书目

以下为写就本书的重点参考著作。

Acton, Harold. *Nancy Mitford: A Memoir*. New York: Harper & Row, 1975.
Albères, R. M. *Histoire du roman moderne*. Paris: Albin Michel, 1962.
Alençon, Emilienne. *Sous le Masque*. Paris: E. Sansot, 1918.
Aron, Raymond. *Mémoires*. Paris: Julliard, 1983.

Bachollet, Raymond, Daniel Bordet, and Anne-Claude Lelieur. *Iribe*. Paris: Denoel, 1982.
Baillén, Claude. *Chanel solitaire*. Paris: Gallimard, 1971. New York: Quadrangle, 1974, English translation by Barbara Bray.
Ballard, Bettina, *In My Fashion*. London, 1960.
Battersby, Martin. *The Decorative Thirties*. New York: Whitney Library of Design, 1988.
Beaton, Cecil. *Memoirs of the 40s*. New York: McGraw-Hill, 1972.
Bernadotte, Count Folke. *The Curtain Falls*. New York: Harper, 1945.
Bibesco, Princess Marthe de. *Noblesse de robes*. Paris: Grasset, 1928.
Bocholier, Gérard. *Pierre Reverdy: Le Phare obscur*. Seyssel, France: Editions du Champ Vallon, 1984.

Brown, Anthony Cave. *"C": The Secret Life of Sir Stewart Menzies.* New York: Macmillan, 1987.

Brown, Frederick. *An Impersonation of Angels: A Biography of Jean Cocteau.* New York: Viking Press, 1968.

Buckle, Richard. *Diaghilev.* New York: Atheneum, 1984.

Bullitt, Orville. *For the President, Personal and Secret.* Boston: Houghton Mifflin, 1972.

Bullock, Alan. *Hitler: A Study in Tyranny.* New York: Harper & Row, 1962.

Burrus, Manual. *Paul Morand: Voyageur du 20e siècle.* Paris: Librarie Seguier, 1986.

Capel, Arthur. *Reflections on Victory and a Project for the Federation of Governments.* London: Werner Laurie, 1917.

Carey, Gary. *Katharine Hepburn: A Hollywood Yankee.* New York: St. Martin's Press, 1983.

Chalon, Jean. *Florence et Louise les magnifiques: Florence Jay-Gould et Louise de Vilmorin.* Monaco: Le Rocher, 1987.

Chanel: Ouverture Pour la mode à Marseille. Texts by Germain Viatte, Edmonde Charles-Roux, Catherine Ormen, Claudette Joannis, and Karl Lagerfeld. Marseille: Musée de Marseille, 1989.

Charles-Roux, Edmonde. *Chanel.* Translated by Nancy Amphoux. New York: Alfred A. Knopf, 1975.

———. *Le Temps Chanel.* Paris: Editions du Chêne, 1979.

Churchill, Sarah. *Keep on Dancing.* New York: Coward, McCann & Geoghegan, 1981.

Claudel, Paul. *Journal.* Vol. II. Paris: Gallimard, 1969.

Cocteau, Jean. *Journal, 1942–45.* Paris: Gallimard, 1989.

Colette. *Lettres à Hélène Picard: Lettres é Marguerite Moreno.* Paris: Flammarion, 1988.

———. *Prisons et paradis.* Paris: J. Ferenczi & Fils, 1932.

Craft, Robert. *Stravinsky: Chronicle of a Friendship.* New York: Alfred A. Knopf, 1972.

Decaux, Alain. *Les Heures brillantes de la Côte d'Azur.* Paris: Librairie Académique Perrin, 1964.

Delaunay, Sonia. *Nous irons jusqu'au soleil.* Paris: Robert Laffont, 1978.

Desanti, Dominique. *La Femme au temps des Années Folles.* Paris: Stock/ Laurence Pernoud, 1984.

Deslandres, Yvonnes, and Florence Muller. *Histoire de la mode.* Paris: Flammarion, 1978.

Dictionnaire du Cinéma. Paris: Seghers, 1962.

Edwards, Anne. *A Remarkable Woman: A Biography of Katharine Hepburn.* New York: William Morrow, 1985.

Erlanger, Philippe. *Clemenceau.* Paris: Grasset/Paris-Match, 1968.

Flanner, Janet. *Darlinghissima: Letters to a Friend.* Edited by Natalia Danesi Murray. New York: Random House, 1985.

———. *Paris Was Yesterday: 1925–1939.* Edited by Irving Drutman. New York: Viking Press, 1972.

Fortassier, Rose. *Les Ecrivains français et la mode.* Paris: Presses Universitaires de France, 1988.

Galante, Pierre. *Les Années Chanel.* Paris: Mercure de France/Paris-Match, 1972.

Gere, Charlotte. *Marie Laurencin.* London: Academy Editions, 1977.

Gilbert, Martin. *Winston S. Churchill: Road to Victory, 1941–45.* Boston: Houghton Mifflin, 1986.

Gold, Arthur, and Robert Fizdale. *Misia: The Life of Misia Sert.* Paris: Gallimard, 1981. English edition, New York: Alfred A. Knopf, 1979.

Goudeket, Maurice. *Close to Colette.* New York: Farrar, Straus and Cudahy, 1957.

Gramont, Elisabeth de. *Mémoires.* Volume 2: *Les Marronniers en fleurs.* Volume 4: *Chimie sociale.* Paris: Grasset, 1929 and 1934.

Haedrich, Marcel. *Coco Chanel.* Paris: Pierre Belfond, 1987.

Hartwig, Julia. *Apollinaire.* Paris: Mercure de France, 1972.

Heller, Gerhard. *Un Allemand à Paris, 1940–1944.* Paris: Editions du Seuil, 1981.

Higham, Charles. *The Duchess of Windsor.* New York: McGraw-Hill, 1988.

Howell, Georgina. *In Vogue.* New York: Schocken Books, 1976.

Huxley, Gervas. *Victorian Duke.* London: Oxford University Press, 1940.

Israel, Lee. *Estée Lauder: Beyond the Magic.* New York: Macmillan, 1985.

Kennett, Frances. *Coco: The Life and Loves of Gabrielle Chanel.* London: Victor Gollancz, 1989.

Kochno, Boris. *Diaghilev and the Ballets Russes.* New York: Harper & Row, 1970.

Leymarie, Jean. *Chanel.* Geneva: Skira, 1987.

Lifar, Serge. *Ma Vie.* Paris: Julliard, 1965.

Madsen, Axel. *Gloria and Joe: The Star-Crossed Love Affair of Gloria Swanson and Joe Kennedy.* New York: Arbor House/ William Morrow, 1988.

———. *Yves Saint Laurent.* New York: Delacorte Press, 1979.

Marx, Arthur. *Goldwyn: A Biography of the Man Behind the Myth.* New York: Norton, 1976.

Massie, Robert K. *Nicholas and Alexandra: An Intimate Account of the Last of the Romanovs and the Fall of Imperial Russia.* New York: Atheneum, 1967.

Milbank, Caroline Rennolds. *Couture: The Great Designers.* New York: Stewart, Tabori & Chang, 1988.

Morand, Paul. *L'Allure de Chanel.* Paris: Hermann, 1976.

———. *Journal d'un attaché d'ambassade, 1916–17.* Paris: La Table Ronde, 1948.

———. *Venise: Souvenirs.* Paris: Gallimard, 1971.

Muggeridge, Malcolm. *The Infernal Grove: Chronicles of Wasted Time.* New York: William Morrow, 1974.

Ormen, Catherine. *Chanel: Ouverture pour la mode à Marseille.* Marseille: Musée de Marseille, 1989.

Painter, George D. *Proust: The Later Years.* Boston: Little Brown & Co., 1959 and 1965.

Pearson, John. *The Sitwells: A Family's Biography.* New York: Harcourt Brace Jovanovich, 1978.

Poiret, Paul. *En Habillant l'épogue.* Paris: Grasset, 1930.

Pryce-Jones, David. *Paris in the Third Reich.* New York: Henry Holt, 1981.

Raczymow, Henri. *Maurice Sachs.* Paris: Gallimard, 1988.
Reverdy, Pierre. *En Vrac—Notes.* Monaco: Editions du Rocher, 1956.
———. *Main d'oeuvre.* Paris: Mercure de France, 1949.
Rothschild, Guy de. *The Whims of Fortune: The Memoirs.* New York: Random House, 1985.
Russell, Rosalind, and Chris Chase. *Life Is a Banquet.* New York: Random House, 1977.

Sachs, Maurice. *La Décade de l'illusion.* Paris: Gallimard, 1950.
Seaman, Barbara. *Lovely Me: The Jacqueline Susann Story.* New York: Morrow, 1987.
Sert, Misia. *Misia par Misia.* Paris: Gallimard, 1952.
Servadio, Gaia. *Luchino Visconti: A Biography.* New York: Franklin Watts, 1983.
Schellenberg, Walter. *The Labyrinth.* Introduction by Alan Bullock. Translated by Louis Hagen. New York: Harper, 1957.
Schiaparelli, Elsa. *Shocking Life.* New York: E. P. Dutton, 1954.
Shirer, William L. *The Collapse of the Third Republic: An Inquiry into the Fall of France in 1940.* New York: Simon & Schuster, 1969.
Simpson, Colin. *Artful Partners: Bernard Berenson and Joseph Duveen.* New York: Macmillan, 1986.
Soames, Mary. *Clementine Churchill: The Biography of a Marriage.* Boston: Houghton Mifflin, 1979.
Sokolova, Lydia. *Dancing for Diaghilev.* Edited by Richard Buckle. London: Murray, 1960.
Spada, James. *Hepburn: Her Life in Pictures.* Garden City, N.Y.: Doubleday, 1984.
Spencer, Charles. *Erté.* New York: Potter, 1970.
Stassinopoulos-Huffington, Arianna. *Picasso: Creator and Destroyer.* New York: Simon & Schuster, 1988.
Steegmuller, Francis. *Cocteau: A Biography.* Boston: Atlantic Monthly Press/Little Brown, 1970.
Steele, Valerie, *Paris Fashion: A Cultural History.* New York: Oxford University Press, 1988.
Stravinsky, Igor. *Selected Correspondence.* New York: Alfred A. Knopf, 1984.
Stravinsky, Vera, and Robert Craft. *Stravinsky in Pictures and Documents.* New York: Simon & Schuster, 1978.

Swanson, Gloria. *Swanson on Swanson.* New York: Random House, 1980.

Toland, John. *Adolf Hitler.* Garden City, N.Y.: Doubleday, 1976.
Touzot, Jean. *Jean Cocteau.* Paris: La Manufacture, 1989.

Valois, Ninette de. *Invitation to the Ballet.* London: John Lane/Bodley Head, 1937.
van Doren, Mamie. *Playing the Field.* New York: G. P. Putnam, 1987.
Vickers, Hugo. *Cecil Beaton.* Boston: Little, Brown, 1985.
Vreeland, Diana. *D.V.* New York: Alfred A. Knopf, 1984.

Walzer, Pierre-Olivier. *Littérature française: Le 20è siècle.* Vol. 1: *(1896–1920).* Paris: Arthaud, 1975.
Waugh, Evelyn. *The Letters of Evelyn Waugh.* Edited by Mark Amory. New Haven, Conn.: Ticknor & Fields, 1980.
Westminster, Loelia, Duchess of. *Grace and Favour.* London: Weidenfield & Nicholson, 1961.
White, Palmer. *Poiret le magnifique.* Paris: Payot, 1986.

图书在版编目(CIP)数据

香奈儿——举世无双的传奇女性/(美)马德森(Madsen, A.)著
沈占春,〔加拿大〕龙耀林译.
—上海:上海译文出版社,2014.4(2024.4 重印)
书名原文:Chanel: A woman of her own
ISBN 978-7-5327-6391-7

Ⅰ.①香… Ⅱ.①马… ②沈… ③龙… Ⅲ.①香奈儿,
C.(1883~1971)-传记 Ⅳ.①K835.655.7

中国版本图书馆 CIP 数据核字(2013)第 249962 号

图字:09-2012-469 号

香奈儿——举世无双的传奇女性
[美] 阿克塞尔·马德森 著 沈占春 〔加拿大〕龙耀林 译
责任编辑/范炜炜 装帧设计/邵旻 观止堂_未氓

上海译文出版社有限公司出版、发行
网址:www.yiwen.com.cn
201101 上海市闵行区号景路 159 弄 B 座
启东市人民印刷有限公司印刷

开本 890×1240 1/32 印张 17.25 字数 267,000
2014 年 4 月第 1 版 2024 年 4 月第 9 次印刷
印数:25,001—27,000 册

ISBN 978-7-5327-6391-7/K·230
定价:68.00 元